MES INDÉPENDANCES

DU MÊME AUTEUR

LA PRÉFACE DU NÈGRE, Barzakh, 2008 (prix Mohammed-Dib) ; Babel n° 1291.

LE MINOTAURE 504, Sabine Wespieser éditeur, 2011.

MEURSAULT, CONTRE-ENQUÊTE, Barzakh, 2013, Actes Sud, 2014 (Goncourt du premier roman, prix des cinq continents de la Francophonie, prix François-Mauriac, prix Liste Goncourt/Le choix de l'Orient, prix Liste Goncourt/Le choix roumain, prix Liste Goncourt/Le choix serbe, prix des Escales littéraires d'Alger) ; Babel n° 1386.

MES INDÉPENDANCES. CHRONIQUES 2010-2016, Actes Sud/Barzakh, 2017 (prix Livre et Droits de l'Homme 2017) ; Babel n° 1548.

ZABOR OU LES PSAUMES, Actes Sud/Barzakh, 2017 (prix *Transfuge* du meilleur roman de langue française 2017, prix Méditerranée 2018).

LE PEINTRE CANNIBALE, Stock, 2018.

ISBN 978-2-330-10322-4

KAMEL DAOUD

MES INDÉPENDANCES

CHRONIQUES 2010-2016

Préface de Sid Ahmed Semiane

BABEL

Le lecteur trouvera en fin d'ouvrage (p. 515) quelques repères contextuels auxquels se reporter si besoin.

À ma femme, debout dans mes orages.

À Brahim H., car rêver c'est aussi construire.

LE FUGITIF

*par Sid Ahmed Semiane**

Alger, 1996.

Kamel Daoud. J'avais d'abord cherché le numéro de téléphone de la rédaction du *Quotidien d'Oran*, son journal. Je voulais lui dire mon admiration pour sa musique. Elle était nouvelle. Ce que j'aime le plus dans une écriture, c'est la musique. La note bleue. Et lui avait percé le secret de la trompette. Le mystère du be-bop des mots. Je ne l'avais pas trouvé au bureau ce jour-là. J'avais laissé un message en espérant qu'il lui parvienne. Il a eu l'élégance de rappeler. Nous avons échangé quelques généreuses amabilités. Nous exercions alors le même "métier" de chroniqueur. Lui à Oran, que l'héritage jacobin avait confiné dans le mépris d'une lointaine province, et moi à Alger, capitale prétentieuse engloutie par le feu des attentats et le couvre-feu des potentats. Ensuite, je ne sais plus. Je n'arrive pas à me souvenir de notre rencontre – trop floue, trop lointaine –, de cette première poignée de main, celle

* Né en 1971 à Alger, Sid Ahmed Semiane est considéré comme un des premiers grands chroniqueurs de la presse moderne algérienne. Il a quitté le journalisme en 2002 pour se consacrer à l'écriture, à la photographie et au cinéma. Une sélection de ses chroniques a été publiée en France sous le titre *Au refuge des balles perdues* (La Découverte, 2005).

qui allait sceller une fraternité résistant aux vicissitudes du temps, aux polémiques qui fâchent, à la gloire qui grise, aux incompréhensions des mots… C'est à cause de la guerre, je crois. Une guerre, ça brouille tout, ça génère de la confusion dans le souvenir. Ça fragmente le passé en séquences chaotiques et inconciliables. Je me suis juste souvenu que c'était la guerre. C'est ce qui prédominait alors. C'est ce qui enveloppait nos vies. Une atroce guerre. Civile ? Contre les civils ? Ou peut-être même *avec* ? Personne n'a su la nommer, la définir, la cerner. Elle était sans nom. Absurde, comme toutes les autres, mais elle se singularisait par un raffinement absolu dans l'horreur et l'ignominie. Elle était un peu l'arrière-cour de celle qui se déploie actuellement sous nos fenêtres et qui fait de l'audience dans nos postes de télévision, certes à une échelle un peu plus ample et avec des répercussions plus tragiques pour la survie des hommes et de l'Histoire. C'est à ce moment-là que cet homme, Kamel Daoud, sorti d'un village silencieux (pour suivre des études de lettres), fait son apparition pour braver le temps et la folie des hommes et faire vœu de parole ; frêle silhouette, presque aussi frêle que son âge : un peu plus de vingt ans. L'âge de toutes les outrances. C'est peut-être aussi cette outrance présomptueuse – avec le vide que créa la violence – qui permit à Kamel Daoud de dire à la place de quelques aînés plus madrés (rendus muets par l'horreur) ; de faire de cet acte de dire son métier à tisser du verbe. Parce que c'est ce qu'il fait, c'est ce qu'il fit : il dit.

C'étaient les années 1990. Un autre siècle. Cette guerre allait cliver davantage le pays, le fragmenter un peu plus. Nous étions des gueules cabossées et chacun y allait de sa propre vertu, réelle ou supposée, créant ainsi, chacun, ses propres outils d'analyse. Creusant des tombes autant que des tranchées de pensée. Des tranchées de vérité exiguës : laïcs, islamistes, athées, nationalistes, féministes, troufions, barbouzes, affairistes, communistes, Kabyles, Arabes, francophones, Amazighs, coranistes… corrompus… réconciliateurs, éradicateurs. Janviéristes. Anti-constitutionnalistes. Conservateurs, progressistes, réactionnaires…

De la pensée unique – érigée en dogme, nous n'avions pas eu suffisamment de temps pour sauvegarder les règles élémentaires du dur métier de la pensée plurielle à laquelle nous aspirions tant –, nous sommes passés pieds et poings liés au désastre d'une pensée fragmentée. Décomposée. Désintégrée. La pluralité des idées est unie par un socle commun qui fait un tout. Ce socle avait rendu l'âme. Il n'y avait plus rien pour faire un tout, et tout était réuni pour que rien ne soit. Plus aucune pensée ne se rattachait à l'autre. Comme des particules dans l'univers, une errance cosmique dans le vide. Sans chute, juste avec des risques de collisions tragiques. La violence avait réussi à creuser autant de tombes pour les morts que pour les vivants.

La parole n'était pas considérée comme un point de vue seulement, elle s'apparentait à un positionnement "belliciste" dans la géographie de la mort. Chacun rendait responsable l'autre de ce qui n'était pas censé relever de sa responsabilité. Et comment dire ? Comment écrire ? Comment penser l'impensable ? Comment créer sa propre "musique" dans ce vacarme ? Kamel Daoud se jeta dans cette arène folle, à ce moment précis où le seul "bien vacant" était le marché de la mort. *Morituri*…

Il est nécessaire de saisir ce moment de l'histoire pour mieux comprendre la complexité de Kamel Daoud, de contextualiser la naissance de cet écrivain en devenir dans l'étrange monde de l'écriture. C'est ce qui va déterminer tout le reste de son parcours. Parce que ses chroniques n'étaient pas seulement une analyse politique, un coup de gueule éditorialiste, comme le sont souvent les chroniques dans le monde de la presse, plus aptes à créer de la proximité avec l'idéologie qu'avec l'art. Non. Ses chroniques alliaient l'esprit à l'humour, la noblesse des lettres à la vulgarité morbide de l'actualité, la colère à la légèreté, la réflexion littéraire à la prise de parole politique. Et il le fit pendant presque vingt ans. Chaque jour. Une moitié de vie consacrée à cet exercice aussi exaltant que périlleux. Créer de la pensée quotidiennement. Créer du sens. De la visibilité. Danser sur les cadavres, sans piétiner les morts. Quel drôle de métier. D'ailleurs est-ce réellement un métier ? S'amuser à refaire le monde chaque matin, le porter comme Atlas, comme Sisyphe… dans un recommencement sans fin ? Et d'ailleurs, peut-on créer de la pensée chaque jour ? C'est à cette terrible équation qu'il sera confronté en observant le monde quotidiennement.

"Diagnosticien du présent." La formule est de Michel Foucault, il aimait se qualifier ainsi. J'aime cette formule mais telle que l'entendait Foucault, c'est-à-dire dans la complexité de cette notion soucieuse du présent, pas dans son apparente simplicité. Le présent pas comme la présence d'une actualité immédiate. Le présent "comme ce qui est en train de se passer, de passer… ce qui en train de se transformer et que l'on ne sait pas encore voir". Kamel Daoud est peut-être ce "diagnosticien du présent".

Un diagnosticien lucide, parfois agaçant, parfois percutant, parfois lumineux, parfois troublant… D'où son intérêt intellectuel. Il a cette capacité rare de vous faire dresser les cheveux sur la tête mais aussi de dire à votre tête de chercher plus loin d'autres pistes de réflexion. D'autres possibles. Il a ce talent de créer sa propre pensée autant que de pousser les autres à créer la leur pour s'opposer à la sienne, avec acharnement le plus souvent.

Ici plus qu'ailleurs. Jamais intellectuel n'aura suscité autant de clivages. Autant d'enthousiasme et autant de haine. Rien ne lui aura été épargné. Particulièrement depuis 2014-2015. L'année de la sortie de son roman, *Meursault, contre-enquête.* L'année de la consécration internationale. Un pays qui échoue craint la réussite. La réussite est suspecte. Surtout quand elle est homologuée ailleurs. Elle n'est pas une norme admise, mais une exception imprévue. Et ce qui est imprévu perturbe la perception collective. Et si la réussite d'un homme célébré dans le monde devient suspecte, Daoud lui-même devient du jour au lendemain suspect à son tour. Sa réussite est trahison plus que sa parole, fût-elle moins controversée. Les résidus de l'ancien temps qui rabotait les hommes en modèle unique en leur rappelant qu'il n'y a "qu'un seul héros, le peuple" ont la peau dure.

Aucune perfidie ne lui aura été épargnée : "harki"… "apostat"… "sioniste"… "hérétique"… "agent de la France"… "suppôt de l'Occident"…

Cologne, Palestine, Algérie, Islam, dictatures arabes… À la moindre de ses déclarations, au moindre frémissement de lèvres, des armées de soldats se positionnent en peloton pour mieux viser la tête, ou grimpent sur la potence pour envoyer le salaud au gibet et applaudir de près la chute du pendu.

Kamel Daoud n'est pas seulement "l'homme révolté" que l'on croit avoir cerné, c'est l'homme pressé que l'on ignore. Pressé de voir un nouveau monde, il tente de tuer l'ancien, l'agonisant qui, refusant de mourir, empêche l'émergence du nouveau. D'où les malentendus qu'il suscite parfois. Les polémiques qu'il cultive. Il va trop vite. Il marche vite. Il réfléchit vite. Il écrit vite, stakhanoviste jusqu'à l'obsession. Il y a de l'urgence dans son écriture autant que dans sa vie. Et cette façon d'être est certainement liée à ces années de cendres, à ces années de guerre, la nouvelle et l'ancienne.

Pressé d'en découdre avec le passé. Le présent. La tradition. Le sacré et tous les "Un" qui ont menotté ce pays : Un parti. Une pensée. Une langue. Un dieu…

En vingt ans, son écriture s'est affinée, sa pensée affûtée. Mieux, elle s'est affranchie chaque jour d'une nouvelle frontière, d'un nouvel obstacle, d'une immuable sacralité.

Audacieux instinctif, d'affranchissement en affranchissement, qui certainement commença avec le village, la famille, la religion, et toutes ces valeurs-boulets qui peuvent empêcher de penser librement, Kamel Daoud franchit les derniers remparts de la citadelle d'un pays engoncé dans la mythologie du passé, il s'affranchit de l'Histoire. Le sacrilège de trop.

Et c'est en cela qu'il est dans l'inédit. C'est en cela aussi qu'il crée de l'incompréhension. C'est en cela que son discours est en totale rupture. S'affranchir de l'histoire pour penser, c'est sûrement sa plus grande audace. C'est aussi sa plus grande faiblesse, sa grande fragilité, un peu son talon d'Achille.

Il refuse d'être otage de l'histoire coloniale quand tout le récit national est tissé autour de cette notion. Nous avons décolonisé un pays, il nous reste à décoloniser son histoire. L'histoire est un héritage à préserver et à revendiquer en tant que tel, pas un pénitencier à fortifier. J'essaye depuis quelques années d'esquisser une réflexion autour de cette question. Peut-on réfléchir à la liberté, au monde de demain, en restant dans la cour de la prison coloniale ? Comment être libres si nous refusons de sortir de cet univers carcéral ? Nous serons toujours colonisés tant que notre rapport à l'histoire elle-même n'est pas décolonisé. Et c'est ce que tente peut-être Kamel Daoud. C'est ce qu'il expérimente à ses dépens. Il transgresse le récit national. Ce n'est pas un hasard si l'insulte suprême, celle qui trône au-dessus de toutes les autres, reste celle de la "trahison".

Parce que la seule trahison, la seule qui soit réellement inscrite dans la génétique de l'imaginaire collectif, est celle qui renvoie au récit national de la guerre de Libération. Mais la guerre est finie. Et c'est ce que nous dit aussi Kamel Daoud, qui s'est évadé de la prison depuis plusieurs années. Un homme libre… jusqu'à preuve du contraire. Et en homme libre, la pensée constamment en fuite, il faut qu'il évite les autres prisons. Toutes les prisons. Il est nécessaire pour lui et pour nous qu'il reste ce fugitif. L'homme des grandes évasions.

S. A. S.,
Alger, novembre 2016.

L'EXERCICE DU VIF

Les textes qui suivent sont une sélection un peu particulière. Il aura fallu, en effet, proposer des chroniques "lisibles" à la fois pour le lecteur algérien et le lecteur étranger. Il aura fallu faire des choix sur un gros corpus de près de deux mille textes rien que pour les années 2010-2016, des prémices des soulèvements dans le monde arabe jusqu'aux jours présents. Choix difficile : comment rester dans les parages des actualités, compter sur la mémoire des lecteurs encombrée déjà par les hypermédiatisations, les lassitudes ou les brouhahas éditoriaux qui accaparent ? Comment choisir une chronique, éviter la redondance, garder le vif du trait alors qu'il s'agit d'une actualité morte ? Comment résister à la tentation de se donner raison sur certaines analyses en choisissant la chronique qui sied à la clairvoyance supposée du chroniqueur, et éviter celle que démentent les faits ou qui illustre une analyse erronée ? Comment faire des choix dans un immense essaim de chroniques écrites partout, pendant vingt ans, à la hâte, dans le cru et le vif, au cœur des actualités brûlantes hier et oubliées aujourd'hui ? Ce fut un peu la gageure, comme on dit. C'est aussi que la chronique en Algérie est un art en soi. Née, un peu, durant les années 1990, elle s'installa comme un exercice journalistique libre, très libre, supplantant l'édito et affirmant, par une voix un peu *off*, les positions des journaux et des élites contestataires. On était en pleine ouverture des années 1990, après la chute du mur de Berlin et celle du parti unique, et la liberté bruissait dans les textes. Des journaux indépendants se constituaient en pouvoirs, sous le nez des *Pravda* de cette époque en Algérie, et une génération en viendrait à l'incarner. La chronique, exercice d'insolence juvénile, se pratiquait alors dans la marge, avec l'excès du style, la personnalité du chroniqueur qui y affirmait un ton mais aussi une fronde, liés à sa vie et à sa culture – un genre quasi littéraire, polémiste souvent. La chronique devint, par mes aînés et mes amis, une sorte d'espace d'enjeux où l'excès de la métaphore s'alliait à l'audace du dénonciateur des régimes et des violences subies. Il en naquit un lectorat fervent, accro presque, identifiant le signataire entre mille autres, attendant la formule du jour, sensible au ludique du style et à la rébellion du signataire. Un art qui, contrairement aux arts patients, s'exerçait au rythme fou du quotidien. Et qui marqua la presse algérienne.

Exercice du vif, semblable à la razzia antique de nos terres. Contestations, démonstrations, dénonciations. Écrire une chronique par jour vous impose, aussi, une discipline, une sorte de mode veille permanent, constant et tellement attentif. Une vigilance secrète que l'on développe peu à peu. Vous vous levez avec une partie de votre cerveau qui flaire les parages, cherche l'idée dans la tourbe, s'attarde sur des parfums ou des traits de visages, sur des lignes d'actualité. Chacun, dans ce métier, avait ses artifices pour contrer le blanc de la feuille : regarder, par exemple, le JT stalinien de la TV algérienne provoquait toujours un effet de rejet riche en mots et déclamations. Rien n'est plus inspirant que l'esthétique redondante de la dictature et ses produits dérivés (langue de bois, célébrations figées, TV, discours, candidats, factotums d'administrations, élections, etc.).

D'autres cherchaient l'inspiration (cette vieille secrétaire du siècle, démodée comme les timbres) dans les fréquentations nocturnes, les excès, la lecture de journaux ou les comparaisons des bilans, le loufoque universel, le livre rare (on s'adosse à la littérature pour commenter le monde), ou le vide national d'un pays coincé entre un régime mort-vivant et des islamistes en armes ou en mode caché. Le vide comme esthétique ? Oui, car les meilleures chroniques sont celles justement où on n'a pas d'idée, de thème préconçu au matin : silencieux et disponible, on se retrouve à commenter le vide, l'oisiveté nationale. C'est dire le réel, les façades d'immeubles, la vie quotidienne, les cafés, les traits et la rareté des arbres au pays des généalogies par exemple… etc. Tout vous ramène à ce récit national, algérien, toujours en écriture, long comme une rivière ou un bras retombé, qui traverse le détail et le monument. Ce sont ces textes qui provoquaient le plus d'émotion, bâtis, paradoxalement, sur le renoncement et l'attention. Revenant à des sujets comme l'urbain, l'âme ou le vieillissement sans sens.

La chronique était belle par l'inconvenance, à l'opposé du convenu des autres genres journalistiques. On ne pourra jamais l'expliquer facilement toutefois, durant les années 1990, la chronique algérienne était jubilation face à la mort et l'ennui mais servait aussi de célébration. Lieu du lien bref entre l'actualité et la métaphysique, la philosophie et le démantèlement du slogan politique, la réflexion sur l'architecture et la décolonisation, la femme et les vols d'oiseaux, l'islamisme et l'érotisme. L'écriture de la chronique algérienne devint du coup commentaire sur le temps, un lien ludique et libérateur entre le lecteur et le journal. Art du fait non divers, justement. Cela assouvissait un peu le souvenir du dazibao dans un pays fermé et en guerre, mais gardait les charmes d'un commentaire en bas de page de l'actualité, mêlant érudition, approximation, dérives, dépassements, artifices et explosions de sens. Et dans un pays qui manquait de la liberté de dire, de lire ou de regarder, ravagé par les massacres et les attentats, cela devint spectacle. Les chroniqueurs algériens étaient célèbres, enviés, usés, insupportables et grandiloquents. Un peu les surréalistes du coin, haltérophiles de l'absurde national.

C'est dire combien l'écriture haletante participe de cet esprit d'irrespect et de révolte. Écrire une chronique par jour vous mène à le faire dans la hâte, la vitesse, le sens de la formule développée comme un tir à l'arc, le lapidaire, le bref et l'outrancier. Cela donne une syntaxe brisée, des métaphores qui brassent l'algérien, langue des sens, et le français, langue du sens, ou l'arabe libéré du carcan des siècles. On s'y installe dans la jactance mais aussi dans l'affirmation belle de la liberté. Exercice de style et de sens qui a ses solutions magiques. Je me souviens, en effet, de mes débuts de chroniqueur vers 1996 : laborieux, peinant sur la longueur et le mot, gêné et, à la fin, éreinté. Jusqu'au jour où, assis seul dans la rédaction du *Quotidien d'Oran*, j'ai abouti par un raisonnement absurde à cette évidence : les Français sont partis depuis très longtemps, mes maîtres d'école ne sont plus là, je suis libre, je peux écrire comme je veux, personne ne me surveille, cette langue est mon intimité et mon champ de dissidence. Ce fut un moment de soulagement presque physique, sensuel. J'y ai gagné ce délice permanent de l'écriture, cette jouissance sans fin d'exercer une liberté absolue et amusante, délivré par une évidence. C'étaient les années 1990, années sombres, de guerre et de cadavres mais, curieusement, années des sens, des dons, des sensualités violentes et des excès d'alcool et de routes consommées pour voir le pays blessé. On commençait une journée par le bilan d'un massacre pour la finir sur le prénom d'une femme ou des révoltes pleureuses. Mais dès ce moment, depuis ce verset intime, je sus que j'allais écrire longtemps, avec bonheur. Et cela me mena à un autre excès, "alimentaire" : écrire beaucoup, partout, répondre à la peur mais aussi jouer sur la corde raide, me venger du mutisme et de l'incapacité de dire. Écrire partout, m'amuser à jouer à cache-cache avec les pseudonymes, récolter des dinars, pousser le délice jusqu'à la frénésie secrète de l'érotographe. Durant les années 2000, j'ai atteint cette fréquence inédite de cinq textes par jour, pour différents supports. Ma méthode était la recette vicieuse du paresseux appliqué : j'entamais un premier texte que j'interrompais au second paragraphe, pour en commencer un deuxième et un troisième. Je revenais alors vers le premier pour me reposer du troisième et ainsi de suite. Deux heures plus tard, j'achevais les cinq chroniques dans une sorte de jubilation de l'homme masqué. Maladie des sens et de l'ego, je crois.

Ce furent des années de liberté absolue, sans le poids de la visibilité médiatique, sans surinterprétations, procès et excès de sollicitations ou de pendaisons publiques. Belles années. Écrire à la fois dans une langue si peu étrangère, consacrée par l'apprentissage presque solitaire, intime, en posséder la liberté et jouir de ses synonymes qui accentuaient les révélations. Éclairer les plis du quotidien étouffant entre le minaret et la caserne, mais y convoquer les grands livres, les belles images encore debout dans le vent, les débuts de romans, les grandes philosophies qui résonnent. La chronique est aussi un vaste roman, elle est la même, toujours, réécrite, sentie, vécue d'abord comme une mélodie avant d'aboutir au sens. Je ne l'anticipais presque jamais, la laissais venir au bout de la langue, l'écrivais en même temps que le lecteur : en la découvrant. Toute la ruse du paresseux était d'en jouir en même temps que de l'écrire, pour ne pas l'épuiser, s'épuiser et dégrader la récréation en emploi de bureau. Je soignais souvent, toujours, le titre car, dans l'étalage de la page, je savais qu'il était un peu ma chance unique d'être distingué parmi la cohue typographique. J'ai commencé la chronique à un âge très jeune et j'ai vite compris que le style était une nécessité pour me distinguer du lot, garder mon salaire et ma place et ma voix mais aussi m'imposer auprès d'un lectorat et créer un charme ancien. Le style devait être un équilibre, une signature mais pas un excès. Juste, bref, percutant mais non contraint. L'espace de la chronique est petit, il faut y développer la concentration du penalty. Le roman étant le match et ses 90 minutes, avec la foule bruyante. La chronique est un produit dérivé du souffle suspendu, ou coupé. En théorie. Car la vérité est que j'étouffais physiquement, entre un régime qui ne savait pas mourir mais seulement tuer et se célébrer dans l'inceste, et une vision du monde cadenassée par la religion, triste comme une réponse sèche à mon attente. J'avais la sensation physique, depuis mes vingt ans, de vivre dans une impasse, prisonnier. Et autant le style comme digression que la colère servaient ma révolte ancienne, tenace. Il fallait être algérien, avoir vingt ans entre le parti unique et le dieu unique pour comprendre ce qu'est la vie après la mort, dans le pays "au-delà" comme je le désignais. J'éprouvais une intolérance physique envers mon monde que seule l'écriture permettait de surmonter, brièvement. J'ai rêvé de ne jamais cesser d'écrire, parfois, ne jamais lever la tête ou interrompre le son du clavier, juste pour mieux réordonner le réel et le rendre plausible comme émerveillement. Le peut-on, dans un pays où le but est d'être libéré, pas d'être vivant ? Mes sujets étaient des obsessions car liés à ma condition, ma liberté : la femme, la sexualité, l'islamisme, l'architecture, l'Histoire contraire à la présence au monde, le dieu escamoté par le dogme, etc.

C'est cette généalogie, cette vanité, cette décennie algérienne devenue mondiale avec l'extension universelle du mal et du meurtre au nom de Dieu, qui expliquent ce style incorrect, dur et irrespectueux des convenances grammaticales. Ce coup de foudre d'encre dans le blanc. La sélection présente garde les styles d'origine, refuse les corrections rétrospectives. Publier des chroniques longtemps après la mort de leur actualité vous expose donc à un jugement qui peut être injuste : on ne décode pas facilement la référence, la raison, et surtout le corps du texte. Il faut lire pourtant ces textes dans l'ordre dérobé d'une conversation, et pas comme lecteur d'un roman ou d'un essai.

La chronique n'est pas seulement commentaire de l'actualité mais aussi commentaire du temps. Un peu la prétention reconvertie de la philosophie. S'y ajoute, à l'analyse du fait, la résonance des lectures et des interrogations, de la littérature, du brassage profond entre le fait et le sens. En Algérie, l'accaparation des éléments est tragique : les islamistes ont dérobé le ciel et vous en interdisent l'accès sauf avec leur métaphysique et leurs dogmes ou leurs attentats. La terre est la propriété du régime, ses apparatchiks, martyrs, cimetières, anniversaires et dates. Reste le feu à écrire, ou l'eau de la mer à traverser. Résumé très vite. La chronique permet donc cette réflexion ouverte, publique sur le sens face à des voleurs d'existence : les dictatures molles et ces nouveaux fascismes à visage de versets et d'intolérance à la vie. Au-delà de l'exercice politique. La femme y traverse le champ de l'angoisse, aussi dévêtue qu'un dieu pressenti et le corps y est scribe d'une langue inconnue, le drapeau signale une guerre ou une gare et le politique y est noces grises et tristes à ausculter et la prière se pratique pour sauver le ciel de sa chute. La chronique, ainsi vécue, m'a permis de continuer à interroger mon monde, à haute voix, sans peur, ni tabou. Autant que mes aînés. Et cela se conclut par l'admiration de milliers de lecteurs dans le pays, leur soutien, présence consolante, leur amour aussi. Contrepoids discret et enthousiaste aux minorités adverses. Solidarité des gens éprouvant le même étouffement, la même colère, le même espoir, le même rêve de souveraineté. Des gens nombreux et que je rencontre toujours, dans les rues de mon pays, souriants.

J'ai pratiqué ce métier comme on accomplit parfois la prière, mais tourné vers les miens et ma terre.

Avec le temps, vinrent la clairvoyance, l'affirmation de ma propre liberté, irréductible. Dire le mal en soi et chez les siens. Et, tournée vers le monde, la chronique retrouva le Mal, le même, sous d'autres formes. Et provoqua malentendus et enthousiasmes. Et là aussi, il fallait revenir à soi, au principe de liberté, et agir selon ce désir puissant d'être indépendant, ne devant rien à personne que l'entière disponibilité de soi pour les siens. Malentendu mais aussi terrible loi de l'écrivant devenu universel par Internet, pour des lecteurs repoussés aux cantonnements et aux particularismes de leurs terres et crises : comment dénoncer l'islamisme sans servir les causes malveillantes du rejet des autres en Occident et ailleurs ? Comment proclamer l'altérité comme lieu de réflexion entre les jérémiades du Sud et les indifférences sophistiquées du Nord ? Comment dénoncer et dire ? Comment appeler à résister au Mal, à traquer en soi ses signes escamotés sous le prétexte de la communauté, de la religion ou de la spécificité culturelle, sans tomber dans l'offre de service aux radicalités d'en face ? Comment écrire sans être sommé ? Comment faire ? Un article publié dans un journal italien puis dans d'autres pays, avant d'aboutir dans les colonnes d'un journal en France, en sera l'illustration : j'y affirmais ma conviction, que je maintiens, que notre lien à la femme, au corps et au désir, est le lieu exact de notre douleur, souffrance subie et imposée. Il sera mal lu, retenu à charge pour faire mon procès. Il sera défendu, salué et encouragé, jusqu'à l'excès, par d'autres. On me reprochera d'avoir raison mais d'avoir osé le dire à haute voix et en Occident, pas dans le champ complice de l'entre-nous. Au cœur de la tempête médiatique, j'ai compris que les réactions révélaient plus sur l'état malheureux de notre époque, ses divisions et ses replis sur soi, que sur ma personne. Au nom de l'anticolonial, on versait dans le déni, au nom de la religion ou de la communauté on défendait l'indéfendable et au nom de l'alliance inconsciente et irresponsable entre les deux, on m'interdisait le droit de penser par moi-même, d'être libre et de l'être parmi les miens.

J'ai alors décidé de prendre du temps. De le reprendre. Ce sujet majeur de la chronique, l'interroger en soi pour dégager de nouvelles certitudes et donner des socles aux convictions. Changer d'instrument mais pas de musique. Écrire mais me garder vivant pour les miens, aimant et désirant l'amour comme gravité, de retour vers mes vieilles passions de lecteur. De lecteur dans un petit village où les livres étaient si rares, durant mon enfance, que j'ai rêvé de devenir écrivain rien que pour continuer des romans jamais lus, des livres rêvés, indisponibles, à paraître dans quelques siècles.

La chronique est donc un art majeur en Algérie, signant le retour féroce du journalisme d'opinion, un exercice de style et de sens, de trébuchements, d'accidents de langue et d'interrogations insistantes.

Que j'ai voulu partager.

K. D.,

Oran, novembre 2016.

2010

DÉCOLONISER LE CORPS, LA LANGUE ET LA MER

Samedi 17 juillet 2010

C'est peut-être face à la mer que l'on ressent le mieux cet enfermement de l'histoire algérienne dans les interdits immédiats du corps et ses libertés non retrouvées même après le départ du dernier colon en date. Une intuition trouble, encore floue, difficile à exprimer : celle d'une identité plus vaste que les polémiques immédiates, qui enjambe les colonisations, pas pour les nier mais pour dire qu'elles sont aussi mon histoire. Et cela vous revient d'un coup, ce qu'est être algérien, face à l'unique trace vivante de notre patrimoine : la Méditerranée. Pas n'importe quelle mer, mais celle-là justement. Et c'est face à celle-là que, brusquement, on réalise que rien ne nous oblige à vivre l'histoire du pays comme simplement une histoire de violences auxquelles répondent des cycles de rejets et des saisons d'armes ou de dénis. D'un coup, on réalise avec les immeubles coloniaux que la parenthèse française n'est pas quelque chose qui est venu "totalement d'ailleurs", mais qui "est à moi aussi", dans l'ordre de mon histoire et du matrimoine. Les immeubles, les architectures, les places publiques, les églises restantes, les synagogues effacées et les noms des rues et la vigne. Elles ne sont pas "françaises", mais aussi "à moi", partie de mon histoire. La colonisation comme la décolonisation sont des actes, les miens, que j'ai subis ou assurés et que j'assume aussi. La colonisation française est une histoire qui fait partie de l'histoire algérienne, et ce qui en est né est à moi. Et du coup, face à la Méditerranée, je remonte encore plus sur mes propres traces et je me heurte à cette évidence : si jusqu'à maintenant je n'ai pas retrouvé la Méditerranée, c'est parce que l'autre colonisation, "arabe", m'a interdit aussi de retrouver le corps, et ce jusqu'à aujourd'hui.

Le corps, le mien, c'est la seconde trace qui me reste de mon histoire méditerranéenne et africaine : le corps est commun ; c'est l'âme, qui est une solitude, qui cherche la compagnie de l'invisible.

Tout corps d'homme est à vivre à deux.

C'est notre loi. Et, du coup, je retrouve, je revendique, je m'honore, je m'enrichis de ma période ottomane et de ce qui en reste et qui crève les yeux dans nos langues et nos habitudes et qu'on ne voit pas, curieusement. Et ainsi de suite. Jusqu'aux pierres romaines où Albert Camus a cru voir les restes des vrais habitants de ce pays alors qu'ils étaient à ses côtés. D'ailleurs, Camus a vu juste mais a compris faux. Les noces sont possibles dans notre pays, Tipaza est algérienne et sa période romaine est mienne, pas la preuve d'une origine "externe". Pourquoi un ex-Égyptien se réclame-t-il tout à la fois de l'islamité, de l'arabité, sans cesser de faire commerce avec les ruines de ses pharaons et moi, je dois avoir honte de mes ancêtres romains, des immeubles coloniaux, des expressions ottomanes, des arts culinaires andalous, des murs espagnols, des langues amazighs, de mes oliviers et de mes danses? Le chroniqueur se souvient de ses manuels scolaires comme on se souvient d'une maladie : une histoire qui nous fait remonter à Oqba Ibn Nafi, puis au vide d'un lot de terrain avant lui où nous étions en attente d'une "activation" religieuse et d'un destin fast-food. Rien de ce qui est en moi de romain, d'amazigh, d'ottoman, d'espagnol ou de français et d'arabe. Rien de ce qui fait de moi cette algérianité face à la Méditerranée. Pourquoi dois-je vivre mon histoire comme une maladie de peau ou une préhistoire coupable alors qu'elle est un immense arbre magnifique qui me suffit pour avoir une adresse ?

Et c'est venu comment ? Sur une plage, face à la Méditerranée interdite au corps par le tabou maladif du religieux et du repli sur de fausses origines. C'est en regardant l'Algérien, femme ou homme, malade et gêné par son propre corps, que l'on comprend qu'il a été libre et que, depuis le départ du dernier colon, c'est son propre corps qu'il n'arrive pas à libérer, à rendre à la nature, à accepter et à retrouver, à affirmer par la conquête et le muscle tendu, à lancer dans l'orbe des victoires. Face à la mer, celle-ci et pas une autre, le chroniqueur a compris, obscurément, qu'on est encore malade à cause de l'histoire qui nous vole la terre et le corps. Le corps n'est pas encore algérien autant que son histoire. Il y a une autre décolonisation à assurer : celle du corps, justement. En expliquant que la colonisation n'est pas une histoire venue d'ailleurs, mais aussi une partie de moi. Que mon corps, je n'ai pas à le cacher pour le sauver, ni à le détester pour aimer l'invisible. Et c'est là, dans la confusion, dans des sortes de noces camusiennes à base de parasols et pas de colonnes romaines, que le chroniqueur a compris le cap de ses futurs : retrouver la Méditerranée, le corps et la langue, la vraie. Les trois pistes laissées par nos ancêtres, les vrais.

LA FIN D'UN MOIS D'UNE RARE VIOLENCE

Lundi 13 septembre 2010

Le ramadan a été meurtrier, violent, hallucinant de violence et de corruption, absolument inhumain. On a volé, tué, agressé, frappé, menti sur les prix et sur les âmes. Mais on a aussi prié, veillé à supplier Dieu, financé *Les Chevaliers du Coran*, diffusé des chants religieux et expliqué que l'islam est à nous et que les autres sont contre nous. À la fin, même la grâce présidentielle, ce droit de libérer des prisonniers que la Justice a emprisonnés, n'a concerné que les "candidats au casting des *Chevaliers du Coran*" à l'exclusion de toute autre forme de bonne volonté (par exemple avoir créé un satellite ou s'être converti à l'humanisme ou aux œuvres d'intérêt commun). Cela prouve quoi ? Une seule chose : l'islam se porte mal, l'islamisme se porte bien, et même très bien. Car l'islamisme est une maladie de l'islam. Comme l'intégrisme est une maladie de la vérité et la vérité est une maladie de l'exactitude scientifique. C'est la seule explication possible de cet état de schizophrénie que vivent le pays et son peuple et son État devenu mystique avec l'âge de son président. C'est ce qui explique qu'on a beaucoup de mosquées, peu de librairies, énormément de cotisants pour les tapis de prière et peu d'immeubles propres, beaucoup de fatwas et pas un seul règlement interne respecté, beaucoup de gens qui prient et de rares personnes qui respectent l'interdiction de fumer, même dans les rédactions des journaux.

Reste que ce n'est pas un problème national mais une dérive mondiale. En exemple, la dernière affaire de l'autodafé du Coran. Un pasteur évangéliste américain annonce vouloir brûler le Coran, le monde d'Allah entre en colère, le reste du monde entre dans la peur ou la tristesse devant ces intolérances. À la fin, le pasteur se rétracte et l'affaire finit sans meurtre, ni Coran brûlé, ni pages volantes. Sauf que ce ne sont pas la tolérance, ni le respect mutuel, ni le dialogue, ni les appels de part et d'autre des "cultures" qui ont gagné. Ce sont les extrémismes. Chez nous, dans la planète d'Allah, cela a renforcé ce sentiment paranoïaque que le monde "ne respecte pas notre religion" et que c'est une guerre de religion qui a cours, même si Obama dit le contraire. Même si le Coran n'a pas été brûlé, c'est l'islamisme ambiant, passif ou en actes, qui en ressort victorieux, "martyrisé" et donc martyr et avec la preuve "qu'il a raison et que l'Occident est un mal en puissance". Cela est aussi valable chez les autres : chez les fondamentalistes évangélistes et les messianistes iraniens ou israéliens religieux, il y a désormais ce sentiment qu'il s'agit d'une défaite à effacer, que les "musulmans" s'imposent par la force, la ruse, la menace "mondialisée" et que c'est une guerre pas une "différence". Ce genre de cinéma d'extrémistes occidentaux renforce terriblement, chez nous, le sentiment de la paranoïa et donne de la vigueur aux recruteurs islamistes. Si on y ajoute des nationalismes en crise de vieillesse et de mystique, des présidences inquiétées par l'au-delà, la sous-scolarité du monde "arabe" et la remontée des archaïsmes au nom d'Allah, cela vous donne des sociétés malades, talibanisées, violentes et capables de vivre un mois de jeûne dans la violence la plus dure avec la proclamation que ce mois est un "don de Dieu".

Selon les anciens alchimistes, le monde se compose de quatre éléments : la terre, l'air, le feu et l'eau. Ceux qui vivent de l'eau sont des pêcheurs, ceux qui vivent de la terre sont des agriculteurs. Ceux qui vivent du feu sont des métallurgistes, des industriels ou des fabricants de machines. Et ceux qui vendent de l'air ? Ce sont les extrémistes de toutes les religions, les bavards et les politiciens. Pas les aviateurs qui offrent les cieux avec seulement un peu de kérosène.

LE DIALOGUE D'UN ANCIEN MOUDJAHID AVEC UN POTEAU

Lundi 20 septembre 2010

"... Partout où je vais, ce peuple ne me pose qu'une seule question. Avec les yeux de ses enfants, les yeux des adultes, dans les livres, sur les poteaux. Partout où je vais, on ne me demande même pas mon nom, ni ce qui s'est passé le jour où la Montagne a grimpé mon dos, ni ce que j'ai ressenti quand j'ai tiré le premier coup de feu et que je me suis lié, à vie, avec mon premier cadavre, mon premier tué. Rien de tout cela. Personne ne s'en préoccupe aujourd'hui. Tout ce qu'ils veulent, c'est me poser cette affreuse question qui n'a même pas la politesse d'attendre une réponse. C'est une question piège qui ne vous donne pas la parole mais vous la coupe et vous la retire. Elle est affreuse et me donne envie de remonter le temps à l'instant exact où j'ai cru avoir un Destin, et de le troquer contre une simple tasse de café ou un haussement d'épaules. Fallait-il libérer ce pays ? Aujourd'hui on peut acheter tout un peuple avec une livraison de viande congelée. Pas même un plan de Constantine ou des menaces. Juste une sorte de de Gaulle exportateur avec de fausses factures et c'est fini. Ah oui, la question ? Elle est simple : « Pourquoi tu n'es pas mort si tu es un vrai moudjahid ? » Tout le monde a l'air de m'attendre avec cette question au bout de la langue nationale : pourquoi je ne suis pas mort ? Car on a fini par faire accepter cette idée que ceux qui se sont battus sont morts et que ceux qui ne sont pas morts ont trahi ou se sont cachés. Je suis donc un cadavre qui n'a même pas eu la politesse de se décomposer. Je n'ai pas seulement raté ma vie mais, pire encore, j'ai raté ma mort. Si je crève aujourd'hui, cela ne corrigera en rien mon destin. Il fallait mourir avant, pas aujourd'hui. Cela, on ne me le pardonne pas. J'en suis arrivé à ressentir de la culpabilité, de la honte et à ne pas oser croiser les regards, même ceux des enfants coriaces qui naissent dans mon dos pendant que je tente de m'expliquer avec la chronologie sévère de ce pays et son histoire nationale. Tout le monde me le dit : « Qu'est-ce que tu fais ici ? Tes copains sont de l'autre côté de la peinture du temps, et toi ? Pourquoi tu es encore vivant ? Tu ne vois pas que tu es une fausse note ? » Non je ne le vois pas. Enfin, je ne l'ai pas vu pendant longtemps. J'ai longtemps cru que les rôles étaient clairs : Dieu attend les morts, le peuple attend les survivants. Non, je me suis trompé. Aujourd'hui je me trimbale comme une sorte d'insolence, une impolitesse ridée, un hymne chanté par un dentier. Je me sens presque nu dans une foule, un peu comme si je me mêlais de ce qui ne me regarde pas : la vie, l'Indépendance, cette terre. Pourquoi tu es encore vivant ? Le pire, c'est que, parfois, celui qui me pose la question est si méchant qu'il double le châtiment par une fausse réponse : « Combien on t'a donné ? Combien t'as pris ? » C'est-à-dire avant l'Indépendance, pour ne pas mourir, et après l'Indépendance pour ne rien dire et ne jamais dénoncer. Nous avons chassé les harkis et, comble du châtiment, l'histoire nous a fait endosser leurs rôles qui consument les chairs. Je me sens donc en plus. Je marche. Et je me répète : c'est plus facile de tuer le colon que de tuer le temps finalement, après son départ.

Il n'y a rien à faire quand on libère un pays sauf le regarder partir, s'éloigner. Ou l'écouter vous expliquer que vous n'existez pas, qu'on ne peut avoir à la fois l'éternité et une rente, une pension et un hymne. Je ne sais pas quoi faire. Même Dieu l'a dit : les martyrs ont meilleur destin après la mort que les survivants. Est-ce ma faute? Je ne sais pas. Je ne suis pas mort. Pas à cause de ma prudence ou de ma lâcheté, mais parce que la mort saute les lignes quand elle lit son livre, peut-être. Même mes fils ont cet air de me poser la même question : pourquoi je suis encore là, alors que tous mes pairs sont de l'autre côté à m'attendre, à me chercher, à s'interroger sur mon retard. En plus, je ne peux même pas me pendre ou me tuer. C'est honteux de le faire à mon âge, avec mon histoire et mon passé et ma foi et mes arrière-petits-fils. Qu'est-ce qu'ils vont penser? Que j'ai quelque chose à expier? Que non! Je suis donc coincé : la France ne m'a pas tué, la vie non plus, ni les voitures, ni la vieillesse. Je reste là et je n'ai pas de réponse. Un vrai combattant dans ce pays ne doit pas être plus âgé que ses petits-fils : il doit être mort à vingt-deux ans en 1958, n'avoir laissé qu'un fils et une seule photo qui fixera à jamais sa jeunesse et lui évitera tout à la fois les rides et les insultes. Pourquoi je suis encore vivant? Je ne suis pas vivant, je suis coincé, renvoyé de toutes parts."

UNE GÉNÉRATION QUI IGNORE QUE LA FRANCE SE TROUVE EN SUÈDE

Mardi 21 septembre 2010

Invité avant-hier à Oran, Jean-Pierre Chevènement, un homme politique de la France d'autrefois ou peut-être même de demain s'il se présente à la prochaine présidentielle de son pays, a donc parlé. De l'Algérie selon l'histoire, de la France, des deux, de souvenirs, de l'islam et de la laïcité. Se sachant invité dans un pays qui a fait de la susceptibilité postcoloniale un fonds de commerce, il a été donc poli, consensuel, généreux, universaliste et pédagogue. La conférence, quoiqu'un peu trop "policée", était intéressante. Mais elle n'empêche pas la divagation au spectacle de ce spectacle : encore une fois, lorsqu'un politique français arrive en Algérie, même en "civil", il porte un message, se "souvient" du meilleur et admet le pire, mais retombe dans le même casting mental : il s'adresse à une Algérie qui n'existe presque plus, au nom d'une France qu'on ne distingue presque pas, dans le cadre d'une relation tellement usée et forcée qu'elle a fini dans le tic ou la manie musculaire. C'est vrai qu'il existe des Français nostalgiques de l'Algérie mais il existe, chez nous, encore plus compliqué, une nostalgie de la nostalgie. C'est-à-dire un regret de cette époque où la France et l'Algérie étaient dans le bilatéral pur et dur, en chiens de faïence, mobilisant intellectuels, passions et amertumes, cabrés dans le rapport de force et de dépendance, traitant et vivant l'histoire comme un corps et pas comme un livre. Une époque où il y avait l'Algérie, la France, puis le reste du monde. Et c'est ce qui fascine un peu lorsqu'on écoute un politique français en "retraite" provisoire venir parler en Algérie : ce décalage entre la tradition d'une passion consacrée et le réel qui ne s'occupe plus de ce souvenir que comme artifice. Car, quel est le "pendant" de ce discours qui mêle analyse, appels, un léger *mea culpa* et un vœu de voisinage où la Méditerranée ira jouer le rôle d'un intermédiaire plus ancien que les ancêtres de chacun ? Le *harrag* en premier lieu, l'islamiste, passif ou actif, en second, l'habitant du Sud, en règle générale. Ici, en Algérie, la fabrication d'une loi pour demander des excuses à la France a emballé autant que le fait un peu le discours "bilatéraliste" de l'autre côté, c'est-à-dire très peu : la France est déjà un pays "fondu" dans la géographie de l'Occident vers laquelle se dirige l'immigrant, clandestin ou pas, que déteste ou fait semblant de détester l'islamiste et où le pauvre du Sud veut s'installer. Chevènement ou d'autres ont toujours l'air de s'adresser à une génération FLN dans un pays peuplé par une génération TPS et une génération al-Qaida. À l'inverse, chez nous, on veut tellement exacerber le souvenir de la guerre que tous ont compris que c'était une ruse pour remonter le temps et le bloquer à un épisode précis : le temps où l'actuel régime était jeune, beau, avait une arme, toutes ses dents, du sens et une vraie histoire glorieuse. De part et d'autre, il y a une sorte de curieuse troisième nostalgie : celle d'un rapport algéro-français post-décolonisation. Les politiques français et beaucoup de leurs intellectuels ne peuvent pas parler d'autre chose, les "nationalistes" algériens ne veulent pas entendre autre chose.

Fallait-il attendre autre chose cependant ? Non. Sauf que ce nouveau rapport entre l'Algérie et l'Occident, où la France n'est qu'un personnage de second rôle, n'est pas encore décrypté ni perçu comme fondateur du présent et une grande grille pour lire l'avenir. La France parle un discours d'avant les années 1990 et les nôtres répondent par un discours d'avant 1962. Ce qui s'est passé depuis 1990 est à peine pris au sérieux, constitue peu un discours d'actualité ou un objet d'études et est évacué comme fait divers. C'est comme, par exemple, s'attarder sur l'époque andalouse pendant que les barques clandestines se dirigent vers Alicante. La France, malgré les millions d'Algériens qui y vivent, est un pays étranger, membre d'un Occident de destination ou de récriminations. C'est un pays qui a ses laïcs, ses islamistes, ses crises d'identité et de mémoire, ses problèmes. On peut suivre ce que dit ce pays pour tenter de comprendre, sauf que les préambules sur une époque morte sont parfois trop longs. On voudrait tant écouter des jeunes absolument étrangers et donc agréablement intéressants et pas une époque morte. Trop de Français capables de nous apporter la contradiction heureuse ou l'analyse profonde tombent dans ce revers quand ils débarquent en Algérie : ils deviennent pèlerins malgré eux. Comme les nôtres deviennent des "anciens combattants" quand ils se sentent obligés de leur répondre. Gaullistes contre FLNistes en arrière-garde dans un monde de satellites, de *harraga*, de multinationales, de djihadisme et d'élan du corps, du muscle vers la liberté, d'argent, de violence, de fantasmes et d'exclusion. "Voulez-vous aller en France ?" "Pas spécialement et seulement si ce pays se trouve en Europe", répondra l'immigrant des temps modernes. La France peut se trouver en Suède si besoin est.

AVILISSEMENT GÉNÉRALISÉ
Mercredi 29 septembre 2010

À Mostaganem, l'une des plus grandes vagues de départ de *harraga* a été enregistrée les deuxième et troisième jours après les fêtes de l'Aïd. Près de deux dizaines d'embarcations avec des dizaines de voyageurs. La plupart seront interceptés cependant à "l'atterrissage" par les gardes espagnols qui n'avaient pas congé ce jour-là, comme chez nous. D'autres périront en mer, comme raconté par leurs amis à cause de la surcharge. Selon des témoignages recueillis par le chroniqueur, des bagarres à l'arme blanche avaient éclaté au moment de l'embarquement entre les "clients" : les passeurs ont été obligés de recourir à la surcharge. "Jusqu'à vingt-six personnes par barque", nous raconte-t-on. Les morts ont été nombreux et la mer les rapporte, depuis une semaine, vers le rivage national comme elle les a emportés. C'est un genre d'histoire qui se passe dans le pays de l'ombre et des morts. Car comme l'Égypte des pharaons, le pays possède un pays des vivants et un autre des morts. On passe de l'un à l'autre, selon la mythologie, avec une barque et un guide. Le corps y est embaumé, l'âme pesée et jugée.

Pourquoi parler de l'Égypte et la lier avec les *harraga* ? Parce que dans l'ex-Égypte d'aujourd'hui, des Égyptiens ont marché contre Moubarak, il y a une semaine. Des milliers d'Égyptiens qui sont descendus dans les rues pour dénoncer l'intronisation annoncée du fils de Moubarak après son père. Ils ont marché dans ce pays où la police peut violer un inculpé, où on torture, où on tue et où la dictature "formule arabe" a atteint des sommets de ridicule et de férocité. Des Égyptiens ont protesté dans la rue malgré la matraque et l'état d'urgence. Chose que nous ne faisons plus chez nous, que nous n'osons plus faire. Depuis quand les Algériens ne sortent-ils plus dans les rues pour demander plus de démocratie ? Depuis vingt ans. La raison ? Il y en a plusieurs : le traumatisme terroriste, l'état d'urgence (nouvelle appellation synonyme de dictature dans les pays du Tiers Monde), etc. Des milliers d'analyses ont été faites sur cette momification de la société algérienne par ses pharaons. Il en reste cependant une dernière : celle dite de l'avilissement.

Si en effet les Algériens ont été d'abord punis pour le vote des années 1990 puis frappés, dispersés et réduits à des comités et des émeutiers, cela n'a pas suffi. Depuis deux décennies, ils subissent un processus d'avilissement qui les a conduits à conclure à leur propre inexistence, à leur autodénigrement.

On a vidé leurs partis, acheté leurs élus, fermé leurs places publiques, pris en otage leurs journaux, on a dépecé leur histoire nationale et privatisé leurs moyens d'expression. À l'époque, on disait "État policier" pour parler d'un État fervent de la surveillance policière et des atteintes aux libertés. Il y a comme un plus, aujourd'hui : État-biographie qui ne veut plus entendre que lui-même. Une sorte de fonctionnement de l'État avec pour seul but d'avilir ce peuple et pas seulement de le surveiller. L'une des plus incroyables conclusions après une grande guerre de libération et des années de lutte pour une démocratie réelle, c'est que tous, élite, peuplades et retraités du régime, n'attendent plus le changement que par les péremptions de la biologie. Il y a une fatigue générale du lutteur pour les libertés et une envie d'avoir la paix du mouton chez le reste du peuple. Il y a donc un lien entre la capacité de marcher dans son propre pays et le nombre des *harraga*. Les Algériens n'émigrent pas : ils s'enfuient. Légalement, quand ils ont un visa et donc dans la discrétion, ou sur des barques, quand ils n'ont pas d'autre voie. Les Algériens s'enfuient. Ce n'est plus notre pays mais la villa de quelqu'un qui nous a signifié qu'il ne veut pas de nous, qu'il nous méprise et qu'il ne nous donne à manger que pour mieux nous voir nous rabaisser dans le geste de la mastication.

CE POUR QUOI JE VAIS ÊTRE PRÉSIDENT DE CE PAYS

Dimanche 3 octobre 2010

“… Il n’y a pas d’autres choix : c’est une histoire que m’a racontée un ami car Kateb Yacine l’a racontée. On lui avait demandé (à Kateb ?) pourquoi il ne pouvait pas vivre comme les autres, avoir une maison, un salaire, un extrait de naissance et des chaussures distribués par l’État. Pourquoi se sent-on parfois obligé de se battre pour la liberté après la Libération, s’opposer, dire « non », dénoncer, au prix même de son confort de tous les jours, de sa vie, de celle de ses enfants ? Pourquoi se sent-on responsable du reste du monde ? La vérité c’est qu’on ne se sent pas responsable du reste du monde plus que les autres : on n’a pas de monde et même pas ce petit morceau du monde que le monde vous doit. La réponse a été que, comme tout le monde, Kateb voulait avoir une maison avec un jardin, une rue et un arbre. Sauf que pour avoir une maison pareille, il fallait avoir, au préalable, une terre, un pays tout autour, un sens. « On ne peut construire sur de l’eau », dit le proverbe.

C’est ce qui explique un peu le grand détour que font les grands hommes pour revenir chez eux : ils construisent leur chez-eux en commençant logiquement par construire un pays. Ce n’est pas du destin, simplement une logique de maçon. Donc pour avoir une maison, un arbre, un bon salaire, un peu de respect aux guichets de l’Administration et le droit de parler à la télé, il faut commencer par avoir un pays et non pas commencer par avoir un logement. Que faire d'un logement hors duquel vous n'avez pas le droit de vous promener avec votre femme en lui tenant la main, ou de laisser vos enfants jouer au bas de l'immeuble sans craindre pour eux ? Que faire d'un jardin s'il n'a pas la surface entière de votre pays ? Que faire d'une maison si vous ne pouvez pas vous sentir libre et heureux dès que vous en franchissez la porte ?

C'est ce qui m'amène à mon histoire : j'ai décidé de devenir président de la République, tôt ou tard, car c'est le seul moyen d'être citoyen de mon pays, d'avoir un pays et donc une maison chez moi. Une fois élu, je fabriquerai, enfin, un pays à partir de son indépendance et je rentrerai chez moi pour labourer ma terre. Je jure que ce n'est pas un caprice mais la conclusion d'une longue réflexion sur ma vie. J'ai attendu que ce boulot de maçon soit fait par les partis, les hommes d'affaires, les services, les anciens généraux, les élections, l'émeute ou l'attente, mais j'ai vite compris : ma vie est courte et mon envie est grande. Autant me fabriquer le pays que je veux moi-même au lieu de l'attendre. Est-ce possible ? Oui. Je sais que je n'ai pas fait la guerre de Libération, que je risque de finir comme Benflis, que je n'ai pas les « Gens de la décision » derrière moi, que je suis un inconnu né après 1962 et donc pas né du tout, qu'il faut de l'argent, un parti, une patte blanche, un souffle long et une formidable capacité à créer le consensus sans inquiéter personne, et enfin une durée de vie capable de surmonter les verrouillages administratifs, mais je n'ai pas le choix : ce que je veux, c'est une maison et puisque je ne peux pas avoir une maison dans un pays qui n'existe pas, je vais commencer par construire un pays. J'y imposerai la modernité, le respect de la femme, l'algérien comme langue officielle, la séparation de la mosquée avec la fainéantise et une histoire nationale qui remonte aux nuits du temps et jusqu'au moment de mon battement de cœur. Je ne plaisante pas : je vais me lancer, même si je n'ai que quarante ans, mes chaussures et ma voiture. Je n'ai pas le choix : je n'ai rien à perdre. Je ne vais pas attendre de mourir pour mieux vivre et me présenter et faire l'histoire, ni que la Constitution change, ni qu'on me le permette, ni que la règle du jeu soit autre. Le seul moyen de vivre dans ce pays c'est de le construire, et le seul moyen de le construire, c'est d'en être le président et faire ce travail de maçon que ne savent pas faire les anciens combattants. Je serai président à cause de mon désir d'avoir une maison."

PRENEZ LE JOUR, RENDEZ-NOUS LA NUIT

Lundi 4 octobre 2010

Qu'est-ce que la nuit nationale ? C'est la moitié perdue du pays. Depuis les années 1990, la nuit n'a pas la nationalité algérienne. Pendant ce temps, qui n'est pas un temps, le pouvoir se contente d'assurer des rondes de police et de surveiller les ambassades et les résidences d'État et les chauffeurs de véhicules retardataires. Donc, ce n'est même pas la moitié du pays, mais une sorte d'espace perdu, un terrain vague où les lois sont suspendues et l'histoire rendue à sa préhistoire. La nuit, les nuits algériennes font peur, on s'y hâte de rentrer chez soi, de s'enfermer. Ce n'est pas un moment pour "sortir" mais pour "rentrer". Tous les Algériens ont vécu cette sourde peur de circuler de nuit dans leurs propres villes qui ne leur appartiennent pas pendant cette parenthèse. Depuis la guerre civile des années 1990, la nuit nous a été enlevée. On ne s'y amuse pas, on y a peur, on s'y hâte. Les femmes y sont pourchassées, volées les uns aux autres, entourées puis mises dans des sachets et emportées vers les montagnes. Malgré une ministre transfuge des démocrates et quelques milliards, le pouvoir n'a pas réussi à peupler la nuit, à la rendre habitable et à y ouvrir des magasins, des soirées, des concerts et des vitrines. Tout juste des milliers de lampadaires dans tous les villages du pays et qui seront vite cassés. La raison ? Elle est claire : on n'a pas encore trouvé ce consensus national qui permet à un pays de laisser sortir ses femmes dans la nuit sans les perdre. C'est encore un "pays du bras", de la force, de la violence. Des milliards ont donc été dépensés pour repeupler le pays pendant le jour, mais la nuit reste un domaine de l'instinct et du rapt.

Pourquoi en parler ? Parce qu'on l'a tous vécu : le soir, quand la nuit tombe et l'humanité aussi, les places publiques et les jardins sont investis par les fous, les alcooliques, les sniffeurs de colle, les agresseurs errants. Même les centres-ville, cœur de l'urbanité et des villes arrachées aux colons, n'appartiennent pas au peuple : on y entend des hurlements, des gens qui courent, une mâchoire qui demande un prénom, etc. Cela fait peur. Pour le pouvoir et les conservateurs, on a réussi à déposséder l'Algérien de la nuit et il ne reste que le jour. C'est déjà ça quand on veut enfermer un peuple, absolument.

Pourquoi ce sujet, donc ? Parce qu'avant-hier, à Oran, certains ont tenté le coup de rapatrier la nuit aux habitants de la ville : "Nuit Blanche" sera un programme lancé par un centre culturel et quelques enthousiastes proches. L'APC d'Oran y sera invitée pour aider à rendre la nuit aux Oranais mais elle se dérobera à la dernière minute : "À cause du nouveau wali qui devait être installé" et donc de cette culture qui veut qu'on ne soit obligé de s'occuper de ce pays que durant le jour. La nuit, il faut dormir. Sur la liste des acteurs de cette opération, il ne restera que des cafés "libanais", quelques Algériens, des groupes de danse et de musique, des animateurs et des expositions. Tant bien que mal, un morceau de la nuit a été arraché aux ténèbres pour être rendu aux habitants. L'effet sera d'avoir fait rêver de ce pays si on n'avait pas connu les années 1990, les coups d'État, le socialisme et l'islamisme. Sauf que cela n'a duré qu'une nuit, une demi-nuit à peine. Le lendemain, le pays nocturne devait être rendu à ses propriétaires féroces : le pouvoir, le gyrophare, le malade mental, l'errant sans maison, l'agresseur et la femme pourchassée. Mis à part cette nuit-là et les derniers jours du ramadan, la nuit algérienne reste un monde sauvage et un pays sans loi. On pourra lancer de grandes autoroutes, importer des avions et des Suédois, cela ne servira pas à faire de nous un pays fréquentable et moderne tant qu'on n'a pas reconquis la nuit algérienne pour la redonner aux Algériens.

LE MANIFESTE OU "QUAND LA BOUCHE CRACHE SUR SA PROPRE LANGUE"

Dimanche 17 octobre 2010

"... Un peuple qui n'a pas le droit à sa propre langue, qui ne peut pas la parler, qui est poussé à la traiter comme un cri de singe et à la dévaloriser comme un bégaiement, est un peuple malade, pas un peuple muet. Car un peuple qui ne parle pas sa propre langue quand il s'adresse à lui-même ne pourra pas saisir les objets, faire plier le réel à son désir, nommer, donner une géographie à son histoire, et vice versa. Et lorsqu'un peuple ne peut pas nommer les choses, il ne peut pas les réinventer, transformer les cycles des saisons en roues, la pesanteur en vapeur. C'est-à-dire que quand un être vit chez lui comme un muet, le monde lui est sourd. Car quand un peuple traite sa langue comme un dialecte, il se traite lui-même comme un personnage secondaire dans une histoire qu'il cède à quelqu'un de plus fort. On abdique par la langue, et c'est dans la langue que l'identité se réfugie quand elle n'a plus de terre. C'est ainsi : toutes les grandes histoires des petits peuples qui sont devenus meilleurs ont commencé par la langue : c'est ce qui permet d'avoir le centre du monde dans sa paume, de lever des foules, de redonner confiance et naissance et de s'approprier le cosmos. Même Adam, le Père des fondations, a commencé par nommer les choses avant d'avoir des enfants. Et le jour où, chez nous, la langue de l'Algérien ne sera plus traitée comme un ramassis d'accidents de l'histoire, ou comme une sorte d'amalgame entre l'emprunt et la déformation, le jour où on acceptera cette vérité qu'un peuple sans langue n'est pas muet mais aveugle et que nous ne serons jamais rien sans notre langue, sur notre terre, ce jour-là, on viendra enfin au monde, on se réveillera, on commencera par saisir les choses, identifier ce qui nous a longtemps entourés comme un parage inutile. Le jour où les formulaires seront en algérien, les livres, les chants, les JT, les discours de nos politiques et nos affiches et documents, ce jour-là, nous serons enfin algériens et nous commencerons enfin à bâtir le pays en commençant par l'essentiel : donner nos noms et nos verbes à notre terre.

Bien sûr, cela viendra avec le siècle, pas avec les ans : les colonisations ont été dures et les plus violentes ont été celles qui nous ont convaincus que nous n'existions pas sans les colons et leurs croyances. C'est notre Moyen Âge à nous que ce moment, mais il finira par se résorber. Un jour, on parlera algérien en Algérie et nous serons enfin guéris de cette sensation de ne pas être chez nous, de vivre une sorte de pays secondaire, de ne pas toucher les objets ni les posséder ni les changer. Nous serons guéris de l'échec et de l'infériorité et du déni de soi. C'est ce qu'ont fait les Arabes il y a quatorze siècles, lorsqu'ils se sont réveillés : ils se sont donné une langue et ils l'ont sacralisée. Et c'est ce qu'ont fait les Romains avant. Ou les Turcs tout récemment. Une langue, c'est quoi en effet ? Il est faux de croire que c'est ce qui relie la bouche à l'oreille ou l'homme à son voisin. La langue, c'est ce qui relie une nation à son univers. À l'univers. L'homme a inventé la langue pour ordonner son monde, le peupler, en atténuer la frayeur primitive et se souvenir – et donc atténuer la mort par la mémoire. On enlève à l'homme la mémoire, le courage, l'ordre et la force quand on lui dit que sa langue est un dialecte ou une langue « de la rue ». On tue la nationalité lorsqu'on la sous-titre.

Cette langue, l'algérien, est pauvre aujourd'hui, faible, détestée ou réduite. On a tué ses poètes, dispersé ses premiers dictionnaires, vidé ses mots et déformé les noms qu'elle a donnés aux villes et aux villages autrefois. Il lui manque le « Pouvoir » et la reconnaissance et, un jour, elle commencera à s'enrichir. C'est une langue pauvre ? Oui : donnez-lui le monde et elle nommera et dénommera les objets et les êtres un par un. L'Algérie se réveillera donc le jour où elle coupera le lien avec les langues mortes et s'apercevra qu'il n'y a rien de honteux à être soi-même. Les pays de l'Occident ont éteint le Moyen Âge et se sont éveillés au sens de l'histoire le jour où ils ont compris qu'ils pouvaient parler leur langue et pas le latin de l'église, et qu'ils pouvaient le faire sans détruire l'Église, ni les cieux, ni le sacré ni le passé. Ce qui sera détruit, c'est la rente qu'assure toute langue « sacrée » à ceux qui en vivent, ceux qui se réclament de la divinité en disant qu'elle parle leur langue et ceux qui sont payés pour enseigner une langue morte. La fin du latin en Europe n'a pas été facile et s'est faite dans la violence et l'audace. L'Église était riche des rentes que lui assurait d'abord sa langue sacrée, qui excluait la plèbe en la réduisant à des serfs inaudibles. Qui réduisait la voix à un marmonnement et la mémoire à de la rumeur et la parole à un dialecte. Tout cela, nous l'avons, nous le savons, nous le vivons : chez nous, un clergé de la culture « authentique » et de l'idéologie de l'élite, de la *khassa*, prescrit une langue morte en nous imposant la fausse idée que notre langue à nous ne vaut rien et que donc nous non plus ni nos actes ne valons rien.

Malek Haddad avait raison d'être malheureux de vivre entre deux langues, sauf qu'il se trompait d'épouse en accusant sa maîtresse : son butin de guerre était certes le français, cependant sa langue d'origine et de réel n'était pas l'arabe classique mais l'algérien. Il l'avait au bout de la langue mais il était aveugle à force d'être sourd."

VARIANTES OISIVES
SUR LE MYTHE DE SISYPHE
Jeudi 28 octobre 2010

Parce qu'il trompa les instincts profonds, les lois de la nature ou les dieux grecs (leurs anciens synonymes), un homme qui s'appelait Sisyphe a été condamné à pousser vers le haut d'une colline un énorme rocher qui irait rouler vers le bas dès que le but serait atteint, et ainsi de suite. Sans fin. Pas même la mort, car le châtiment a lieu après la mort justement.

Albert Camus en fit un mythe encore plus moderne et l'illustration de la condition humaine absurde, à l'exception de la dignité de l'effort. L'homme est l'homme, et le rocher son univers : condamné à faire n'importe quoi, le plus longtemps possible, dans un monde qui n'a pas de sens. Fascisante illustration qui laisse deviner un abîme de variantes.

On imagine par exemple un Sisyphe croyant : il refuse de pousser la pierre, y sculpte un dieu et s'agenouille devant lui pour que la pierre roule d'elle-même, sans effort, dans le calme miracle de la transgression de la pesanteur. On imagine aussi Sisyphe refusant de pousser la pierre : il s'assoit en haut de la colline et attend que quelqu'un passe, comme le font les tiers-mondistes depuis les décolonisations. Ou le contraire : il s'assoit en haut de la colline, colonise un pays, prend ses hommes et les oblige à pousser la pierre à sa place comme le fit l'Occident. On imagine encore la grosse pierre roulant sur Sisyphe, le tuant sans le faire mourir, l'écrasant et lui passant dessus sans fin pendant qu'il essaye de se relever, comme c'est le cas de tous ceux qui vivent dans des pays sales, pauvres et méchants et sans droits de l'homme ni démocratie. On imagine, enfin, un Sisyphe plus intelligent : il s'attaque à la colline pour l'aplatir au lieu de pousser sans fin une pierre. C'est la solution de l'Occidental, la source de son développement technologique qui va de la pioche au satellite. On peut aussi trouver un genre de Sisyphe qui, pour échapper à son sort, dynamite la pierre en se dynamitant lui-même par une ceinture d'explosifs au nom d'Allah ou de Jéhovah ou de Jésus combattant : la peine étant liée à la pierre, on ne peut changer sa condition qu'en y mettant fin et en la refusant. Une sorte de fast-bouddhisme à la TNT.

Il y a aussi des Sisyphe encore plus malades : le genre de celui qui s'interroge sans fin sur le poids de la pierre, le diamètre de la colline ou la nature de la gravité. Est-ce que la pierre a un poids ou est-ce que la colline a une fin ? D'où vient la pierre et où va la colline ? Un Sisyphe politicien irait s'asseoir au sommet de la pente et ferait un discours à la grosse pierre pour la soulever avec sa langue ou la convaincre de rouler dans sa paume.

Une énigme : que fait donc Sisyphe quand il dort ? Il se retrouve sous ses propres paupières, avec une autre pierre et une autre colline : les dieux ont veillé à fermer la brèche du côté du sommeil comme du côté des herbes hallucinogènes.

Dormir n'est pas une solution contre l'absurde. C'est une reconduction de la condition humaine, mais sans le muscle et la mobilité. D'où des éclairages plus nets sur des questions bêtes et méchantes : avec une barbe, on ne pousse ni plus rapidement ni plus lentement sa pierre. Avec un livre, on peut la caler un moment, le temps de se donner des raisons. Avec une corde, on ne fait pas mieux : face à l'univers, on est seul. Avec une machine, la pierre devient plus grosse et la colline plus difficile. Même la géologie n'y peut rien : la pierre est explicable mais pas plus transportable.

Dernière question : pourquoi le mythe a fait de Sisyphe un homme ? Et un homme seul ? Parce que chacun l'est, intimement. Le rocher de Sisyphe, c'est comme les toilettes ou la mort ou la naissance ou l'amour (c'est-à-dire l'essentiel) : on peut n'y aller que seul et ne pas en revenir parfois. Rien ne permet de porter la pierre à la place de l'homme : ni les livres célestes, ni les prêcheurs, ni les idéologies de masse, ni la fuite en avant. Seules peuvent aider des décisions d'homme : la foi, le sens de la dignité, le défi face au vide ou la transgression de la solitude par le chant ou l'entraide.

MADAME CLINTON A VOTÉ BOUTEFLIKA
Jeudi 4 novembre 2010

À l'occasion du 1er Novembre, Hillary Clinton, la patronne des affaires mondiales américaines, a salué l'Algérie et Bouteflika. C'est-à-dire Bouteflika. Le message, du point de vue de la politique, est cohérent : nous sommes amis, vous êtes un pays utile, rien ne se fera sans vous dans le Maghreb, nous avons le même ennemi et on peut avoir le même avenir en tuant les mêmes terroristes et en mangeant le même pétrole.

Pour l'actuelle équipe au pouvoir, le sourire de cette dame est une aubaine : il pèse plus que 70 % de "oui" dans n'importe quelle élection présidentielle. On peut lire ce message comme un soutien, une correction de tirs pour une meilleure coopération dans le Sahel, un encouragement qui survient après les critiques occidentales sur le nationalisme économique du pays. Le message des États-Unis à un dirigeant arabe, même s'il est limité à un "joyeux anniversaire, *honey*", pèse toujours lourd et est facilement recyclable. C'est le même effet et le même poids qu'un sourire de Bouteflika à Belkhadem face aux détracteurs de ce dernier ces jours-ci : il suffira largement pour faire basculer les redresseurs, les détracteurs et les demandeurs de changements. C'en est ainsi pour le Département d'État américain : il fait le vent et son sens.

Reste donc, pour nous, "peuple d'Alger", cette formule savoureuse (de Rumsfeld à l'occasion de son passage en

Algérie il y a quelques années), destinée à mastiquer les nuances et l'humour involontaire de ce type d'échange. Car rien ne réduit mieux les tiers-mondistes à des chiffons que ce genre de politesse entre dictatures et démocraties occidentales. On s'y sent seul, sans moyens, sans interlocuteur et destinés à rester les voyeurs du pipeline. Les démocrates arabes sont aujourd'hui des gens qui n'ont pas d'armée, pas de pétrole qu'ils contrôlent, pas d'entreprises libres, pas de fichiers de terroristes à échanger. Ils n'intéressent donc personne, sauf s'ils sont iraniens. Il reste seulement à s'amuser de ces envolées qui mêlent lyrisme, baril et coopération. Avec l'effort obligatoire qu'il faut faire pour ne pas rire de formules du genre "l'Algérie [est] un catalyseur dynamique pour promouvoir la stabilité et la sécurité régionales". Ceux qui veulent des pays "arabes" plus libres, plus heureux, plus démocrates ont donc très peu d'amis ou pas du tout : les islamistes les détestent, les djihadistes les tuent, les dictatures les pourchassent, la plèbe les regarde comme des cerfs-volants qui parlent, les États occidentaux n'en veulent que pour faire de la pression préventive ou pour menacer des régimes récalcitrants. Le genre de lettre de Clinton est donc le bienvenu : cela sert à tout mais jamais à nous rendre meilleurs.

LA PEINE DE MORT REQUISE CONTRE… UNE CHANSON

Samedi 6 novembre 2010

Qui est le pire ennemi du pouvoir ? Traditionnellement, c'est Aït Ahmed, les "mal-votants", le *makhzen* marocain, les ONG internationales des droits de l'homme ou les opposants qui ont de l'audience et que les renseignements généraux suivent partout, même lors des mariages. Est-ce tout ? Non. Le pouvoir a aussi une sorte d'ennemi "interne", non politisé, anonyme comme une banalité et que les forces intermédiaires et zélées du pouvoir détruisent là où elles le trouvent, le découpent en morceaux, le broient et le dispersent.

Voici une histoire qui s'est passée à Chlef, selon le compte rendu d'un journal confrère : un jeune Algérien amateur de rap a écrit et publié sur le Net des chansons qui parlent de Bouteflika et du terrorisme. Pour bien compléter le tableau, il faut savoir que le jeune Algérien en question est un *harrag* et qu'il vit en Europe, clandestinement, et qu'il a donc déjà un bon coefficient d'inspiration et de représentativité. Ces chansons dissidentes seront donc reprises par son frère qui a le malheur d'habiter "ici" et feront un peu le tour des oreilles amusées jusqu'au moment où elles feront l'objet d'une enquête policière. Le frère éditeur sera donc arrêté et présenté à la justice algérienne. Le verdict a été prononcé cette semaine : dix ans de réclusion criminelle par contumace et 500 000 DA d'amende contre le rappeur, coupable d'être *harrag* et d'avoir porté atteinte à l'image du président de la RADP et d'avoir fait l'éloge du terrorisme. Le frère du chanteur occasionnel écopera de trois ans de prison. Le plus curieux sera de noter que le procureur avait requis… la peine de mort. Une demande bouleversante !

Car si dans la presse on vous apprend très tôt à ne pas commenter une décision de justice, ici on ne peut pas éviter de reprendre l'histoire nationale par ses cheveux : ce verdict est lourd, la peine requise est incroyable et le crime est un verbe, pas une bombe ou un attentat. Le drame est que si cela choque autant, c'est que, aux yeux des Algériens, les fondements du sentiment de justice ont été fortement ébranlés par la dernière décennie et sa réconciliation nationale sans punitions ni aveux. Depuis, l'Algérien n'arrive pas à croire à la justice et n'admet pas ses balances et poids et mesures : parce qu'un homme qui a posé une bombe et tué des gens peut être pardonné, il devient incompréhensible qu'un autre qui chante soit destiné à la peine de mort. Parce qu'un homme qui vole un million de milliards peut être mis en liberté conditionnelle, celui qu'on condamne pour avoir volé un timbre devient un martyr. Ayant introduit l'impunité, le pouvoir a consacré l'absurde : l'exception de la réconciliation a été si énorme qu'elle a détruit tout le reste. Pour le cas du chanteur de rap, il y a cette disproportion nationale mais aussi le zèle d'une classe de supplétifs du politique qui croit qu'on peut plaire encore mieux si on offre des têtes tranchées. Le chanteur de Chlef est un *harrag* en exil, il chante contre Bouteflika et pour le terrorisme. De quoi en faire une sorte d'ennemi exemplaire, un anti-citoyen, une mauvaise herbe et la cible de la colère d'un système qui supporte déjà trop mal l'opposition intellectuelle pour avoir à tolérer l'opposition "plébéienne".

MENA SANS NOUS
Mardi 9 novembre 2010

Qu'est-ce que l'Algérie aux yeux des spécialistes politiques et médiatiques anglo-saxons ? La question se pose car la tendance nationale est de considérer généralement le point de vue occidental sous le prisme du point de vue français uniquement. La France a décolonisé la terre mais pas la vitrine : il suffit de faire un tour aux États-Unis par exemple, ou dans le reste des pays du monde, pour voir que l'on ne parle de l'Algérie que par ce qu'en racontent, retiennent, filtrent et commentent la presse française et ses "observateurs" et son opinion dite autorisée à décrire les néocolonies.

D'où cette étrange image de soi, appauvrie, réductrice, peu variée, que l'on vous présente lorsqu'on vous parle de votre pays quand vous êtes dans le vrai Occident de l'Occident : les pays anglo-saxons. Pour le catalogue donc, et en dehors de quelques petites particularités dues au marché des hydrocarbures et à l'expérience antiterroriste ou au Sahel, l'Algérie reste "confondue", aux yeux des Américains et des Anglais ou des Latino-Américains, dans une sorte de cartographie arabe dont la capitale est Le Caire et dont la zone la plus visible est le Liban, la Jordanie, l'Irak et la Syrie. Cela s'appelle, pour le catalogue, la zone MENA. Décrypter : Middle East and North Africa (dans l'ordre de visibilité).

Le Maghreb, réduit à la mission de Baker dans le Sahara occidental, y est présent comme l'annexe d'une aire "arabe", et l'Algérie, malgré les chaleurs épistolaires, y est l'annexe de l'annexe. Une sorte de pays connu par son ambassade qui a été victime d'un incendie à Washington, par son marché gazier, ses "services" coopérants et sa crise des années 1990 et ses élections douteuses. En dehors donc de ces "certitudes", l'Algérie comme pays, comme culture distincte des danses du ventre, comme langue et "maghrébinité", est absente. À peine le statut d'une *daïra* de l'empire de la diplomatie internationale cairote et son arnaque de représentativité des Arabes et de leurs causes.

Les nouveaux diplomates anglo-saxons sont les premiers surpris, quand ils débarquent à Alger (où ils sortent rarement d'ailleurs) et y découvrent un pays qui ne parle nulle part la *fous'ha*, la langue arabe classique, et où il n'y a pas de pyramides.

La faute en revient bien sûr au barrage linguistique (fonds de commerce de la diplomatie culturelle et politique du Moyen-Orient) : l'Algérie ne parle pas anglais et ne peut exporter son image ou ses avis. À cause d'une sorte de mollesse culturelle de notre diplomatie qui croit conquérir l'univers avec une "année de l'Algérie en France", comme si la France existait encore comme centre du monde.

La faute en revient aussi à notre accommodement "baathiste" à déléguer au Moyen et Proche-Orient la mission de nous représenter en nous effaçant, et de nous intégrer dans son aire au nom d'une communauté identitaire fantasmatique.

À terme, deux malentendus : nous persistons à croire que l'Occident c'est la France, et l'Occident persiste à croire que l'Algérie est une *daïra* arabe ou une ancienne colonie française. Personne de chez nous n'ose protester contre ce statut de seconde épouse de la diplomatie égyptienne en direction du monde anglo-saxon, ni s'élever contre ce déni géographique du Maghreb et de l'Algérie, son effacement dans la périphérie culturelle des “Arabes” de souche et notre réduction à une seconde zone.

Pourquoi Middle East and North Africa ? Pourquoi pas le Maghreb ? D’ailleurs, pourquoi dire Maghreb en référence à un Machrek ? Cette image simpliste qui tente de nous caser dans le rôle d’une arabité de fait est à revoir. D’abord à nos propres yeux, avant de l’exporter aux yeux des autres. Le monde est anglo-saxon et, là, l’Algérie y est à peine distinguée d’un bas quartier du Caire. À revoir. Absolument et très vite.

(Le 18 novembre 2009, dans le stade d'Oumdourman, au Soudan, l'Algérie a battu l'Égypte lors d'un match décisif de qualification pour la Coupe du monde 2010 de football.)

UN AN APRÈS : SECONDE LETTRE D'OUMDOURMAN

Lundi 15 novembre 2010

"Ne m'en veux pas, M'ma. Si je reste ici, ce n'est pas que je veux changer de pays. Je veux seulement ne pas le perdre, le garder dans ma main, le serrer très fort, le mettre dans une petite boîte et l'accrocher à mon cou. Les Égyptiens ? Ce n'était qu'un prétexte. Ici, j'en croise quelques-uns mais je les distingue à peine : ils jouent tous dans le même film que je ne regarde plus. Ce sont des étrangers dans mon film à moi. Ils ne pardonnent pas peut-être à la vie que leur salle se vide de spectateurs. Ils ressemblent à peu à Souad Hosni, tu sais, cette star que l'angoisse de la vieillesse a fait se suicider à Londres. Je ne m'en occupe pas, ou plus. Mon histoire ne les concerne pas. Et je sais que presque tous ceux qui sont revenus après Oumdourman ont mal fini, sauf moi. Regarde Saâdane, M'ma : il n'est plus le même, ni notre équipe, ni Chaouchi. Il ne fallait pas revenir très vite. Il fallait rester ici et ramener tout le pays à la même date. Le laisser tourner dans les airs autant qu'il le voulait avant de lui expliquer, doucement, qu'il faut revenir mais sans lâcher les oiseaux et les étoiles qu'il a pu collecter. Le stade d'Oumdourman est petit mais il aurait pu nous contenir tous, si seulement nous nous y étions tous serrés. L'étroitesse est dans les cœurs. J'y ramasse encore, rarement, des pièces de monnaie du pays. Une fois, j'y ai trouvé une chaussure. Pas la paire, mais une seule. Orpheline. Et dans cet endroit qui m'enferme, où je tente de reconstruire ma vie et où je n'ai jamais rencontré, la nuit, qu'un chien errant qui me suit parfois, j'ai frémi comme si je croisais pour la première fois un être humain sur une île déserte. Une chaussure, oui ! Pointure 42. Elle avait appartenu à un Algérien sûrement. J'ai peut-être même dû le croiser, lui sourire, le bousculer dans les bus ou sur les gradins ou dans les immenses avions. J'ai longtemps regardé et gardé cette chaussure : c'est la preuve que la vie existe. Comme si elle avait dessiné la plante d'un pied sur une plage sauvage, sur une île où j'étais naufragé. C'était un vendredi. Ne crois pas, M'ma, que ma vie est triste. Non ! Non ! Il m'arrive de rire et mon fou rire s'imprime presque sur la face figée de mon chien qui me regarde alors comme si j'étais un dieu hilarant. Il m'arrive de m'esclaffer d'anciennes blagues, de vieux souvenirs et de mes années « là-bas ». Par exemple, je m'imagine revenir au pays et le parcourir pour retrouver le porteur de la chaussure, l'élu de cet accident, et lui demander la main de sa sœur. Je l'ai essayée un peu, moi aussi, juste pour éprouver la sorte de sensation quand on se glisse dans la peau d'un autre. Le bonhomme a dû rentrer chez lui les pieds nus. Ça a dû être un long chemin à parcourir, chaussé d'un unique soulier de sport, même avec des dizaines de rameurs. J'ai vu ça dans les films américains : ils prennent un morceau de la mâchoire d'un squelette et arrivent à reconstruire le visage du mort et même tous ses traits. Est-ce qu'on peut le faire avec une chaussure et un chien et un stade ? Je ne sais pas. On peut presque reconstruire un pays avec un ballon, non ? Alors je me permets de vagabonder. J'ai donné à la chaussure le nom d'El Bouraq car elle me permet de voyager dans les airs. El Bouraq est de fabrication espagnole. Elle est blanche avec des rayures bleues et jaunes. Une sorte de tigre de cuir. Je l'ai déposée dans un paquet, au-dessus de mon lit, dans ma baraque, et la nuit, je lui parle et on va dans le ciel à ma manière et on rencontre qui on veut, qu'il soit mort, vivant ou pas encore né. Ce n'est plus alors une chaussure, mais un animal dont la moitié du corps est un muscle et l'autre moitié une aile et un lacet.

Ici, on m'appelle donc *El Jazaïri*, l'Algérien. C'est la première fois que j'ai le prénom de tout un pays. C'est une sensation bizarre : on a l'impression d'être le dernier de sa race, l'unique survivant d'une mémoire. Passons, M'ma. Pour le reste, je me nourris bien, je suis en bonne santé et mon chien en arrive presque à me parler, uniquement avec ses oreilles. Au stade, on ne me paye pas beaucoup, mais cela me suffit. J'ai loué une chambre tout près et, la nuit, j'aime regarder la ville d'Oumdourman de loin. Elle n'est pas bien éclairée car c'est une ville de pauvres, mais, de loin, la nuit, elle semble ne pas toucher le sol. Elle ressemble, en ces heures, à l'autre ville que j'adore. L'Oumdourman du ciel. La ville où nous avions atterri comme des oiseaux et qui flotte dans les airs et qui est habitée par des gens pauvres et souriants qui se nourrissent de vieilles motos, d'air et d'applaudissements. Il m'arrive d'y aller mais elle n'est pas la même lorsqu'on la regarde de trop près : sa peau se craquelle, se dessèche et se troue puis commence à sentir. Ville étrange : elle se décompose au toucher et se recompose quand on s'en éloigne. Il doit en avoir existé de pareilles autrefois quand on traversait les déserts à dos de chameau pour chercher le sel et les nouveaux prénoms.

Ah oui, je voulais te parler enfin du stade. Il n'est pas grand : je peux le nettoyer en une demi-journée. J'en prends soin comme d'une tombe, ou d'un animal domestique qui assure le lait. Je fais le tour de sa fourrure verte, je ramasse les papiers volants, les morceaux de bouteilles et les pierres. Je caresse son gazon pour l'encourager à frémir. C'est un pays pour moi. Je n'aime pas la politique mais ici, je m'en suis fait une idée. Pour moi, le pays que j'ai quitté ressemble à un immense stade qui n'a pas de goal, ni de gardiens et qui a un arbitre qui triche. Oui, c'est exactement comme ça : un stade absurde. Le peuple y est enfermé, ne peut pas sortir, seulement jeter des pierres ou faire semblant d'acclamer. La nourriture y est gratuite, le ciel insaisissable, le gazon importé et les joueurs vieux. Et tu veux que je revienne, M'ma ?

Oumdourman, le 14 novembre."

MOKRI, LIEBERMAN ET LE SANDWICH "PALESTINE"

Jeudi 18 novembre 2010

Faut-il en parler ? Oui, car c'est un devoir moral et de témoignage devant l'histoire. Le sujet : les déclarations du député MSP Abderrazak Mokri, sur les ondes de la chaîne III, la semaine dernière, à propos de ce qui se passe au Sahara occidental. Interrogé à propos de la tiédeur sinon le silence des islamistes sur les événements de Laâyoune, le député a eu la réponse la plus tragique et la plus lourde de sens : il n'a pas dit que c'était un problème de décolonisation, ni une crise qui concernait le Maroc et le Polisario, ni qu'il fallait faire passer les intérêts de l'Algérie avant tout engagement. Il a seulement dit, avec colère contre le journaliste qui insistait sur l'implication des islamistes en faveur de la Palestine et pas pour la RASD : "Il ne faut pas mettre la question sahraouie et le problème palestinien sur un pied d'égalité, parce qu'il s'agit de deux choses différentes. Il y a lieu de signaler que le conflit palestinien est d'abord religieux. Ce que les nations arabo-musulmanes ne peuvent ignorer. Elles doivent défendre et soutenir le peuple palestinien." Rarement, faut-il noter, les islamistes n'ont autant assumé et avoué l'usage qu'ils font de la question palestinienne : un usage religieux et de commerce de propagande. La cause palestinienne, de la même façon qu'elle a été une cause pour les régimes nationalistes arabes des années 1970, est aujourd'hui prise au piège des propagandistes islamistes de tout bord, sunnites ou chiites : Ahmadinejad promet de libérer El Qods, autant que l'ont promis Saddam ou Zawahiri ou Ben Laden.

Le reste des colonisations dans le monde ne les concerne pas. Ils savent que la question palestinienne est porteuse, émotionnelle, passionnelle. Cet usage concomitant entre l'offre "religieuse" et la Palestine est cependant rarement admis, et il faut de l'emportement et une certaine perte de contrôle pour qu'un islamiste vous avoue que ce n'est pas l'humain, le Palestinien, ou le colonisé ou l'injustice qui lui importent mais seulement la "cause palestinienne". C'est-à-dire pas les Palestiniens ou la Palestine, car la différence est celle qui existe entre le vivant et l'idée, la marchandise et le drame. Du coup, la conclusion qui s'impose : il n'y a aucune différence entre islamiste "arabe" ou algérien et Avigdor Lieberman et les ambitions messianiques du parti raciste Israel Beytenou : l'un veut la Palestine au nom d'Allah, l'autre au nom de Jéhovah. Les deux insistent sur "le sens religieux" du conflit, investissent "la cause" du point de vue de l'émotion religieuse et "travaillent" à développer cette dimension de "guerre sainte" qui escamote l'évidence d'une cause de colonisation et de décolonisation. Si vous enlevez aux deux ce commerce, ils n'auront plus rien à vendre et plus rien à offrir. Les islamistes algériens, autant que leurs tuteurs dans le reste du monde musulman, ont compris que c'est une de leurs causes majeures de survie et ils ont réussi à s'en réserver le monopole et à en faire une marque déposée. D'où la colère du député Mokri : c'est celle d'un commerçant à qui on demande de laisser tomber son principal produit de vente. Gênés, coincés dans des postures de compromis permanent et renouvelable, les régimes arabes ont fini par déléguer ce fonds de commerce aux islamistes qui, aujourd'hui, en investissent le créneau avec bruits, médias, martyrs, produits dérivés et logos de partis. Que le reste de l'Afrique retombe dans la colonisation, que le monde brûle, que Mandela soit remis en prison ou que les derniers Indiens soient exterminés, cela importe peu aux islamistes : leur cause, c'est la cause palestinienne, pas l'humanité. L'humanisme n'a jamais été un islamisme et l'inverse est aussi vrai.

La réaction de Mokri est importante : c'est celle d'une époque et d'une industrie et d'un négationnisme encore plus sournois qui s'est mis en place. Il fallait la signaler et la rappeler sans cesse aux consciences et au reste du monde qui confond déjà la Palestine et la guerre contre les mollahs. La Palestine a été desservie par son titre de "cause des Arabes", elle l'est encore plus par sa transformation en une "cause religieuse". Les deux empêchent qu'elle soit une cause humaine.

LA GÉNISSE PRÉFÉRÉE DU POUVOIR

Dimanche 28 novembre 2010

Quand on les lit en même temps, dans un même journal, cela produit une sorte de vision inaccoutumée du réel. Jugez-en : une association algérienne de femmes se voit interdire de célébrer la Journée mondiale contre les violences faites aux femmes, des centaines de génisses pleines viennent d'être importées, des chacals en colère ont attaqué des villageois en Kabylie. Le rapport ? Il est du domaine du ludique, du dramatique, du politique. C'est en effet un peu cocasse de voir que le régime interdit aux femmes de célébrer une journée contre la violence faite aux femmes, mais qu'il importe des génisses pleines pour remédier à la crise du lait et de la fécondité dans ce pays. On peut aussi s'amuser de voir qu'on importe des génisses, mais qu'on ne défend plus les villageois de la Kabylie ni contre les prises d'otages, ni contre le terrorisme ni même contre les chacals.

C'est peu profond comme première conclusion : il faut donc creuser encore plus. L'évidence est qu'aujourd'hui le pouvoir ne se soucie plus de faire scandale contre les libertés. Il peut frapper des femmes le jour de la fête des Femmes, il peut interpeller des journalistes le jour de la Journée mondiale de la liberté d'expression. Il peut, et c'est cela le pouvoir. L'époque des pressions internationales est révolue pour les pays producteurs de gaz et exportateurs de fichiers d'anciens terroristes.

L'erreur des femmes algériennes, en ce jour contre la violence faite aux femmes, est l'erreur de nombreux intellectuels : la politesse. Le respect des réglementations, de l'ordre, de la procédure et des bonnes manières. Les émeutiers ne demandent jamais d'autorisation ni d'agrément : ils "s'émeutent", et du coup le pouvoir les traite comme des interlocuteurs, les frappe ou les charme ou les écoute. Le tort des gens polis, c'est que le pouvoir les traite comme des gens faibles. Beaucoup de gens qui s'engagent dans ce pays savent qu'il ne faut jamais demander d'autorisation avant une activité. C'est fatal comme recette. Qu'auraient pu faire les femmes le jour contre la violence faite aux femmes ? Subir peut-être une violence policière pour illustrer leur combat.

Et les génisses pleines ? C'est pour expliquer que le pouvoir a compris, grâce à son formidable instinct, que l'équilibre est toujours sauf quand on interdit la démocratie mais qu'on importe des vaches. L'allaitement a le don de calmer les peuples et les nouveau-nés. Le pouvoir prend le pétrole, le vend, redonne une part en nature au peuple qui abdique sa nature de peuple.

Au-delà de cette équation d'alimentation générale, tout le reste n'est que fiction ou parade pour la consommation internationale (réformes, élections, discours, relance, consultation, APN, etc.). Une demande d'agrément de génisses pleines pour protester contre le sort des génisses pleines en Algérie aurait décroché plus d'attention et aurait provoqué la réaction de ministres, femmes ou pas. À cause de l'économie de rente et du socialisme culturel, on ne peut pas frapper une génisse pleine, ni lui interdire de se rassembler, ni la manger d'ailleurs.

Et les chacals ? Ça c'est pour le reste : c'est-à-dire les villageois perdus qui ne peuvent ni produire du lait, ni enfanter directement *in vitro*, ni protester contre la violence. C'est un endroit sans lait ni agrément, qui devient plus grand que la surface du pays et qui ne préoccupe personne. On peut s'y rassembler ou pas, protester ou pas, se faire manger par le chacal ou pas, épouser une génisse ou pas. C'est ce qu'ont compris les chacals qui n'ont plus peur. C'est ce qu'a compris le pouvoir qui a de l'attention pour les génisses quand il y a crise du lait. C'est ce que n'ont pas compris les femmes qui luttent pour les droits des femmes : le pouvoir veut l'immobilité, le lait et la neutralité avec les chacals. Pas plus. Sauf quand il rentre le soir chez lui.

LE QATAR
OU COMMENT RÉUSSIR UN PAYS
EN LE TRANSFORMANT EN UNE ENTREPRISE

Samedi 4 décembre 2010

Le Qatar vient de gagner son ticket pour organiser la Coupe du monde 2022. C'est une joie immense dans ce pays et ailleurs. Certains y voient une victoire "arabe", d'autres une victoire d'un pays "arabe et musulman", d'autres encore y voient la victoire d'un pays riche. C'est donc selon ce qu'on attend du monde : une vengeance, une preuve ou une reconnaissance – mais l'essentiel n'est peut-être pas là. Pour avoir longuement regardé à la télévision les explosions de joie dans ce pays et le sourire fier et entier de son couple royal, on finit par éprouver une sorte de secrète jalousie et une tristesse. Voilà un pays comme nous, parti de rien, comme nous, avec du gaz comme nous et qui a réussi à devenir le centre du monde tout en n'ayant que la surface d'une wilaya algérienne. La raison ? Ce sont des raisons. Mettons donc de côté les analyses expliquant cela par les lobbyismes internationaux, par "les bases américaines", par les bons rapports avec Israël et les analyses qui se limitent à l'argent et reprenons l'histoire par son début. Le Qatar est un petit pays qui a à peine une histoire nationale, genre un million et demi de martyrs. Il est si petit qu'il ne peut même pas se permettre d'être vaniteux et de se présenter comme le meilleur exemple de la décolonisation du XXe siècle. Il a du gaz mais ce n'est pas une maladie. Comme nous autres, il a longtemps été gouverné par un vieillard qui ne savait pas utiliser un clavier jusqu'à l'arrivée de son fils qui l'a mis dans une chambre et lui a recommandé de ne pas confondre son âge et l'âge de son pays.

L'émir du Qatar a réussi d'abord à créer une image et une sorte d'empire médiatique avec Al Jazeera qui a donné à son pays de 11 427 kilomètres carrés, la surface de toute la planète. La révolution Al Jazeera est indéniable. On pourra dire ce que l'on veut sur ce network, sur ses réseaux, double jeu et manipulations, les propriétaires du groupe ont compris l'un des mécanismes des temps modernes : l'empire des images, leur impact, leurs industries et leurs profits. Le Qatar a réussi à exporter l'image d'un pays où l'on peut dire des choses, où l'on assume les relations internationales même avec Israël sans hypocrisie, où les débats sont pertinents et la royauté pas du tout ridicule, où la liberté de culte n'est pas qu'une chasse aux casse-croûte et où les droits de la femme sont les plus respectés dans cette région du monde. La révolution Al Jazeera a fini par "enfoncer" encore plus le reste du monde "arabe" en en soulignant, par contraste, le calendrier moyenâgeux.

La monarchie a réussi donc, d'abord et surtout à créer un "rêve qatariote", même pour les intellectuels arabes et leurs marchands. Le *Qatar way of life*, un mythe et une image. Par la suite, même avec toutes les critiques du monde sur son dos, ce pays a toujours l'image positive d'avoir su utiliser son gaz pour les besoins de son cerveau et pas pour une armée, des milices, des rapines, des fraudes électorales. Là, les choses en apparence sont claires : le gaz n'est pas une malédiction, la monarchie n'est pas une fausse république, la liberté d'expression est une industrie, pas un interdit caricatural, les gratte-ciels sont un urbanisme qui vise le ciel et pas le relogement, et l'économie y est si moderne qu'on en reste étonné.

La vérité est que le Qatar a compris l'essentiel : pour réussir un pays, il faut le faire ressembler à une entreprise internationale. Une entreprise avec une image, un logo, des campagnes de publicité, des canaux médiatiques, de l'originalité dans l'emballage, de la liberté d'initiative, une transparence dans la comptabilité, de la délégation de pouvoir et de la rapidité dans le traitement des commandes. Un État-entreprise (comme Taiwan, le Japon, la Corée du Sud, etc.) qui, encore une fois par contraste, relègue au musée des monstruosités les autres États "arabes" gérés comme des tribus ou comme des casernes et où les rois ou les présidents ont comme souci majeur d'affirmer une propriété plutôt que de réaliser un bon chiffre d'affaires.

WIKILEAKS : LA BANDE-SON DES RÉGIMES LOCAUX

Lundi 6 décembre 2010

C'est devenu un rite matinal : se lever le matin, pas pour vérifier que le pays roule ses villes et voitures mais pour lire si WikiLeaks a dit quelque chose de nouveau sur "les nôtres". Une petite phrase fraîche qui vient expliquer le mystère d'autres phrases, genre "le président a discuté d'affaires d'intérêt commun avec l'envoyé spécial de…", ou confirmer un soupçon ou mettre du son sur les fameuses séquences muettes que nous montre l'ENTV quand un président étranger est reçu par le nôtre dans son palais. On a presque tout dit sur WikiLeaks et sur son mystère mais on n'a pas encore parlé suffisamment du plaisir du texte que ce site procure. Ce qu'on y découvre, ce n'est pas ce à quoi ressemblent l'Amérique et sa diplomatie extérieure ou sa vision du monde, mais autre chose : le pouvoir, le nôtre et celui de beaucoup de régimes "arabes", est un être biologique qui a des pattes, des oreilles, de la fourrure qui gonfle ou se rétracte selon les humeurs, des envies, des états d'âme de belles filles sous l'autorité d'un mâle dominant, des caprices face à des bijoux ou des résistances de harem international. C'est finalement cela, le plaisir WikiLeaks, pour des gens comme nous dans des pays où les médias sont des chèvres domestiquées et la communication une secrétaire personnelle du régime. Les frontières entre l'Algérie et le Maroc ? Elles ne sont pas ouvertes parce que

Bouteflika ne supporte pas les caprices de Mohammed VI qui était un gamin quand lui était déjà une star de la diplomatie non-alignée. Le Sahara occidental ? L'Algérie ne laissera jamais le président de la RASD tirer un coup de feu à partir de Tindouf. Les relations algéro-françaises ? C'est toujours une histoire de blé et de deys locaux. C'est alors que, brusquement, on se prend de pitié, nous le peuple et ses journaux et analyses, pour l'immense débauche de papiers et de claviers qui analysent ce genre de questions à partir de mille cerveaux alors que cela peut être réduit à "ça". On découvre le côté blague du président de la RASD qui menace de reprendre les armes, ou le côté comique des échanges de vœux entre un président et un roi qui se détestent. On se met à rêvasser au reste du blabla qui nous a été servi pendant des décennies sur ce que faisait notre régime, sur ce qu'il pense et ce qu'il nous dit. Et, du coup, emporté par le débit, on se met à fantasmer sur une sorte de WikiLeaks national.dz qui nous raconterait un peu ce qui se passe à Alger, ce que pensent les fabricants des présidents locaux de l'actuel locataire, leur version sur les OVNI, Khalifa, Abane, Boudiaf, les émeutes et Saâdane.

Car il existe une sorte de champ "WikiLeaks" algérien non encore mis sur le réseau public : lorsque Khelil, l'ex-ministre du Pétrole, a ri en répondant à la question sur la possibilité de poursuites judiciaires, cela prouve que lui a lu une partie de ces archives secrètes. Lorsque le patron du MSP a parlé de "gens de la décision" avant de se rétracter comme une barbe molle, cela prouve qu'il a son nom dans ce genre d'archives. Peut-il arriver un jour qu'un Algérien téméraire mette à la disposition de tous les stocks de friperie le linge sale national ? Peu probable : Internet est encore un réseau mineur face au réseau des mosquées ou des *kasmas*, et le pouvoir a toujours su gérer la répartition des quotas entre analphabètes de base, lettrés, intellectuels, internautes et médias. Pour faire du WikiLeaks.dz, il y a de petites formules artisanales : téléphoner au journaliste de “service”, distribuer des photocopies de lettres de dénonciation dans les parages d’une *mouhafadha* contre un *mouhafadh* à destituer, lancer un cycle de rumeurs ou donner une interview ciblée. La destitution de Zeroual par la lapidation d’Adami et de Betchine est une sorte de WikiLeaks avant l’heure, par exemple, mais depuis la méthode s’est peu modernisée.

Donc le WikiLeaks ne peut être qu’international, comme toute possibilité de changement de régime, comme la démocratisation, le prix du pétrole, l’opposition ou la pression. Pour le moment, WikiLeaks n’a rien dit qui puisse servir à changer de dey ou de bey mais a déjà redonné au politologue le goût de la rêverie solitaire. Vrai ou faux, manip ou pas ? Qu’importe : les régimes arabes sont enfin amusants !

LE GUIDE DE L'ALGÉRIE PAR UN AMBASSADEUR AMÉRICAIN

Mardi 7 décembre 2010

L'une des formules les plus saisissantes sur l'Algérie ramassée dans les débris de l'explosion WikiLeaks est celle utilisée par l'ambassadeur américain en Algérie : "Un pays malheureux." Pas un pays pauvre, pas une dictature standard, pas un pays en guerre, pas un pays tout court. Non : un pays malheureux, c'est-à-dire triste, souffrant de lui-même, sans amour pour sa propre personne et où les gens, la terre et les murs sont la moitié d'une chose qu'il n'a jamais eue, ce dont il désespère dans l'enfermement et l'immobilité du cœur. De mémoire de chroniqueur, c'est la biographie la plus courte et la plus poignante d'une nation. Les raisons ? On les connaît toutes. Un analyste a très bien résumé l'effet WikiLeaks en écrivant que ce site ne révèle rien mais confirme presque tout.

Et pour revenir au télégramme de l'ambassadeur américain sur l'Algérie vue comme veuve d'elle-même, les raisons sont admirablement résumées. 1° – Le décalage entre la terre et ceux qui lui marchent dessus : ici, dira-t-il, les gens s'occupent à longueur de journée de votes, constitution, mandats, dissidences et il n'y a rien qui soit dit sur le pays, la peuplade, l'émeute, c'est-à-dire le réel. Tout le monde veut Alger, personne ne veut s'occuper du reste de l'Algérie, pourrait-on résumer. 2° – La mentalité pipeline : la seule politique économique connue est celle de la dépense, du ciment, de la rente. Le capitalisme y est sauvage mais le socialisme encore étatique. Les projets ne mènent à rien car le centre de la réflexion économique n'est pas l'entreprise mais dans le budget de soutien. La richesse n'est pas créée mais distribuée par un réseau sur-bureaucratisé d'administrations et avec la psychologie profonde de la méfiance, mère naturelle de la centralisation excessive. Le pétrole n'y est pas une richesse mais un argent de poche. 3° – L'hésitation systématique : cela, chacun le découvre quand il veut apprendre au moins une chose sur l'Algérie : ce pays ne sait pas ce qu'il veut. On a eu droit au socialisme spécifique, puis au capitalisme socialisant, puis à l'économie de marché contrôlée, puis au néo-socialisme de souveraineté nationale. Il y a "un manque de vision au sommet", aurait écrit l'ambassadeur américain, expliquant que "Bouteflika et son équipe ne savent pas s'ils veulent que l'Algérie intègre l'économie de marché mondiale ou si le gouvernement doit perdurer dans le contrat social des années 1960-1970". 4° – La méfiance. La base du système politique et social de l'Algérie est "la psychologie de la méfiance" et pas celle du "consensus gagnant-gagnant", a résumé un jour au chroniqueur un homme d'affaires algérien. L'ambassadeur américain, lui, ne voit donc que cet aspect qui freine un peu la fameuse "coopération" sécuritaire entre son pays et le nôtre. Il touche cependant du doigt l'une des facettes de la psychologie algérienne la plus troublante : la paranoïa, fille cadette des indépendances obtenues par la lutte armée et le maquis secret. Les services algériens sont décrits par l'ambassade américaine comme "épineux et paranoïaques" et "pas pressés de coopérer avec le FBI" dans la lutte contre les réseaux terroristes, rapporte la presse. 5° – Le décalage temporel entre le pays et ceux qui le gouvernent par la nostalgie et la sous-formation : l'ambassadeur remarquera avec pertinence que, pour la politique extérieure de l'Algérie,

“Bouteflika est son propre ministre de l’Extérieur, et sa conception politique régionale n’a pas évolué depuis les années 1970”. Notez le nombre : 1970. C’est l’année où le pays était jeune, beau, ministre des Affaires étrangères internationales, riche, reconnu, sans rides et bon danseur entre le bloc Est et le bloc Ouest au nom du non-alignement. Le nombre 1970 explique tout : pourquoi on coince le pays et pourquoi on veut nous obliger à retourner y vivre.

Comment donc survivre dans un pays malheureux comme le nôtre ? Que faut-il faire ? Quelle est la solution pour marcher sur la Lune ? L’ambassadeur américain ne répond pas. Il n’est pas payé pour ça et ce n’est pas son rôle. La seule bonne nouvelle qu’il donne, selon ce télégramme “secret”, elle est destinée au secrétaire d’État américain qui devait visiter Alger à cette époque : “Durant votre visite, nous nous attendons à une grève dans l’enseignement. La fermeture des écoles facilitera vos déplacements grâce à la circulation plus fluide, *Inchallah*”, a-t-il indiqué. Cela ressemble au rêve le plus secret du régime algérien : le pays n’est vivable que lorsqu’il se vide.

L'ANGE ASSANGE
Lundi 13 décembre 2010

Jeu de mots facile : quand on n'a pas de sujet, il faut se replier sur le verbe. De quoi parler aujourd'hui ? De l'ange Assange. Le prophète d'un monde sous la forme d'une maison de verre avec un clavier mondial. Est-ce niais ? Oui, mais fabuleusement. On en rêve un peu partout de voir les Assange descendre du Ciel ou de voir les deux Assange de chaque être humain rendre publics les carnets des actes de chaque vivant. Sauf qu'Assange a choisi cinq journaux de l'Occident et pas un seul journal du Tiers Monde, principal acteur de ce déluge numérique. La raison ? La proximité, la culture ou la certitude que les médias occidentaux sont moins parasités et masqués que ceux des pays arabes et musulmans par exemple. Donc, chez nous, dans la planète d'Allah, rien n'est dit ou fait pour sauver cet homme et dénoncer ce que l'Occident politique lui réserve. Pourtant, il a fait mieux que Ben Laden sans tuer une seule âme. Il a annoncé un Jugement dernier, mis fin à une époque, prouvé la réalité du néocolonialisme des comptoirs commerciaux et des indépendances "monarchisantes" nationalistes. Écrasé sous un Tora Bora médiatique, pourchassé, inculpé et sali, Assange n'a pas soulevé la pitié du monde arabe qui lui doit tant de nouvelles convictions et de preuves de meurtres.

Pas de rassemblement pour cet homme dans les capitales arabes, pas de prières pour le libérer en même temps que la Palestine, pas de vœux dans les mosquées et pas de remerciements de la part des derniers vieillards de la gauche panarabe. Cet homme est seul et il n'existe même pas dans le monde "arabe". La raison ? Le monde dit arabe se divise en deux : quand il n'est pas l'épouse contrainte d'un dictateur ou la foule tête baissée d'un prêcheur, il est voyeur. Grand exercice contemporain de peuples qui se regardent disparaître en sacs de semoule et en tuyaux de pétrole. Assange n'a donc rien réussi chez nous ? Dans l'immédiat, non. Parce que, myopes bien dressés, nous regardons se suivre ses "révélations" alors que la principale est là sous nos yeux : lui-même. C'est-à-dire son acte, son geste, sa geste, sa philosophie de la transparence non négociable, sa conséquence. Avec autant de pièces rêvées, on peut même en fabriquer un mythe pour les générations futures. Sauf que, comme dit plus haut, lorsqu'on révèle que le monde est injuste à des peuples fatalistes, cela ne changera pas leur monde mais seulement l'amplitude de leur gémissement sur l'échelle des sons de l'histoire.

Dans la longue tradition des monothéismes, il y a eu des prophètes qui ont vécu la même histoire et qui ont fini par investir sur l'au-delà et pas sur le Royaume terrestre et ses semelles traînantes. Alors que Gutenberg a inventé (ou réinventé) l'imprimerie vers l'an 1400, il a fallu attendre le début du XXe siècle pour que le clergé musulman autorise l'impression du Coran sur papier. La distance ? Six siècles presque. C'est le temps qu'il faut attendre entre "la révélation" et les premières impressions. Assange est pourtant l'ange d'une révélation dans l'ordre des lumières célestes.

LE LIVRET DE FAMILLE COMME CONSTITUTION

Jeudi 16 décembre 2010

Terrible histoire que celle de la femme d'Arafat en Tunisie, comme révélé par la dernière livraison de WikiLeaks selon un câble américain. Si on ne peut pas dire que cette histoire est vraie, on peut au moins affirmer qu'elle est vraisemblable. Jugez-en : la femme du dernier leader d'une cause dite panarabe, icône des nationalismes et des régimes locaux, a été expulsée de Tunisie et a perdu sa nationalité tunisienne à cause de la femme de Ben Ali, le dictateur voisin. La cause ? Deux versions : d'abord un bras de fer entre la dame qui, dit-on, gouverne la Tunisie comme une cuisine ou comme s'il s'agissait d'une teinture de cheveux, et la femme d'Arafat, à cause d'un investissement dans ce pays. Résultat, Suha Arafat perd la nationalité, ses biens, ses meubles, sa maison, et sera expulsée comme son mari l'a été de partout et par tous, et par ses "frères" d'abord. La seconde version est plus riche en effets tiroirs : une nièce de Ben Ali, âgée de dix-huit ans, devait être mariée à un émir du Golfe de soixante et un ans, déjà marié à une parente de la reine de Jordanie. Selon cette seconde version, la femme d'Arafat aurait averti la reine de Jordanie, et la femme de Ben Ali l'a mal pris et s'est vengée. Une sorte de sitcom panarabe affreuse et impitoyable où les pays et les palais servent de babouches. Est-ce vrai ? Possible. Mais c'est vraisemblable : ce genre d'histoires où des États et des peuples servent d'assiettes et d'essuie-tout, qui mêlent vierge de dix-huit ans, épouse jalouse, mariages et haines, sont de faux secrets d'État chez nous. WikiLeaks n'en livre qu'un épisode.

Le plus intéressant n'est cependant pas là. Ce qu'il faut retenir, c'est cette nouvelle loi, valable depuis dix ou vingt ans, qui gouverne les dictatures "arabes" : chaque dictateur est, aujourd'hui, "doublé" par une sorte de seconde dictature plus intimiste et plus violente : celle de l'épouse, du fils, du second fils cadet, du frère. Dans l'histoire de l'humanité, quand les dictatures vieillissent, elles deviennent un groupe familial, une épouse et une concubine. Dans le cas de la Tunisie, l'exemple est poussé jusqu'au ridicule meurtrier. On s'imagine à peine l'état d'esprit des meilleurs esprits de nos frères tunisiens quand ils se voient ainsi présentés au monde dans les habits de dix millions de poupées malmenées par une seule femme qui mange toute leur semoule nationale. Et si là on est dans la caricature, dans d'autres pays "arabes", on est dans la norme. Dans une sorte de curieuse vengeance du destin géopolitique du XXe siècle, les républiques "arabes" sont devenues des monarchies filiales là où les monarchies "arabes" tentent les réformes d'une démocratisation républicaine contrôlée. Les vieux dictateurs, entre âge, maladie et rapacité de la descendance, n'y servent que de label à des holdings familiales féroces car n'étant contraintes ni par les apparences, ni par les pressions internationales, ni par les mœurs de la politique ou les nécessités de l'image. Rien. À côté de ces nouvelles gouvernances, la gouvernance clandestine des "services secrets" et des lobbys est une blague démodée. Là, c'est le livret de famille à la place de la Constitution et le vol à la place de l'infiltration et les crêpages de chignons à la place des barbouzeries d'autrefois. On n'y prend pas le pouvoir par le poids des casernes mais par les salons de coiffure, les hommes d'affaires qui prêtent leurs noms, les registres de commerce, les monopoles sur les importations ou le pourcentage systématique sur les gros contrats. C'est le cas des désormais États-assiettes ou États-pantoufles ou, mieux encore, États génétiques.

2011

JE RÊVE D'ÊTRE TUNISIEN
Samedi 15 janvier 2011

"Ah, être tunisien aujourd'hui ! Car c'est le seul moyen de se sentir algérien en fin de compte. Et si le chroniqueur a toujours évité de parler à la première personne, aujourd'hui, je le fais : j'en rêve. Allumer la télé et voir le président du moment balbutiant des excuses, cherchant le compromis comme une souris dans une mâchoire de dinosaure, proposer la liberté de la presse, d'Internet, de se rassembler, de parler, de disposer de son propre pays. Larguant épouse et proches corrompus, jetant par la fenêtre son ministre de l'Intérieur favori. Écouter un président répéter « je vous ai compris (ô la rime gaulliste !), je m'étais trompé, on m'a induit en erreur ». Voir le Zinochet de chaque pays « arabe » expliquer qu'il ne va pas se présenter aux prochaines élections, ni lui, ni son frère, ni sa femme, ni son beau-frère, ni son Premier ministre, tout en préparant un avion privé vers les émirats pour s'y cacher au cas où. J'en rêve, oui : voir le pays entier prendre ses chaussures, sortir au matin et se diriger vers la capitale pour exiger d'elle qu'elle choisisse un époux et un seul, le Zinochet du moment ou le peuple de toujours. Car ce qui se passe en Tunisie fait rêver partout dans le monde « arabe ». On peut jurer que, hier, les Quarante voleurs dictateurs du monde arabe (si on compte les rois, présidents, leurs épouses, fils ou frères) ont mal dormi, ont passé la nuit à surveiller la rue par la fenêtre du palais, à téléphoner et à sursauter au moindre bruit d'assiette dans les cuisines : un peuple s'est éveillé, un Zinochet s'est excusé, l'effet domino est possible. Car au fait, les Tunisiens sont partout, bien qu'on essaye de les réduire à des intestins, de la semoule et du sucre. Comme les Algériens, les Marocains, les Libyens, les Jordaniens ou les Égyptiens. Tous subissent le même sort, le même dictateur, les mêmes fils ou parents de dictateurs et les mêmes discours et les mêmes polices. Les Tunisiens, ce peuple que nous enfermons dans le souvenir des films de l'inspecteur Tahar et dans le préjugé d'un voisin qui vole nos dattes, viennent de prouver, après des décennies de soumission, que la dictature ne gagne pas. Même si elle dure deux siècles : il faut une armée pour qu'un Zinochet se maintienne au pouvoir, une simple gifle peut réveiller un peuple. C'est vous dire qu'il n'y a qu'un seul moyen de changer de pays : il faut se réapproprier le sien propre. Entièrement et par le muscle et la mobilisation. La mort et l'abnégation. Je rêve donc d'être tunisien, chez moi, dans ma rue, avec mon pays derrière le dos et les Quarante voleurs en face de moi, de les encercler et de les obliger à baisser les prix, puis les yeux, puis la tête, puis les bras, et de les entendre me dire qu'ils vont partir, redonner le pays à ses martyrs et nous laisser moi et mes enfants vivre ici, même si je dois manger mes chaussures en guise de repas et mes ancêtres pour recharger mon courage. J'en rêve. C'est la meilleure formule offerte par la Tunisie depuis des décennies : révolte quatre étoiles, marches et matraques comprises, pour sept jours et une nuit. À la fin, on vous offre un Zinochet en coton. J'en rêve : être tunisien en Algérie !"

SCHÉMA STANDARD DE LA DICTATURE "ARABE"

Samedi 29 janvier 2011

La dictature "arabe" est désormais d'une routine insupportable : on y retrouve toujours et toujours les mêmes rôles. D'abord un président venu au pouvoir par les militaires, maintenu par la fraude électorale et qui, en avançant dans l'âge, demande toujours plus de pourcentages de "oui" faramineux pour combler les creux de ses caprices. Le dictateur a généralement plus de soixante-quinze ans, se présente comme l'héritier d'un Père de la nation mort depuis longtemps et possède soit un fils aîné promis au pouvoir, soit une femme qui le détient déjà, soit un frère qui en possède la moitié. Dans le casting, on retrouve le fameux ministre de l'Intérieur qui dit la même phrase du Golfe à l'Océan, c'est-à-dire n'importe quoi. Connu pour soutenir l'insoutenable, il récite des chiffres qui font rire après chaque élection, explique que "les manifestants sont des délinquants" ou prétend que personne ne peut déstabiliser l'État, c'est-à-dire lui et son maître et leurs quelques alliés. Dans l'ordre, on retrouve aussi un parti "majoritaire", façon moderne de dire "parti unique". Lequel parti est géré et possédé et embrassé de force par une équipe qui a généralement l'âge du président, qui répète des phrases débiles sur la nation et la réforme, l'héritage et les constances et que le pouvoir utilise comme un club de domestiques politiques. Le cadre général est consolidé souvent avec un appareil syndical servile, voleur d'argent et de cotisations, avec aussi de faux concurrents à la présidence et à usage multiple, tolérés pour les besoins du coloriage avec, en aide de camp, une armée endoctrinée au culte de la stabilité ou impliquée dans le festin national.

Le pouvoir possède aussi quelques journaux du clan, des médias sous la botte et une mainmise sur les marchés stratégiques pour s'assurer la collaboration stratégique des Occidentaux. Dans ce schéma panarabe, le dictateur est généralement lui-même ministre de la Défense (on ne vole pas un voleur) et son fils, sa femme ou son frère gèrent les milieux d'affaires et le patronat fragile ou complice du pays. Quand éclatent des émeutes ou naissent des oppositions, le dictateur se tait pour mieux souligner sa souveraineté qui ne daigne pas se pencher sur les petits détails intestinaux du pays ; le ministre de l'Intérieur envoie des policiers frapper ou interdire en expliquant qu'il s'agit de délinquants ; un communiqué de terroristes d'al-Qaida est rendu public avec démantèlement d'une cellule djihadiste pour bien faire passer le message aux Occidentaux, puis le peuple est divisé en deux : une partie recevra plus de semoule et l'autre plus de coups de matraque. Et cela se passe ainsi du Maroc au Yémen. Et cela dure depuis dix ans, vingt ans, trente ans. Et cela ne change pas même si cela est indécent, risible, assassin ou comique. Même s'il s'agit de la dernière minute du règne. Même si le peuple est à la porte du palais ou s'il maudit le dictateur à chacune de ses apparitions. Car le dictateur, au bout de si longues années, a fini par se dire que si un peuple le supporte depuis si longtemps sans rien dire, c'est parce que ce peuple n'existe pas en définitive et que donc rien ne peut arriver comme le dit son ministre de l'Intérieur.

Conclusion ? Une blague circule sur le Net, résumant dans le rire acide l'amère réalité : lorsque Dieu envoya l'ange

Azraël à Moubarak pour cueillir ce qui lui restait d'âme et que l'ange lui demanda : "Tu ne fais pas tes adieux à ton peuple ?", Moubarak lui répondit : "Ah bon ! Le peuple s'en va quelque part ?" La blague est valable pour le reste des vingt et un membres de la Ligue arabe.

D'OÙ NOUS VIENNENT CES MONSTRES ?
Jeudi 3 février 2011

Comment arracher de la terre un dictateur et lui arracher le pays qu'il a entre les mâchoires ? On vient de découvrir en effet que le cas de la Tunisie, avec la fuite comique de Ben Ali, est une bande dessinée comparé à ce qui se passe en Égypte. Là, le dictateur local est prêt à pire : tuer, diviser un peuple pour le plonger dans la guerre civile puis intervenir comme arbitre, lâcher les chiens et les délinquants, faire durer la confrontation pour épuiser les manifestants, mentir, réformer un gouvernement en changeant les Hadj Moussa, etc. Tout a été fait et essayé en Égypte par Moubarak contre son peuple. Tout : des F16, aux manipulations médiatiques.

Le but : garder le pays, "son" pays, le pays de ses deux fils et de sa femme à lui. Le manger seul et selon ce qu'il veut. C'est vous dire qu'une dictature a de grosses racines parfois, beaucoup de moyens et la conviction intime que le pays est une propriété et que les manifestants sont des indus occupants qui veulent s'approprier la maison. Entendre Moubarak, avant-hier, dire qu'il n'a jamais voulu le pouvoir ni la présidence et qu'il ne voulait pas se présenter à la prochaine présidentielle est un viol cosmique par les mots et le mensonge. Ces simples phrases résument le peu d'estime qu'ont les dictateurs pour leur bétail, au point de raconter, en discours officiel, que c'est la terre qui leur colle aux jambes et qui les supplie de la féconder avec leurs visions éclairées. Absurde, inconcevable, incroyable. Dans quel monde vivent ces gens-là, du Maroc à l'Irak ? Comment osent-ils nous voler en nous disant "c'est à nous" alors que tout est déjà dans leurs poches ? Comment des gens qui ont leur argent et des châteaux en Europe, des doubles nationalités dans les tiroirs, des milices au bout du doigt et des milliards entre les dents, osent-ils venir nous dire qu'ils ont sacrifié leur vie pour le pays et qu'ils ne sont là que pour nous servir et sur notre demande ? Quelle est cette époque où le seul moyen de changer de président dans un pays "arabe" est de passer par un million de manifestants, des centaines de morts et des milliards en pertes économiques ? D'où nous viennent ces monstres qu'on ne peut arracher qu'en s'arrachant une partie de la peau ? Dire "non" ou écrire "dégage" ne suffisent plus apparemment.

La résistance chez les dictateurs s'organise : eux aussi sont coincés entre le palais et l'avion. Eux aussi ont appris la leçon de la Tunisie et les "Pères de la nation" ne veulent pas finir pourchassés, manquer de kérosène dans les cieux et se faire vider les comptes bancaires par leurs ex-amis occidentaux. Ce qu'ils veulent, c'est ce que veut Moubarak : se donner le temps de sécuriser sa retraite et ses enfants, bien placer les 55 milliards de dollars de sa fortune et brûler le pays avant de partir pour bien se venger. Le club des Quarante voleurs va jouer tous ses atouts ces mois-ci. Le collectif des peuples aussi. Pas de marches, pas de levée d'état d'urgence, pas de démocratie et pas de changement. C'est la réponse qui vient de tomber en dernière minute en Algérie privatisée et épousée de force. Pauvre pays où les Algériens ne peuvent pas marcher chez eux mais seulement sur les eaux ou en dormant !

MÉTHODES CONTRE-RÉVOLUTIONNAIRES

Mercredi 9 février 2011

Comment mettre fin à une révolution ? Voici quelques méthodes connues :

1° – La répression policière directe : méthode qui remonte à l'invention du bâton mais qui a le malheur de posséder un point de basculement : dix révoltés tués peuvent provoquer la peur chez les autres, onze révoltés tués peuvent provoquer la rage et le martyre et la vengeance et la révolte générale. À pratiquer avec prudence. Le bâton est plus efficace lorsqu'il menace, moins quand il frappe.

2° – La criminalisation : les révolutionnaires sont accusés d'être des casseurs, des terroristes ou des islamistes. Pour faire peur aux gens qui ont peur, en Occident et à l'intérieur du pays. "Ce n'est pas le peuple, seulement quelques dizaines d'individus."

3° – Les contremarches : pro, contre, anti, pour souligner aux yeux des Occidentaux qu'il ne s'agit pas du soulèvement d'un peuple mais d'un fragment de foule. Moubarak l'a fait, chez nous les marches "spontanées" se préparent déjà pour le 12 février.

4° – La culpabilisation œdipienne : les révolutionnaires sont présentés comme des ingrats vis-à-vis d'un père national nourricier qui "a construit des routes, donné des logements, distribué la semoule et chassé le colonisateur". Les révolutionnaires sont infantilisés, présentés comme des gamins manipulés par des forces étrangères et qui vont détruire le pays et le voler.

5° – La dissimulation : le dictateur "est" le pays, la nation, l'État. "Pourquoi ces gens s'attaquent au pays?", disent le dictateur et ses employés qui travaillent à raccourcir le raccourci abusif. Les révolutionnaires répondent : "Le pays c'est nous, vous êtes le pouvoir."

6° – La corruption : on paye, en un temps record, les salaires en retard, les pensions de retraite, on inscrit les chômeurs, on distribue les logements vides, on stoppe les retraits de permis de conduire, on augmente les journées de réception des gouverneurs et responsables et on appelle la "société civile" à dialoguer.

7° – La manipulation internationale : on démantèle "opportunément" une cellule d'al-Qaida qui menaçait l'Europe (SMS : c'est nous ou le terrorisme), on arrête un chef barbu, on filme les barbus dans les rues et parmi les manifestants et on explique : c'est soit nous, soit "eux".

8° – Le déplacement : les révolutionnaires veulent la fin du dictateur et des siens? Le dictateur leur offre les siens : changement de gouvernement, de ministres, purge, enquête sur la corruption. Le dictateur s'installe dans le rôle transcendant de l'arbitre au-dessus de la mêlée : c'est une crise entre un gouvernement et des contestataires. Donc "je tranche et je répare car j'aime le peuple qui m'aime".

9° – L'émiettement : "Que veulent ces jeunes?", dit la propagande officielle. "On ne peut pas dialoguer avec eux car ils n'ont pas de représentants." Le système répond alors à côté : révision d'un article de la Constitution, commission de dialogues, propositions, etc. Le but est de gagner du temps et de provoquer l'usure.

10° – La banalisation : le régime relance, de force, la vie courante : banques rouvertes, circulation dans les rues, scènes de pêche et de pain. Le but est de casser l'élan et de le réduire à une place publique puis à un banc, puis à un pied, puis à un orteil.

11° – Le dialogue : avec qui ? Avec les faux partis que le système entretient depuis des décennies. En clair, la dictature discute avec elle-même sous la forme d'une négociation avec son autre main. La rue, le peuple, la révolution sont exclus. Le pluralisme n'est possible que dans le cadre d'un parti unique pluraliste.

12° – L'assimilation esthétique : au bout de toutes les tentatives, reste la tentative de l'assimilation : "Oui, ces jeunes sont des héros qui changent l'histoire de ce pays." Les TV de propagande s'y mettent alors, invitent les jeunes, les saluent comme des héros nationaux dans le cadre d'un sursaut national qui ne vise personne mais seulement l'avenir. On gomme le "Dégage" sous l'effusion de "quel courage !", on embrasse les militants, on écoute leur récit transformé en épopée vidée de toute demande politique et on répète : "Le pays va en sortir plus fort et plus uni." Contre qui ? Ce n'est pas important.

Cela peut-il réussir ? Oui, un moment, un peu. Mais, en règle générale, le dictateur tombe. Ils tombent toujours et ne se réforment jamais.

LE CHOIX DU SALARIÉ, LE PARI DU HÉROS

Lundi 14 mars 2011

Un pays, c'est une terre plus un mythe. C'est-à-dire un rêve national plus des chaussures. Le chroniqueur a passé la nuit à zapper sur les TV égyptienne et tunisienne. Le constat est douloureux : ces pays vivent peut-être la peur, le désordre, le cafouillage des naissances et les anarchies, mais ils ont un point en commun : ils rêvent. Les gens, dedans, ont renoué avec les chansons patriotiques non toxiques, avec l'hymne, la liberté de dire et de crier, l'enthousiasme et la bousculade devant la porte du lendemain. C'est toute la différence avec nous : en Algérie, la peur du chaos a créé la soumission au quotidien. C'est un choix. Un proverbe algérien explique bien que "la fortune du peureux est maigre" mais cela ne semble pas déranger la majorité. À la fin, tous en sont conscients : l'avenir a un prix. On peut le payer maintenant et voir ses enfants vivre libres et mieux, ou ne rien faire, et voir ses propres enfants vivre la même vie plate et sécurisée que soi. Face à la révolution possible, les Algériens réagissent avec la consternante lucidité du salarié chez un patron privé et tout le monde sait que les contrebandiers sont plus amusants et que les salariés sont des fréquentations ennuyeuses. Sur l'échelle des dissolutions et des maturités, on est loin de l'esprit de 1954, de 1962 et d'octobre 1988 : l'étincelle a fini dans la flamme du feu au foyer.

Bien sûr, il s'agit de ne pas juger : il y a des peuples qui, comme la Suisse sous le IIIe Reich, ont su garder les sous et la neutralité. Mais cela reste un peu tiède, peu sucré, sans saveur mais sans risque. C'est l'angle dur du monde désenchanté. Et c'est cela qui fait le brillant et le risque de pays nouveaux comme la Tunisie et l'Égypte : la possibilité de réenchanter le monde et d'y mêler la naïveté du révolutionnaire et l'entreprise de la nouvelle époque.

C'est la distance réduite qui se creuse, au bout de chaque décolonisation, entre le héros et le… secrétaire général des traditions, parti unique libérateur, régime en acte solitaire. C'est ce qui fait que, deux mois après la victoire de l'Égypte sur l'ex-Égypte chassée honteusement comme une plaie, le chroniqueur se remet à regarder les TV de ce pays : on y voit des gens qui parlent, des "services" qui tombent, des ministres qui sont jugés, des syndicats enfin représentatifs, des journalistes qui osent, des manifestants tentés par le désordre, des menteurs qui se repentent, des analyses, des banderoles, de belles photos de gens qui marchent sur la Lune et l'espoir. L'espoir, ce furieux animal que l'on fabrique avec le cœur et le compte à rebours entre soi et le paradis. Bien loin de l'Algérie dont l'unique acte est de s'être opposée à la zone d'exclusion aérienne au-dessus de la Libye où Kadhafi tue les siens avec des bombes. Oh, misère des vieillissements mauvais !

BEN ALI EN *LIVE* DANS PLUSIEURS CAPITALES ARABES
Lundi 4 avril 2011

"Ben Ali h'rab!" crie l'Arabe dans la rue sombre de sa capitale. "Ben Ali a fui!" La voix est forte, porte loin dans la géographie et profondément dans le cœur collectif. Comme à l'époque des colonisations, le bonhomme n'a pas de nom : il s'appelle l'Arabe : Camus l'a tué, la décolonisation l'a achevé. Le dictateur, chassé, bien loin dans le ciel, regarde la scène puis se retourne vers l'avenir qu'il n'a pas su partager avec le sien. Est-ce fini ? Non. Après la Tunisie, Ben Ali est apparu en Égypte, dents acérées, poing serré. Là, il a tenté de faire mieux : il a sorti les avions, les chameaux, les gourdins et les cocktails Molotov. Il a réussi à tuer un peu plus mais la partie était un peu perdue malgré les soutiens étrangers.

Trimbalant toujours ses fils et sa femme lourde à porter et à faire manger, Ben Ali a donc fini par se faufiler par les airs, encore une fois, mais à bord d'un hélicoptère et pas d'un avion, pour se poser un peu plus loin, comme une guêpe néfaste, et se dissoudre dans la mélancolie. C'est du moins ce que l'on a cru et fait croire au monde. En vérité, Ben Ali est parti vers l'ouest. Vers Tripoli. Là, un peu plus agité par les drogues, masqué derrière un accoutrement de Bédouin trompeur, il déclenche une autre guerre de survie et d'écrasement. En Libye, il a donc tué un peu plus, torturé plus, insulté plus puis s'est isolé dans un morceau de mur et a créé un génocide et une chanson, *Zengua Zengua*. Complètement affolé par le manque de sommeil, la paranoïa et les hourras de ses clients, il a fait n'importe quoi, mangé tous les enfants du futur et piétiné des dizaines de villes avec des missiles.

Encerclé et bombardé par le monde entier ou presque, il a creusé, finalement, un tunnel avec l'aide de quelques centaines de mercenaires puis est apparu au Yémen où il avait l'habitude de s'incarner entre deux massacres à Jdabia. Là, Ben Ali a décidé d'être intraitable et non négociable : pas de reddition, ni de compromis, ni de négociation, ni de sentiment : il va rester. Il le fera en tirant, en parlant, en discourant ou en se faufilant. Sa certitude est que le monde ne s'intéresse pas généralement au bout du monde qu'est le Yémen selon lui et par lui. Autant donc rester. La ruse était d'apparaître sous forme de Kadhafi en Libye pour faire oublier la présence de Ben Ali au Yémen. Belle recette mais, pour tenir l'histoire par les cheveux, il faut être partout en ces temps de révoltes et d'insolence des peuples. C'est ce qui explique l'apparition inattendue de Ben Ali, avec de fines moustaches d'enfant incapable, en Syrie. Là, Ben Ali a compris, et décidé de ne pas faire de discours genre "Je vous ai compris". Plus la peine quand on sait où cela mène. "C'est un complot externe et je verrai pour les réformes", dira-t-il. À Damas, Ben Ali a frappé fort : arrestations nocturnes, maltraitances, contremarches, tortures et disparitions forcées. Damas ne sera pas Tripoli qui ne sera pas Le Caire. Beaucoup de travail, de peine et d'effort car il y a presque une dizaine de capitales arabes alors qu'il n'existe qu'un seul Ben Ali pour les gouverner toutes.

"Ben Ali a fui", crie la voix magnifique de ce Tunisien dans la nuit de sa capitale, filmé par un téléphone portable pour l'éternité. "Ben Ali arrive!" lui répondent d'autres en Syrie, au Yémen, à Misrata, en Arabie Saoudite, etc.

LA RÉVOLUTION : EST-ELLE NÉCESSAIRE?

Mardi 26 avril 2011

La révolution est-elle nécessaire? "Expliquez-le-moi", dit-il en insistant avec sincérité. "Ce que je vois, c'est surtout le chaos, le désastre et le malheur. Tu les as vus à Lampedusa, ces Tunisiens? On les a salués comme des révolutionnaires, ils ont chassé leur dictateur et maintenant ils vont se faire humilier sur leurs chaloupes et se faire chasser près des frontières de l'Europe. Tu as vu les Libyens? Moi je ne serai jamais la prostituée des Occidentaux. Jamais je n'agiterai le drapeau français ou anglais dans mon propre pays. Dis-le-moi : cela a servi à quoi de faire la révolution si on ne peut même plus sortir en sécurité dans les rues de son propre pays?", lance-t-il, exaspéré. "Dites-le aux gens. Ne parlez pas seulement de la révolution mais parlez de la réalité." Et c'est vrai : l'après-dictateur en Tunisie, en Égypte ou ailleurs coûte beaucoup : les affaires vont mal, l'économie est réduite à la préhistoire, l'insécurité est totale, le pain va manquer, les gens fuient par la mer et les règlements de comptes comme la délinquance atteignent des pics. "Quoi que l'on dise, c'était mieux avec Ben Ali que sans lui", conclut notre interlocuteur. Est-ce vrai? Oui, si on n'est pas tunisien peut-être. Mais cela dépend de ce qu'on demande à la vie : une vie meilleure pour soi ou une vie meilleure pour ses enfants et ses petits-enfants.

Les révolutions arabes ont été et seront violentes. Au-delà des premiers jours de gloire, c'est la société entière qui se révèle pour ce qu'elle est et pour ce que les dictatures en ont fait. Donc la question reste posée : la révolution est-elle nécessaire ? Pistes de réponse : cela dépend de ce que l'on veut. Les peuples arabes n'en sont pas arrivés à la révolution parce qu'ils s'ennuyaient, parce qu'ils avaient envie de casser des vitres ou de vivre sans loi, mais parce que leurs pays étaient volés, leurs élus étaient faux, leurs espoirs étaient des mensonges, leurs économies étaient comme une femme violée et leurs ressources étaient bradées. La révolution s'impose comme une solution douloureuse pour décoloniser un pays longtemps après le départ du colon étranger. Elle coûte cher, risque tout et peut aller dans le sens aveugle de l'indécision. On peut faire confiance à une révolution, ou pas. Elle peut trahir ou être trahie. Dans n'importe quel pays où les gens voient qu'ils ne sont pas un peuple, où la démocratie est une arnaque, la corruption une nécessité, l'injustice une règle et le rapport de force une loi, on aboutit à la révolution. Tôt ou tard. On n'accouche pas avec le sourire et les femmes le savent. Et dans tous les pays où les jeunes n'arrivent pas à naître ni les vieux à mourir, on aboutit à la violence. Chaque "Arabe", chaque Algérien a rêvé de la révolution un jour ou l'autre : face à un guichet de poste, à la mer, à un discours officiel télévisé, un abus ou face à son propre rêve. La seule différence avec les autres peuples, c'est que, dans la révolution, il va payer avec tous, et, sans elle, il va payer tout seul. D'ailleurs la bonne question est : "Une révolution doit-elle être toujours violente ?"

La réponse, le chroniqueur s'en souvient, a été donnée par l'éminent sociologue Lahouari Addi quand il a été interrogé : pourquoi la guerre d'indépendance a été violente ? "Parce que la colonisation a été dure et meurtrière." On ne peut chasser le colon violeur que par la violence. Bien sûr, la peur et le doute sont légitimes : mieux vaut une démocratie par la transition qu'une promesse de démocratie par le meurtre et l'Otan. Sauf que, dans ce cas, le choix n'est pas celui des peuples qui veulent le changement. C'est celui, constamment refusé, de leurs dictateurs qui ne veulent pas d'une transition douce. Avec Ben Ali la Tunisie était mieux ? Oui, sauf que si Ben Ali avait été meilleur, les Tunisiens n'en seraient pas à Lampedusa. Même quand il est chassé ou tué, un dictateur continue à tuer l'avenir pendant longtemps. La violence est évitable. La révolution, non.

EXTRAIT D'UNE MORT INCOMPRÉHENSIBLE
Samedi 14 mai 2011

“... Quand la balle m'a atteint, je suis tombé. Et avec moi les immeubles, un arbre au loin, deux oiseaux qui n'avaient rien fait et tout le bruit du monde. C'est ainsi que je suis mort : une balle dans la poitrine et un grand point d'exclamation dans la tête. Sauf que j'étais encore là. Presque rien ne change quand on se fait tuer. Du coup, je n'ai pas hésité : après avoir ouvert les yeux encore une fois, j'ai vu le goudron de la route et, au loin, une dizaine de paires de chaussures qui piétinaient au ralenti. Je savais que je n'avais que quelques minutes : prompt comme à l'époque où je volais les fruits du voisin, je me suis mis debout et je l'ai découvert, là, à mes côtés, étendu, bien mort, éteint, obscurci : mon propre corps. J'avais encore le slogan à la bouche et de la buée sortaient des mots. Je me sentais en colère comme si un homme m'avait fait les poches ou m'avait volé les chaussures à la sortie de la mosquée. Quand on se fait tuer, on se fait trahir surtout et on vit l'au-delà, je crois, comme un grand moment d'énervement en attendant le Jugement dernier. En colère donc, comme je vous le raconte, j'ai décidé de prendre mon cadavre et de continuer pour le déposer chez nous, dans mon lit, et le laisser se reposer. J'ai marché bien droit vers le cordon des flics qui nous mettaient en joue et les voitures banalisées où on a déjà entassé la moitié du peuple en révolte. De toutes les manières, me disait une voix, on ne peut pas tuer un homme deux fois. J'avais besoin d'abord de le crier au visage de l'État, puis d'emmener mon cadavre quelque part pour lui renouer les lacets et le laisser reprendre son souffle et ensuite rentrer quand la manif serait terminée. Dans les airs, des débris de verre étaient en suspension, ainsi qu'un cri avec des gouttelettes de salive ; un jeune était étrangement tordu dans son lancer de pierre, comme une statue figée, un mur blanc était devenu rouge à cause de la lumière d'un gyrophare. J'ai donc marché, après la première balle, mon propre corps sur le dos dont je sentais tout le poids et le trimbalement des chaussures qui me heurtaient le dos car je le tenais par la taille, la tête en bas et les fesses vers le ciel, sur mon épaule. Étrangement, personne ne semblait s'occuper de moi, ni les flics, ni les snipers sur les toits, ni mes amis venus avec moi pour faire la révolution. J'étais pourtant le seul mort abattu lors de la charge des flics et personne ne se souciait de ce que j'avais sur le dos. Au loin, certains entouraient ma flaque de sang alors que moi j'étais derrière leur dos à vouloir les tirer par la veste.

Puis je me suis lassé.

Cela est venu comme lorsqu'une musique s'éteint ou lorsqu'on rentre chez soi après une vaine recherche de formulaires ou lorsqu'un mariage devient ennuyeux.

J'ai décidé de rentrer. Alors.

Dans la rue, il n'y avait personne tout d'un coup. Cela m'a rappelé le jour, j'avais sept ans, où je suis revenu de l'école et que je n'ai trouvé personne chez nous en poussant la porte de la maison. Tout y était : la tasse de café à sa place, le pain dans le sac suspendu à la fenêtre et aussi l'arbre qui ne répond jamais, mais personne d'autre. C'était ma première panique, vraie. J'ai crié le nom de ma mère, j'ai fouillé les pièces puis j'ai eu atrocement peur. Des années après, j'ai vu un film qui racontait l'histoire d'un homme qui a survécu à toute l'humanité. C'était pareil. Les magasins étaient ouverts, les vitrines offertes ou cassées, des voitures étaient arrêtées portes ouvertes en plein milieu des croisements, mais personne d'autre. Juste le bruit de la manif derrière moi qui allait s'amenuisant. Comme si je sortais de la ville alors que j'allais vers son cœur. Je n'ai jamais aimé l'effort physique, et le cadavre sur mon dos était lourd. J'avais soif et je sentais ma propre odeur comme sur une autre veste que la mienne. Je voulais rentrer mais je ne savais plus où : le nom de la ville m'échappait d'un coup. J'étais où ? Dans le quartier de Khormaksar, dans le quartier de Cheikh Othman à Aden ? Peut-être suis-je encore dans le quartier financier de Manama. À bien regarder, il était difficile de voir : cela ressemblait, à cause d'une lointaine mosquée qui suppliait son dieu, à la rue de Maydane à Damas. De toute façon, je commence à oublier tout, sauf le poids de mon corps sur mon dos. C'est peut-être ça, la mort : être partout sans savoir où se trouve sa propre maison ou sa propre mère. Puis marcher sans fin pendant que tout devient poussière sans la trace de vos pas…"

LE COMPLEXE OUJDA
Lundi 16 mai 2011

“Il aurait mieux fait d’enterrer son secret avec lui”, a réagi l’un des chefs islamistes assimilés, à propos des dernières déclarations d’Ahmed Ben Bella. Le secret ? La nationalité marocaine de ses parents qu’il vient “d’avouer” dans un entretien. Dans le sillage, quelques Algériens se sont embarqués dans ce vieux rafiot de l’inquisition en cherchant qui est d’origine marocaine par le sang, par la terre, la filiation ou par l’armée des frontières. Et une partie des Algériens n’ont pas encore vu l’affreuse absurdité de ce genre de procès. D’où vient qu’être né au Maroc soit une “révélation”, un secret ou un crime ? D’abord de la confusion entre procès de personnes, coupables d’avoir mené ce pays de l’Indépendance à l’échec et, surtout, du fait que beaucoup d’“historiques” ou de vieux survivants de la guerre d’Indépendance ont fait de leur acte de naissance un tabou. Le “né à Oujda”, visible sur le site de la présidence durant le premier mandat, a vite été effacé dès le second comme s’il s’agissait d’une tare ou d’un acte honteux ou de la preuve d’une trahison par l’accouchement. Et sur ce vieux réflexe de falsification absurde se sont greffées les pires infamies politiques qui ont suivi. Du coup, le procès de l’armée des frontières et de son coup d’État inaugural, le régionalisme bête et méchant qui a pris l’Ouest algérien en otage de ses ambitions et de ses peurs, les turpitudes post-indépendance et le jeu très vieux des règlements de comptes ont transformé une banalité génétique en une sorte de crime de filiation.

Ceux qui sont nés à Oujda ne sont pas mauvais, pourtant, parce qu'ils sont nés à Oujda ou à Casablanca, mais parce qu'ils ont dilapidé notre confiance, piétiné notre terre et volé notre histoire pour en faire une autobiographie. Effacer son lieu de naissance est ridicule et signe d'une honte de soi ; accuser quelqu'un d'être né au Maroc est une autre maladie tout aussi ridicule. Et pour que cela soit encore plus clair, le chroniqueur le précise : il ne défend pas Ben Bella, ni son contraire, mais s'attarde sur ce surréaliste débat qui fait qu'un homme politique cache son lieu de naissance comme s'il s'agissait d'une honte et que d'autres en parlent comme d'un secret tout aussi honteux. Cette forme de guerre des sables algéro-algérienne n'aidera ni à construire le Maghreb, ni à libérer notre histoire, ni à dépasser les fixations de cette génération qui nous précède et qui ne veut pas céder l'air et l'oxygène aux suivants.

Et c'est pourquoi c'en est presque amusant que de suivre ce "faux scandale" à la Ben Bella. Né(s) au Maroc, lui ou d'autres ? C'est leur affaire. Nous, ce qu'on veut, c'est naître ici, vraiment, une fois pour toutes, et c'est ce que nous attendons. Nous, on a un pays, là où d'autres cachent même leur lieu de naissance ou en font des révélations de dernière minute. Je viens au monde là où le monde vient à moi : à Oujda, Sidi Bouzid ou Damas.

LES SYRIENS MEURENT ENTRE DIEU ET YOUTUBE

Mercredi 18 mai 2011

Les Syriens sont seuls. On peut les tuer en masse, les exécuter contre le mur le plus blanc, les regarder mourir entre deux pubs sur des détergents ou les entendre crier avant d'éteindre sa lampe de chevet pour dormir. Presque personne ne s'en soucie, ni l'ONU, ni les Droits de l'homme version mondiale, ni l'opinion du monde, ni l'Otan. La cause est évidente : Bachar Al-Assad et son régime incarnent au mieux le statut de "dictature utile" qui a fait le bonheur des autres potentats dans la région. C'est "notre meilleur ennemi", comme l'a écrit dernièrement un éditorialiste israélien commentant les thèses de la droite. Si le régime de ce Rat de Damas "tombe", c'est l'inconnu dans la région, c'est-à-dire pour les maîtres de la région, et la possibilité de voir s'effondrer la ceinture de sécurité assurée par les dictateurs arabes depuis des décennies. La démocratie arabe est le pire ennemi de la droite israélienne (la gauche étant dans un malaise qu'elle ne dépasse pas) et la seule force des peuples sans armées fortes.

L'Égypte en offre le parfait exemple : à l'époque, on pouvait avilir ce pays en menaçant son dictateur, mais aujourd'hui on peut tuer des milliers d'Égyptiens sans faire changer d'avis à des millions. Et c'est ce qui explique que les Syriens sont seuls, le frère sanguinaire de Bachar l'a bien dit à un journal américain : "Sans nous, c'est la menace contre Israël." Message clair et direct. Le Front du refus est une patate, le jeu d'assassins avec le Hamas, l'hébergement offert aux extrémistes, les alliances avec le Hezbollah et la danse de la hache à propos du Golan sont des paillettes et des arnaques alimentaires. Rien de tout ce qui nous a été vendu n'est vrai : les tanks qui bougent à l'écran ne se dirigent pas vers le Golan mais vers Daraa pour tuer des Syriens. Tellement et si souvent que le chroniqueur n'arrive plus à suivre l'événement sur les écrans sans avoir envie de traverser la télé et de jeter la plus grosse pierre sur la tête de ce Rat. Les Syriens sont tués avec froideur, dans le dos du monde, comme s'il s'agissait de figurants, par dizaines. Ils font face avec un courage inouï à l'un des régimes les plus durs de la région et du monde. Le génocide n'en est qu'à son début et des charniers sont déjà découverts malgré les démentis grossiers des propagandes staliniennes de ce régime. Bachar est déjà tombé, ainsi que son frère Maher et leur cousin. Ce qui reste, c'est le sang sur les mains et des bataillons d'effectifs qui obéissent aux ordres de la minorité et des frères proches du Rat de Damas.

Ce qui reste, c'est la scène de courage et la vaste salle vide du monde entier qui mange du pop-corn. Près de mille morts, des centaines de disparus et des milliers d'arrestations en Syrie sans que cela soit encore compris et admis comme révolution et comme massacre. Tout cela parce que nos dictatures sont utiles à "leurs" démocraties et qu'un camp de concentration stable vaut mieux qu'une démocratie indocile et donc menaçante. Vu hier à la télé : une vidéo avec effet de zoom sur un dentier. Celui d'une vieille femme syrienne abattue par l'armée, froidement, parce qu'elle criait sa liberté. Il y avait du sang, un corps ramassé et ce dentier. Dieu, aidez-les ! Vous voyez tout. Et YouTube aussi.

PEUT-ON EMPRISONNER UN ALGÉRIEN POUR TENTATIVE D'IMMOLATION ?

Dimanche 12 juin 2011

Paradoxe philosophique fascinant : peut-on emprisonner un homme parce qu'il veut se suicider ? Dans une ville du Sud algérien, à Ouargla, qui tue ses chômeurs par le vent de sable, deux Algériens ont été emprisonnés pour tentative d'immolation. Vouloir partir est donc un crime : par mer ou par feu. *Harrag* ou grand brûlé. De quoi est coupable un jeune Algérien qui veut s'immoler pour dénoncer ? D'abord de répartir les rôles : lui, c'est la victime et donc, fatalement, le pouvoir est un tueur assassin. Quand on en arrive à se suicider par le feu, c'est que l'État vous a vendu du vent et que quelqu'un n'a pas fait son travail : le président, le ministre, le wali, le martyr ou celui qui a promis de vendre du pétrole pour acheter du gazon. Ensuite, une immolation trop près des gisements de pétrole est un risque : on ne joue pas avec le feu est une consigne politique mais aussi domestique. On peut tenter de s'immoler à El Bayadh et être secouru puis rendu à sa mère, mais pas à Hassi Messaoud. Là, vous menacez le pétrole et donc l'alimentation générale. Ensuite, s'immoler est un crime : vous voulez échapper à la punition de votre vie nationale, laisser des millions souffrir d'ennui et de manque de sens et vous soustraire à la peine de tous, partir pendant que les autres ne peuvent même pas bouger. S'immoler, c'est quitter le territoire national sans autorisation. C'est un départ illégal, une émigration vers le rien à cause de tout. L'immolation est un SMS mondial, le signal par la fumée d'un naufragé dans une île à siège unique, une défection et un démenti trop bruyants. Enfin, s'immoler met le feu au reste. Les deux immolés d'Ouargla, qui ont fait de la prison pour ça, sont accusés de donner des idées aux chômeurs du Sud et inculpés de tentative d'immolation préméditée. Donc, il s'agit de deux meneurs, même si c'est vers la mort et la cendre. On ne doit pas s'attrouper même pour brûler, ni mourir si ce n'est pas la mort ou le pouvoir qui vous tue. La vie du chômeur doit être vécue jusqu'au bout, avalée entièrement comme un mauvais sirop, sinon on est puni et privé de dessert. On ne doit pas mourir d'un seul coup, avec la pollution sonore que cela provoque, mais lentement. On n'a pas le droit de se brûler, sauf à petit feu devant une poste sans liquidités ou un guichet de S12 sans formulaires.

La question du suicide est un crime dans les régimes totalitaires et les religions d'empire : c'est un refus que la domination ne peut pas accepter, un démenti, comme dit plus haut, et une évasion fiscale du corps et de l'esprit. Les deux chômeurs d'Ouargla sont donc "coupables" aux yeux de la sécurité nationale, c'est-à-dire la sécurité du régime, c'est-à-dire son idéologie. Le procès de ces Algériens doit donc être un grand moment qu'il ne faut pas rater : s'y poseront les grandes questions de la vie et on discutera de l'ancienne question camusienne : la liberté par la mort, la lucidité par le suicide. On s'y interrogera sur la bonne interrogation : la vie de chacun est-elle sa propriété et son choix ou un bien *wakf* de l'État ? L'inculpé pourra dire : je ne voulais plus vivre puisque je n'étais pas vivant. Le juge pourra lui répondre : non, tu n'as pas essayé de mourir, mais de faire de la politique en mourant. D'ailleurs, et sans jouer sur les mots, le chef d'inculpation le plus proche de la réalité est celui de "désertion". Comble des sens secondaires pour un chômeur du Sud, habitant du "désert" justement. Cette histoire est absurde et démontre que les régimes dans l'impasse finissent toujours devant le même carrefour : à gauche la répression, à droite le ridicule.

UN PEU DE POÉSIE DANS UN MONDE DE COMMUNIQUÉS

Samedi 25 juin 2011

Les temps sont nouveaux, les mots ont donc l'âge de votre souffle. Dictionnaire des temps modernes.

D'abord révolution : cela ne veut pas dire chasser le colon mais chasser le dictateur, ses fils, femmes et serviteurs. Le colon n'est pas toujours un étranger, il peut avoir votre nationalité, votre visage, vos papiers, mais pas votre peau. La révolution est un devoir, pas un souvenir. On y dépose ses os, pas sa gerbe de fleurs. Ses martyrs sont à venir, pas à commémorer. C'est une façon de reprendre la terre, pas de marcher dessus.

Liberté : à distinguer de libération. On n'est pas libre parce qu'on vous le dit, mais seulement lorsque vous le dites vous-même, à vous-même. La liberté a un prix, sinon la vie est gratuite. Vous êtes libre quand vous êtes prêt à en mourir et non lorsque d'autres sont morts à votre place avant que vous ne soyez né.

Manifester : ce n'est pas casser, mais briser. On casse une vitrine mais on brise ses chaînes.

Marcher : ce n'est pas user ses chaussures, mais prendre la route par l'encolure et lui dire où vous voulez aller, non là où on vous dit de vous arrêter. Manifester est un droit car le pays a vu naître vos pères et c'est la manière dont vous pouvez accoucher de vos fils. Là, on ne peut marcher, on ne fait que tourner.

Le slogan : ce n'est pas une étiquette mais un cri. C'est le résumé de tous vos livres. C'est la conjugaison de votre prénom mêlé à votre vie. Si vous n'en avez pas, frappez un mur et il vous donnera le premier mot de votre poème.

Réformes : c'est la manière dont on use pour vous enlever le pantalon en vous caressant les cheveux.

La peur : c'est le signe que vous êtes vivant. Si vous n'avez pas peur, cela veut dire que vous n'êtes pas vivant et que donc vous ne pouvez pas donner la vie à ceux qui suivent dans vos entrailles. Pendant la révolution, le dictateur vous frappera souvent. De plus en plus. C'est le signe qu'il a de plus en plus peur. Songez à ça. La peur, c'est quand on croit que le courage est inutile. Et ce n'est pas le cas quand vous voulez mieux vivre.

Le chaos : c'est un monstre en papier. On ne peut pas avoir une maison si on n'a pas un pays. Et on n'a pas une maison si elle est bâtie par l'index de votre roi. La révolution, c'est le chaos ? Oui. Car le chaos est ce qui précède la reconstruction.

Les islamistes : c'est un gaz qui a une barbe. Le ciel est à celui qui lève les yeux, pas à celui qui s'y soumet. Dieu n'a pas de corps, ni de mains, ni un *kami*, ni un chef de cabinet. Méfiez-vous des voyages organisés vers les cieux : Dieu est comme la mort ou la naissance, c'est l'affaire de votre unique solitude et personne ne peut le rencontrer à votre place. Ni lui parler avec une procuration.

Élections : votez, n'acquiescez pas. On vote avec les mains pas avec un soupir de désespoir. C'est votre droit, pas votre jour férié. Cela ne sert à rien ? Cela veut dire que pour le moment vous servez le pire.

Président : c'est un homme que vous payez pour s'occuper du pays pendant que vous vous occupez de vos enfants. S'il fait mal son boulot, changez-en. C'est votre droit : vous avez droit à une seule femme mais à quatre présidents. Le contraire est une ruse.

Les “services” : ils ne sont pas mieux que vous, mais peuvent être pires. Demandez-leur des comptes, des noms et pas des pseudos. Plus il y a de voitures banalisées, plus les vies le sont aussi. Méfiez-vous de la sécurité d’État, ce n’est pas la vôtre. Le policier est votre employé, pas le contraire. Vous êtes plus nombreux mais ils sont plus organisés : inversez la tendance.

La démocratie : ce n’est pas le prénom d’une femme étrangère mais votre droit d’être un président, sinon un peuple, sinon une femme et un homme, sinon un commerçant, un militant, un architecte, un coucher de soleil paisible ou un promeneur solitaire. Lorsque vous avez la démocratie, vous n’avez plus besoin de demander un visa pour l’Europe, ni de marcher sur la mer, ni de gémir. La démocratie, c’est quand nous sommes tous des présidents de la République et que le président de la République fait la cuisine pendant que vous regardez la télé.

LA SOLITUDE D'ESSEBSI ET LES SOLDATS SYRIENS EN… ALGÉRIE

Mardi 5 juillet 2011

Une déclaration entendue au matin : "Personne, aucun dirigeant arabe ne nous a félicités pour notre révolution." C'est le président tunisien par intérim qui parle au journal *Al-Quds Al-Arabi*. Son bilan de la "fraternité arabe" est amer : aucun crédit, pas d'aide en argent, pas même des félicitations. "Les frères nous évitent comme si nous allions les contaminer", dira-t-il, expliquant que la révolution tunisienne n'était pas destinée à l'exportation pourtant. Ben Ali ? Il l'a vainement demandé aux Saoudiens qui ne répondent jamais, pas même aux messages de félicitations protocolaires, selon Essebsi. Bien sûr la bande des Quarante voleurs ne pardonne pas ce peuple d'avoir sonné la mort d'une époque et la fin de leurs féodalités. Il fallait cependant rapporter cette phrase et la souligner : elle sert de contrepoids à ce genre de salade que l'on nous sert ici et ailleurs du genre "nous soutenons le peuple tunisien dans ses choix". C'est faux et c'est un mensonge : la Tunisie nouvelle dérange et le payera longtemps. L'animosité des "frères" sera terrible et de longue haleine. Essebsi est seul, autant que les Tunisiens, autant que les autres peuples "arabes". Au Maroc, la menace du "printemps" a été étouffée par un attentat terroriste opportun et un référendum au taux risible, sous les applaudissements des protecteurs qui ne veulent pas "perdre" ce pays. En Algérie, on ne dit rien, on invite Bouteflika au G8 tant que le gaz et l'argent coulent. En Arabie Saoudite ou au Bahreïn, on peut tuer sans se faire accuser. En Syrie, on peut massacrer et se faire filmer pendant le massacre sans déranger. C'est vous dire si le Printemps arabe est en train d'être récupéré, "corrigé", soumis au politiquement correct, réduit et manipulé selon les besoins des puissances et des Quarante voleurs. De nouvelles techniques voient le jour, comme le "oui massif" en faveur de Mohammed VI. Des conseils sont murmurés aux oreilles des chefferies indigènes. On est seuls, donc, comme les Tunisiens d'Essebsi, sans amis ni argent. Personne ne veut notre liberté, personne ne trouve son intérêt dans notre démocratie, personne ne nous aide et il y a des gens à nous qui sont contre nous. Nous sommes seuls, ici, en Syrie, avec Essebsi ou dans son pays et au Maroc et ailleurs en Arabie Saoudite où le roi a traité son peuple comme une chamelle affamée. L'histoire tue mais elle retient : dans quelques années, elle répétera partout, comme une vieille bavarde, qu'aucun président ou roi arabe n'a eu la décence, l'humanité ou la politesse de prononcer un mot sur les tueries de Bachar par exemple. Aucun de ces rats souverains n'a eu le courage d'avoir un peu de sens de la morale ou de la compassion pour les morts de leurs peuples ou des peuples voisins.

C'est vous dire qu'on est seuls, comme la Tunisie et Essebsi ou les Syriens. Chacun dans la main de l'autre. Au contraire d'eux, solidaires, complices et attentifs à leurs survies mutuelles. Ils vont s'aider, s'épauler et s'allier contre nous et pendant longtemps : visites des monarchies entre elles, bouclier de la péninsule pour sauver les Al Khalifa du Bahreïn, etc. Un ami fera remarquer au chroniqueur que, lors de la dernière cérémonie à Cherchell à l'Académie interarmes, en présence de Bouteflika, l'ENTV a eu l'idée amusante de filmer brièvement la sortie d'une promotion de soldats… syriens formés chez nous. C'est bien sûr un hasard et le contrat remonte peut-être à avant les massacres de Bachar, mais cela n'enlève rien au sens accidentel de cette petite histoire au sein de la grande histoire.

Essebsi est seul, Bachar ne l'est pas. Pour le moment.

LE PAPILLON PASSANT
Jeudi 7 juillet 2011

Ils sont là, ensemble, dans le même pays, mais ne le savent pas : un médecin, un garde communal, un étudiant sans fin, un avocat saignant de la tête et un passant en trois dimensions. Comme on le sait, tous marchent ou ont marché ou vont encore marcher à cause des salaires ou des mensonges ou de la dictature molle nationale. Les médecins, les gardes communaux, les avocats, les étudiants et les passants. D'ailleurs, les cinq ont les mêmes soucis et visent le même endroit quand ils parlent du bonheur et du malheur à la troisième personne du singulier. Tous vont à la présidence, par le même chemin, d'ailleurs, puisqu'il n'en existe qu'un seul, et ont le même slogan. La seule différence est dans le temps : chacun y va par lui-même, pour lui-même et en l'absence des autres. Les cinq ne marchent jamais en même temps, ou presque, si on réfléchit sur le cas du passant. Un vieux marxiste aigre aurait expliqué que c'est pour cette raison qu'on réussit à les tabasser sans provoquer de changement notable, sauf dans la qualité des soupirs collectifs.

Donc la question est : que se passera-t-il lorsque le garde communal, le médecin, l'avocat, l'étudiant et le passant marcheront tous vers le même endroit, ensemble et en même temps que le temps du monde entier ? Le pouvoir ne pourra pas les avaler tous en même temps, ne pourra pas les frapper tous en même temps, ne pourra pas les repousser car ils seront partout : pendant que le médecin guérira le blessé, l'avocat criera à tue-tête ce que l'étudiant veut dire depuis toujours, cependant que le garde communal essayera de les défendre tous.

Passant par là, le passant apportera son nombre incalculable, sa qualité de peuple entier, sa légitimité de seul électeur légal et son poids mort qui donne la vie à la révolution. Que pourra alors le pouvoir, même caché derrière les policiers ? Rien. Ou presque rien. Il peut vaincre tout le monde, un par un, mais jamais tous en même temps que le temps. Il faut seulement de la concordance, de la coïncidence pour chasser Moubarak et ses frères.

Il y a dans le peuple de quoi sauver le peuple. Il faut seulement le lien, la corde, la capacité ancestrale d'être un seul homme sans se sentir seul justement. C'est ce que répètent les chansons, les éclairés, les analystes et la logique. D'ailleurs, c'est ce que dit le manuel des agitateurs : "Mettez la révolution dans la rue et attendez." Oui mais si la rue est bloquée par un cordon de flics ? Cela ne fait rien, dit encore le manuel : le proverbe est symbolique et il veut dire que la rue existe toujours. Il suffit de la remplir et elle vous emporte. Ce qu'il faut, c'est que le temps soit partagé équitablement comme une cause. Pas comme un effet.

Ce qu'il faut aussi, c'est convaincre le passant qu'il ne fait pas que passer. Il faut lui dire qu'il est comme le papillon du Japon qui provoque des orages en Afrique du Sud : quand le passant baisse la tête, le médecin se fait frapper et l'avocat se fait tabasser. L'échine du passant est l'avenir du peuple.

ANNÉE DE LA CAGE : JOUR II
Mardi 16 août 2011

Au premier jour du procès de Moubarak et ses fils, on en était sûr : tous les chefs arabes, bandes armées mal élues et autres rois, ont regardé avec nous la même émission. On pouvait même entendre, de loin, de très loin, et pour une fois clairement, ce que pensait chacun des Quarante voleurs dans sa jarre. On pouvait sentir leur peau, voir l'un des yeux calculer la distance entre la chaise et l'avion de fuite et ressentir, au creux de la poitrine, leur angoisse et leur colère. C'était le premier jour de cage. Moubarak, le puissant du club, y était allongé, jouant le malade, avec ses deux fils, l'un tenant le ciel qui est tombé et l'autre un coran. On aura même souri : chez nous, les puissants, même quand ils tombent, nous tiennent encore pour des idiots. Le Coran dans la main de Saddam, Djamel ou Ala' est destiné aux peuples bigots, à attendrir ces immenses piétés naïves et à nous parler de la pitié que l'ex-puissant n'a pas eue pour les enfants de son peuple. Un jour, Kadhafi, Bachar et les autres tiendront le Coran dans une cage. C'est un chemin inauguré par Saddam le charitable. Souvenez-vous de ce tyran et de sa brusque foi durant ses derniers jours.

Saddam a d'ailleurs inventé le scénario : la bravade et l'orgueil, les grands discours de fermeté, les promesses de vaincre l'Occident comme l'a fait Saladin, puis la fuite, l'enregistrement audio puis le trou de Tikrit et, enfin, la cage, le procès, le Coran et la corde.

Hier c'était donc la seconde apparition de l'un des Moubarak de notre époque dans sa cage. Là aussi, on pouvait entendre, pour les plus attentifs, les autres Moubarak penser. Penser une seule idée forte et aveugle et tenace : comment faire pour que cela n'arrive pas ? Il ne s'agit pas du début de chemin vers l'acceptation de la démocratie, mais de l'éveil sourd d'un instinct de survie. Comment faire pour que cela n'arrive pas ? Qui tuer ? Combien ? À qui s'allier ? Qu'offrir à l'Occident comme tribut et sacrifice ? Comment recomposer la bande armée de soutien ? Comment ne pas faire les mêmes erreurs que le clan Moubarak tout en ne démocratisant jamais ? Qu'est-ce que n'a pas fait Moubarak pour tomber du palais vers la cage ? Les stratégies des Quarante voleurs après la scène Moubarak en cage ne sont pas celles du salut collectif mais du salut individuel. On ne pense pas à comment sauver le pays de la ruine mais à comment sauver le pouvoir de l'échec. Parions donc que la scène de la cage va donner un second souffle aux dictateurs arabes qui savent qu'ils n'ont pas où aller en fuyant et qui savent comment ils vont finir en restant. Pas de quoi nous réjouir ni les attendrir sur notre sort. Il s'agit là, à l'évidence, d'une question de vie ou de mort. Certains le savent. D'où la monstruosité des répressions et l'immense ruse des atermoiements. Il ne s'agit plus de politique mais de darwinisme.

Pour le moment donc, la liste des objets fétiches du début du XXIe siècle s'allonge : le tricot de peau de Gbagbo, l'avion de Ben Ali, la cage de Moubarak, le trou de Saddam, le barbecue d'Ali Salah. La suite ? Elle viendra.

NOUVELLES MISÈRES EN KABYLIE
Dimanche 21 août 2011

Sujet du jour : ce qui se passe en Kabylie. Il ne faut pas en parler. Car la mentalité régnante veut que cela ne se passe pas en Algérie ou que cela ne se passe pas "chez vous". La Kabylie est victime d'un double acte d'isolation qui a cultivé l'indifférence à l'égard de son drame, printemps, kidnapping et misères. D'un côté, une culture jacobine, baathiste, du pouvoir a fait de cette région une cible de sa politique culturelle de déracinement et de rééducation à la chinoise ; de l'autre, une culture élitiste, un peu exclusive de l'autre et de rejet, a élevé un haut mur entre les Algériens de la Kabylie et ceux des autres régions. L'apartheid a été subi mais aussi voulu. Par les extrémistes des deux bords. La région a servi à ceux qui voulaient d'une sorte d'ethnicisme de prestige et à ceux qui l'utilisaient comme poudrière domestique pour des complots cycliques. À la fin ? C'est cette immense indifférence du reste du pays à cette région que tous, certains de ses propres enfants et certains de ses ennemis abâtardis par le panarabisme intégriste, veulent. Aujourd'hui, les attentats terroristes, les kidnappings, les vols, les hold-up ou les émeutes y sont traités comme des faits divers et vécus par le reste de l'Algérie comme un événement presque étranger. Une indifférence qui laisse le chroniqueur sans mot. Et bien sûr, il faut dénoncer cette mort de l'Algérien à lui-même avec lucidité. Certains vont en faire un cri de misère locale et une preuve de la haine des "Arabes" envers les Kabyles ; d'autres vont y voir le signe d'une servilité d'intellectuels à un clergé, et d'autres encore vont lire ces lignes en se disant "qu'est-ce que cela cache ?". La vérité est que, malgré les déclarations, la Kabylie ne cache rien que l'évidence : c'est une partie du pays qui souffre des siens et des autres. Tout le reste, ce que pensent les partis politiques, les opposants ou les serviteurs du régime n'est que maladies en abîme de l'esprit. Pourquoi chaque pensée pour la Kabylie est une arrière-pensée ? Pourquoi chaque misère est un complot ? Pourquoi chaque complot y a le sens d'un crime presque raciste ? Pourquoi ?

Parce que cette région est voulue ainsi : propriété idéologique pour certains, annexe mal annexée par d'autres, mal néocolonial pour les puritains des Banu Hilal. L'évidence est cependant là : on ne pourra fonder l'algérianité, la concevoir, la penser et la constater que lorsque cette région sera vécue comme étant une partie de l'Algérie entière et que ses enfants les plus extrêmes la vivront comme ils vivent le reste du pays. Trop de rumeurs ont crevé les yeux : aujourd'hui une partie de l'Algérie est tuée, massacrée, volée et cela est vécu comme une manœuvre artificielle ou une preuve de persécution et pas comme une misère nationale et une souffrance de tous. La cause : la Kabylie a été isolée peu à peu du pays qui lui-même sombre dans la lâcheté et l'indifférence à soi. Du coup, on oublie l'évidence : il ne s'agit pas d'une région qui souffre mais d'un pays qui se tourne le dos. *La Misère en Kabylie*, titre d'un reportage d'Albert Camus. La misère y est toujours : visible en Kabylie, évidente dans le reste du pays et dans son esprit. Kabyle n'est pas une nationalité, certes, mais le reste du pays n'est pas encore une nation entière vécue dans la solidarité et la plénitude. Si ce qui se passe en Kabylie n'intéresse que les Kabyles, c'est que l'Algérie n'est pas encore née. Et *vice versa*.

DES MILLIERS D'ARABES "TUÉS" PAR LA CHINE ET LA RUSSIE

Mercredi 14 septembre 2011

C'est quoi le monde, pour nous? Réponse : nous et l'Occident. Du coup, tout se résume à ce rapport pour expliquer le Printemps arabe, l'histoire, le piratage, la colonisation soft ou l'immigration, l'amour ou le rejet. Par exemple, la paranoïa sur l'ingérence étrangère se résume à viser l'Europe et le monde anglo-saxon. Un Chinois peut faire la même chose qu'un Anglais, viser le pétrole et le Sud, manipuler ou corrompre, espionner ou pas : il ne sera jamais accusé d'ingérence, de volonté de colonisation ou de plans de déstabilisation. La Russie vend des armes autant que les Chinois, les Russes pensent à nous manger autant que les Chinois, mais les deux restent un peu sous couvert d'immunité au sein de l'opinion. Un Américain qui prend une photo à Hassi Messaoud peut être accusé d'espionnage, un groupe de Chinois qui y creuse un trou et y pose un tuyau ne sera jamais vu comme tel. Les Chinois peuvent noyer le pays et ses moteurs avec de la fausse huile pour voiture sous emballage algérien, personne n'y trouve à redire. On préfère s'outrager sur les protège-cahiers avec une pseudo-étoile de David par exemple. La corruption est "institutionnalisée" avec les Chinois en Algérie ou les Russes : cela est normal et personne ne s'en offusque, sauf les chefs d'entreprises algériennes qui essayent d'y faire face.

Pour le Printemps arabe, forte saison pour la paranoïa et les manipulations, on accuse l'Occident, on le surveille, on le soupçonne, on le manipule, on lui demande d'intervenir ou on lui reproche de ne pas le faire, mais jamais un mot n'est dit sur les positions scandaleuses de la Chine et de la Russie qui ne s'embarrassent même pas de politesse pour expliquer qu'ils sont avec les régimes et les dictatures. On rappelle que les États-Unis soutiennent et couvrent les crimes d'Israël, mais on ne dit rien sur la couverture assurée par les Russes au boucher de Damas et à ses massacres contre les femmes, les enfants et les Syriens libres. Les Chinois ont couvert Kadhafi jusqu'au dernier moment pour sauver leurs contrats en Libye et ont donné leur parapluie à ses massacres, mais personne ne trouve rien à redire sur leur rôle de rapaces au Maghreb.

Le rôle de ces deux puissances pour couvrir les dictateurs et leur assurer l'immunité après le crime restera dans les mémoires cependant, bien qu'on s'efforce d'en effacer les traces. Les révoltés de notre monde s'en souviendront pour longtemps. Autant qu'ils se souviennent des croisades ou des colonisations pour incriminer l'Occident d'aujourd'hui. L'opportunisme de ces deux puissances, la Chine et la Russie, est scandaleux, immoral, insoutenable et criminel. Ces deux alliées de nos dictatures sont coupables de milliers de morts chez nous et au nom de leur intérêt, de notre argent et de leurs calculs.

Cette mise au point est nécessaire : elle permet une sorte d'hygiène mentale. Explication : il n'y a pas que des centres d'intérêt en Occident qui veulent profiter de ces mouvements de fond dans le monde arabe. D'autres puissances le font. Pourquoi le dire ? Pour éviter que la lucidité ne devienne objet de manipulation.

Accuser uniquement l'Occident de fourberie permet de réactiver des aveuglements et des haines sélectifs et inutiles, des traumatismes de l'histoire qui ne servent à rien puisqu'ils ne servent pas à comprendre mieux. Rappeler que d'autres puissances sont là pour manger nos morceaux et profiter de nos cris pour la liberté permet de maintenir la vigilance sans la noyer dans des fantasmes et des haines myopes.

Autant que l'Occident d'hier, la Chine et la Russie aujourd'hui tuent des milliers d'Arabes pour un sucre, un gisement, un puits ou un contrat.

(Le 14 janvier 2011, Ben Ali fuyait la Tunisie pour l'Arabie Saoudite à bord de l'avion présidentiel.)

LE 14 JANVIER ET L'INFINI
Jeudi 22 septembre 2011

Autour d'un feu aux longues oreilles, une nuit, un groupe de voyageurs discute de la manière dont chacun a fait, fera ou fait encore la révolution.

Le Tunisien dit : "Moi, j'ai utilisé Facebook. Sur Facebook, j'ai mis les noms et les images de ma vie, de ma mort et de la vie après la mort. C'est comme ça que j'ai fait tomber le dictateur : il ne voyait rien, moi je voyais tout." L'Égyptien dit : "Moi, j'ai Al Jazeera. Elle a tout vu. Les noms et les visages et les images. Avec elle, le monde ne pouvait pas faire semblant de n'avoir rien vu. Et moi, je me voyais de dos, de face, d'en haut et de l'intérieur. Cela m'a aidé à croire que j'existais : j'avais la preuve de moi-même par mes propres yeux."

L'Algérien réfléchit et dit : "Moi, j'ai mes yeux. Je n'oublie jamais. Ni les visages, ni les images, ni les noms. Un jour, je finirai par me rencontrer, me délivrer, me donner la main et me pardonner et m'armer et me soulever." Alors le Syrien dit : "Moi, j'ai mon téléphone portable : il a les noms, les visages et les images de tous ceux qui ont assassiné. Mon martyre est multimédia. Mon décès est en 3D. Vous appuyez sur un bouton et vous sentez tout : comment je suis mort, comment ils m'ont tué et comment je suis passé de la chaussure vers l'infini et du cri à la tombe et du slogan à la fin du monde et de la soumission à la révélation."

Le Yéménite explique : "Pour moi, c'était un peu de tout ça. J'ai filmé, je me suis rappelé. J'ai dit, crié et je suis mort et je suis encore là. J'ai brûlé un dictateur et il est encore vivant. La dictature m'a tué et je suis encore là. Mon histoire n'est pas encore finie. Mon seul tort est d'habiter un coin perdu du monde où le monde ne fait pas attention à sa propre existence. Je dois me battre contre la mort et contre l'insignifiance."

Le Marocain dit : "Moi, j'ai marché ; dans la rue, puis dans la combine qui s'est payé ma tête. Je voulais des réformes et on m'a réformé."

Le Saoudien prend alors la parole : "Chez nous, c'est différent. Quand on est soumis au roi, on dit *Allah ouakbar* en murmurant. Quand on est d'al-Qaida, on dit *Allah ouakbar* en hurlant. Dans les deux cas, on meurt pour rien. Pour le moment. Le roi se cache derrière Dieu et Dieu est invisible. C'est compliqué."

Un Irakien passe. Il voit le groupe et s'assoit. "Chez moi, on a trois trous. Dans le premier, on a trouvé du pétrole. Dans le second, on a trouvé Saddam. Dans le troisième, on a creusé trois autres trous : l'un pour les Kurdes, l'autre pour les chiites et un dernier pour les sunnites." L'Égyptien intervient : "Chez moi, la révolution a commencé quand on a torturé un jeune dans un commissariat jusqu'à l'envoyer chercher ses chaussures chez Dieu. Il s'appelait Khaled Saïd."

Le Tunisien dit alors : "Pour moi, ça a commencé quand une policière a frappé un vendeur de bananes qui s'est brûlé. Il s'appelait Mohammed Bouazizi."

Le Syrien dit : "Pour nous, ça a commencé quand des enfants ont été arrêtés à Daraa et qu'on leur a arraché les ongles. Quand on est partis voir le colonel des *moukhabarate*, il nous a dit : « Oubliez vos enfants. Faites-en d'autres, et si vous ne savez pas comment faire amenez-nous vos femmes. » Les enfants avaient été tellement torturés qu'ils n'avaient plus de noms."

Le Libyen, encore en sueur, rejoint alors le groupe : "C'est pareil pour nous. Ça a commencé à Benghazi avec un avocat. Il avait été arrêté puis relâché. Le peuple a compris qu'il pouvait bénéficier du même privilège : être relâché après quarante-deux ans de garde à vue. On n'avait pas besoin de noms. On avait celui de nos ennemis."

L'Algérien se tait longtemps mais trouve une réponse : "Chez nous, ça n'a pas encore commencé parce qu'on avait trop de noms. Il fallait écouter un seul mort et le suivre. On ne l'a pas fait. La révolution commencera quand on aura le nom du mort, comme vous, et le nom du dictateur. Chez nous, on n'a pas les deux. Ils sont deux cents Ben Ali, un million et demi de vieux martyrs et deux cent mille nouveaux martyrs."

Le Yéménite, songeur, explique alors : "Chez moi, ça a commencé quand nous avons vu que cela était possible ailleurs, même à la télé. On a fait l'inverse : on avait le nom du dictateur mais pas encore le nom du martyr ni celui du torturé."

Tous se retournent alors vers un dernier voyageur, sombre et silencieux, qui mâche ses étoiles avec ses cheveux et son front : "Et toi, tu es jordanien ? bahreïni ? qatari peut-être ? ou mauritanien ? Raconte-nous ta mort, ou ta vie, ou ta vie promise ou ton torturé, et qui a marché sur tes os qui a volé ton pays. Raconte."

Le Voyageur s'éclaircit la voix et murmure : "Moi, je suis le peuple inconnu. L'Arabe errant. La suite de l'histoire. Le tome II du cri et le maçon de la Grenade future. Certains m'appellent Ibn Khaldoun." Tous hochèrent la tête. Un oiseau passa dans le ciel et indiqua l'heure à l'infini. Dans le désert, un grain de sable soupira d'amour pour une comète furtive.

FEU SUR LE CORPS DE L'ALGÉRIEN

Dimanche 9 octobre 2011

Le corps algérien est cerné : il est accusé d'être un péché, d'être en trop sur sa terre, d'être gênant pour le chiffre ou le discours, d'être partout et pour rien. On le porte avec haine de soi, avec la grimace parce qu'il coûte de l'argent, avec vanité quand il est gros et bien nourri ou rebondi et attirant, avec discrétion quand c'est le corps d'une femme. Il est aussi malade, traînant, mal soigné, peu amusant et peu amusé, incapable de la joie et de la danse et non synchronisé avec les musiques du monde. C'est le premier qu'on frappe ou qu'on évite, dans le couple ou lors des manifs. C'est le lieu de tous les malaises dits sociaux. L'espace fini d'habitants au nombre infini. Tout le monde a un avis sur le corps de l'autre, d'ailleurs. Mais c'est aussi le dernier lieu où l'Algérien est chez lui. À défaut de logements en nombre suffisant, de lieux de loisirs, de plages non voilées, de droit au nudisme ou au muscle heureux comme les statuts des Grecs et à défaut d'un pays équitable, de forêts ouvertes aux poumons, de lieux de pique-nique et d'espaces verts, l'Algérien ne se sent chez lui que dans son corps. À moitié d'ailleurs. L'autre moitié du corps est déjà affaire de trop de religion et d'interdits, de fatwas et d'inquisition ou de marchandage esthétique. On comprend donc pourquoi l'Algérien se bat avec son corps, entièrement et totalement, le tenant dans une seule main. C'est son unique fortune.

Quand donc rien ne va, que l'Algérien se sent mal, trahi, confronté à l'injustice ou à la violence ou à l'absurde, c'est contre son propre corps que l'Algérien se retourne. Puisqu'il n'a pas d'amis, il a un seul ennemi à portée de main : son corps. C'est alors qu'il le brûle, s'immole, met le feu à sa flamme et se consume et se carbonise. L'immolation est une institution et elle se généralise ailleurs qu'à Oran. La raison ? Tout le monde en connaît au moins une. L'acte n'est qu'un choix d'allumette et de temps et de thermostat.

Quand donc l'Algérien ne comprend pas, s'estime lésé et puni, il se punit : parce qu'il n'y a aucune autre institution de médiation entre lui et l'adversaire, il ne lui reste que la dernière institution que l'on peut toucher de la main : le corps. Alors l'Algérien le brûle. C'est un geste qui permet de brûler l'histoire et la géographie en même temps. On résout le problème en se débarrassant du problème. On s'attaque à la seule personne que l'on sait incapable de se défendre : soi-même. On se tue à défaut d'arme ou de conviction pour tuer les autres. On se fait justice en se faisant injustice. On accuse tous les autres vivants de sa propre mort. Le suicide peut, parfois, souvent, être un crime commis par la collectivité sur l'individu.

L'immolation est donc une institution, la dernière. C'est parce qu'il n'y a pas de justice, d'élus vraiment élus, de société civile, de bonnes consciences, de convictions, de médiation, de compréhension ou d'intelligence ou de chambre haute ou d'écoute ou parce qu'on estime qu'on est lésé dans un droit, ou un droit au butin, qu'on attrape le premier passant de son périmètre, c'est-à-dire soi-même, et qu'on le tue. C'est vous dire si le corps algérien est cerné : tout le monde lui en veut. Les islamistes, les religieux, les conservateurs, les chasseurs de jupes, les complexés, les historiens, les martyrs qui n'ont plus de corps, l'âge, l'usure, la mer, les inondations et les voisins et même, en dernier, le bénéficiaire du corps lui-même.

LE CONCEPT LE PLUS TRISTE DEPUIS DEUX MILLE ANS

Lundi 10 octobre 2011

“Faites attention : ce peuple est ignorant et violent. On ne peut pas faire une révolution avec lui.” C’est ce qu’on se croit obligé, souvent, de dire au chroniqueur pour répondre à ses positions. On peut rétorquer par le plus simple : si ce peuple est devenu ignorant et violent, c’est la faute à qui ? À un système qu’il faut changer, maintenant, avant que cela ne soit pire. L’essentiel n’est cependant pas dans la conversation, mais dans ces images : les Algériens ont peur… d’eux-mêmes. Ils ont peur de se manger, se tuer, se voler et se marcher dessus. C’est un crime qu’on leur a déjà fait faire. Un jour, on les a montés les uns contre les autres. On le sait. Tous le savent. Surtout les morts. Depuis, l’Algérien ne s’aime pas et, pire encore, se déteste comme aucun peuple n’a détesté un voisin. L’image de l’Algérien sur l’Algérien est la pire qui soit, la plus raciste, la plus dégradante, la plus abîmée. Dans une sorte de tour de force par l’hypnose et la propagande, ce peuple a endossé le statut que lui imposent ceux qui le gouvernent. Il faut peut-être relire Frantz Fanon comme un manifeste moderne en remplaçant, encore une fois, l’équation colon/colonisé, par décolonisateur/décolonisé. Le colonisé se sent “nègre”, “arabe”, méprisable, reprend les tics qu’on lui suppose, la paresse de “l’Arabe”, la musculature du Noir, la ruse du tiers-mondiste. Il finit par y croire et s’en revendiquer car c’est le seul moyen de faire baisser la pression qui s'exerce sur lui par l'autre, le dominant. Il y a une explication de la perception de l'Algérien par l'Algérien dans *Les Damnés de la terre*.

Nous en sommes arrivés à croire que ce n'est pas le pouvoir qui est le mal, mais nous. Que le pouvoir est le seul garant du cessez-le-feu entre nous et nous-mêmes. Que sans le pouvoir, on va se manger. Sur l'échelle des effets spéciaux, c'est une immense prouesse du colonisateur moderne. Faire croire à sa nécessité et à sa mission civilisatrice en terre barbare ou tentée par des cycles de barbarie. Par la suite, les Algériens ont donc mis le costume : ils sont ce qu'on a voulu qu'ils soient : un peuple qui fait peur au peuple. Ils frappent, cassent, brûlent ou volent. Tous ? Non, justement, mais le cinéma néocolonial ressemble au traitement de la crise des banlieues par la France : on fait peur aux classes moyennes par les classes en déshérence. On joue sur la délinquance et ses images, sur la peur de l'autre, sur le portrait. Ailleurs, on le fait avec des télés, ici avec certains journaux, des réseaux informels et le discours ambiant.

"Nous ne sommes pas aptes à la démocratie. Nous ne pouvons pas faire de révolution douce et non violente. Nous sommes incapables. Nous ne sommes pas des gens intelligents. Nous ne pouvons pas discuter sans nous manger. Nous ne sommes pas un seul peuple mais des millions d'avis. Nous sommes des barbares. Nous sommes inférieurs. Nous sommes déjà morts. Nous ne méritons pas qu'on nous consulte. Nous sommes à surveiller. Nous sommes des sauvages." C'est ce qu'on a réussi à faire croire aux Algériens au point que les Algériens le croient profondément. Difficile de libérer un homme qui revendique ses chaînes comme des bijoux, dit un proverbe imaginaire. Et c'est la tristesse : ce que deux mille ans de colons de toutes nationalités n'ont pas réussi à faire, le pouvoir a réussi à nous le faire croire par nous-mêmes : que nous ne méritons pas la liberté !

L'HISTOIRE DES FILS DE MESSAOUD DE HASSI MESSAOUD

Mercredi 19 octobre 2011

C'est une histoire qui se passe à Hassi Messaoud. Elle commence en 1917, lorsque le dénommé Messaoud découvre un puits d'eau pour son troupeau. Une margelle et une coupole blanche signalent encore, dans le centre de cette ville, l'eau aux caravaniers d'autrefois. En 1926, Messaoud meurt avant de savoir ce que valait la substance noire et visqueuse qui a jailli avec l'eau du puits. En 1956, un Français creuse à côté du puits et découvre ce qu'avait découvert Messaoud : du pétrole. Beaucoup. Énormément. Plus qu'ailleurs dans toute l'Afrique. En 1958, la France commence le pompage. En 1962, l'Algérie est indépendante mais pas Hassi Messaoud, chapitre du contentieux des accords d'Évian. En 1971, Houari Boumédiène nationalise le pétrole et Hassi Messaoud. En 1980, Sonatrach fait d'Alger la capitale politique et de Hassi Messaoud la capitale énergétique du pays. L'entreprise algérienne y déplace ses cadres et ses chalets et ses problèmes. Les habitants de Hassi Messaoud, qui n'ont pas découvert le pétrole, découvrent les soucis des grandes villes, le chômage dans le désert, les cadres du Nord qui viennent avec leurs coiffeuses ou leurs familles, les contrats d'Alger, les appels d'offres et les sociétés de sous-traitance de l'emploi et la loi des multinationales. Dès 1990, Hassi Messaoud est désignée capitale des premiers *harraga* algériens, vers le sud, à la recherche de l'emploi, du salaire et du CDI. La décennie 1990 fera tourner la tête à toute l'Algérie vers le sud : l'État y cherchait des solutions par les camps d'Oued En-Namous pour y interner les islamistes, les chômeurs y cherchaient du travail assis, gardiens de sécurité de préférence.

Le 13 juillet (un vendredi) 2001, un imam fait un prêche où il accuse les femmes qui travaillent dans le pétrole de Hassi Messaoud et qui vivent seules d'être la source du mal, de la sécheresse, des maladies honteuses, des pellicules de cheveux et des pannes de voitures. Des centaines d'intoxiqués se lèvent et attaquent le quartier d'El-Haïcha. Pendant des heures et des heures, on va frapper des femmes, les violer, les traîner nues dans les rues, les voler, les déposséder et les kidnapper. Quelques années après, il y aura un procès, avec six accusés à la place des cent qui ont commis le crime, et trois victimes à la place des cent autres qui ont été menacées de représailles si elles témoignaient. En 2006, l'État décide de faire du puits une vraie ville. C'est le projet de la nouvelle ville de Hassi Messaoud. Il va coûter beaucoup et attirer beaucoup. Chakib Khelil démissionne, le projet est repris à zéro. Il est promis pour 2014, puis pour 2017. La nouvelle ville sera équipée de toutes les commodités possibles, des routes et des bancs et de la verdure et des logements. Septembre 2011, des chômeurs se lèvent à Hassi Messaoud, demandent du travail ou du pétrole et menacent de marcher sur Ouargla puis sur Alger puis sur l'ONU.

Dans toute cette longue histoire, vous l'avez peut-être remarqué, il y a quelqu'un qui n'a rien dit. Jusqu'à hier. C'est le groupe des descendants de Messaoud, le fondateur. Ils sont en sit-in depuis quelques jours à Hassi Messaoud pour demander des comptes sur les quatre kilomètres carrés de leurs terres. À *Algérie News*, le porte-parole de la tribu a été clair : "Prenez le pétrole mais rendez-nous la terre", dira-t-il aux autorités. L'enjeu n'est pas une demande d'actions dans l'actif de Sonatrach, mais seulement la justice. Déclarée zone nationalisée et inconstructible, Hassi Messaoud est depuis peu l'objet de spéculations foncières effrénées. Là où on dit aux Messaoud que la terre est à l'État et pas à leur père, d'autres sont venus du Nord, prennent des lots, construisent des parkings et des stations-services en prévision du basculement du statut de la ville. Si on prend la terre aux Messaoud, pourquoi la redonner à des courtiers, alors ? C'est ce que demandent les Messaoud qui précisent, en sit-in, que sur les six cents membres de la famille "seuls six travaillent dans le pétrole". Belle plaisanterie faite à Messaoud et à son puits. Et le vrai puits, celui de l'eau ? "Il tombe en ruine", précisent les héritiers, consternés.

La morale de cette histoire nationale ? Évidente : le contrat social est rompu. Les Algériens réclament la restitution de leur bien individuel car il n'est plus un bien collectif. Messaoud est-il un ancien moudjahid ? Un ancien propriétaire ou le premier Algérien à s'être fait rouler par l'histoire algérienne ? Ses enfants ont une réponse. Ils sont à Hassi Messaoud, au centre-ville.

QUATRE JOURS APRÈS LE VOTE TUNISIEN (I)

Samedi 29 octobre 2011

Trois ou quatre jours après le vote islamiste en Tunisie, tout a été dit, ou presque. Il a été dit que la Tunisie n'est pas l'Algérie et que Ghannouchi n'est pas Ali Belhadj. Il a été dit que c'est un désastre et que les Tunisiens vont le payer, comme nous. Il a été dit qu'il faut accepter la démocratie et le choix de la majorité. Il a été dit que les Tunisiens ont voté avec civisme mais qu'ils ont mal voté. Il a été dit que c'est fini ou que cela ne fait que commencer. Il a été dit que la révolution ne sert à rien si l'on va de la dictature vers l'islamisme. Tout ou presque a été dit et selon chacun, la douleur de chacun, la peur de chacun ou l'espoir de chacun. Sauf qu'il restait une question, la plus utile selon le chroniqueur et que peu ont tentée : d'où viennent les islamistes? D'où vient que les gens votent pour eux?

Première réponse : ils sont nombreux, sont plus structurés, sont plus agressifs et jouent le ciel contre la terre et Dieu contre leurs adversaires. Cela est vrai mais c'est un constat, pas une réponse. Deuxième réponse : les démocrates sont convaincus mais ne savent pas convaincre, les islamistes font les deux. Et c'est vrai, mais c'est aussi un constat.

Les pistes sont donc ailleurs. Les islamistes ne sont en effet pas tombés du ciel, ils ne sont pas des générations spontanées, mais ont été créés, peu à peu, autant par l'échec des alternatives idéologiques autres que l'islamisme que par les dictatures elles-mêmes. Les régimes arabes combattent l'islamisme quand c'est un projet de conquête du pouvoir, mais cultivent l'alliance avec l'islamisme passif car c'est un bon moyen d'encourager le conservatisme chez leurs peuples domestiques. Les islamistes dans ce monde arabe sont nés des télés des cheikhs talk-show, des prêches, des livres du djihad et des névroses, de nos écoles, de nos programmes scolaires, de nos compromis et de ces maladies de foules qui visent le corps de la femme comme un mal et oublient de se laver les mains avant de manger ou de nettoyer les cages d'escalier. Les islamistes ont été fabriqués par nos systèmes éducatifs, par les projets des plus grandes mosquées d'Afrique. Ils sont le dernier cadeau fait, *post mortem*, par les dictatures "arabes" aux peuples "arabes".

Donc, même quand on chasse un dictateur, il reste son crime, et les enfants hystériques de son crime contre l'avenir, fait et commis depuis trente ou quarante ans. Le cas de la Libye en est une illustration extrême : de sa terre, le peuple libyen ne connaît que sa façon de se tourner vers le ciel. Les dégâts de nos quarante ans de dictatures sont immenses et s'étendent sur des générations. Une révolution n'y met pas fin très vite. Il faut du temps.

Être libre est parfois plus difficile qu'être mort. À la mort suffit une seconde, et il faut toute une vie pour la liberté. Les Tunisiens votent pour des islamistes qui sont tunisiens, tout simplement, fabriqués à la maison, pendant des générations. Lahouari Addi, le sociologue algérien, avait raison de parler un jour d'illusion. On voit aujourd'hui, nous les Algériens, les Tunisiens y céder, malgré l'irrationalité du choix dans un pays où l'emploi et l'économie dépendent du touriste européen. On voit le mirage, l'espoir fou placé dans la prière plutôt que dans l'effort, le retour de vieux démons comme l'arabité, l'identité, l'islamité et le califat et la chasse au corps et à la femme. On voit et on sait que cela peut mener à la mort et au désastre. Les Tunisiens, eux, ne le savent pas, ou croient pouvoir s'en sortir. Le dictateur a puni leur "religion", ils en font aujourd'hui une réclame et une réclamation. Ben Ali les a habitués à la soumission, ils la choisissent aujourd'hui par les urnes.

L'illusion de "la solution par l'Islam" reste aujourd'hui forte et hypnotisante dans le monde "arabe" en échec : elle est travaillée par des pôles comme l'Arabie Saoudite et ses fonds de soutiens aux partis genre Ennahdha. Elle est accréditée par le modèle turc, elle est encouragée comme repli par le rejet de l'Occident et ses fausses mesures internationales ou l'image qu'il donne. Cette illusion est encouragée dans les écoles comme identité de repli, comme richesse à défaut de richesse réelle, comme capital à défaut de capitaux symboliques internationaux. Cette solution est une autre dictature et une autre illusion, comme l'a été la décolonisation "orale" et la souveraineté en solde. On va la vivre, la subir, la payer. Elle est le rêve de la majorité et l'amertume des plus lucides. On a un moment cru que l'on en avait fini avec l'effort en chassant la dictature, il s'avère qu'il faut plus : il faut continuer à se battre et militer pour expliquer aux gens que le désert ne se mange pas et que le ciel n'est pas une affaire d'urnes mais d'intimité. Il s'avère qu'il faut continuer malgré la déception et poursuivre malgré l'obstacle : il faut lutter contre l'islamisme et son suicide, comme il faut lutter contre les régimes locaux et leurs crimes. Les islamistes gagnent parce qu'ils y croient, les lucides perdent car l'intelligence mène souvent au soupçon de l'inutilité. Il faut donc inverser : je suis, car je précède.

QUATRE JOURS APRÈS LE VOTE TUNISIEN (II)

Dimanche 30 octobre 2011

"J'ai voté pour eux car ils ont peur de Dieu." Ce fut la réponse d'une Tunisienne à la question du pourquoi. La réponse est abyssale : elle veut dire que l'électeur ne croit plus à un principe autre que celui du punitif céleste. Un élu doit être islamiste car un islamiste a peur de Dieu. De quoi a peur un démocrate, un progressiste, un laïc ? Réponse de l'électeur : de rien et donc je ne peux pas lui faire confiance et voter pour lui. La question est celle de la "garantie" : l'élu islamiste dit qu'il est surveillé par Dieu. L'élu démocrate ne dit rien. L'électeur "arabe" ne croit pas à sa propre capacité d'opinion publique ou de société civile capable de surveiller l'élu, le politique, la vie et la dépense publique. L'élu ne se voit pas encore comme citoyen capable de sanctionner, il s'en remet donc au ciel.

Il passe du parti unique au parti de l'Unique. Que faut-il donc y comprendre ? L'évidence : l'électeur "arabe" ne croit pas que le candidat politique a une morale ou des principes ou un système de valeurs autres que religieuses. Un démocrate est quelqu'un qui n'a pas de système de valeurs, pas de "crainte" qui puisse le pousser au "bien", au mieux et à défendre l'intérêt de tous. D'où une petite conclusion : les "laïcs" n'arrivent pas à convaincre que l'on puisse être un citoyen de principes dont l'action est fondée sur des convictions "saines" sans être l'homme d'une conviction religieuse.

Le dictateur était méchant parce qu'il ne croyait pas à la sanction céleste et "ne craignait pas Dieu". Par conséquent tous ceux qui ne sont pas islamistes ne craignent pas Dieu et n'ont pas de raison d'être des gens honnêtes. La seule idéologie garante est celle de l'islamisme. Les dictateurs ont donc laissé, après leur chute, un dernier fruit pourri : le manque de confiance des électeurs "arabes" dans la force de leur propre citoyenneté. Les électeurs ne savent pas ce qu'ils peuvent, mais croient en ce qu'ils ne peuvent pas. Ils ne sont pas citoyens, mais croyants.

Un demi-siècle de dictatures a fabriqué des électeurs soupçonneux, craintifs, désespérés, nihilistes, démissionnaires et fatigués de rester debout pour rien. Et c'est là le talon d'Achille de tous ceux qui veulent convaincre les sociétés "arabes" que la laïcité est un droit et une garantie contre les totalitarismes et les dérives, que la démocratie est une affaire d'hommes pas de religion et que la croyance est un choix intime et pas une urne magique. Les démocrates n'arrivent pas à convaincre de leur système de valeurs, de leur morale. Ils ne parviennent pas à expliquer aux électeurs que l'on peut vouloir le bien de tous, par formule du gagnant-gagnant, dans le consensus et l'intérêt commun. Ils n'arrivent pas à répondre à la question "qu'est-ce qui prouve que vous avez peur du mal, que vous craignez d'être des voleurs et des malhonnêtes, que vous n'allez pas devenir des Ben Ali ?". La réponse est floue ou trop compliquée.

En Tunisie, parce que les Tunisiens ont subi Ben Ali pendant trop longtemps, ils votent aujourd'hui pour son contraire. Pour eux, si un homme ne craint pas le peuple, choisissons au moins quelqu'un qui craint Dieu.

L'échec des idéologies alternatives à l'islamisme vient de leur incapacité à répondre à ce genre de questions simples pour les simples électeurs, les plus nombreux : la laïcité arrive à convaincre les classes supérieures et les milieux d'affaires, mais pas le "bon peuple". L'électeur "arabe" est poussé à investir de sa confiance les systèmes autoritaires garants de sa vie : soit l'armée, soit les "partis de Dieu".

En Tunisie, Ennahdha va tenter d'incarner un consensus, mais la formule est faussée à la base : on n'est pas en Turquie ; ce qui soude la formule à Ankara, c'est l'intérêt de tous, l'économie ou les contre-pouvoirs à l'intérieur de cet État. En Tunisie ou ailleurs, il s'agit d'une démission de la citoyenneté au profit de la garantie par "la croyance". Le flou de la réponse des démocrates est visible partout dans les autres pays "arabes", et cette incroyance en soi du croyant en Dieu fausse le jeu des transitions et réduit les révolutions à des basculements. Pour le moment.

Un internaute fera remarquer, à juste titre, après la victoire d'Ennahdha en Tunisie, que là où les islamistes parlaient de lutte contre la corruption, d'identité, de modération et s'appropriaient les grandes questions comme celles de la femme ou de la langue, les démocrates et leurs sympathisants étaient poussés à débattre sur des détails avec un effet de loupe peu intelligent : l'alcool, le bikini ou l'homosexualité. Grosse erreur de stratégie de campagne, à la fin. Celle commise, il y a vingt ans, par des démocrates algériens poussés à débattre avec un Abassi Madani comme "représentant de l'Islam" et pas comme un simple politicien qui vaut ce que valent d'autres.

WAITHOOD : LE PLUS GRAND DRAME DU MONDE "ARABE"

Mercredi 9 novembre 2011

Waithood. Un concept fascinant retrouvé hier sur le Net et inventé par des spécialistes des sciences politiques penchés sur la crise du monde arabe. *Waithood*, traduire de l'anglais : l'âge de l'attente. Attente de quoi ? De tout : emploi, femme, loisir, rire, argent, pouvoir, réussite, la vie. "Attendre" a été analysé comme l'une des principales activités des populations jeunes dans le monde arabe. Et pour bien comprendre le drame, il faut rappeler que "la région arabe compte le deuxième plus grand pourcentage de jeunes du monde. Presque deux Arabes sur trois ont moins de trente ans, niveau qui n'est dépassé que par l'Afrique subsaharienne. En outre, le Moyen-Orient et l'Afrique du Nord comptent à la fois le plus fort taux de chômage des jeunes et le plus fort taux de chômage global de toute la planète", rapportent une étude et quelques journaux du monde qui veulent comprendre ce qui se passe (et ne se passe pas) dans ce monde "arabe".

Les *Waithood* "arabes" attendent donc et vieillissent en attendant puis meurent. Les rares solutions sont le mariage (donc se faire attendre par sa femme et donner sens à l'attente de ses propres enfants qui attendent de manger) ou la religion : transformer l'attente en eschatologie ou messianisme, transformer la vie en étape, et la mort en aboutissement, et l'au-delà en but de la vie. Mis à part ces deux solutions par le déni ou la libido, il n'en existe pas d'autres. Sauf la révolution. Le concept de *Waithood* est en effet désormais retenu comme l'une des clés du Printemps arabe : les jeunes qui attendent depuis si longtemps sont les premiers à choisir les armes ou l'émeute car cela donne un sens à leur vie, à leur attente, et leur donne le moyen "d'arriver" quelque part même par le désenchantement. Le Printemps arabe est aussi une question d'âge : dans la géographie où il y a le plus de moins de trente ans au monde, ce sont les vieux qui commandent et détiennent les pouvoirs. Hier, le chroniqueur a parlé de quatre nouveaux partis de… vieux en Algérie. Aucun parti pour les jeunes alors qu'on a affaire à une crise de sens et de participation des jeunes.

Les gérontocrates "arabes" pensent qu'il suffit de donner à manger à un jeune qui attend du sens pour que le problème se résolve de lui-même dans la digestion. Vision alimentaire contre manque de visions d'avenir. En Algérie, les *Waithood* sont légion et millions. Les plus de soixante-dix ans sont une minorité mais elle est écrasante. Toute loi de réforme est faite par des vieux pour des vieux. Les vieux prennent l'histoire, l'État, les symboles et le temps et donnent aux jeunes des dinars et des tickets dans la file d'attente. En face d'eux, les *Waithood* s'ennuient, mangent mal, n'arrivent plus à rêver, deviennent violents et un jour iront prendre les armes, les cieux, les pierres ou les dents. L'attente ne peut pas être sans fin. À un moment, elle devient demande, puis exigence, puis révolution. Quand elle n'est pas récolte, elle est destruction.

Le sujet reste un abîme : comment en est-on arrivé à cette équation où avec du pétrole, du gaz et le plus grand réservoir de jeunes dans le monde, le monde "arabe" est pauvre, violent, sale, pas inventif, fanatique, miséreux, ennuyeux au point que le seul amusement sonore est de se faire kamikaze ?

BACHAR : LES MORTS TE TUERONT !

Lundi 14 novembre 2011

Pour un Syrien qui meurt, se relève et continue de marcher jusqu'à ce qu'on le tue encore une fois et ainsi de suite, les théories du complot mondial, celle de la géostratégie, celle des calculs occidentaux et des puissances, les analyses assises et les dénonciations de l'Otan sont de la paille et des insectes sur sa veste de lutteur. L'équation est pour le Syrien simple : c'est lui qu'on tue, c'est lui qu'on arrache, c'est lui qu'on torture et c'est sa mère qui se fait violer ou kidnapper, ainsi que sa fille ou son épouse. En face, il n'y a pas l'Otan, il n'y a pas Tsahal, il n'y a pas le complot mais le dictateur, le tyran et ses milices. Les analyses, de derrière les écrans TV, ont quelque chose d'inhumain, de décalé et à la limite de l'indécence. Il n'y a pas complot mais mort d'homme. L'Occident va en profiter ? Oui, et pourquoi pas nous ? Dans tous les cas, cela importe peu au mort syrien. Ce qu'il veut, lui, c'est sa vie, la vie meilleure et la liberté. Les analyses transcendantes sont bonnes pour comprendre, mais leur excès est immoral.

Les Syriens ont démontré un courage exemplaire, unique, sans faille, admirable, et cela mérite au moins notre silence respectueux. Leur combat a permis de mettre à nu les toiles mafieuses de la région du Moyen-Orient, entre le Hezbollah, les apparatchiks de la cause palestinienne nourris et logés par les *moukhabarate* de Damas, et la dictature au nom de l'arabité et du Front du refus. Cela a permis de clore cette époque des idéologies de camouflage qui se servaient de la Palestine, d'Israël, de l'arabité et du Front du refus pour se maintenir au pouvoir ou en gagner un peu plus avec deux ou trois coups de feu et un faux missile.

La fin de Saddam avait signé la fin des remakes de Saladin, version moustache et Scud traficotés. La fin de Bachar, le boucher de Damas, signera la clôture de cette arnaque qui se servait de la Palestine comme cache-sexe. On débouchera dans l'inconnu, mais cela vaut mieux que les babouches d'autrefois et les arnaques d'un demi-siècle de baathisme ravageur. Une époque est morte, Bachar est mort et son gang est mort et ils sont les seuls à ne pas le savoir. Ils sont les seuls à tuer les autres en ignorant qu'il s'agit de leurs propres morts. La décision de la Ligue arabe est à saluer, après un demi-siècle de mollesse et des mois de flottement sur la lune. Il n'y a pas à y lire un agenda externe, un instrument de complot, une servilité. Le boucher de Damas est une maladie à isoler. C'est son genre qui a permis les nouvelles colonisations. Cet homme tuera jusqu'à son décès et son décès sera violent. Et qu'on n'aille pas s'apitoyer sur son sort et son lynchage un jour, comme on l'a fait pour d'autres, en oubliant les crimes à la première larme du criminel.

(Le 5 octobre 1988 a démarré en Algérie un soulèvement populaire sans précédent contre le parti unique qui a finalement permis l'ouverture au pluralisme politique.)

LES ÉGYPTIENS FACE À NOTRE OCTOBRE 1988

Mardi 22 novembre 2011

"On ne fera pas les mêmes erreurs que vous", a dit au chroniqueur un écrivain égyptien il y a quelques mois. Cela se confirme : les Égyptiens restent vigilants et savent décoder l'arnaque. Et contrairement à ce que l'on croit et répète, l'expérience algérienne ratée est dans les esprits de nos voisins en Tunisie et en Égypte. Ils savent que chasser Chadli et obtenir un parti majoritaire à la place d'un parti unique n'est pas la démocratie. Le pouvoir ruse chaque fois et aujourd'hui encore en Égypte. Là, l'armée veut faire un remake de ce qui s'est fait chez nous : déplacer le centre de la décision vers l'occulte, s'autonomiser par rapport au droit de regard et de surveillance du peuple et offrir à la populace un État fantoche avec un président faible, des ministres sans puissance et un parlement sans poids.

Pour comprendre ce qui s'est passé chez nous en 1988 et qui permet à certains oiseaux de répéter que "l'Algérie a déjà payé" (oui, mais jamais livré), il faut inverser : en 1988, les Égyptiens chassent Moubarak, leur FLN devient parti favori (synonyme poli de parti unique) et ils ont droit à une fausse opposition surveillée et des islamistes en bocal pour faire peur. Les islamistes sont poussés à la révolte et ils se révoltent, on revient au "tout sécuritaire" et on reprend le pouvoir sous l'impératif de la stabilité et de la lutte antiterroriste. Le maréchal Tantaoui devient le vrai maître du pays,

Amr Moussa devient un président coopté pour accueillir les étrangers et la police politique change de sigle mais pas de mission. À la fin ? Rien n'a changé, sauf la couleur de la veste. Dix ans après, les Égyptiens se retrouvent avec 256 petits Moubarak et leurs fils, plusieurs polices politiques, une place Tahrir devenue lotissements ou assiette de terrain pour la plus grande mosquée d'Afrique.

Les Égyptiens veulent donc que cela ne leur arrive pas. Ils veulent l'autorité du peuple sur l'armée et pas l'inverse. Ils veulent que ceux qui ont tué durant leur révolution soient retrouvés et jugés. Ils ne veulent pas que les victimes finissent comme les victimes d'octobre 1988, en "accident du travail" selon la nomenclature de remboursement et des indemnisations décidée sous Chadli.

Chez nous, personne n'a été jugé pour les tirs à balles réelles du 5 octobre. Personne n'a payé pour les centaines de morts et les milliers de torturés. Les Égyptiens veulent que le budget de leur armée ne soit pas un secret entre intimes et veulent que la démocratie demandée par les 850 morts soit livrée immédiatement plutôt que, comme chez nous, livrée après la mort. Les Égyptiens ne veulent pas que cela leur arrive et c'est le plus dur : démocratiser l'armée dans les pays arabes, lui signifier qu'elle n'est pas au-dessus du peuple, que c'est le peuple qui la paye et qu'elle est là pour obéir et pas pour donner des ordres.

L'AUTRE

Lundi 28 novembre 2011

"L'autre, j'en ressentais le creux, la trace creuse en moi, le besoin de me mouvoir vers lui, la calcination quand il me brûla ou l'endroit endolori par son arrachement. Brusquement, je me suis senti en déséquilibre, sans l'autre, un peu chancelant dans mon humanité, bref et sans direction dans l'espace quand ce n'est pas une direction vers un visage, tournant dans l'affolement ou en orbite autour d'une énigme. L'autre n'était pas ma moitié mais mon véritable moi. J'y allais dans toutes les directions, j'y venais, j'en revenais. Tout s'expliquait par mes gestes vers ce centre inachevé quand il n'est pas totalement voulu. Le désir, l'offrande faite au ciel, le sacrifice, l'invention du feu pour deux mains et pas pour une seule, la sexualité qui en était le cri et l'art qui en est le soupir, ou le sens de toutes les rivières du monde qui en sont la confession, la narration, le récit qui vient et s'en va.

Tout était supposition de l'autre, trace de son pas, son bruit dans la nuit ou le jour pas encore déplié du futur. L'autre était mariage, noces, brûlure, feu, flamme, pollen, et pattes en fourrure de l'animal prudent qui approche pendant que toute la forêt le regarde avec bienveillance. Sans l'autre à quoi bon vivre et pour qui sourire? Pour personne : il faut donc y aller, le chercher, cet autre. En attendre le déclic dans ses propres oreilles posées sur sa propre peau, j'en suis le désir qui me brûle et le seul d'ailleurs qui en vaut la peine. Sans lui je ne peux aller au ciel ni me coucher dans la terre profonde, ni connaître le sommeil qui tourne un visage éclairé vers l'obscurité, ni distinguer le goût de son contraire qui est la répétition, ni comprendre ma propre démarche quand je n'ai pas où aller. L'autre est un arc et j'en suis la pénétration, l'eau qui entoure ou le ciel qui baisse le ton pour que se couche le soleil. J'en suis l'annonce et la poursuite. Je ne te cherche pas, je me cherche comme disent toutes les histoires du monde quand on les laisse parler vraiment sans intervenir à leur place avec la langue de sa nationalité ou de son clan ou de sa tribu ou de son pays. L'autre est ce que je veux atteindre par moi jusqu'à moi-même, pour sortir de cet œuf comme un élan vertical qui va vers le ciel demander les clés qu'il y a déposées avant de tomber.

Quel prénom te donner? Ange, femme, enfant ou attente qui fabrique des feuilles? Je ne sais pas. Je sais ce qui me reste de toi quand tu es parti : moi-même assis au seuil de quelque chose pour quoi je n'ai pas de nom précis. Une courbe de peau durcie par le mal et la carbonisation. Tout l'univers slalome entre carbonisation et étreinte. La vie est au milieu et je la vois comme une grosse étoile. Toutes les langues sont les nuances d'un seul feu. Tout ce que je sais, c'est marcher et marcher et marcher encore jusqu'à ce que cela s'allume. Je voudrais tant dire les couleurs rencontrées : pas leurs gammes mais leurs profondes lumières, la musique qu'elles font avec les yeux, leurs prières en quelque sorte.

Comme si j'écartais en marchant des plantes suspendues et m'en allais vers le centre d'un jardin. Je le vois, je le jure, parfois, et j'ai envie de pleurer comme un pèlerin. Es-tu là? Suis-je ici pour une fois dans ma vie? Tu m'as tant manqué que j'ai vécu longuement rien que pour pouvoir comprendre mon humanité."

LA STRATÉGIE DU LABYRINTHE POUR FAIRE DE L'ALGÉRIE UN "CAS COMPLEXE"

Jeudi 1er décembre 2011

La singularité algérienne. C'est lorsqu'on est hors du pays qu'on remarque que le pays est devenu invisible. La mode dans le reste du monde c'est de parler de l'Égypte, de la Syrie, de la Tunisie et même du Maroc. La raison? Des révolutions s'y mènent, des réformes essayent d'y être menées. L'Algérie n'est plus à la mode, n'a rien fait, ne fait rien. Sauf qu'il ne faut pas se tromper : cette invisibilité de l'Algérie n'est pas due à une indifférence calculée, de dehors, mais aussi à une stratégie interne du régime. C'est la politique d'un régime qui essaye de ne pas se distinguer dans le décor de l'automne, de ne pas attirer l'attention, d'éviter les effets de loupe. C'est un régime qui essaye de passer inaperçu. Le proverbe japonais est précis : "Le clou qui dépasse appelle le marteau." Du coup, pas de coups. Cette stratégie de l'effacement du cas algérien est bien menée pour le moment : contrôle intelligent des journaux, monopole sur l'image, accès mou à Internet et "pollution" de la scène politique par le casting des années 1990, par le Sahel, les attentats sporadiques et une sorte de bain de réformes vides de sens et de termes et d'échéance. Des observateurs étrangers viennent? Oui, le scénario est rodé : un peu de RCD ou de FFS, une escorte serrée, un journal opposant, un ministre charmeur et un parti de l'Alliance souriant – puis s'en vont. Une révolte risque de prendre? Policiers, interdictions, strangulation de l'info puis dos rond. Il faut réformer ? Oui, oui. On le fait mais cela prend du temps, le courrier est long en Algérie, la bureaucratie, le manque de timbres-poste. D'ailleurs, on va créer de nouveaux partis (âge imposé : soixante-cinq ans et plus), on va faire des élections (entre nous), il y a des lois nouvelles à l'étude (entre intimes fourbes), etc. L'essentiel est de rendre le cas algérien singulier, invisible, flou, brumeux. Le but est d'éloigner la menace ambiante du putsch international, de ralentir les volontés d'enquête, de détourner les attentions. Le but est d'ailleurs atteint : lorsque vous rencontrez le personnel politique et médiatique en Europe, il vous répète un peu la même phrase : "On ne comprend pas ce qui se passe chez vous. C'est complexe."

La complexité est voulue, élaborée, construite. Vue avec un esprit lucide, l'Algérie est à ranger dans la catégorie 3 des pays arabes : celle des pays à fausses réformes. En 1, les régimes déchus ; en 2, les régimes encore frontalement dictatoriaux. En principe, il n'y a rien de complexe : c'est un pays riche, mal gouverné et à coups de pied et de morsures, le peuple n'y a pas de sens, les richesses y sont volées et la démocratie est le seul moyen pour sauver le plus de monde, le plus d'argent et le plus de nouveau-nés. La "complexité" est un jeu de scène. Le régime syrien lui aussi a bien compris les dividendes de cette stratégie préventive. C'est la stratégie du labyrinthe. Elle fonctionne bien pour le moment, au point que l'Algérie est perçue comme une île dans le Pacifique et pas comme un pays au cœur de ce Maghreb qui cherche une sortie et un peu de justice et de liberté.

LES HÉRITIERS DE BEN ALI SE "COUPENT" EN QUATRE

Dimanche 4 décembre 2011

Quel est le vrai bilan de l'an 1 du Printemps arabe ? L'essentiel : les régimes arabes se divisent en quatre, désormais.

Un, les pays qui l'ont fait : après la chute du dictateur, obtenue par la marche, la place publique, le martyre, Facebook, Internet, le sang et le cri, on découvre que, le dictateur parti, il reste la dictature. Elle est lente à se dissoudre, se défend mieux quand elle n'a pas de tête. On découvre aussi que le dictateur a des enfants partout, des sosies, des nostalgiques et qu'il a piégé les temps futurs par une mauvaise école, le populisme, le sous-développement, l'ignorance organisée et le tribalisme ou le confessionnalisme ou le régionalisme. Le travail est donc long. Après trente ans de pouvoir, le dictateur a généralement tout détruit : société civile, justice, citoyenneté, tolérance et bonne foi. Il laisse le pays pauvre, divisé, en violence et brûlé, sans récoltes. Il faut tout y reconstruire et pas seulement la présidence et la légitimité.

Deux, les pays où cela se passe encore. La Syrie et le Yémen ou le Bahreïn. Là, le peuple souffre, meurt, se relève, marche, supplie et demande et se mobilise. On ne sait pas quoi faire pour arracher l'otage (le peuple ou toute la région) au porteur de la ceinture explosive (le régime). Car c'est une prise d'otage et, dans ce cas, la force ne suffit pas. Il faut deviner ce que veut le ravisseur, trouver un bon négociateur, endormir sa méfiance. L'équation est en effet difficile : si le dictateur reste, le pays va disparaître. Si le dictateur part, le pays risque de disparaître. Que faire ? Choisir la liberté et son pari vaut mieux que parier sur son contraire. Là, c'est le stade un de la lutte, l'histoire est encore une, le mythe opère. La lutte s'enchante par le sang et l'hymne et de nouveaux drapeaux.

Trois, les monarchies qui essayent de se faire oublier. C'est le cas de l'Arabie Saoudite et de ses satellites. Là, la technique est de détourner le regard international par un activisme soutenu en faveur du Printemps arabe. Là, il y a tout ce qu'il faut cependant pour faire la révolution : le peuple n'existe pas ou seulement sous forme de croyance et de sujétion, il y a du pétrole, de la corruption, les femmes sont du gibier et ne peuvent conduire une voiture, les droits sont ceux du sang royal, la police politique protège le régime contre le peuple et pas le peuple contre les voleurs, les jeunes chôment en rond et la démocratie est décrite comme une prostituée de l'Occident, une fille de mauvaises mœurs qu'il ne faut pas épouser. À l'abri donc ? Non. Leur tour viendra. La répression y sera plus brutale à coup sûr. La raison ? Le sacré religieux. Le pouvoir s'y cache derrière Allah, la Kaaba, la religion et l'Islam et la généalogie du Prophète. Et tout le monde le sait : c'est au nom de Dieu qu'on a tué le plus d'hommes dans l'histoire de l'humanité. Sur le Net, on peut déjà voir les images floues des premières marches de manifestants (accusés d'être chiites pour mieux les isoler) en Arabie Saoudite.

Quatre, les pays des fausses réformes. Dans la case, l'Algérie, le Maroc, la Jordanie par exemple. Là, c'est la terre de la ruse. On y lève l'état d'urgence, mais sur le papier ; la police politique y change de sigle mais pas de mission. Les jeux y sont ouverts, selon les rapports de force entre manifestants et lacrymogènes. La mode y est à de fausses réformes de la Constitution, commissions, négociations et conférences de dialogue national. Des élections pour calmer la populace sans rien changer sur les questions de souveraineté (les Affaires étrangères, les ministères de l'Intérieur et celui de l'Argent, les *moukhabarate* et la Justice). On y parle de démocratie mais les nouveaux leaders y sont harcelés, on y laisse les manifestants marcher une fois, mais à la seconde, on les frappe ; on noie, "achète", manipule, louvoie et ruse avec l'Occident pour gagner du temps. L'équation est vue comme celle du temps à gagner pour soi et à faire perdre pour les opposants. Le but de la ruse est de faire croire à l'opinion internationale que le régime est sérieux dans sa volonté de devenir un État ; mais dans le réel, il s'agit de louvoyer, par tous les moyens et avec la complicité de tuteurs occidentaux pour éviter le crash. C'est stabilité contre protection (Maroc), sécurité des approvisionnements contre "compréhension" (Algérie), utilité contre assistance (Jordanie).

Gagné? Non. Seulement un sursis. Confucius ne l'a jamais dit mais on peut croire que c'est ce qu'il aurait pensé s'il travaillait dans un *think tank* : les fausses réformes conduisent à des révoltes plus violentes que les dictatures frontales. On le saura très bientôt.

UN JEUNE SYRIEN, SEUL DANS SA NUIT, SOUS DIX MILLE COMMENTAIRES

Lundi 5 décembre 2011

L'horreur est une énigme que chacun porte et emporte seul dans sa nuit. Sur l'écran, on écoute et on voit mais on ne sait pas, soudain empêché sur le seuil de l'absolue compassion. Lorsqu'un jeune Syrien est arrêté par l'armée du boucher de Damas, pour nous c'est un chiffre, quelques brèves secondes durant un clip de téléphone, une image. Ensuite, la speakerine commente, on voit le reste du monde qui cherche une solution ou une fausse solution, puis on ne sait rien. Qu'est-ce que le mot "torture" ? Comment transmettre à chacun le parfait sens du hurlement du gamin arrêté, torturé, déchiré aux coudes et aux yeux crevés et à l'honneur violé, consumant son dernier souffle dans son dernier halètement, absolument seul dans la douleur et pour lequel le pays promis ne sera plus que sa tombe et la liberté sera celle d'un courant d'air ? Comment expliquer l'absolue horreur de ce Syrien torturé, l'aveugle douleur qui n'a pas le sens du martyre sauf pour les survivants, la noirceur de toute l'humanité ? Un seul torturé, tué, dans ce monde "arabe" suffit pour que les régimes et tous les dictateurs méritent la chute, la chasse, la condamnation et la pendaison. Ce qui se passe en Syrie est horrible, presque inexplicable par le politique. On pourra soliloquer sur la géostratégie, le complot ou n'importe quoi, cela n'enlève rien à la vérité crue : la mort, la torture, les abus, les viols, les vols, les bombardements. Parler d'autre chose est une indécence de spectateur. Un crime contre sa propre humanité, une complicité. Le boucher de Damas est un criminel et les Syriens en révolte offrent aujourd'hui l'exemple du plus grand courage devant la répression, l'embargo, les punitions collectives et les fosses communes et la gouvernance par la terreur.

Ce régime est prêt au pire et le commet : terrorisme international, kidnappings, manipulations des confessions, trahisons et prise d'otage de toute une terre et d'une région. Tout est bon pour faire plier le révolté et la communauté internationale. Pour quel but ? Rester. Mais sur quelle terre si on la détruit ? On ne sait pas. Ce régime est mort depuis des mois, il est infréquentable, seul, criminel, condamné et sans sens, et pourtant il reste là, son fusil contre la tête de son peuple, menaçant de tout faire exploser si on l'approche. Ferme dans sa croyance que l'on peut mater un peuple par la force et la mort. L'image reste dans les yeux : ce jeune homme saisi au cou, embarqué dans un camion de militaires, roulé en boule puis les mains sur la tête. On ne le reverra plus. On ne saura rien de sa mort ou de son cri de douleur quand on lui brisera les coudes et la mâchoire. Il disparaîtra sous une tonne de commentaires, d'analyses, de doutes, de débats et de polémiques. Tout le monde parle, y compris moi, et il est seul à ne rien entendre sauf sa respiration. De tous les peuples qui se soulèvent contre les Quarante voleurs, le peuple syrien a décroché la lune de l'admiration. Son courage est exemplaire et son avenir sera à lui, car il paye si fort le prix du futur qu'il ne peut que le décrocher dans le ciel. Le régime syrien est devenu hystérique, dangereux pour toute la région, invraisemblable, cas moderne de ces régimes de terreur et de néant du XXe siècle, totalitaire, fourbe, maladif et rusé. Du Assad & Makhlouf & Cie contre le reste de l'humanité.

C'est la fin de cette chronique mais l'image reste : ce jeune homme, vu avant-hier, embarqué dans le camion d'une armée familiale, poussé dans le dos vers la tombe, tête baissée, sans nom, croulant sous les coups et dix mille analyses, seul dans la terreur et pourtant éclairé de l'intérieur par le sens qu'il a donné à sa vie et à sa mort.

CONTRE L'ANSEV (AGENCE NATIONALE D'EMPLOI DES VIEUX)

Samedi 10 décembre 2011

"… Sensation d'étouffement, de manque d'air, de coupure d'électricité dans l'âme. Des mois après le Printemps arabe, on est toujours un peuple enfermé dans un bocal posé sur une fenêtre qui donne sur la mer et une cuisine qui donne sur le désert. Il ne s'est rien passé depuis la fuite inaugurale de Ben Ali et le discours de Bouteflika le 15 avril. Depuis, nous sommes 36 millions à avoir la voix éteinte et les mains qui tremblent sur des feuilles qui s'en vont. Lu il y a quelques jours : les élections législatives vont être avancées vers février. Avec qui ? Les mêmes. Dans quelques mois, on aura droit à de fausses campagnes avec les mêmes acteurs et quelques autres Indiens de seconde zone. On gonflera les taux et on baissera la voix. Remake des années 1990 et avec le même moteur crevé. Le pays a presque bougé, le monde a bougé mais, chez nous, il n'y a eu ni nouveaux leaders, ni nouveaux partis, ni nouveaux discours. Rien de neuf, tout en noir et blanc, poussiéreux, avachi, sans sel et à manger de force. Tout se fait dans le remake. Pas de télés privées, pas d'images en couleur, aucun visage national de moins de quarante ans, les mêmes teints jaunes de corrompus assis sur la Lune en train de compter les billets de banque en balançant les jambes par-dessus le mur des lois, pas de fête, pas de joie, aucun match de gagné, pas de drapeaux géants suspendus entre deux cœurs larges et que de la cendre qui vous serre la main. Le chroniqueur se souvient de l'exact poids d'étouffement des années 1980 aujourd'hui. La même sensation de flottement asexué par-dessus le désir et le sens. La même tristesse sans rebondissements.

On n'a pas bougé d'un millimètre en un an et quatre révolutions voisines. Un pays ridé, de dentiers, de rêves sans sexe ni élan. Un pays où les soucis sont ceux des vieux : médicaments en rupture, liquide dans les postes, heures des prières, retraites. Une idéologie de vieux : le but de l'État n'est pas de marcher sur la Lune mais d'immobiliser tout le peuple, le faire s'asseoir, lui donner une immense mosquée et baisser la lumière et les bruits pour qu'il s'enfonce lentement dans l'au-delà. Le but de l'économie est de réussir la transition entre la viande et la viande hachée, sans création de plus-value, ni bourse, ni triple A, ni cotations, ni endettement. Doucement, avec le bruit du genou qui craque, cahotant du dinar vers Dieu, en menaçant du regard les nouveau-nés, vers la tombe, vers rien, en baissant la radio, sans heurts ni vertèbres. Sans voyage ni histoires d'amour, ni chansons, ni hymnes, ni récoltes. Les Algériens ne voyagent même plus dans leur pays, lui tournent le dos, boivent son café et veulent tous une *omra* à treize ans.

Et je n'en veux pas ! Par toute ma peau et mes mains. De ce vieillissement, de ce fatalisme et de cette police anti-vingt ans et anti-couples. Je veux du neuf qui brille et me rajeunit, quitte à en crever en le payant. Je veux voir avant de partir et posséder l'éclat avant la rouille et les rats. Je ne veux pas de cette nationalité courbée vers sa fin. Je veux autre chose, avec la force et en repoussant tout ce que promet la mort au nom de la stabilité. Je veux du neuf, et maintenant, et avant d'avoir le même âge que cette majorité plus vieille que l'indépendance qui n'a que cinquante ans. Je veux autre chose et je l'aurai et je l'arracherai et j'en ferai des enfants et des photos de mon bonheur et des cerfs-volants et, lorsque je mourrai, je mourrai en rajeunissant, à vue d'œil, en contresens, avec éclat et insolence et jusqu'à remonter vers l'accouchement…"

TUNISIE : LE SEUL PRÉSIDENT "ARABE" VRAIMENT ÉLU

Mercredi 14 décembre 2011

La campagne indirecte contre la Tunisie en Algérie a été indécente, injuste et menteuse : certains ont vite compris qu'il fallait faire de ce pays voisin un contre-exemple pour éviter la contagion de la révolution. Et pourtant, la Tunisie avance. On y avait prédit la catastrophe, la guerre civile, le crash, les massacres et il n'en fut rien. On a dissuadé les touristes algériens d'y aller mais ce pays reste encore debout. Ce pays continue de se construire après son "printemps", de débattre, de chercher. Ses élections ont été une leçon, ses islamistes y sont obligés au consensus et au pragmatisme, sa société civile reste vigilante et attentive, son peuple a une fierté qui le fait marcher sur la Lune sans scaphandre ni NASA.

Hier, sur Nessma TV donc, ce spectacle : Moncef Marzouki, ce vieil opposant au benalisme triomphant, est élu président de son pays. Sous les applaudissements et les félicitations émues. Certains étaient contre, d'autres critiquaient ses alliances avec les islamistes, mais l'homme est intègre, crédible, connu et vieux militant de son pays malgré les critiques. Les critiques sont une cuisine tunisienne, nous, gens du "dehors", nous retiendrons l'essentiel : c'est un moment fort et émouvant car il s'agit du premier président d'un pays "arabe", élu, vraiment, même provisoirement, même par une assemblée. C'est la première fois depuis presque un siècle qu'un président "arabe" n'est pas l'enfant illégitime d'urnes bourrées, de fraudes massives, de menaces, de 99 % et de résultats fixés à l'avance. Moncef Marzouki ne devra donc pas s'attendre aux félicitations de ses pairs "arabes", de ses voisins ou des autres "frères" arabes : il est une nouvelle espèce, une menace, un cas à part, une singularité. Dans le monde "arabe" asservi et dans le club des dictateurs, il sera donc mal vu car malvenu, *de facto* : la preuve que le dictateur Neandertal va disparaître par la loi de l'évolution. Il est pour le moment un cas unique, le premier président d'un pays "arabe" libéré. Voir les élus de l'assemblée tunisienne debout, chantant l'hymne de leur pays, fiers de leur nouvelle chance et de la seconde vie de leur pays, est quelque chose qui rend jaloux, triste pour soi, envieux et vieux. Félicitations, donc ! Puissent un jour les Marzouki être plus nombreux que les Assad et que finisse cette histoire horrible de sang, de douleur et de sacrifice qui nous impose le martyre avant la liberté. Puissent un jour tous les présidents "arabes" être élus, sans triche ni crime, légitimes, forts et pleins du chant des leurs, et pas sournois, fous, vieillots et roitelets de leurs familles.

COMMENT REMPLACER UN PAYS PAR UNE FICTION

Jeudi 29 décembre 2011

Vu hier à la télé : un stade absolument vide, gazon vert malade, deux équipes s'affrontant pour un match mou et peu convaincant. En arrière-plan sonore, la voix d'un commentateur qui semblait lire un formulaire ou une notice. En quoi est-ce surréaliste ? Il s'agissait du championnat de foot syrien qui se poursuit dans la planète Bachar. Le régime ayant pris la décision d'organiser les matchs à huis clos, diffusables sur TV mais avec interdiction des foules. Étant donné que tous les Syriens sont des terroristes sauf la famille d'Al-Assad et de Makhlouf, Al-Assad a bien saisi le danger de rassembler des milliers de personnes pour un match qu'il est en train de perdre.

Le spectacle a fasciné le chroniqueur : contre vents et marées, un régime de dictateur continue de jouer le jeu de sa fiction et de faire comme si de rien n'était sous le nez du monde entier. Ce culte de la fiction est, d'ailleurs, le trait saillant de toutes les dictatures quand on y songe. Les régimes durs aiment se fabriquer un délire cohérent, surréaliste mais logique pour s'y enfermer. En déréalisant le réel, on déshumanise l'adversaire et on le tue plus facilement. Mais ce culte de la fiction n'est pas seulement dans la violence.

Il est aussi dans l'économie, la propagande, les médias, les additions nationales. En Algérie, l'université algérienne vient d'être classée, encore une fois, parmi les dernières au monde. Cela n'empêche pas Bouteflika d'en inaugurer la présente année sous un déluge d'applaudissements et avec les salamalecs grotesques d'une salle convoquée. Les villes algériennes sont sales et invivables selon un classement mondial ? N'empêche : l'ENTV continue de parler d'Oran El-Bahia, d'Alger El-Bahdja, de la "ville des roses" et d'autres villes affublées de faux bijoux en toc et de surnoms arabisés de force. Le pays va mal et est au bord cyclique des émeutes ? Cela n'empêche pas l'ENTV de parler d'*injazate* nord-coréennes et de vanter les *islahate* "qui ébahissent le reste du monde".

Plus personne, et pas même les ministres en privé, ne fait confiance aux chiffres algériens, aux statistiques algériennes et aux bilans algériens. Pas même leurs rédacteurs. À la fin, le seul qu'on veut tromper et qui se laisse tromper avec complaisance semble être le président. Et pourtant, du chiffre, l'Algérie officielle en produit, dans le délire, la surenchère, la fraude et l'effet boule de neige. Le but est de fabriquer un pays qui masque le pays et parle et sourit et applaudit à sa place. Certains ont compris que Bouteflika veut une fiction réparatrice de 1979 et ils la lui offrent, jusqu'à l'excès.

Dans tous les cas, les régimes mentent et finissent par se mentir à eux-mêmes jusqu'à s'étonner, avec de grands yeux, le jour de la chute. Le chroniqueur se rappelle le témoignage filmé de cette vieille Tunisienne de Sidi Bouzid, maîtresse d'un élevage de cinq poules pondeuses, que Ben Ali a convoquée après l'immolation de Bouazizi pour lui demander pourquoi elle se plaignait de la pauvreté alors que, selon les rapports qu'il avait sous les yeux, elle possédait cinq vaches ? On aura compris, facilement, l'effet domino menteur : les cinq poules, de commissaire à maire et de maire à préfet et de préfet à ministre, sont devenues cinq vaches. C'est la même mécanique qui prévaut chez les régimes peu démocrates et dont les chefs s'étonnent de l'ingratitude du peuple, de sa cupidité, de ses mensonges. On comprend mieux cette persistance à parler de complot international, de main étrangère, etc. Le régime découvre que le peuple, qu'on lui ramène par bus lors des meetings, n'est pas le même qu'il voit scandant "dégage".

Reste que les régimes tiennent à leurs fictions même au prix de violences inhumaines. Il s'agit de leur dernière âme, de la réaction du système alimentaire. Reste que l'effet néfaste des propagandes est qu'en effet elles se retournent, toujours, contre leurs auteurs et finissent par les intoxiquer et les tuer.

Le régime d'Al-Assad peut vider les stades mais ne peut pas vider le pays.

2012

FRANCE-TURQUIE : DISPUTE ENTRE DEUX EX-COLONS

Mercredi 4 janvier 2012

La presse algérienne a eu beau tenter de gonfler la polémique entre la France et la Turquie sur l'Histoire et les accusations de génocides, cela n'a pas pris. D'abord parce que c'est loin dans le temps et dans la géographie, ensuite parce que les Algériens n'aiment pas les seconds rôles quand il s'agit de leurs disputes régulières avec la France, et enfin parce que le régime local ne le veut pas. En ces temps de quête de soutien anti-révolution et anti-Printemps arabe et pour bien vendre les fausses réformes, le pouvoir en Algérie ne veut pas remuer les ossements ni les tombes. Les coups d'État internationaux sont de mode, surtout dans le monde arabe et là où il y a trop de pétrole et pas assez de démocratie. Que faire donc ? Rien. Attendre. Il s'agit de l'histoire algérienne en des mains étrangères, mais cela ne nous concerne pas, explique le silence officiel. Une belle posture pour un régime qui a fait de la question des excuses l'un de ses préalables pour régler le bon voisinage avec l'ancien colon.

Résumons donc : en réaction à l'adoption par les députés français d'une proposition de loi pénalisant la négation du génocide arménien de 1915, le Premier ministre turc, Recep Tayyip Erdogan, a accusé la France d'avoir commis un génocide en Algérie. Pour illustrer, Erdogan donnera l'exemple du père de Sarkozy, supposé être un ancien massacreur en poste. Manque de pot, Pal Sarkozy n'a pas été en Algérie. Que se passe-t-il en Algérie pendant ce temps-là ? Rien.

La vérité et le meilleur angle pour s'amuser de cette polémique, c'est de la voir telle qu'elle apparaît aux yeux d'un bon historien algérien : une dispute entre deux anciens colons, sur le dos d'une ancienne colonie. Car si le titre de méchant colon est échu à la France pour cause de proximité dans le temps, l'ancien Ottoman n'a pas fait mieux. Avant le débarquement français, c'étaient les pères de l'actuelle Turquie qui assuraient la régence du pays et de ses tribus. Mythe ou réalité, la colonisation française est expliquée officiellement dans les manuels scolaires par le fameux coup d'éventail donné par le dey Hussein au consul français Pierre Duval, un certain 30 avril 1827. On est donc toujours dans le remake sur le dos de l'Algérie, presque deux siècles après.

Officiellement, l'occupation ottomane n'est pas qualifiée d'occupation en Algérie. Tout juste parle-t-on d'une lointaine affaire de protectorat entre cousins musulmans. Occupation, elle le fut pourtant et avec violence, guerre, rapts et viols. Les frères Barberousse ne se gêneront pas pour offrir l'Algérie comme butin à la Sublime Porte. Le pays ne sera pas colonisé par les vignes, "l'œuvre positive", les Gaulois et les fermes, mais par l'impôt, les taxes et la dîme et le fouet. La colonisation ottomane laissera, enfin, en Algérie quelques bons réflexes politiques qui persistent jusqu'à maintenant : la tradition de la désignation du dey, le racisme urbain face aux "hordes" rurales, le centralisme confirmé encore plus par la colonisation française, la culture de la piraterie et de la flibusterie comme économie de base, la rente, autrefois guerrière, aujourd'hui pétrolière, le rapport malsain au bien public, les divisions du pays en tribus, caïds, *makhzen* et territoires en révoltes permanentes.

Extrait d'un livre d'autrefois, *Voyage dans la régence d'Alger* : "Le dey, qui n'a de comptes à rendre qu'à la Porte ottomane [l'Empire turc de l'époque] [...] et qui ne lui en rend guère, est élu par la milice turque composée ordinairement de gens sans aveu, sans ressources et de mœurs dépravées, qui viennent du Levant d'où ils ont été obligés de s'enfuir pour se soustraire au châtiment dû à leurs crimes", note le Dr Shaw dans son livre. Mais "il s'en faut bien que le choix d'un dey se fasse toujours paisiblement ; car, tous les Turcs de la milice étant également aptes à être élevés à cette fonction, il y en a toujours quelques-uns de plus ambitieux que les autres et qui forment des conspirations dans le but de s'emparer du pouvoir en sacrifiant celui qui en est revêtu. Celui qui, dans ce cas, peut réunir le plus de partisans et tenir la chose secrète jusqu'à ce qu'ils parviennent conjointement à s'introduire dans le palais du dey est à peu près certain de le supplanter [...]. Il arrive assez souvent que celui-ci, afin de récompenser ses adhérents, fasse étrangler tous ceux qui étaient attachés à l'administration de son prédécesseur..."

De remake en remake d'ailleurs. En 1978, Houari Boumédiène meurt. Qui le remplacera ? Une formule est mise en circulation par les militaires : "l'officier le plus ancien dans le grade le plus haut". Ce fut donc Chadli Bendjedid. Lisez ce qu'écrit le Voyage[ur] dans la *Régence d'Alger*, il y a des siècles : "Quelquefois, c'est par hasard que l'élection se fait, comme il arriva en 1694, après la mort de Chaban-Dodja. On résolut d'élire le premier vieil officier que l'on rencontrerait en entrant dans la ville. Alachat-Amet se trouvait assis sur son tabouret de paille, faisant des souliers. On le prit et on le couronna roi malgré lui. Il régna trois ans et il mourut de maladie, craint et respecté des Turcs qu'il avait su dompter."

ANALYSE D'UNE DOUBLE IMMOLATION
Mardi 31 janvier 2012

"Je ne suis pas Bouazizi, je veux seulement un logement." C'est ce qu'a dit un Algérien qui a tenté de s'immoler à un confrère d'*El Watan*. C'est donc le résumé absolu de l'écrasement vital. Le condensé de l'Algérien en verres cassés et miettes de revendications. Le bonhomme a raison dans ses raisons : il ne veut pas d'un printemps pour tous, mais d'une saison pour lui. C'est le propre du cas algérien : révolution individuelle, personnalisée, unique, résumée à sa propre personne. Multiplié par 36 millions, cela donne une revendication d'un jasmin par personne avec un total qui égale zéro. Le régime a donc réussi : on ne tabasse pas, on n'interdit pas ouvertement, on ne tue pas, on ne réprime pas en masse, on ne tire pas sur la foule mais on lui demande de s'aligner. Un Algérien derrière l'autre, face au guichet unique du "pétrole contre nourriture".

La phrase exprime un condensé extraordinaire de la réponse à la fameuse question "pourquoi l'Algérie n'explose pas ?". Réponse, donc : ce n'est pas mon problème. Réponse du régime : je vous écoute, un par un. Je vous réponds, un par un. Du coup, il n'y a pas de lien entre les demandeurs, pas de slogan commun, pas de cri unanime, pas de "dégage" à la première personne du pluriel. L'entreprise est prodigieuse : disperser la foule avant qu'elle ne se rassemble.

La phrase exprime aussi un nihilisme politique profond : les Algériens, beaucoup, ne voient pas le lien entre l'effet de leur misère et la cause unique. On s'élève contre un maire mais pas contre l'élection frauduleuse qui l'a élu. On dénonce une politique sans vouloir admettre que c'est de la politique, justement. Non donc : je ne suis pas Bouazizi, je veux juste ma part, pas mon droit. Mon toit, pas mon pays. Un morceau, pas toute la citoyenneté. Je m'immole mais sans vouloir vous déranger. Je ne suis pas Bouazizi est ma façon de vous dire que je n'existe pas et je le veux si bien et si publiquement que cela devrait être récompensé puisque c'est votre but. D'ailleurs, Bouazizi est notre ennemi commun. À vous et à moi. Vous n'en voulez pas et je vous affirme que moi aussi je ne veux pas l'être. Pouvons-nous nous entendre ? Désespoir exact et bien calculé, négation de soi, écrasement dernier de l'algérianité et de son droit à dire non puisque je dis non à moi-même, ce qui vaut, par double négation, un "oui" à vous. Du coup, on comprend : l'Algérien est désormais si dépolitisé qu'il le revendique comme une preuve de son nationalisme.

Cette sentence d'un Algérien contre lui-même est le signe d'une immolation double : je me brûle mais je brûle aussi le Bouazizi possible en moi. D'ailleurs, je le brûle avant ma propre personne. Ou après. Une sentence vraie, lourde, signe d'une misère effroyable du sens et des actes, juste parce qu'elle est dite par un homme sans toit, père d'une fille handicapée moteur. Il ne faut pas le juger, donc, mais seulement réfléchir sur son résumé éblouissant de tristesse et de déni. L'homme se brûle et brûle même le sens de son acte. Il a compris le message : on ne vous donnera le toit ou le baril ou de l'argent que si vous prouvez que vous n'existez pas et que vous n'êtes rien. Le choix entre exister et habiter. Avoir un toit ou une part de la rente est conditionné par une négation de soi, signée en bas d'un tas de cendres.

PENDANT QU'IL NEIGE : LE SECRET VÉRITABLE DE LA CHRONIQUE

Mardi 7 février 2012

“… C'est comme un chien dans ma tête : il aboie et j'écris. Sauf que ce n'est pas si simple. Il me semble que c'est moi qui suis au bout de sa laisse, qu'il me promène parfois durant une demi-heure par jour, me laisse gambader dans son univers puis me ramène vers mon angle mort qui est ma vie de tous les jours. Je m'explique donc : c'est un chien immense, composé d'étoiles dans une obscure nuit qui lui sert de peau sans fond. Il aboie en alphabet et j'écris. Parfois bien, parfois mal, quand il va trop vite et que ne me restent que des bouts de phrases. Il est grand, le chien noir qui m'enjambe pour aller boire, à l'autre bout du monde, son eau et revenir. C'est comme ça que je peux décrire les choses qui se passent dans ma tête. Car dehors, pour ceux qui me voient de dehors, il ne se passe rien. Je suis penché sur un gros cahier plein de ratures, devant un micro, en train de tabasser un clavier, et j'écris sans cesse, sans cesse et toujours. Un scribe dans un journal où je suis payé au mois pour faire semblant d'être courageux. Mais personne ne connaît l'histoire que je rature sans cesse entre deux chroniques. C'est fait presque exprès, ma façon d'écrire en gribouillant. En fait, il s'agit d'une course entre ma graphie et les aboiements cosmiques et immenses du chien qui me tient en laisse, suspendu au bout de sa patte qui a la forme d'une constellation au-dessus de ce monde miniature. Mon inspiration vient donc d'un animal céleste qui aurait même pu être l'un des douze signes du zodiaque si cela se passait dans plusieurs têtes tournées vers le ciel et pas seulement la mienne, trop petite pour tout cela. J'écris quoi ? Ce que je ne peux pas écrire autrement : la folie. La bonne, celle qui a les clés du grand portail qui mène vers le ciel ou donne sur une bibliothèque où sont précisés les poids de toutes les choses possibles, leurs couleurs, leurs sens, leur avenir et leur utilité, rangés sur les étagères avec un livre sacré qui serait le mode d'emploi absolu et définitif. Un peu ainsi. J'aime le chien et je sais qu'il me parle à l'oreille quand je manque d'une bonne explication universelle. Il sait tellement de choses que parfois j'en suis presque amoureux comme une femme à qui un homme promet de stopper les épines qui la recherchent. Cela n'arrive pas tout le temps et j'ai fini par comprendre qu'il s'agit d'inspiration. C'est cela. Le chien est mon inspiration. Souvent, je ressens les grands textes qui m'arrivent dans la tête d'abord comme une mélodie. Une musique ou des touches de piano, je vous jure. Cela est un son avant l'encre et le cahier. Je ne sais même pas ce que je vais écrire. Je sais que cela est bien ordonné quelque part, dans une tête plus vaste que la mienne, mais que cela s'annonce déjà. Puis je commence à écrire et les premiers arrivants sont les images. Elles me font rire ! Elles ont toujours cette façon de donner de l'angle et des queues de faisans aux phrases que les autres ont usées avec leurs chaussures. Par exemple, quand j'écris « Bagdad est tombée », me vient l'idée d'un pantalon. Le ciel est une patte de cigogne. Les mots ont cette impression d'attendre de moi que je plie autrement leur papier imaginaire. Je ressens presque dans ma peau la métaphore usée, le cliché, l'image pas assez recherchée. J'écris d'abord un son, puis le sens vient après. C'est le chien qui me dicte : immense et noir mais capable de gambader dans les immensités puis de revenir tourner autour de moi avec sa docilité gigantesque. Je suis son traducteur. J'ai ressenti cela depuis mon enfance : ma tête est le bout du doigt de quelqu'un d'autre, son stylo est posé sur le coin gauche d'un cahier et le ciel est un menton et un front pensif. Je ne suis que l'instrument. La goutte d'encre au bout de l'idée d'air. Comme maintenant, par exemple ; le chien me susurre : pourquoi vas-tu parler de ça ? Qui va comprendre ? Ils vont croire que tu racontes quelque chose qui est un poème et personne ne te croira vraiment. Cela ne sert à rien, me lance-t-il avant de s'élancer. Où va-t-il quand je n'écris pas ? Je n'ai jamais essayé de le suivre. Trop dangereux et pas à ma taille. J'avais quatre ans quand j'ai vu, pour la première fois, le chien Dolma avec son scaphandre soviétique qui allait m'apprendre à écrire des chroniques comme on jongle, et à trouver les solutions presque comme on ramasse des cailloux dans la gorge d'une rivière morte. Il ne me fit pas peur mais provoqua un peu ma gêne par sa taille dans la tête, et parce que son premier aboiement me résumait des milliers de langues. *Les Mille et Une Nuits* étaient à peine une ligne et demie dans la longue histoire qu'il me raconta. J'en ai trop dit, je crois. Je m'arrête là.

Mais depuis, je savais que j'avais un livre sous le bras, que j'en étais l'auteur et qu'il serait infini et que chaque fois qu'on le retournerait, il changerait d'histoires, de héros, de paysages et de fins."

LE NEZ D'UN CLOWN PEUT-IL ÊTRE VERT?

Samedi 10 mars 2012

Le premier sujet était le nez en Égypte : comment un salafiste pure souche, député du parti Nour, avec le tampon sur le front et la fatwa dans la bouche, a menti en disant avoir été agressé alors qu'il s'est fait refaire le nez. La chirurgie esthétique est donc interdite par les islamistes aux femmes, mais hallal pour se refaire un nez avec le salaire de député. Selon Internet, Blaise Pascal, le philosophe français, a dit : "Le nez de Cléopâtre, s'il eût été plus court, toute la face de la Terre aurait changé." C'est pour dire que les variantes humoristiques sont nombreuses : nez de Cléopâtre, nez manquant du Sphinx, etc. L'essentiel est que ce salafiste, membre d'un parti salafiste, a menti, veut changer son nez, l'a fait et pourra changer l'histoire en changeant la perception que certains se font des islamistes en politique : ils n'ont pas de nez. Et Soltani, l'ex de l'Alliance présidentielle, l'a prouvé. Question : quelle partie du corps les islamistes algériens voudront-ils refaire s'ils prennent la majorité du Parlement? Le nez, peut-être? Oui, mais cela ne suffira pas. Il faut se refaire tout le visage.

Du coup, on arrive, après le nez, à la couleur : verte. Celle de l'Alliance islamiste d'aujourd'hui en Algérie. Couleur du FIS défunt officiellement, du paradis selon les gens du désert qui fantasment sur les espaces verts. Couleur du passeport algérien et de la moitié du drapeau. Couleur du feu vert. Couleur du Khidr, guide mystique des mystiques sans guide. La nouvelle Alliance a donc joué sur une couleur : on ne peut pas fonder un parti sur une religion (quoique), ni sur une région, ni sur une ethnie, cette famille islamiste a contourné la loi en fondant le tout sur une couleur. Le vert, couleur de l'ex-FIS. La loi ne dit rien sur la couleur et l'odeur. Donc l'Alliance sera verte.

On aurait donc voulu que ce vert inspire un peu le respect de l'écologie du pays, ses forêts qui meurent, ses champs, par exemple. Que cela stoppe le déboisement, le déracinement, et aide au retour du gazon dans les têtes. Que non ! Il s'agit de partis pour les espaces verts après la mort, pas avant. D'où la question : pourquoi l'environnement est-il un ministère en Algérie et pas une culture générale ? Pourquoi est-on sales, pollueurs, déracineurs d'arbres ? Pourquoi avons-nous ce rapport non hygiénique avec la terre de nos ancêtres ? Pourquoi la terre est-elle vue comme un lot de terrain et pas comme une prairie possible ? Parce que l'histoire algérienne n'est pas encore apaisée : la question du pouvoir n'est pas réglée après la descente du maquis. Le pays est un terrain vague avec au milieu une chaise vide : tous les dix ans, un homme s'en fait éjecter et d'autres se bousculent pour s'y asseoir. La fascination du pouvoir a carbonisé le reste : arbres, herbes et feuillages, arts et ruines romaines. Une conclusion provocante pour provoquer la conscience ? Oui : les derniers colons de ce pays plantaient plus d'arbres que ceux qui l'ont libéré, malgré le barrage vert. Bien sûr, les colons le faisaient pour eux, mais nous on ne le fait même pas pour nous-mêmes. Un pays vert qui a la main verte où on peut planter sa racine et ses grains. Oui. Sauf que ce n'est dans le programme de personne : et encore moins dans le programme de cette nouvelle alliance verte des islamistes. Le vert, donc ? Ce n'est pas la couleur d'un pays promis. C'est la couleur d'une caserne ou d'un islamiste. Jamais celle d'un gazon qui apporte la paix et l'heureuse oisiveté d'exister.

MERAH ET LE ZAPPING DES MILLIONS DE MOHAMMED

Samedi 24 mars 2012

Ce fut un week-end Mohammed Merah vu d'Algérie. Effet curieux : le terroriste divise l'Algérie mais unit la France. La bonne, celle qui est à droite, à gauche, mais pas celle qui est en dessous et au périphérique. En Algérie, l'épopée de cet illuminé a fait dire tout à tout le monde : c'est un complot de type 11 Septembre pour un président sortant qui n'avait plus rien à dire pour convaincre. C'est une manip du Likoud qui veut attaquer l'Iran. C'est la facture des débats français sur la viande hallal au lieu de s'occuper de la viande vivante. C'est une affaire qui ne nous concerne pas, tout comme la nationalité d'origine de Zinedine Zidane. C'est la preuve que les islamistes sont dangereux et que l'Europe se trompe en les tolérant chez nous et pas chez elle. Vendredi, après la prière, tout était cependant fini, sauf cette tradition des polémiques en France par les Français qui aiment débattre du passé quand il passe. Et chez nous ? Un sentiment de malaise : on a compris que le monde est le monde ; il ne retient pas la nationalité d'un terroriste mais sa nationalité symbolique, car là, on est dans le symbolisme : la France menacée par les barbares. La civilisation inquiétée par les fantassins de la terreur. Et nous ? Le pays "d'origine". Elle est amusante et abyssale, cette phrase : qui a fabriqué Mohammed Merah ? La France, pas al-Qaida, ni l'Algérie. Comme le débat sur le voile, le niqab, les banlieues et le reste, cela ne nous concerne pas. C'est leur problème, leur viande hallal ou pas, leurs quotas et leurs soucis.

Ce qui reste à dire sur cette affaire étrangère ? L'essentiel. D'abord l'effet d'appel que va provoquer "la solution Merah" pour les jeunes Français dits "d'origine externe". On peut multiplier les appels au calme et à "l'union de la France" contre les amalgames, on peut dénoncer l'islamophobie, les exclusions et les racismes, on peut se solidariser avec les victimes et mener bataille contre les stigmatisations, cela servira peu face à l'effet d'appel du choix de Merah : mourir avec panache, en scène, sous des millions d'yeux après deux décennies d'anonymat, se faire exploser dans une insulte et rendre le coup par un coup de feu. C'est ce mythe de la vengeance sur l'invisibilité et l'inutilité que cultivent les recruteurs et qui séduit ces errants sans racines. Ici et là-bas chez eux. Un remake de Tora Bora, d'Ali la Pointe version djihadiste, de Khaled Kelkal et du bandit de l'honneur perdu des "Arabes".

Ensuite, il y a l'effet fermeture des frontières face à tous ceux qui s'appellent "Merah", qui sont nombreux, et face à tous ceux qui s'appellent Mohammed, qui sont encore plus nombreux. C'est ce que pensent de nombreux Algériens. Après, il y a la dispersion ; chacun rentre chez soi : les Algériens chez eux, qu'ils n'ont pas quitté, les Français chez eux, qu'ils ne veulent pas partager. Restent les milliers de Mohammed Merah. Eux, ils ne sont nulle part, dans une salle de bains arme au poing, au Pakistan ou debout au bas de l'immeuble. Vivants, personne ne sait quoi en faire, pas mêmes eux d'eux-mêmes. Morts, tout le monde veut les utiliser : la droite, la gauche, le milieu, le ciel, les élections, le Likoud, la peur, les guichets et même al-Qaida du Maghreb qui en réclame depuis hier la paternité.

LE PEUPLE EST-IL COUPABLE OU VICTIME ? (I)

Jeudi 19 avril 2012

Le peuple est-il victime du pouvoir ou de lui-même ? Vaste débat entre les intellectuels algériens. À gauche, on persiste à traiter l'addition totale des Algériens comme une malheureuse soustraction du pouvoir. Vision ancienne du peuple pauvre, mal nourri, colonisé par les autres puis par les siens, naïf, poussé vers l'illettrisme et les rebords de l'existence, bon par nature, courageux si on lui en donne l'occasion. De l'autre côté, vers la droite, on traite le peuple avec mépris : ce qui lui arrive, c'est le péché de sa soumission aux rites et aux ratages. S'il est ce qu'il est, en marge de son propre pays, c'est parce qu'il ne se bat pas, ne se soulève pas, ne critique pas, ne proteste pas et s'en remet au ciel et à la fatalité pour expliquer son désenchantement et son sort de sac vide qui ne tient pas debout. Selon cette vision, presque néocoloniale, le peuple est indigène parce qu'il le vaut bien. Selon cette philosophie, il ne nous arrive que ce que nous méritons. Le peuple est donc complice du crime contre lui-même et, si le pouvoir le méprise, c'est parce que le peuple est cupide, veule, paresseux, jamais satisfait, impoli, peu civique, raciste, peu respectueux des femmes et des feux rouges, peu éduqué et sans envie d'être meilleur.

Où est le peuple entre les deux ? On ne sait pas. Celui qu'on imagine dans sa tête ou celui qui vous bouscule dans un magasin, entre en dernier, passe le bras par-dessus votre épaule et commande un kilo de sucre. Le paradoxe est que les deux visions sont celles de la culpabilité, peut-être. D'un côté on n'aime pas que les étrangers critiquent le peuple car on en fait partie, mais de l'autre on ne se sent pas partie de ce peuple parce qu'il ne répond pas aux rêves ni aux critères des bonnes manières. Chacun est seul, se sent seul.

Dans une conférence donnée à Oran il y a une semaine, Lahouari Addi, l'immense sociologue, expliquera que les Algériens sont aussi des gens qui veulent fuir. Toujours plus loin. Il existe même une collection de blagues sur l'Algérien qui cherche la terre où il n'y a aucun Algérien sauf lui-même. Terre inconnue et impossible car on est partout et on ne promène que soi-même. C'est ce que l'on fuit : soi-même au nom du peuple et le peuple au nom de soi-même et des siens.

Le peuple est-il donc victime du pouvoir qui émane du peuple ou de sa passivité ? Oui. Si on est devenu ainsi, c'est à cause "d'Eux" et des vingt-deux ans de règne de Benbouzid, le ministre de l'Éducation, le plus ancien au monde. Le peuple est-il coupable ? Oui. Chacun le constate. En lui-même, avec ses voisins, le bonhomme qui lui grille sa priorité au volant et les millions d'autres gestes qui nous poussent, les uns et les autres, à fuir partout où on n'est pas. Vaste débat donc. De deux millions de kilomètres carrés. Il faut y revenir car ce qu'il faut peut-être c'est reconstruire la communauté et le désir de vivre ensemble. Sans cela, tous les visas du monde ne nous suffiront pas, ni toutes les terres possibles.

LE PEUPLE EST-IL COUPABLE OU VICTIME ? (II)

Samedi 21 avril 2012

Le peuple est-il victime du pouvoir ou de lui-même ? Les deux réponses sont valables : le pouvoir a réussi à faire de ce peuple un vrai indigène, illettré, vaniteux, moyenâgeux, superstitieux, violent et mal habillé. Tout ce que le colon voyait dans "l'Arabe" qu'il a fini par tuer sur une plage algéroise, l'arme à la main de Meursault, le héros d'Albert Camus. Comment s'y prend le pouvoir ? En faisant remonter le temps aux Algériens : on est passé ainsi des élites héritées des années 1970 aux zaouïas des années 1940, aux lecteurs de journaux des années 1920. Puis, plus loin, vers les tribus soumises au dey d'Alger, etc. Par qui ? Par un système d'éducation destinée à l'abêtissement généralisé. "On croit que le pouvoir a échoué dans l'éducation alors que c'est faux : il a réussi car le but était « d'analphabétiser » le peuple et les générations", expliquera un collègue au chroniqueur. C'est ce qui explique la permanence du ministère inexplicable de Benbouzid. Du coup, si on ajoute à cette déculturation le FLN, l'UGTA, l'interdiction de marcher ou de participer à son propre pays, la décennie 1990, la tuerie des élites, cela vous donne ce peuple qui est victime absolue d'un pouvoir absolu.

Sauf que, dans le jeu de soumission, le peuple est aussi coupable : le pouvoir tel qu'il est pratiqué n'est pas une entité étrangère comme depuis des millénaires, mais une émanation locale. Le seul produit *made in Algeria* que l'on peut voir chaque jour se renouveler et rechercher la performance. Un axiome du dictionnaire du parfait fataliste explique : "On a le gouvernement que l'on mérite." C'est le peuple qui veut ne rien vouloir, qui ne dit rien et se laisse faire par démission collective, addition de toutes les démissions individuelles. Et c'est à partir de là que se précise une solution à ce désir de fuir, de s'éloigner, de partir et de mettre le maximum de distance entre soi et la nationalité. Laquelle ? Celle de se regarder soi-même comme étant la totalité du peuple, l'unique habitant de l'île, le seul responsable, et agir sur soi : se laver les mains avant le repas, ne pas griller le feu rouge, ne pas se soumettre entièrement dans la mesure du possible, ne pas croire être l'avocat attitré de l'islam, ne pas être intolérant, ne pas se mentir, ne pas être lâche, voleur, corrompu et faible… Enfin tout le catalogue des bonnes manières célestes. Et les autres ? Et le reste du peuple qui ne veut pas changer ? C'est justement le piège. La solution est de se débrouiller dans la vie comme on le fait dans la mort et lors de la naissance : sauver d'abord le sens de sa vie. Étrangement, cela est contagieux : par cet absolu égoïsme de l'homme qui veut un monde meilleur pour lui, on débouche tôt ou tard dans la générosité insoupçonnée d'un monde meilleur pour tous ou, du moins, moins pénible à porter sur le dos. Du coup, on surmonte cette haine de soi que l'on nous a inculquée comme culture, langue officielle, déni de soi et de sa propre histoire. Confus ou compliqué ? Oui, car c'est à contresens et parfaitement nouveau. C'est un dur métier que de faire la paix pour un peuple qui ne fait que les guerres. C'est aussi à contresens de l'école actuelle, de la colonisation par l'arabisation, de la FLNisation par l'abêtissement et de la vanité par l'hymen national. On fera un jour tout le tour de la terre pour comprendre que l'on n'échappe pas à son ombre sous le soleil de l'évidence.

LE SOMBRE FANTASME DU DÉCOLONISATEUR VIEILLISSANT

Lundi 30 avril 2012

Les colons avaient des fermes géantes. Les décolonisateurs aussi. Les colons traitaient la paix et la soumission avec les zaouïas. Les décolonisateurs aussi. Les colons frappaient ceux qui voulaient la libération. Les décolonisateurs frappent ceux qui veulent la liberté. Les colons trafiquaient les élections. Les décolonisateurs aussi. Les colons avaient un étrange rapport avec la métropole et Paris. Les décolonisateurs aussi. Les colons ont fini par lancer le plan de Constantine pour calmer les indigènes. Les décolonisateurs aussi. Les colons donnaient des médailles aux *bachagas* et aussi des burnous et des chevaux gratuits. Les décolonisateurs aussi. Les colons méprisaient les indigènes en les regardant comme des intrus. Les décolonisateurs aussi. Les colons disaient que sans eux le pays ne serait que marécages. Les décolonisateurs aussi. Les colons disaient que sans eux ce peuple allait se dévorer lui-même. Les décolonisateurs n'en pensent pas moins et le répètent partout. Les colons promettaient des réformes depuis 1920. Les décolonisateurs aussi, depuis 1962. Les colons avaient inventé le laissez-passer. Les décolonisateurs ont inventé l'état d'urgence. Les colons avaient encouragé les tribus, pas les institutions. Les décolonisateurs aussi. Les colons contrôlaient le commerce extérieur de l'Algérie. Les décolonisateurs en chef aussi. Les colons n'aimaient pas les indigènes trop instruits. Les décolonisateurs en chef non plus. Les colons avaient des indigènes qui dénonçaient d'autres indigènes. Les décolonisateurs aussi. Les colons disaient qu'avant eux, il n'y avait rien dans ce pays, ni personne, et que donc le pays était à eux. Les décolonisateurs le disent aussi pour ce qui est d'avant 1954. Les colons utilisaient les autochtones pour leurs guerres et leurs tranchées. Les décolonisateurs l'ont fait aussi en 1990.

Les colons n'aimaient pas les "Arabes" qui venaient circuler à Alger sans but. Les décolonisateurs interdisent Alger à ceux qui ne sont pas algérois ou à ceux qui veulent venir y manifester. Les colons disaient que les "Arabes" étaient des paresseux. Les décolonisateurs iront plus loin : ils importeront des Chinois pour repeindre les murs. Là, non seulement "l'Arabe" est paresseux mais il n'existe même plus. Les colons avaient leurs plages, leurs quartiers et leurs zones. Les décolonisateurs, aussi.

Bien sûr, les décolonisateurs ont construit des écoles, des routes, des robinets, des hôpitaux, mais ils laissent croire qu'ils l'ont fait avec leur argent alors que c'est le nôtre. Bien sûr, l'Algérien ne cire plus les chaussures, mais le problème est qu'il ne sait pas où aller avec les siennes. Bien sûr, il y a des choses qui ont changé mais, dans le fond du fond, on a toujours le même sentiment et la même sensation : le pays n'est pas encore à nous et c'est encore une colonie, quelque part. Bien sûr c'est différent, mais le problème c'est que les décolonisateurs ont cette fâcheuse tendance à se comporter en colons, de plus en plus. Dans leur façon de parler, de gouverner, de convaincre et d'expliquer. Frantz Fanon l'avait dit, trop tôt et trop tard à la fois. La dernière différence est que les colons étaient français et les décolonisateurs sont algériens. Sauf qu'ils pensent qu'ils le sont plus que nous. Et que nous ne le sommes pas autant qu'eux. D'où ce système colonial "positif" qui nous fait du mal au nom de notre bien. Qui nous surveille au nom de notre sécurité. Qui nous agite dans un bocal au nom de la stabilité et qui nous prive de la nation au nom du nationalisme. D'où ces Algériens qui font comme leurs aînés : qui prennent la mer ou la montagne avant de prendre un jour la bonne décision.

LES ARMÉES "ARABES" SONT-ELLES SOLUBLES DANS LA DÉMOCRATIE?

Mardi 29 mai 2012

Que fera l'armée si elle perd la présidentielle en Égypte? La question se pose en Égypte et ailleurs. La formule de transition décidera de la suite du Printemps arabe. Les armées "arabes", gardiennes autoproclamées des frontières et de ce qu'il y a à l'intérieur, tuteurs des peuples tout juste décolonisés, sourcils froncés, arme dans le dos, uniforme sur l'épaule pour se distinguer des autochtones, mission de sauvegarde et culte du secret initiatique.

Étrange profession en fin de compte que celle des armées "arabes" : après la libération, la liberté surveillée et l'inquiétude. La conviction du tutorat s'est même consolidée avec le développement des fortunes, des intérêts et des corruptions stratégiques. Aujourd'hui, il est devenu plus facile d'arracher un dictateur que de faire rentrer les militaires dans les casernes et de les faire sortir des ministères et des entreprises et des hautes administrations : ils ont des intérêts, des industries, une histoire propre à l'intérieur de l'histoire nationale, des enfants, des comptes et des convictions. Difficile de passer ainsi à la démocratie.

La présidentielle égyptienne intéresse donc vivement les états-majors de ce monde qui n'est plus "arabe", comme le comprennent les plus intuitifs. L'armée égyptienne peut jouer à la formule algérienne en cas d'échec. Elle peut aussi gagner des élections, mais "à l'algérienne", avec les trois quarts de la présidence, ou un faux civil en affiche. Elle ne peut pas rester en vitrine car les putschistes sont infréquentables, mais elle ne peut revenir aux casernes car les islamistes ne sont pas fiables ni mûrs. L'armée ne pourra pas rester en spectacle, ni se retirer sans garanties.

Dans le cas algérien, la caste avait pu gagner du temps en une décennie, mais dans le cas de l'Égypte, le temps est compté justement et la transition immédiate est obligatoire. Les autres armées "arabes" regardent elles aussi le laboratoire cairote en se demandant si leur destin est lié au dictateur ou à la transition réussie. Devenir une petite bavarde ou une grande muette. Investir le politique ou fabriquer un personnel affidé pour les besognes politiques et les sociétés écrans, comme ici chez nous en Algérie.

Car les armées se surveillent : celles de la Turquie et de la Jordanie ont surveillé et suivi le cas algérien. L'algérienne s'est intéressée à l'Amérique latine et à la Russie. La syrienne regarde avec fascination celle des éradicateurs des années 1990 ici chez nous. Celle de la Tunisie veut apprendre la leçon égyptienne, celle de la Libye veut être formée comme celle des autres. Les armées "arabes" sont le nœud des démocraties ratées dans cet univers. Les dictateurs ne sont que le pire symptôme de cette maladie du propriétaire national. Les armées "arabes" n'ont pas d'occupation, de vocation ou de vrais métiers : il n'y a pas de stratégie de conquête du monde ni de convictions nationales saines et partagées. Pas d'issues, pas de confiance, pas d'amour ni d'admiration mutuelle. Juste la routine de la sentinelle et ses terribles soupçons et sa paranoïa qui rebondit sur les hymnes et agite les drapeaux comme des preuves. Les armées arabes sont-elles solubles dans la démocratie ? Il y faut beaucoup de courage et d'énormes garanties. Les islamistes sont-ils solubles dans la démocratie ? Il faut une armée pour les y obliger. Et le peuple ? Est-il soluble dans la démocratie ? On ne sait plus là non plus. Surtout après le Printemps arabe et le vote massif pour la barbe et le tampon sur le front.

NAGER DANS UN MUR
Dimanche 24 juin 2012

Nager dans un mur. C'est sur le sable, face à la mer, que l'Algérien est face à son corps et à l'intérieur du corps des autres. Sur la plage, on peut voir la nationalité, sans les vêtements, justement. Le corps de l'Algérien, l'Algérien le porte sur le dos, souvent. Parfois, il le tient à distance, dans le soupçon ou la honte. S'il est islamiste, conservateur ou honteux métaphysique, l'Algérien tient son corps pour un crime ou une culpabilité. Le corps est coupable dans le dos du corps, en somme. Du coup, il faut le laver, lui interdire la nudité et la présence, puis la beauté, la visibilité et, enfin, même l'existence. Le corps est aussi sommé d'exprimer la suprématie sur les autres corps : le ventre bedonnant est signe extérieur de richesse et d'importation massive, au lieu de signifier l'inesthétique. Et chez la femme algérienne ? C'est pire. C'est là que le corps est coupable de tous les crimes possibles de tous les autres corps. Le corps de la femme est traqué, fouillé, refusé, refoulé et accusé. Non seulement d'être le corps d'une femme mais d'être la cause du malaise du corps de l'homme. Le corps de l'homme algérien est un crime possible, le corps de la femme est la preuve de ce crime même quand il n'est pas commis.

Donc, au-delà, c'est à la plage, sur le sable, entre la mer et le soleil, que le corps de l'Algérien est au plus mal, méfiant, animal dans son soupçon, sali par des tas d'idées mortes et violentes. Nus, les Algériens sont plus agressifs que lorsqu'ils sont armés. Entre le parasol et l'infini, le corps de l'Algérien est dans le malaise : il ne sait pas nager en se dénouant, ni comment s'habiller ou se dénuder ou s'approcher d'un autre sans se soumettre ou se dominer. Flotter ou se faire pardonner. Les vivants ont presque honte devant les martyrs qui ont réussi à se débarrasser de leurs corps justement.

Dans le pays de la mort comme valeur, le corps est un cabas sans importance, sur une route sans buts ni sensualité.

Donc, dans l'eau, des Algériens ont ce mouvement impossible qu'ont les dessins quand ils nagent dans un mur. À côté, les dessins rupestres du Sahara semblent des champions de l'aisance et des talentueuses légèretés. Ensuite, la plage est traitée elle-même comme le corps : bétonnée, volée, violée, salie, piétinée, privatisée. La plage algérienne est le corps nu de l'Algérien, vu de l'intérieur. Dans les vieilles métaphysiques, le corps habille l'âme. Ici, dans le pays, l'âme est ce qui salit le corps et l'empêche d'être nu, beau et léger et admirable. Il suffit de se promener sur une plage algérienne pour voir ce qui se passe dans les têtes.

CE EN QUOI BOUDIAF EST DIFFÉRENT

Samedi 30 juin 2012

Boudiaf, héros du Net algérien, des enfants Facebook. Curieusement, le président assassiné a eu des arrière-petits-fils qui voient en lui un héros, un homme propre dans un pays sale, un mort qui donne de l'espoir et qui continue d'agir, alors que ces jeunes n'étaient même pas nés quand il a été ramené, emballé, tué et livré à la terre nationale et au ciel de personne. La raison ? Plusieurs – dont la première et l'essentielle : Boudiaf est un anti-Bouteflika, un contraire, un portrait inversé.

À noter donc d'abord que les deux sont venus par avion (moyen d'élection premier en Algérie), mais que l'un d'eux est mieux vu que l'autre. Curieusement, par partage de générations : Bouteflika est apprécié par les anciens, les vieilles et vieux, la génération obéissante de Boumédiène, les nostalgiques. Boudiaf, c'est le héros des plus jeunes, la génération Tarek Mameri, les internautes libres, les gens jeunes qui veulent prendre le pouvoir, le pays par le torse, la route et l'avenir. Boudiaf a eu un rideau derrière le dos, Bouteflika l'a en face, entre lui et son peuple. Le premier parlait beaucoup aux Algériens, le second à peine et presque plus. Boudiaf a été le fondateur du FLN, Bouteflika est son propriétaire. D'où le malaise. Boudiaf a été tué, Bouteflika tue le temps. Boudiaf parlait en algérien aux Algériens, Bouteflika parle en arabe à ses propres souvenirs.

Autre chose ? Oui. Les six mois de Boudiaf lui ont donné cette brièveté des stars qui meurent jeunes et au sommet de leur gloire, en fabriquant leur mythe. Bouteflika a fait l'erreur fatidique de s'offrir et de nous imposer, par viol des consciences et de la Constitution, un troisième mandat. Boudiaf semblait sincère. Bouteflika semble surtout en colère contre quelque chose qui s'est passé en 1979 et qu'il nous fait payer et dont il nous accuse sans cesse. Boudiaf aimait les jeunes. Bouteflika les redoute ou les méprise. Boudiaf tournait le dos à ses meurtriers là où Bouteflika nous tourne le dos à nous. L'un est mort depuis vingt ans, l'autre l'a été pendant vingt ans, mais aux Émirats. Les jeunes générations voient en lui un père alors qu'on les accuse de vouloir tuer le père. Boudiaf est un homme, un seul, un Algérien, le patron d'une briqueterie. En Bouteflika, ils voient un système, une caste, une famille, une région, un clan. Du coup, la confiance n'est pas la même. La preuve de l'honnêteté de Boudiaf, c'est qu'il a été tué. Dans le pays des martyrs, la mort par mort naturelle et par assassinat est une déclaration de patrimoine acceptée par tous. C'est la preuve que l'on mérite la vie.

Boudiaf est le président que l'on rêve : sincère, parlant algérien, ouvert, aimant son pays pour sa terre et pas pour son pétrole, fier de sa nationalité, la nôtre, entier et avec une vision d'avenir qui veut rajeunir le pays et pas le faire vieillir. Cet homme ne nous a pas tiré dans le dos, ni en face. Il a pris la balle à la place de nous autres, même ceux qui sont nés après. Les Algériens jeunes le devinent d'instinct.

UN VILLAGE A-T-IL UNE FIN?

Samedi 4 août 2012

L'Algérie est un vaste pays qui se compose d'une très grande ville, d'un petit village, d'une montagne et du Sahara. Dans le Sahara habitent le pétrole, les dunes, le sable, les gens assis et le Hoggar et l'infini qui compte sans fin. Dans la ville, immense, habitent le pouvoir, sa famille, les gens rapides qui ont pris des maisons en 1962, les entreprises, le travail et les administrations et tous les papiers qu'il vous faut. À la montagne habitent les martyrs, l'histoire nationale qui ne veut pas descendre vers la plaine, les bergers du début de l'humanité et les arbres qui tètent le ciel. Reste le village : la ville est plus grande que lui mais 99 % du pays est un village. Paradoxe de l'espace public algérien et de l'aménagement de son territoire. L'Algérie est un pays rural que trois villes mangent en lui tournant le dos. Du coup, si dans la ville on sait que les gens se battent pour le pouvoir et pour prendre la place du colon d'autrefois ou pour manger mieux que lui, que fait-on dans le village géant algérien ? Rien.

Le village algérien est composé d'une entrée gratuite et d'une sortie difficile. Cela, on le sait. Le village est petit, sauf quand on y dort et qu'il devient un lointain aboiement de chien dans la nuit. Il ne mène qu'à la poste ou à la mosquée ; on y naît vieux, avec un figuier pour s'y adosser et une antenne parabolique pour voyager autour du monde sans bouger. Car le village algérien est la véritable incarnation du vide algérien : on a beau y répéter que les valeurs y sont préservées, que c'est un berceau de l'authenticité, que l'air y est sans odeurs de chaussettes et les légumes sans toxines, la vérité c'est qu'on s'y ennuie encore plus qu'ailleurs. Déjà que le pays est sans loisirs, il faut que le village y soit sans raison. C'est donc là que se posent les grandes questions algériennes : pourquoi on est là et pas ailleurs ? Pourquoi l'Algérie est située en Algérie et pas à Oslo ? Que faire du temps quand le temps ne sait pas quoi faire de vous ? Est-ce que le reste du monde existe quand j'éteins ma télévision ? Qu'est-ce qu'une route qui s'en va ? Qui a écrit "Aujourd'hui, maman est morte. Ou peut-être hier, je ne sais pas" ? Quand on meurt, on va derrière le ciel ou en ville ? Car dans le village algérien on est proche des grandes choses de la vie : l'origine, la mort, le ciel, la pénurie et le vide qui ne veut pas mettre votre veste ou répondre à votre question. Pas d'investissement, si peu d'amusements, des femmes enterrées vivantes dans des casseroles, des interdits en fer forgé et des traditions qui empêchent d'avoir des fleurs ou des audaces. Qu'y faire ? Attendre de grandir, prendre une femme avec de la limonade, avoir des enfants qui justifient le salaire puis les voir grandir et se voir diminuer puis se ramasser dans un seul soupir et mourir pour sortir par la bouche d'un nouveau-né et ainsi de suite.

Les villages algériens s'enfoncent dans l'ennui. Terrible. Sans but. C'est là qu'un conservatisme étouffant est en train de renaître et de tuer les autres sans pouvoir tuer le temps. C'est une chaîne alimentaire : la ville est dans la mâchoire du village qui est dans la bouche du Sahara qui est dans le gosier du cosmos.

LA QUESTION DU SIÈCLE : QUE FAIRE DES ISLAMISTES ?

Dimanche 16 septembre 2012

Que faire des islamistes ? La réponse devient urgente pour tout le monde, en Occident, chez soi, dans la vie quotidienne ou dans la vie des idées et des théories politiques. À l'évidence, on ne peut pas s'en passer pour faire une révolution : ils sont les seuls à mourir pour une idée et à user du martyre et du sacrifice du corps. Du coup, ils sont une force "armée" et un argument de guerre. Ils sont aussi nombreux, et partout : du coup, on ne peut pas fonder un consensus social et politique sans les associer, les inviter, les écouter ou partager avec eux. On ne peut pas non plus les éliminer tous, les exterminer, les mettre tous en prison, les torturer dans un sous-sol ou à Guantánamo. On ne peut les jeter à la mer, tous, comme Ben Laden, ni les refouler dans le désert où, justement, ils se reproduisent.

Les dictatures arabes s'y sont essayées mais n'ont réussi qu'à leur donner le statut de la victime absolue et à en exacerber la violence et les radicalismes.

Mais, en même temps, le Printemps arabe dans certains pays le prouve de plus en plus, malheureusement : on ne peut pas leur faire confiance, les admettre, les "démocratiser", les déléguer ou gouverner avec eux. Leur projet est exclusif. Ce n'est pas celui de la démocratie, mais celui du califat. Sous une forme ou une autre. Sous un discours ou un autre. Avec un timing ou un autre.

Avec le meurtre atroce et inhumain de l'ambassadeur américain à Benghazi et les photos horribles de son corps exposé comme une relique macabre, Hillary Clinton s'est écriée : Comment une ville qu'on a contribué à sauver du massacre nous fait ça ? Fausse question car fausse optique. L'Occident a cru lui aussi que les islamistes étaient les victimes de la dictature alors qu'ils en sont le produit, la bombe à retardement, le reliquat. Pendant des décennies, les régimes "arabes" ont encouragé les barbus tout en pourchassant les progressistes. Cela se passe partout, sous la forme de manipulations à l'échelle de pays ou sous forme de ce deal entre pouvoir conservateur, zaouïas, mosquées, cheikhs. En Algérie, le deal est visible à l'œil nu : le projet de la plus grande mosquée d'Afrique remplace celui du plus grand pays d'Afrique. Le FIS n'aurait pas rêvé mieux. Du coup, les islamistes sont là, se reproduisent, se multiplient, deviennent de plus en plus nombreux et de plus en plus ambitieux et imposent leur credo aux Algériens, leurs habits, idées, rites et conceptions. Leur mouvement se bipolarise entre politiques patients et hystériques armés. Qu'en faire donc ?

Les dictateurs disaient, sournoisement, qu'il faut contenir les islamistes et les tuer. Du coup, en encourageant le mouvement à devenir important, ils consolidaient leur argumentaire de base selon lequel "la dictature est nécessaire pour la stabilité".

Les Occidentaux ont cru pouvoir les assimiler ou les rééduquer au pragmatisme : si on les aide, si on les écoute, si on les associe, ils vont finir par rejoindre "l'humanité".

Les progressistes, laïcs ou pas, se disent qu'il faut lutter contre : si on les isole, si on démantèle leur idéologie, si on les met à nu, le peuple perdra confiance en eux et ils finiront par se résorber dans la nature du sable.

Mais entre-temps, ce peuple de l'au-delà avance, tue, conquiert, confisque. La raison ? Évidente : la formation, l'école, la matrice. Il y a dans le monde "arabe" une matrice idéologique qui continue de former les islamistes au berceau, à l'école, dans les TV, dans la communication, dans la rue et les mosquées pendant qu'on croit les endiguer. Le monde réfléchit à l'islamiste comme produit en fin de processus et pas comme origine de ce mal du siècle : les écoles, les livres, les fatwas. Le monde "arabe" continue de produire des islamistes à la base, partout et avec de l'argent. Les idées des wahhabites et autres ancêtres du crime se répandent, pénètrent les murs et les têtes. Partout dans le monde "arabe" on continue de glisser de la loi vers la fatwa, de l'élu par les urnes vers l'imam par le ciel, de la constitution vers la charia, de l'école vers la récitation. C'est cette source qu'il faut tarir si on veut éviter un empire théologique dans quelques décennies. Sans cela, sans un effort dans la formation, les idéologies, les éducations, cela ne sert à rien et on se retrouvera toujours avec la même question dans cinquante ans : que faire des islamistes ?

Pendant que le monde cherche, les élites religieuses en Arabie Saoudite ou en Iran continuent de publier, d'expliquer, de convertir, de répandre leurs avis, idéologies et conception du monde. Cela va vite.

Il n'y a pas de distance et de temps perdu en procédures entre une fatwa à La Mecque et une tête d'adolescent au Sahel. On le voit et vit partout : cette idéologie a de l'argent, des écoles, des circuits et se répand. Nos enfants ne croient plus à la vie mais à sa gratuité. Les islamistes remontent le temps de plus en plus vite et ceux qui ne veulent pas le faire comme eux sont tués, lapidés, enterrés ou excommuniés. Il faut s'attaquer à la source, pas à l'effet, mais là, l'Occident, autant que les dictatures arabes, est dans la complicité : chaque pouvoir "arabe" a ses islamistes qu'il gère, évite, encourage ou essaye de cacher. Les États-Unis aussi : il n'y a qu'à voir leur cécité sur l'Arabie Saoudite – source de pétrole et matrice des kamikazes.

TROIS FOIS RIEN
Dimanche 23 septembre 2012

Dans le désert, Dieu est un, mais eux, ils sont trois.

Le musulman dit : "Je suis le meilleur, car nous sommes les derniers vivants à qui Dieu a parlé et a donné un livre." Le juif dit : "Ce n'est pas logique. Nous sommes les meilleurs, car Dieu nous a choisis et nous a parlé en premier." Le chrétien rit et dit : "Nous sommes les meilleurs, car Dieu est venu chez nous, parmi nous, et nous a parlé, un par un."

Le désert ne dit rien et avança de dix mètres vers les trois voyageurs.

Alors le musulman dit : "Abraham est notre père à tous, mais c'est pour nous et notre mère qu'il quitta sa femme juive et alla construire une maison au désert." Le juif dit : "Erreur, c'est notre père à nous surtout. Car après le désert, il revient chez lui. C'est-à-dire chez nous." Le chrétien dit : "Abraham est votre père à tous deux, mais ce n'est qu'un homme. Car pour nous, notre père est au ciel et dans nos cœurs, pas dans le désert, ni sur une montagne." Le musulman commença alors à se mettre en colère : "Que non ! Son fils préféré était Ismaël, qui est notre ancêtre. C'est Ismaël que Dieu sauva avec un mouton au sommet de la montagne !" Le juif fit de même : "Que non ! Il s'agit de notre ancêtre à nous. Pas le vôtre. Et puisqu'on y est, aujourd'hui vous égorgez les deux : vos fils et vos moutons." Le musulman commença alors à ramasser des pierres et le juif des buissons ardents. Le chrétien s'interposa : "Calmez-vous, mes frères ! Venez chez nous. Chez nous, Dieu s'est sacrifié lui-même pour éviter des problèmes, justement."

Et pendant ce temps-là, le désert avança encore plus vers les trois pèlerins.

Le soleil était haut, le vent bas, l'humanité lointaine. Une tension s'installait entre les trois compagnons du même voyage vers la même destination mais pas avec les mêmes chaussures. "Je ne ferai rien, c'est vendredi." Le juif sursauta : "Mais non ! C'est samedi." Le chrétien rit : "C'est dimanche, mes frères. Je le sais depuis ce matin."

Pour le désert, cependant, c'était le même jour. Depuis toujours. Le jour où il mourut et s'étendit sous les étoiles pour réclamer un peu d'eau.

"J'aime le désert, c'est là que notre religion est née", dit le premier. "Non, c'est là que la mienne est née", dit le second. "Non, vous parlez de la mienne surtout", dit le troisième. Mais tous pensaient : "C'est là que nous crèverons tous, peut-être."

Et le désert avança encore d'un pas en leur direction, les yeux plissés, la gorge ouverte. Un lézard terrifié s'enfuit.

Après un grand silence, le juif osa la question : "Pourquoi vous ne voulez pas qu'on dessine votre prophète ?" Le musulman rétorqua : "On le fera le jour où vous accepterez qu'on dessine vos frontières !" Le chrétien s'esclaffa : "Pour nous, Dieu a créé l'homme à son image. Nous sommes le dessin de Dieu, et c'est Dieu qui dessine !" Le musulman et le juif se tournèrent alors vers lui : "Oui. Et il est blanc, sans nez crochu, ni teint basané, et il est bien armé et aime les colonies et les fours !"

C'est alors que le désert avança encore et arriva jusqu'aux pieds des trois voyageurs qui n'avaient rien remarqué tant ils étaient occupés à creuser le ciel avec leurs paupières. Le silence était le plus haut minaret du monde, la plus belle église et la plus ancienne synagogue de l'endroit, mais les trois pèlerins ne l'avaient pas remarqué. La beauté du moment était gâchée par la petitesse des trois passagers de l'infini. On entendait leurs cris très loin dans le désert qui avançait sans cesse. Les trois se disputèrent Dieu, les ancêtres, les livres sacrés, la Ville sainte, la Palestine, l'Andalousie, le sens du mot Amen/Amine, les origines de l'Islam et celles d'Israël et celles de la Déclaration universelle des droits de l'homme. S'accusèrent d'avoir tué le plus d'hommes au nom du dieu de chacun (ou le plus de dieux païens au nom de l'homme universel) et se dirent des choses vilaines et s'accusèrent les uns les autres d'avoir copié l'un sur l'autre des passages de leurs livres sacrés. "Vous voulez tuer le monde entier !", cria le pèlerin juif au musulman qui hurla : "Vous voulez vous venger de la terre entière !" Avant que les deux n'accusent le chrétien de vouloir posséder la terre entière, ce dernier s'écria : "C'est la terre entière qui me réclame pour la sauver de vous deux !" Puis, pendant que le désert leur montait jusqu'aux hanches, que le ciel se bouchait les oreilles et que le soleil buvait les dernières eaux possibles, les trois pèlerins en vinrent aux mains.

On arracha une barbe, puis une oreille et un chapelet, puis une soutane et un doigt et le quart d'une cuisse avec les dents. Un œil tenta de voir un nez qui saigna tout de suite avant qu'une lèvre appelle à l'aide. Un homme hurla et un second grogna. Les trois étaient monothéistes mais les insultes étaient polythéistes. La bataille leur donna soudain soif et les trois tombèrent dans l'hébétude. Le désert était alors à leur bouche, juste sous la lèvre, et il se préparait à les avaler. Il n'y avait qu'une seule gourde d'eau. Unique, posée sur un monticule par une main inconnue. "C'est un miracle !", cria le chrétien. "C'est de l'eau bénite", murmura-t-il avant de s'élancer. Le musulman la faucha dans les airs : "Non, c'est l'eau de Zemzem", hurla-t-il avant de sauter par-dessus le chrétien. "Non, c'est l'eau de Moïse et nous sommes dans mon Sinaï", murmura le juif avec férocité. La bataille reprit. À la fin ils moururent tous, assassinés les uns par les autres. Le désert les mangea alors très vite et s'en alla.

L'eau s'écoula et avec elle le temps. Un vent se leva et dessina sur le sable une caricature pensive. Un lézard aima le soleil et se mit à le refléter. Puis rien. Le monde se sentit mieux.

GERBE DE PLOMB

Jeudi 27 septembre 2012

À Alger, certains commémorent le quinzième anniversaire du massacre de Bentalha. Que s'y est-il passé ? Selon un souvenir trouble, un massacre immense. Mais les Algériens ne se souviennent plus de la décennie 1990. On sait qu'un crime y a été commis, où personne n'a tué personne mais où tout le monde est mort. La Réconciliation nationale par le haut le veut ainsi : c'est un passé sans souvenirs. Trop de commémorations de cette décennie tueront l'alliance molle avec les islamistes et mettront à mal la nouvelle idéologie qui a donné naissance à Amar Ghoul et son salaire à Soltani. Bouteflika tient à sa réconciliation, autant qu'à son million de logements ou à sa nouvelle constitution. Du coup, on sait qu'il s'est passé quelque chose durant dix ans, mais on nous dit que cela ne nous concerne plus. C'est une affaire de l'État. C'est lui qui paye les disparus, les réapparus, et s'occupe d'enterrer toute cette époque à ses frais. La décennie 1990 est ramenée à la vie seulement au besoin : pour faire face au risque d'une révolution, pour rappeler comment il faut voter sinon on est puni, pour stopper les demandes de changement par le rappel du traumatisme ou pour faire peur.

Pour le reste, il ne faut pas en parler. C'est une guerre sans verbes. Dans les villages et les douars qui l'ont subie, il n'y a pas d'histoire écrite ou de traces de pas des morts et des tueurs. En 1979, Boumédiène est mort. En 1999, Bouteflika a réapparu. Entre les deux ? Le désert. Le régime voulait tellement sa réconciliation qu'il a pardonné à la place de tout le monde. Maintenant, dix ans sont un détail de calendrier. Il faut aller de l'avant, dit le manuel du pardon administratif. Est-ce vrai ? En gros oui. Mais il se trouve qu'on se sent un peu mal. Il y a encore un bruit de pas mouillés derrière le dos du peuple : les milliers de morts sans raison. Un tas de poussière et une sensation de poids qui alourdit la marche de la nation. Tous les Algériens ont l'air de revenants quand ils sont immobiles dans les salles d'attente ou au bas des immeubles ou dans les cafés.

La décennie 1990 est une culpabilité enfouie chez les Algériens. Les morts n'ont pas été dignement enterrés et on sent qu'on a trahi quelque chose, trop vite et pour quelques dinars. Ensuite, il y a eu comme une arnaque profonde qui a détruit les équilibres de l'âme : les tueurs ont bien fini, les morts ont mal fini et la guerre a eu beaucoup d'enfants. Mauvais conte. Pas de mots. Juste des injustices. Du coup, tout le reste est corrompu : les esprits, les gens, les poids et mesures et le sens de la justice. C'est une histoire qu'un jour il faut raconter en l'assumant. Entre 1990 et 2000, il s'est passé quelque chose. À cause de certains.

(Le 14 octobre 2012, l'Autrichien Felix Baumgartner a sauté d'une capsule stationnée à plus de 39 000 mètres d'altitude, devenant le premier homme à franchir le mur du son.)

LE PLUS LOURD TURBAN DU MONDE
Mardi 16 octobre 2012

Avant-hier un Autrichien a réalisé le plus haut plongeon du monde, à partir du ciel et en chute libre. Il a crevé le mur du son en crevant le mur des images. Des millions de personnes ont suivi ce grand pas ailé de l'homme, petit pas pour un avion. Pendant ce temps? On parlait du match Algérie-Libye, a conclu une internaute désabusée. Chacun son monde. Les uns veulent battre des records, les autres veulent battre le voisin, disent les mauvaises langues de la région. Il y a quelques mois, un Algérien a battu une montagne : l'Everest, Nadir Dendoune. Mais dans le silence et sans ovation. D'où vient qu'ailleurs on cherche à battre le monde et qu'ici on cherche seulement à battre les Occidentaux, par exemple, ou nos voisins? De l'échelle des valeurs. L'Occident est le centre du monde, le nid des valeurs humaines, qu'on le veuille ou pas. Du coup, incarnant l'homme, l'homme y a des envies de géant : marcher sur la Lune, marcher dans les airs, inventer l'iPad, décoder le génome humain et envoyer des robots sur Mars. Ici, l'homme n'est pas encore né : il n'y a que des nationalités qui recouvrent des régions qui recouvrent des tribus qui cachent des familles qui masquent des filiations. On ne revendique pas notre humanité mais seulement la nationalité ou la religion ou l'arabité ou toute autre étiquette d'ancêtres. Du coup, là où les Occidentaux se mesurent à l'univers, nous, on se mesure à l'ex-colon.

Chacun ses dieux à battre et à confondre.

Et c'est un drame que d'être enfermé dans cette décolonisation sans fin, cette jérémiade perpétuelle ou ce complexe de la périphérie. On ressent partout le poids de notre statut secondaire : quand nos régimes quêtent l'assentiment des Occidentaux, quand on y va chercher alliance et justice, savoir et valeurs, confirmation, et même quand on y va collectionner les rejets pour mieux justifier ses particularismes et ses enfermements.

Comment donc retrouver le centre du monde et se mesurer au monde par le défi et le courage ou la maîtrise ? Comment cesser d'être un indigène ou un colérique ou un envieux ou un triste ? En acceptant son humanité et l'humain en soi. Et ceci, on ne le peut pas tant que l'on revendique la religion comme différence, la culture comme ghetto, le territoire comme une interdiction aux autres, l'autre comme une menace, et tant que la femme, la moitié de notre humanité, est enterrée, et que nos désirs du monde et du corps sont culpabilisés.

La différence est dans le statut de Prométhée : celui des Grecs a volé le feu et l'a payé de son martyre. Le nôtre s'y réchauffe les mains et le paye de son pétrole. Pire : notre Prométhée n'a rien volé aux dieux pour éclairer les hommes : il se contente de ramper à leurs pieds.

À méditer pour ceux qui connaissent le sens du mythe.

L'ISRAÉLIEN, "L'ARABE", L'ISLAMISTE : LES TROIS MEURTRIERS DU PALESTINIEN

Dimanche 18 novembre 2012

Que doit faire un islamiste au pouvoir face à la "cause palestinienne" ? Réponse difficile. Si autrefois, quand l'islamiste était dans l'opposition, la Palestine était une guerre sainte facile, aujourd'hui l'islamiste est aux commandes : la Palestine est surtout un problème impossible. Comment faire pour à la fois aider les "frères" de Gaza, ne pas se renier et se déjuger selon les préceptes de sa foi, mais garder intactes ses relations internationales, ne pas dilapider une fréquentabilité déjà mise à mal par les salafistes et obtenir des aides de cet Occident que la propagande religieuse présente comme le grand diable, le croisé, l'ennemi ? Comment être à la fois religieux et pragmatique ? Comment libérer la Palestine si soi-même on n'est pas libre dans son pays, on est assiégé, inexpérimenté et sans visibilité ?

Prompts, les gouvernements de Tunisie et d'Égypte ont fait le geste d'envoyer leurs ministres des Affaires étrangères à Gaza. Un bon point de marketing, mais cela ne va pas stopper la guerre. Juste confirmer que la misère des Palestiniens va encore servir pour des légitimations externes. On le sait tous, de quoi souffre le mort palestinien : d'être trop arabisé et trop islamisé. D'une tragique cause de décolonisation et de colonisation, on a tenté de faire une cause "panarabe" et une cause de messianisme islamique. Cela agrée jusqu'à la jouissance la droite israélienne et ses ultra-religieux ou nationalistes : les extrémistes aiment les extrémistes, et une Palestine religieuse ou “raciste” épouse mieux les causes extrêmes en Israël.

Le drame palestinien rejoindra les préoccupations de l’humanité le jour où il se débarrassera des “Arabes” et des islamistes. Le mort palestinien sera un homme tué lorsqu’il ne sera pas un barbu mort ou un Arabe bombardé. L’arabité et la religion exilent le Palestinien dans les marges de la préoccupation internationale, le vident, le déshumanisent et en font un cas local. La prise en charge islamiste par les gouvernements de Tunis ou du Caire est peut-être l’expression d’une “fraternité” idéologique et une position meilleure que le mur de la honte du régime de Moubarak contre les Gazaouis, mais cela ne servira pas l’avenir. Cet avenir déjà piégé, justement. Cela servira tout juste l’image des gouvernements islamistes qui s’acquittent de l’inconfort de leur position par des jets de poignées de sable.

Question vieille d’un siècle ou de mille ans : que faire pour la Palestine ? Ce que l’on doit aussi faire pour le Tibet colonisé : dire à l’humanité que c’est la cause de tous et pas celle des “Arabes” et des religieux. La Palestine vaut autant que le Tibet, ou les autres terres et âmes volées.

C’est une première victoire difficile que de prouver que le mort palestinien est un être humain, pas un clip télévisé, ni un “Arabe”, ni un islamiste. Un colonisé avec mort d’homme. Une histoire de peuple, pas de croyances. L’enjeu d’une liberté, pas d’une croisade. Il faut donc libérer la Palestine, des Israéliens qui veulent la voler mais aussi des “Arabes” et des islamistes qui veulent la vendre et l’acheter et lui monter sur le dos et prendre la parole à sa place.

L'ÉGYPTE ET NOUS : LE POST-ISLAMISME EST-IL POSSIBLE?

Jeudi 6 décembre 2012

C'est en Égypte que cela se passe aujourd'hui, ce pays post-dictature est en train de démontrer quelque chose d'inattendu dans le monde dit arabe. Un : les islamistes ne sont pas capables de faire de la politique, mais seulement du califat en sourdine. Deux : les opinions des pays dits arabes ne sont pas totalement islamisées, vaincues, défaites, fatalistes. Trois : une révolution est d'abord une vigilance de tous les jours et plus encore des jours qui suivent la chute du dictateur. L'Égypte qui a renversé Moubarak est passée par la phase des militaires comme tuteurs et elle a pu les vaincre. Elle passe aujourd'hui par la phase de l'illusion islamiste qu'elle est en train de vaincre et de subir. Cela est un signal fort et un moment de l'histoire que nous, Algériens, devons suivre et analyser et comparer avec notre post-islamisme douteux, fabriqué par le régime et pas par nos bras, mis en attente et travaillant encore la société. Cela est important pour nous faire réapprendre la mobilisation, la vigilance mais aussi la possibilité d'agir sur les choses au lieu de les porter sur le dos et d'en gémir. Cela est important pour laisser entrevoir des possibilités d'avenir qui ne soient pas une équation toujours fermée entre régime policier ou ayatollahs élus.

Vingt ans plus tôt, il s'agissait de nous. Mais avant Internet, avant les satellites, avant l'image et le son et dans la solitude : octobre 1988 avait été volé par le FIS, écrasé par l'armée puis lentement défait par les années 1990 et le retour du régime à sa place. En Égypte, cela ne semble pas suivre cette voie. Le plus intéressant reste cependant ce pronostic déjoué : les anti-islamistes de tous bords n'ont pas été défaits et ne baissent pas les bras devant la "confrérisation" de leur pays et la mise en place d'une dictature religieuse califale. Ils se battent, encerclent leurs encerclements et déroutent les analyses définitives qui ne veulent lire le monde que par pierres tombales interposées.

La Tunisie a inventé le Printemps arabe, l'Égypte semble inventer la post-révolution permanente. Que se passe-t-il donc en Égypte? Les élites se mobilisent contre un nouveau régime qui se met en place. Une sorte d'iranisation du pays avec un président "religieux", une confrérie qui joue au gouvernement de l'ombre, un numéro un des Frères musulmans qui s'installe dans le rôle de l'ayatollah guide suprême comme le fait Ghannouchi en Tunisie. Les islamistes démontrent, dans ces deux pays, ce qu'ils pensent du pluralisme, de l'État républicain, des libertés civiles. Ils y démontrent qu'ils ne peuvent pas jouer le jeu de la démocratie mais seulement l'utiliser pour accéder au pouvoir. Ils y prouvent, pour ceux qui n'ont pas compris, que le projet final n'est pas un État fort mais un émirat religieux destiné à rejouer l'utopie imaginaire de l'âge d'or et de la Médine prophétique. Le pouvoir, ils ne peuvent pas le rendre ni le partager parce que, pour eux, c'est Dieu qui le leur a donné, pas les électeurs. La mise est énorme, donc, en Égypte : ce pays, ses élites progressistes, de gauche ou pas, peuvent prouver que l'on entre dans le post-islamisme ou que cet islamisme va vaincre par la logique de la force. Dans les deux cas, l'Égypte prouve que les islamistes sont un danger : dans le maquis ou dans les institutions. Que le califat est une arnaque. Que la fin du monde n'est pas pour demain. Qu'un barbu n'est pas l'envoyé de Dieu. Que c'est possible. Et quand la religion devient trop collective, le pouvoir devient aussi trop personnel.

(Le 20 décembre 2012, la blogueuse égyptienne Aliaa Magda Elmahdy manifeste nue avec d'autres Femen devant l'ambassade d'Égypte à Stockholm pour protester contre une constitution islamique.)

HOMMAGE À ALIAA MAGDA ELMAHDY, LA SEULE VÉRITÉ NUE

Mercredi 26 décembre 2012

"… Le corps n'est pas une saleté. Ce n'est pas le crime de mes parents. Ce n'est pas un fardeau. C'est ma joie, mon cosmos, mon sentier et le seul lien que j'ai avec le dieu ou la pierre et la courbure du monde. Il est mon sens et le sens de ce qui me regarde et m'obstrue ou m'éclaire. Je ne le porte pas derrière mon dos mais devant moi comme un déchiffreur de mon souffle et de ma part du monde, sa poussière, odeurs et grains et poids. Mon corps est mon délice et ma vérité. On m'arrache la vie quand on m'arrache le corps et la vie m'est redonnée quand je rencontre l'autre en son corps, et c'est là que je donne la vie. Et c'est une longue histoire que je ne veux plus subir : l'histoire des religions de mon monde qui me disent et me répètent que mon corps est mon aveuglement et ma perte. Ma vérité est nue et visible quand mon corps n'est pas une obscurité ni une honte. Le corps est la seule divinité et éternité que je peux toucher de la main, je peux lui donner un nom ou y arracher et y partager le mien. C'est dans le corps que je rencontre le ciel ou le perds, pas dans la prière. Je le rêve nu, fier, vigoureux, acclamé dans la performance, salué comme un bonheur et une conquête. Je le veux libre : je ne veux pas qu'il s'excuse, se cache, se plie, souffre ou s'isole ou s'enfonce ou espère autre chose que lui-même. Le corps n'est pas une nationalité mais ma seule humanité.

Le corps n'est pas le lieu de vos guerres mais l'espace de mes rencontres. C'est une étreinte. Je ne suis pas l'enfant d'un fruit volé, mais le fruit lui-même. Donné et accepté. Je veux vivre libre de mon corps. Ne plus le cacher ni l'imposer, l'accepter pas accepter de m'en défaire et de le trahir. Ma nudité est ma sincérité. Ma sexualité est mon partage, pas ma honte. Et je refuse la menace de l'enfer et la promesse du paradis promis seulement après m'être débarrassée de mon corps et l'avoir trahi. Je ne le veux pas. Je suis ce que je ressens. Le sable sous la plante du pied, et vers le ciel je lève mes yeux et pas mes paumes. Je suis la moitié du monde pas son butin, sa colère, ou son angle mort ou sa basse œuvre ou sa saleté. Je veux me sentir proche du soleil, pas de la vérité. Me sentir époux et épouse de la plénitude. Pourquoi tant de haine contre mon corps ? Parce que c'est ma seule richesse face aux dieux qui en sont pauvres et désincarnés. Je suis un corps et ils ne sont que des empires. Je suis le lieu et ils sont l'histoire. C'est ce que m'envient les anges et les diables et les règnes invisibles. Alors que je l'affirme par la peau : je suis contre toutes les religions qui veulent me voler ma naissance pour naître sur mon dos. Je ne me (le) cacherai plus. Seule la mort peut me tuer. Le reste, non, juste m'assombrir. Le corps est un cri, pas un crime, pas une croyance ; un écrin, pas une croix, une crasse. C'est ma joie, ma foi. Ma résistance. Je refuse le reste. Refuse ce qu'on m'a dit sur le ciel, le Livre, la honte, le sexe et l'éternité. Tout doit s'arrêter. Je dis non à tout ce qu'on m'a dit sur mon corps depuis toujours.

Et j'en rêve : c'est quand le corps n'est pas une honte que la vie est une conquête, le pays une chair et la terre une maternité que l'on sent dans la paume et le poumon et le manque en soi. C'est ainsi. J'aime les anciennes religions du corps et du soleil. Celles qu'on a tuées par la culpabilité et l'abstinence et le gémissement morbide. Le paradis est dans mes sens, pas dans la mort. Et même pour meubler l'enfer, on a besoin de mon corps, pas de mon âme! Je ne suis pas à cacher mais à révéler. Je ne suis pas à insulter mais à admirer. Le premier écrit. Le « pluriscrit » énigmatique et ravissant. Le vrai nord de tous les corps. Le seul sens de tous les sens. Le dessin de Dieu. Le pont entre le monde et le souffle. Et c'est pourquoi ils sont contre moi : les haineux, les salafistes, les religieux, les honteux, les accablés, les tristes, les vaincus et les colériques et ceux qui sont contre eux-mêmes et qui sont des millions. Je suis unique. Chaque fois. Mon miracle. Quand la femme est enfermée, les hommes ne sont jamais libres et le corps est une maladie. Libérez-moi, vous en serez encore plus libres…"

POST-RÉVOLUTIONS : FAUT-IL LAISSER LES PEUPLES "ARABES" VOTER?

Samedi 29 décembre 2012

C'est l'un des dilemmes discrets des élites : faut-il laisser le peuple voter au nom de la démocratie ou sauver la démocratie en interdisant au peuple de voter? Vieille équation algérienne, aujourd'hui égyptienne par exemple. Pour ce pays, le piège est total : avec des élections libres, on libère le diable, pas la liberté. Pour la nouvelle constitution, les Frères musulmans ont joué sur le sentiment religieux du bon peuple : ainsi les "masses" ont voté "oui" pour cette charia bis. Les élites généralement économiques et culturelles, de classes moyennes, celles qui font de l'argent et les valeurs et la plus-value, sont contre. Elles sont la minorité. "Que voulez-vous qu'il advienne lorsqu'on laisse les illettrés décider d'une constitution qu'ils ne savent même pas lire?" s'écriera une femme égyptienne face à des caméras. Cela s'appelle la démocratie : les peuples qui votent. Oui, sauf que le vote d'un PDG d'entreprises qui emploient des milliers de travailleurs est plus important que celui d'un village entier qui ne fabrique rien que de la mastication.

Sauf que l'avis d'une majorité n'est pas raison et que celui d'une minorité n'est pas un tort non plus. Les élites dans le monde dit "arabe" ne le disent pas à haute voix mais le pensent de plus en plus ouvertement : laisser voter des gens qui ne calculent pas le poids de leurs actes, qui manquent de conscience et de culture, qui sont nés et sont longtemps restés morts sous les dictatures, des peuples culturellement démissionnaires, fatalistes, formatés à la religion de la défaite et au populisme, laisser ces gens voter est un tort. Ils ne peuvent faire que le choix de leur ignorance et ne peuvent élire que les pires qui leur promettent le paradis après la mort, pas avant. Mais la question de conséquence sera plus grave : à quoi bon faire une révolution contre une dictature si ce n'est pour donner le droit de vote au peuple, justement ?

D'autres préconisent une autre voix : éduquer le peuple, réformer les écoles et les têtes, séculariser la religion, réformer l'islam, pousser les gens à prendre conscience de leurs actes et de la distinction à faire entre religion et gestion de la cité et de la liberté, avant de leur donner le droit de vote. Sauf que c'est exactement ce que disent et disaient les dictatures. Chez nous, Bouteflika l'a souvent répété dans ses discours épistolaires : la démocratie, cela s'apprend ; culturellement on n'y est pas prêt et il faut donner du temps au temps. À la fin, on vote mal ou mollement ou pas du tout et on a des Belkhadem au bout de la chaîne de fabrication ou des fils d'ex-ministre qui possèdent des centres commerciaux et font des virements à des banques d'îles lointaines en employant des Suisses de couverture à Alger.

Résumons. Un : il ne faut pas donner la démocratie à des peuples qui ne savent pas voter (position des régimes dits de dictature pédagogique). Deux : il faut chasser les dictateurs qui empêchent les peuples de choisir leur destin (position des révolutionnaires : peuple et élite et islamistes confondus). Trois : les peuples ont le droit de voter contre les élites car c'est la loi de la majorité contre la minorité et c'est la démocratie (position des islamistes pour qui la démocratie est comme le chameau : on peut le monter, le traire, le manger, s'y abriter, l'utiliser pour s'en vêtir, l'élever, mais jamais hésiter à l'égorger ou le vendre ou l'acheter).

Quatre : il ne faut pas laisser des peuples qui ne savent pas voter voter contre la démocratie justement (position des élites post-révolution ou post-guerre civile à l'algérienne). Cinq ? C'est justement ce que je disais, disent le régime et le dictateur. Six : il ne sert à rien de faire la révolution si c'est pour revenir à ce que je disais, dit encore le régime. Sept : il faut faire la révolution dans les mentalités, les cultures, les esprits et les écoles avant de chasser le dictateur, dit une partie de l'élite qui essaye de trouver une solution. "Cela ne sert à rien puisque justement le régime contrôle les écoles, la religion, les esprits, les espaces publics", lui répond l'autre partie qui ajoute : "Cela prend des siècles et on n'a qu'une vie."

À la fin, on se demande : le principe est bon et beau, mais la question remet en cause l'un des acquis de la fin du Moyen Âge de l'Occident : le vote direct et massif. Voter est-il bon pour ceux qui ne savent pas voter ? La démocratie est-elle permise pour ceux qui la tuent démocratiquement ? Peut-on choisir démocratiquement une dictature ou le contraire ? Les réponses sont toujours terribles à ce genre de questions. Cela conduit à tuer ou à massacrer ou à voler ou à se libérer. C'est selon. La solution s'impose pourtant : trouver un moyen pour que tous votent, mais que certains votent plus que d'autres. Mais là aussi : qui sera le grand électeur et qui sera le petit électeur ? Celui qui fait le plus de prières ? Celui qui a les armes ? Celui qui a des entreprises ? Celui qui a fait la guerre de Libération ? Celui qui n'a jamais volé ?

D'ailleurs l'autre question est : quand la moitié d'un peuple s'abstient lors d'une élection, le résultat légitime est-il dans l'abstention ou dans les urnes ?

2013

SAHEL : TOPOGRAPHIE D'UN PAYS DANS UNE JEEP

Lundi 14 janvier 2013

Qu'est-ce qu'un Sahelistan ? C'est de mode : un pays vague, flou, aux frontières changeant en fonction des pick-up, avec une chaîne TV (YouTube), une monnaie connue (les touristes capturés), une activité industrielle consacrée (enlever, décapiter, négocier ou revendre, puis prier et crier). Ceci pour les territoires ruraux du Sahelistan. Pour les zones urbaines, l'activité consiste à attraper, fouetter, lapider, décapiter aussi mais encore détruire les mausolées, les signes ostentatoires de l'humanité, les corps, les femmes, les manuscrits, les différences.

L'histoire du Sahelistan est tout aussi floue : on ne sait pas si la fondation de ce pays est à dater du 11 Septembre américain, de l'invasion de l'Afghanistan, de la naissance des Al-Saoud ou de Ben Laden, du tournage du film *Arrissala* ou des premiers temps imaginaires de l'islam. Le Sahelistan peut aussi être revendiqué comme le dernier acte de Kadhafi ou le premier acte d'Hollande. On verra par la suite.

Pour la géographie, c'est plus simple : c'est un pays fait de dunes et de jeeps. Nivelé, déboisé, purifié et transportable dans un 4×4. Le Sahelistan déteste les mausolées, n'a pas de routes goudronnées, de ponts, de plaques d'indication, de places publiques ou d'autres artefacts des âges modernes. On y tolère uniquement les technologies qui servent le but suprême, qui est de détruire la modernité :

voitures puissantes, talkie-walkie, téléphones, connexion internet et caméras pour filmer les otages ou parfois ce qu'il en reste. Le Sahelistan rêve d'être un pays pur, sans autres lignes que la dune et l'horizon, dédié à ressembler au ciel dans sa nudité, tourné vers le haut, déroulé comme un tapis de prière : une utopie du vide et du plat. Une solution finale pour toute géographie. Pour la terre entière qui doit redevenir un ciel sans ride. Le Sahelistan ne rêve pas d'être un pays, mais tous les pays à la fois, la fin des pays, l'"a-pays" justement. L'utopie.

Que faire face au Sahelistan ? Difficile de répondre : si on y négocie une solution, on s'y perd entre fatwas et fourberies : les djihadistes ne croient pas à leur parole mais à la parole de Dieu, selon eux. Si on laisse faire, cela prend de la surface : petit Kaboul deviendra grand Afghanistan. Si on attaque ou contre-attaque par les armes, le Sahelistan devient le centre du monde, recrute encore plus de djihadistes, capitalise une nouvelle légitimité. Pas de solution, donc. Sauf si on attaque la source, la matrice de tous les Sahelistan possibles : le désert d'Arabie, l'Arabie Saoudite, ses livres, ses chaînes satellitaires, ses fatwas et ses oulémas. C'est de là que nous viennent ces pays de morts-vivants. Car c'est un effet papillon. Ou plutôt un effet criquet, pour être exact.

LA FRANCE AU MALI : CEUX QUI SONT POUR, CEUX QUI SONT CONTRE (LE MUR)

Mercredi 16 janvier 2013

Les Algériens se sont donc réveillés avec la France dans le dos, et pas en face comme depuis toujours. Cela crée un malaise et on le constate dans la rue, dans les cafés et les avis : "Que pensez-vous de l'intervention française au Mali ?" est la question que l'on pose. La raison ? Parce que la réponse est difficile. D'un côté, on le sait : le Sahelistan est une tumeur. On doit tuer le mal dans le berceau du mal. On ne peut accepter au Sud ce que l'Algérie a refusé, durant les années 1990, au Nord. On ne peut regarder sans colère et indignation ces images d'hommes fouettés, de femmes lapidées, de mains coupées, de mausolées détruits et d'*Allah ouakbar* lancés par des animaux mangeurs de têtes décapitées, et sans souhaiter que l'on efface cet émirat de la terre et qu'on nettoie l'endroit de ce cancer. Le Sahelistan est une maladie, pas un pays. C'est un lieu qui n'aura de cesse de vouloir dévorer le reste de la géographie et de remonter jusqu'au pôle Nord et jusqu'à nos enfants.

Mais d'un autre côté, on n'aime pas. On n'aime pas que ce soit la France qui fasse le boulot. Les Algériens ont le soupçon professionnel et aiguisé par des siècles de méfiance et de culbutes coloniales : il y a toujours une facture quand quelqu'un vient effectuer un travail gratuitement. Et si la France est dans leur dos, ils se disent que c'est pour des raisons précises. Certains ont même déjà compris, disent-ils :

il y aura une guerre d'usure et de pourrissement. Une sorte de formule d'instabilité permanente qui va donner un second souffle aux djihadistes mais qui va rendre la présence de la France nécessaire, une "présence positive", légitimée. Un jour, disent-ils, les islamistes seront pourchassés jusqu'à l'intérieur de nos frontières. Le fameux droit de poursuite qui deviendra une ingérence, belle-fille connue de la recolonisation.

La première attitude provoque un soupir et aboutit à la conclusion qu'on aurait dû faire le boulot nous-mêmes et qu'on a laissé pourrir une situation qui va se retourner contre nous, sans nous. Il fallait s'y prendre tôt et pas avec la diplomatie assise actuelle, contraire de la diplomatie active et debout de l'époque de Boumédiène. À l'époque où le pays avait des ambitions régionales et pas seulement les ambitions personnelles d'une seule personne qui ne veut pas quitter le palais. Et en attendant, il faut agir : réformer la gouvernance dans le Sud, décentraliser, déléguer et essayer de comprendre et pas seulement de frapper des chômeurs à Ouargla. Sauvons ce qui reste du Sahara. Et vite. La seconde attitude relève du déni : je ne veux pas de la France dans le dos même si, dans le dos, les djihadistes vont me faire pire. Le sentiment anticolonial semble être plus puissant que l'instinct de survie. C'est noble, mais démodé bien sûr. La France y est, et pour longtemps. À la fin ? Le choix des autres qui font des choix à notre place : soit la France, soit *Allah ouakbar* et la décapitation. Il fallait agir tôt. Maintenant, on va veiller tard. À surveiller les frontières.

LES DJIHADISTES SONT LES ENFANTS DES DICTATURES, PAS DES RÉVOLUTIONS

Samedi 26 janvier 2013

“Ceci est le résultat du Printemps arabe”, a résumé, sous couvert d’anonymat, un responsable algérien au *New York Times*, rapporte le journal électronique *TSA*. C’est la nouvelle équation, épilogue de longs glissements sémantiques des mots démocratie, chaos, révolution, désordre, islamistes, etc. Chez nous, le régime a joué sur la peur du chaos et le traumatisme des années 1990, pour stopper net les demandes de changement et faire passer la démocratie pour l’ennemi du bien. Avec la prise d’otages d’In Amenas, cette équation est désormais revendue aux opinions de l’Occident : les djihadistes sont la conséquence du Printemps arabe. Est-ce vrai ? Non. Les révolutions en Tunisie, en Égypte ou, surtout, en Libye, ont permis aux islamistes de prendre le pouvoir et aux djihadistes de prendre de nouvelles armes. Mais les islamistes et les djihadistes ne sont pas nés des révolutions. Ils sont nés avant, des régimes, des dictatures, des échecs idéologiques des nationalismes, de l’injustice. Les islamistes sont d’abord les fils légitimes et aînés des régimes qui sont tombés et du wahhabisme internationalisé par le livre et le satellite.

On ne semble retenir, aujourd’hui, de ces dictatures que leur vertu policière de “stabilité” et d’ordre. On oublie, avec une criminelle facilité, les tortures, les dénis de droits, les spoliations de richesses, les viols, les fraudes, les corruptions, le mal, les disparitions forcées, les vols, les assassinats. On oublie la guerre faite aux progressistes, les universités vassalisées, les élites soumises au chantage par la violence, la chasse aux intellectuels et au savoir. On oublie que ces régimes ont justement encouragé les islamistes comme alibi ("Si ce n'est pas moi, ce sont eux!"), pourchassé la modernité, et verrouillé les cultures sous la serre des mosquées et des "Services". On oublie aussi que, faute d'alternative idéologique aux nationalismes menteurs, les gens n'ont trouvé que le wahhabisme et l'islamisme comme refuges et comme solutions, parce qu'on n'a rien laissé émerger d'autre.

On ne fabrique pas un islamiste et un djihadiste lorsqu'on se révolte contre un régime. On fabrique des djihadistes quand on construit la plus grande mosquée de l'Afrique et pas le plus grand pays, quand on pourchasse les couples et les libertés, quand on encourage le bigotisme et les fatwas et quand on "talibanise" les écoles et les écoliers, au lieu de les encourager à s'interroger sur le monde et à créer la richesse et la valeur. L'équation moderne est d'"afghaniser" les peuples par les écoles et de "pakistaniser" les régimes par la *global war*. Cela mène au mur.

Les islamistes sont donc les enfants directs des dictatures. Kadhafi n'avait pas six enfants, mais des milliers, de Benghazi à Gao. Autant que Moubarak. Ce ne sont pas les enfants des révolutions. On en fabrique quand on infantilise un peuple pendant des décennies, quand on le dé-cultive, le réduit à l'ignorance et au Moyen Âge : la dictature peut tomber mais ses effets seront durables, pendant longtemps : les islamistes, le non-vote, le désengagement, le fatalisme, la violence comme institution primaire, l'intolérance, en sont les produits dérivés. Et si les peuples "arabes" se sont révoltés, c'est à cause de trois grands maux : les polices politiques *alias* les *moukhabarate* qui gangrènent la vie des nations, la justice à la dérive et les fils des dictateurs. Cela est la vérité crue et évidente pour celui qui ne veut pas s'illusionner ni mentir.

Dire aujourd'hui que le Printemps arabe a enfanté des djihadistes est une manœuvre, un mensonge, un raccourci et une ruse. Ce n'est pas vrai. Dans ce monde "arabe", aujourd'hui centre du monde par l'obscurité et pas par l'avant-garde et la lumière, les islamistes et les djihadistes sont venus au monde parce que, pendant le demi-siècle passé, on a tout fait pour détruire ce qui peut assurer une relève, une réflexion, une liberté. On les a encouragés, dopés, et on a surveillé et emprisonné ce qui pouvait offrir un autre choix que le Moyen Âge. On a détruit les libertés et les libérations acquises après le départ des colons.

Demander la démocratie n'est pas un crime, ni la cause du chaos actuel. Le chaos et la violence sont le crime des régimes qui ne savent fabriquer que des prisons ou des islamistes ou des Trabelsi prédateurs. Dire aujourd'hui que les djihadistes sont une menace contre le pays est une vérité mais il faut aussi admettre qu'à long terme on fabrique des islamistes quand on refuse la liberté aux siens, le savoir, les écoles modernes, l'entreprise, la créativité et la création et lorsqu'on encourage la prière au lieu du travail et le conservatisme au lieu de la citoyenneté ou la fatwa au lieu de la loi. Lorsqu'on prive un peuple de sa liberté, il s'habitue aussi à ne pas en avoir, au nom de Dieu, à la place du "au nom du dictateur".

DES MILLIONS QUI N'ÉCRIVENT QUE DEUX MOTS
Jeudi 21 février 2013

Comme un pays de milliers de fous oisifs qui se promènent dans le cosmos avec des étiquettes et des crayons pour écrire des choses sur les surfaces. Écrire quoi ? Les deux mots magiques du binaire islamiste : ceci est haram, ceci est hallal. C'est le mode de calcul favori du cerveau local depuis deux décennies : catégoriser les objets de la création avec deux concepts à l'origine alimentaires et sexuels : hallal ou haram. Licite et illicite. Cela rappelle un peu le sport favori des anciens colons et leurs ancêtres les explorateurs.

À l'époque des découvertes, des géographes et des routes vers les épices : on envoyait partout l'homme blanc pour qu'il appose un peu sa langue, sa vision, ses noms et ses chiffres sur les nouvelles terres, les cultures primitives ou celles trop faibles pour contester. Sauf que le colonisateur le faisait pour s'approprier le monde, l'islamiste ou le bigot (son produit dérivé) le font pour ne pas manger, se déposséder du monde.

C'est donc la conversation de presque tous les Algériens, aujourd'hui, ou de la majorité écrasée par elle-même et le ciel : passer toute la journée, consacrer les rencontres, les fêtes et les discussions, à décider de ce qui est haram, de ce qui est hallal. Selon la culture, les satellites, les vieux livres lus ou les dérives des fatwas ou l'inculture. Un produit pouvant passer d'une catégorie à l'autre, selon le mufti ou selon l'imam ou selon la géographie ou l'argent. Des millions à gribouiller les astres et les coquillages avec leurs crayons pour y écrire ces deux mots. On aura alors beau répéter que dans le Coran la liste "haram" se compte sur les doigts, cela n'empêche pas que la liste compte des millions dans la vie de tous les jours. Poussant à conclure qu'il ne s'agit pas seulement du traçage d'un rite et d'un espace du sacré et des tabous alimentaires et sexuels, mais d'une maladie de l'esprit qui est partie vers le ciel en nous laissant ses chaussures : une sorte de volonté de "doubler" la loi, les institutions, le monde la création et la modernité par un simple jeu de chiffres de base : le zéro et le un. Une névrose de redéfinition du monde par le cru et le cuit. Une tragédie. Voir les guerres de libération, les martyrs, les sacrifices, les élites, les millions de livres lus, les budgets de scolarité, les élections, les luttes pour la liberté et la démocratie, l'univers de Dieu ou de la NASA, les efforts des savants et des pionniers, être réduit à un inventaire d'imbéciles entre hallal et haram. Voir l'énigmatique diversité de l'univers réduite à une logique de videur, à l'entrée du corps humain.

Et on comprend alors le drame : dans sa violente conquête, l'Occidental a distribué les noms pour ramasser les richesses. L'islamiste et le musulman d'aujourd'hui perdent les richesses en réduisant le monde à deux concepts. Deux mots. Deux couleurs. Une tragique entreprise d'effacement, de biffage et de gommage, avec des millions de stylos aux mains de millions d'idiots qui, au lieu d'explorer l'univers et d'essayer d'en inventorier l'infini, préfèrent réduire l'infini à la mesure de leur petitesse.

Et cela va en s'accentuant : dans la tête, dans les familles, à la télé, dans les mosquées, dans la rue. Au lieu d'inventer des objets et de leur donner des noms, on préfère détruire les objets et leur enlever leurs noms. Un manichéisme qui va réduire le monde à un grand désert avec une ligne de démarcation qui le coupe en deux : un désert hallal face à un désert haram. Le même désert vide d'un côté comme de l'autre.

Un rêve : écrire la biographie d'un homme qui possède des milliers de mots et lutte avec eux contre des milliers de gens qui ne possèdent que deux mots.

3 MARS : LARBI, PRÉSIDENT DE L'AUTRE ALGÉRIE

Mardi 5 mars 2013

Il y a chez des Algériens la nostalgie de l'Algérie. Sur la planète du Net, on voit défiler les photos des Algérien(enne)s, aux premiers jours de l'Indépendance, de leurs quartiers, villes et passages piétons et rues propres. À l'heure exacte de la promesse, quand le pays était à venir, pas à mourir. Il y a aussi la nostalgie du haïk : ce voile qui habillait la femme au lieu de la cacher comme une honte. "Autrefois, la ville était illuminée de blanc", a dit au chroniqueur un vieux vendeur de foulards à Oran. "Ils ont assombri la vie", conclura-t-il, en désignant du menton les barbus d'en face qui vendaient des hidjabs aux couleurs affreuses. Mais il ne s'agit pas seulement d'esthétique. Il s'agit d'une nostalgie profonde, d'un désir, le désir d'un pays. Hier encore, sur le Net, certains évoquaient ce que l'histoire algérienne dédaigne : l'anniversaire de la mort de Larbi Ben M'hidi, assassiné et accusé de s'être pendu. Les photos de l'homme ont du succès dans la tête de beaucoup d'Algériens : d'abord le sourire de celui qui possède le monde entre ses mains, alors que ses mains sont menottées derrière son dos. Ensuite le regard qu'aiment les Algériens : heureux, humble, modeste, mais fier, convaincu et sans violence. Étrange regard : un homme qui mène une guerre presque avec bonté. Alors que d'autres en appellent à Dieu ou à la nation, avec mépris ou colère ou haine.

Ensuite le corps de cet homme : pieds liés, en chaussettes mais curieusement avec un sens au bout du pas et de la marche. Aujourd'hui, avec tout un pays sous la chaussure, on semble tourner en rond ou espérer marcher sur la mer pour en échapper. Comme pour dire que la liberté n'a rien à voir avec l'espace. L'homme, assis, regarde son geôlier avec curiosité : l'un des deux est en prison et ce n'est pas Larbi Ben M'hidi. Et les Algériens en rêvent aujourd'hui, de ce regard de jeune, de ce corps qui semble être si près du ciel et des hommes, de ce courage et de ce sens plein. Ces rares photos de l'homme, tué un 3 mars, servent d'histoire nationale mythique pour se laver un peu l'âme des Saïdani, des Belkhadem, des Khelil, des Bouteflika et de leurs fils, neveux, frères, sœurs et serviteurs.

Peut-être que, si Larbi n'avait pas été tué, il aurait été comme ses faux héritiers : il aurait continué à tuer le temps pour ne pas mourir de vieillesse. Les héros sont destinés à mourir jeunes. Pourquoi les Algériens fantasment sur les photos de cet homme ? Parce qu'il a leur âge : c'est quelqu'un qui a fait la guerre dignement et qui n'est pas mort et qui continue d'être jeune et de sourire. Dans les manuels scolaires, il n'y a aucun texte digne de ce nom sur ce sourire. Que des dates, des hagiographies, des mensonges, des cris de colère et de guerre, des ratures et des postures. Que serait l'Algérie si on avait commencé sur Mandela et pas Ben Bella ? Si on avait retenu le sourire de Larbi Ben M'hidi, son ascèse, sa nudité, au lieu des colères ?

L'homme est le contraire d'aujourd'hui : la guerre l'a appauvri et ne l'a pas enrichi, il sourit et ne menace pas, ce n'est pas un civil ni un militaire mais un Algérien, quand on le regarde, on a envie de lui ressembler pas de le fuir ou de le dénoncer au TPI, il est mort mais ne sent pas le cadavre, il sait où il va et partage son bonheur même avec son ennemi, il inspire le respect et pas pour son pétrole.

Les pieds dans les chaussettes, assis sur un banc, il semble être si riche. Étrange paradoxe donc : certains étaient déjà libres avant la Libération. Certains rêvent de liberté après l'Indépendance. Cet engouement des jeunes Algériens pour cet homme, l'époque première, le jour où nous étions dans le même ventre, est le signe le plus profond de notre tristesse présente.

On rêve de nos morts parce que nos vivants nous tuent ou nous dégoûtent.

PRODUITS PHARES ALGÉRIENS : LE PÉTROLE, LA LUTTE ANTITERRORISTE ET L'EXPÉRIENCE ANTI-MANIFESTATIONS

Samedi 6 avril 2013

Janvier 2011, Ben Ali s'enfuit et chez nous le régime vacille. On le sent, il tangue, se retient par les murs et, après trois mois, il sort parler par la bouche de Bouteflika en avril. Bouteflika, la voix éteinte comme son époque, le geste lent et le visage fermé, lit seize pages de discours dont on retiendra des promesses : plus de démocratie, une ouverture du champ audiovisuel, du multipartisme réel et pas celui des "Services", des agréments, un rajeunissement des cadres et pas des cimetières, une "ouverture" et la levée de l'état d'urgence.

On veut éviter le "printemps" en offrant des fleurs. Et surtout beaucoup d'argent. Et cela aura deux conséquences directes sur le cerveau et le ventre : le peuple optera pour la mentalité du coupeur de routes et pas celle du révolutionnaire, ensuite le régime sera conforté dans sa conviction que l'amour s'achète, la paix aussi, comme les gens, les belles histoires, les pantalons, les femmes, les amitiés.

Quelques mois plus tard, arrive le cas de la Libye et du colonel fou : là, le régime commence à se relever, à épousseter sa veste, à arranger ses rares cheveux et à reprendre confiance. Il sait que la peur fait peur. Toujours. La révolution n'est plus une menace pour lui mais une menace pour le peuple qui va la redouter, l'évitera et la condamnera. Là, on passe à la seconde manœuvre : faire agréer l'idée que la stabilité est le contraire de la liberté et que la révolution est synonyme de chaos.

Des mois encore, il ne restera du Printemps arabe que le FIS. Partout. Sauf chez nous. Le régime se relève encore, change de chemise, reprend confiance et commence à manœuvrer comme depuis sa naissance. L'état d'urgence est levé, mais pas dans le réel. Juste sur le papier et dans la bouche. Le multipartisme et l'agrément des partis ? Oui, jusqu'à l'inflation, l'excès qui rebute, la folie des sens et des sigles, le discrédit. On n'aura pas un multipartisme, mais du fast-partisme avec plus de soixante-cinq formations en quelques semaines. La transition ? Elle se fera dans l'autre sens : on passe de l'âge de soixante-dix ans à celui de quatre-vingts pour les ministres, ambassadeurs, présidents d'APN, etc. La liberté de manifester ? Oui, partout, sauf en Algérie, précise le *nota bene* au bas de la loi. L'ouverture du champ audiovisuel ? Oui mais dans quelques années, après dix commissions et avec des lois de chasteté moyenâgeuses et sous l'autorité d'un conseil composé par des gens composés par le régime qui ne compose avec personne.

À la fin, il ne restera de la promesse d'avril 2011 que l'argent : il est gratuit, partout, donné en vrac et sans calculs. Dans la pure tradition de la tradition politique de l'Algérie : celle des flibustiers et des frères Barberousse. Le peuple est traité comme il l'était par les janissaires et il répond comme répondaient les tribus : dispersé, vénal, cupide, traître à lui-même et sans unité ou solidarité. On se retrouve encore une fois avec le même découpage administratif : il y a le pays profond et il y a le royaume d'Alger et quelques beys.

On aurait pu s'arrêter là, mais il se trouve qu'il y a du neuf, d'où le sujet de cette chronique : vendredi, on apprend donc que la police algérienne va exposer à Paris, en France, l'expérience algérienne dans la gestion des foules et des manifestations. C'est le summum, si cette information se confirme : non seulement le régime a réussi à éviter une révolution chez lui, mais maintenant il va faire commerce de cette formidable formule dont il a le “brevet politique”. C’est donc le troisième produit international de l’Algérie : le pétrole, puis la lutte antiterroriste et, enfin, l’expérience anti-révolutionnaire. Que des produits naturels de la préhistoire et pas des iPad.

Admirable retournement de situation qui procède de l’essence du miracle. Cela laisse sans voix et vous plonge dans l’abîme de la réflexion astrologique. Concrètement, cette expérience est du vent, mais quelqu’un qui vend du vent est toujours un homme de génie. Le régime a dû ressentir un pur moment de délice ces temps-ci. Comme après le 11 Septembre.

POURQUOI LES ISLAMISTES SONT-ILS SI ANGOISSÉS PAR LA FEMME?

Lundi 8 avril 2013

Se lever le matin, puis lire une information brève dans un journal arabophone de Londres : le savant théologien saoudien le cheikh Abd Errahman Ben Nasser El Barek a annoncé que le droit de conduire pour les femmes "va ouvrir les portes de l'enfer pour le royaume" qui lui donne son salaire. Que cela va conduire à la corruption, au mal, aux maux et au désastre. Puis relire et réfléchir sur la question de fond : pourquoi les islamistes sont aussi angoissés par les femmes ? D'où vient cette obsession ? On peut creuser et dire que le rapport trouble avec les femmes est un produit dérivé des monothéismes en général : religions puritaines, nées dans les déserts désincarnés, à l'époque des rapts et des viols qui imposent de cacher les femmes, les voiler ou les enterrer. On peut aussi dire que c'est une idée qui persiste depuis la préhistoire : la femme n'est pas une force de guerre pour le clan et la horde, elle ne peut servir de soldat et donc elle est un poids mort, un poids ou une mort. Même avec l'avènement des monothéismes, l'idée est restée et revient dans la tête quand la préhistoire revient dans l'histoire. Les islamistes d'aujourd'hui ne font que se souvenir d'une histoire ancienne. À l'époque où se faire voler ses femmes était la preuve de sa faiblesse et donc la femme incarnait la faiblesse de la horde et du nomade.

On peut aussi creuser et parler de troubles : l'islamiste n'aime pas la vie. Pour lui, il s'agit d'une perte de temps avant l'éternité, d'une tentation, d'une fécondation inutile, d'un éloignement de Dieu et du Ciel et d'un retard sur le rendez-vous de l'éternité. La vie est le produit d'une désobéissance et cette désobéissance est le produit d'une femme. L'islamiste en veut à celle qui donne la vie, perpétue l'épreuve, à celle qui l'a éloigné du paradis par un murmure malsain et qui incarne la distance entre lui et Dieu. La femme étant donneuse de vie et la vie étant perte de temps, la femme devient la perte de l'âme.

L'islamiste est tout aussi angoissé par la femme parce qu'elle lui rappelle son corps à elle et son corps à lui. L'islamiste aime oublier son corps, le laver jusqu'à le dissoudre, le rejeter et en soupirer comme on soupire sous un gros cabas, l'ignorer ou le mépriser. En théorie seulement. Cela crée justement un effet de retour violent de l'instinct et la femme devient coupable non seulement d'avoir un corps mais d'obliger l'islamiste à en avoir et à s'y soumettre ou à composer avec la pesanteur et le désir. L'islamiste en veut à la femme parce qu'elle est nécessaire alors que lui déclare qu'elle est accessoire.

L'islamiste se sent mal dans son corps et la femme le lui rappelle. Il a un rapport trouble avec le vivant et la femme qui donne la vie lui rappelle que lui, l'islamiste, donne la mort. L'islamiste veut voiler la femme pour l'oublier, la nier, la désincarner, l'enjamber. Et cela le piège car il trébuche et retombe sur terre et reproche à la femme cette impossibilité d'enjamber la vie pour étreindre le ciel. Elle est donc son ennemie et, pour pouvoir la tuer, il la déclare ennemie de Dieu.

L'islamiste est angoissé par la femme parce qu'il est aussi angoissé par la différence : lui, il rêve d'un monde uniforme, unanime ; elle, elle incarne l'altérité nette et irréductible, la liberté de n'être pas un homme et la faculté de diversifier le monde.

En dernier ? La femme rappelle à l'islamiste sa profonde et plus forte faiblesse : le désir. Le désir de vivre, toucher, s'éterniser dans la vie. Le désir qu'il ne peut ignorer, qu'il veut ignorer et qu'il ne peut vaincre en lui-même sans tuer la femme en face de lui. Solution meurtrière à l'ancien verdict : Adam est tombé du paradis à cause de la femme qui lui a offert un fruit, dit le mythe. Selon l'islamiste, pour rejoindre à nouveau le paradis, il suffit de tuer/voiler/ignorer/chasser/lapider la femme, ce qui tuera le fruit. D'où cette obsession surréaliste des islamistes pour la question de la femme, leurs maladies et leurs guerres et leurs fatwas. Conduire pour une femme devient alors dans leurs mondes malades l'annonce des cataclysmes, des séismes et des mauvaises récoltes. Et cette idée est inculquée même aux femmes islamistes, les pires ennemies de la femme, justement.

Tuer la femme est donc hâter la fin du monde, la fin de l'épreuve, la rencontre avec Dieu, l'éternité sans tarifs et le confort éternel.

La femme nue est l'islamiste dévoilé.

Le corps de la femme est la faiblesse qu'il veut effacer.

La femme n'est pas la moitié de l'islamiste mais la totalité de ses problèmes.

DU MÉTIER INÉPUISABLE DE "L'ALGÉROLOGUE"

Samedi 20 avril 2013

Algérologue. Une belle trouvaille trouvée dans un journal algérien. Métier désignant un spécialiste non pas de l'Algérie, mais de la complexité algérienne. Cela s'apprend avec le temps et pas dans les livres, pour les étrangers. Cela s'apprend par intuition en Algérie, pour les locaux. C'est que le pays est une sorte de jeu complexe entre apparences et réalités. Régionalisme et centralisme. Non-gouvernance et hyper-dirigisme. L'algérologue peut servir à l'entreprise, à l'ambassade étrangère, au journaliste nouveau ou à l'homme assis dans un café de village. D'ailleurs c'est un passe-temps national : trouver l'explication ultime, dernière, absolue. Cela ne demande pas que de la science et des capacités d'analyse, mais aussi un don de la ruse qui permet de comprendre comment l'autre ruse sans fin. La quête de l'explication qui explique toutes les réalités du cas algérien, l'histoire et les formulaires. Rêve d'herméneutes ou d'amateurs d'énigmes. Le roman algérien du pouvoir et du "qui décide de quoi ?" est un gros livre fascinant. On prend une chaise, on s'assoit et on commence : à partir d'aujourd'hui et jusqu'au premier jour de la guerre ou un peu avant. À l'époque du MTLD. Ou du PPA ou avec l'atavisme de la régence ottomane ou des salafismes des royaumes du Moyen Âge algérien. Paradoxe : les Algériens, par leur psychologie, sont plus anciens que l'Algérie en tant que pays. Il n'y a qu'à lire les livres d'histoire pour s'en convaincre.

Un algérologue, un bon, ne s'arrête pas donc aux apparences, institutions et sigles de façade. Il sait que la réalité du pouvoir, par exemple, est différente de ses apparences. Il le sait, le croit profondément. C'est le propre de la culture du maquis et de la clandestinité. Il sait aussi que la décision économique ne dépend pas des guichets, ministères, ministres ou GPRA. Il faut être plus fin. Il ne s'agit pas cependant d'une vulgaire nation bananière dans laquelle il suffit de connaître le général ou d'acheter dix ministres et cent maires. Non, c'est plus complexe : il y a une culture d'État souverain, un jeu d'équilibres, un légalisme étonnant côtoyant un encanaillement généralisé. Paradoxe premier pour qui commence dans ce métier : il s'agit d'un pays faible avec un État faible mais avec une psychologie très forte de caractère.

Ensuite le peuple : pas arabe, déjà plus amazigh, pas africain, si peu maghrébin. Formé au déni, à la honte de soi, au scepticisme, mais aussi à l'expression la plus forte de la fierté et du narcissisme collectif. L'Algérie est défendue mais détestée : invivable mais incessible. L'algérologue doit tenir compte de cette psychologie pour s'expliquer les comportements collectifs, les décisions majeures, les fermetures des frontières et les perceptions internationales ou les comportements dans les espaces publics. C'est essentiel. L'objet même de l'algérologue serait donc son contraire cérébral : l'opacité. Un jour, dans un très beau salon officiel, au sommet de l'État, un ministre puissant a dit au chroniqueur ces mots d'or : "J'ai dit un jour à un ministre étranger qui se plaignait de notre bureaucratie que l'opacité est justement notre principale force." Dans le bon sens d'une protection contre les prédations locales ou internationales, mais dans le mauvais sens d'une gestion occulte et sans contre-pouvoir, de l'argent, de la terre, de l'histoire et de la décision.

C'est ce qui explique pourquoi l'algérologue dispose d'une matière noire sans fin : le pays est fascinant du point de vue national, international, alimentaire et économique. Les diplomates et chefs d'entreprise ou cadres étrangers qui y viennent ne le quittent presque jamais totalement, y reviennent ou y pensent : c'est la force de l'énigme sur les âmes curieuses. Tous quittent ce pays avec le diplôme d'algérologue dans la poche. Qu'ils le veuillent ou pas.

AGENTS DE SÉCURITÉ CONTRE AGENTS D'INSÉCURITÉ

Dimanche 28 avril 2013

L'information est fascinante comme objet de méditation : la police algérienne va recruter 1 000 ou 6 000 (selon les sources) chômeurs du Sud algérien. Dans le cadre des efforts de l'État jacobin pour se souvenir du Sud et désamorcer la crise qui s'y aggrave. On peut en rester là et saluer le geste. On peut aussi méditer et rire. L'intention de la police illustre on ne peut mieux le piège dans lequel est enfermé le pays : les chômeurs qui sont frappés par les policiers seront recrutés comme policiers pour frapper les chômeurs. On restera à rêvasser sur les futures émeutes ou rassemblements interdits *de facto* et durant lesquels les anciens chômeurs vont devoir frapper leurs anciens confrères et collègues. On s'imagine les regards qui se croisent, les yeux qui se baissent ou les matraques qui vont casser des bras ou des amitiés.

C'est tout le drame du pays : il tourne en rond contre lui-même. Il est l'ennemi de lui-même. Une terre traversée par une grande ligne de séparation : à droite l'État, le régime, ses employés, ses enfants, ses sous-fifres, ses alliés, ses soutiens. À gauche les autres, les opposants, les chômeurs, les envieux, les assis, les refusés, les autonomistes, les exilés et les disgraciés ou les licenciés. Sur la ligne de démarcation, les forces d'interposition : les policiers, les agents de sécurité, les vigiles, l'armée, la matraque mais aussi l'ENTV, l'idéologie des martyrs, la loi. Les futurs policiers du Sud seront bien sûr plus méchants et plus royalistes. C'est un mécanisme connu : le zèle est le propre du converti récent. Mais il en est de même pour le pays : il ne trouve pas d'autre solution que faire traverser de temps en temps à un groupe la ligne. Sauf que de chaque côté de la ligne les coléreux se reproduisent plus vite que le recrutement.

À la fin, il n'y a que deux emplois dans ce pays : travailler pour l'État ou ne pas avoir de travail. Agent de sécurité ou agent d'insécurité. Manger le pétrole ou se faire manger sa part et sa peau. Entre ces deux mondes, on n'arrive pas à créer un capitalisme fort, des patronats puissants et créateurs de plus-values. Des usines, des métiers, des arts et du savoir-faire. Rien. Et le régime ne sait pas créer d'autres métiers que celui de gardiens du régime. La recette des 6 000 policiers est l'aveu lourd et tragique de l'impasse de l'économie et des visions qui piègent ce pays. Le régime ne sait pas quoi offrir et comment employer ce peuple sauf contre ce peuple. Il n'a pas d'autres moyens d'absorber le chômage que de frapper les chômeurs.

DE LA MÉTAPHYSIQUE POUR REPOSER DU POLITIQUE

Lundi 6 mai 2013

“… Ce qui me bouleverse ce n'est pas ma mort : elle est mienne. Ce qui me chavire, me donne le vertige, me remplit d'extase et abîme ma pensée, c'est ma naissance. Ma venue au monde. Comment cet immense vide qui me précède a fini par se concentrer dans l'infinie probabilité du hasard et l'extrême précision de la nécessité, pour m'engendrer moi, mes pensées, mon identité ? Qu'est-ce qui a obligé le vide à se remplir par ma présence ? En quoi suis-je une nécessité et comment un être que rien n'attend finit par venir au monde comme une personne que rien ne remplace ? Ce n'est pas ma tombe qui me fascine, mais le vide auquel je m'adosse. Le grand cosmos qui précède mon prénom est plus inquiétant et plus inexplicable que la pierre tombale qui va seulement essayer d'un peu me retenir. Ce n'est pas la disparition qui est un drame, mais la naissance. Que je retourne au vide n'est que pente naturelle, mais que je remplace le vide par ma personne, voilà le grand mystère, la formidable inquiétude qui devrait tous nous faire tourner la tête vers les commencements et occuper notre réflexion.

Dans la nuit vaste, un feu s'allume. On s'étonne absurdement qu'il s'éteigne et on ne s'interroge pas sur qui l'allume, pour regarder quoi au juste, à quelle fin et quelle est la main qui tient le feu, le prolonge, en accouche ou y espère la clairvoyance. Et dans cette nuit, je suis assis et je réfléchis à mon sort. Certains me disent que c'est une main qui allume le feu, d'autres que c'est un accident, d'autres brûlent et tournent la tête dans tous les sens et d'autres encore pensent qu'il est inutile de comprendre ou d'autres croient qu'il y a un feu plus grand quelque part dont nous sommes seulement les étincelles. Ma seule certitude est donc mon ardeur. Le reste est galets jetés dans les eaux noires.

Nous voyageons et nous nous éclairons les uns pour les autres, je crois. Cela est ma seconde certitude. Certains donnent de leur feu et d'autres en éteignent sur leur chemin. C'est l'image que j'ai de notre condition. De la mienne. Tout cela pour parler de ce vertige qui m'a saisi brusquement, une nuit, seul, pendant que tous dormaient. J'ai fermé les yeux et j'ai pensé à ma naissance et j'ai failli tomber du haut d'une très haute falaise et je me suis ressaisi à la dernière seconde. À côté de ce vide, la mort apparaît comme un mystère secondaire. Je suis confronté, de plus en plus, depuis cette nuit, à quelque chose d'invraisemblable qui se cachait derrière mon prénom et mes habitudes : l'être infini que je suis et que j'ai toujours été sans le savoir. La mort dans ce cas n'est qu'un moment de déjà-vu."

LA CIVILISATION ET L'ANARCHIE SELON OULD KABLIA/MEURSAULT

Jeudi 16 mai 2013

Héros de la fin de semaine ? Ould Kablia, le ministre de l'Intérieur, dans sa dernière conférence conjointe avec le ministre du Commerce, a expliqué que le retour des activités informelles sur les trottoirs "est une caractéristique du peuple algérien : chaque fois qu'on interdit quelque chose, son tempérament anarchique ou anarchiste le pousse à y revenir". Cela a fait sourire et a fait grimacer. Pour ceux qui ont lu des livres et connaissent l'histoire et des histoires, la vision Kablia a rappelé la vision Camus dans *L'Étranger*, quand son Meursault croise les "Arabes" : ils sont mornes, flous, en vrac, impossible à "rejoindre" dans leur univers de figurants, menaçants, avec des armes blanches et des idées ternes.

L'Algérien d'Ould Kablia est comme l'Arabe de Camus : imprévisible, fourbe, rusé aussi, impossible à caser dans l'ordre du monde, à faire plier sous la loi et la convention, muet mais persistant. L'Arabe et le vendeur informel sont donc traités comme un fait de la nature, un écoulement d'eau ou un éboulement : on doit les canaliser, les plier par la force de la loi et les surveiller. Ou les tuer. Par un mot ou cinq coups de feu sous le soleil. En plus cru, Ould Kablia a parlé comme on parle de la mauvaise herbe : elle n'est ni bonne, ni mauvaise, mais c'est sa nature et elle doit être traitée comme "mauvaise" herbe : elle repousse, on l'arrache, elle attend, puis elle revient. Et pour ceux qui n'ont pas lu *L'Étranger* d'Albert Camus, mais qui ont bonne mémoire, il s'agit là de la description exacte de "l'Arabe" faite par un bon colon : l'arabe algérien est "par nature" anarchique, paresseux, fainéant, fourbe et glissant, poussé à l'anarchie par pente et rendu à la civilisation par la colonisation.

Un penchant de colon dans l'âme du malgache ? C'est plus complexe apparemment. C'est d'abord le propre psychologique de tous les lettrés anciens décolonisateurs en chef : ils finissent, partout, par reprendre la psychologie et la vision du colon chassé. Le peuple en devient (après l'Indépendance) foule, menace, anarchie, et le décolonisé et ses enfants deviennent anarchistes et une mauvaise chose qui menace le pays, la stabilité. Pernicieusement, une idée taboue devient légitime : le colon est mauvais, mais la méthode coloniale est la seule apte à contenir cette menace de déferlement, cette "anarchie" de la nature.

Ensuite, c'est le propre de tous les ministres de l'Intérieur dans le monde : pour eux le peuple est foule, comme dit plus haut. Il est menace et instinct primaire. Il est déferlement et invasion. On doit le frapper, le contenir, l'arracher à la nature pour le cloisonner dans la ville, on doit le surveiller, le maintenir, le discipliner. "Frapper est parfois nécessaire", a dit Ould Kablia à propos de la violence bien connue et très jouissive des policiers algériens contre les manifestants. Et tous les ministres de l'Intérieur pensent souvent la même chose : il n'y a pas de peuple, seulement des gens assis et d'autres qu'il faut faire asseoir par la matraque. Des neutres et des subversifs. Des menaces et des élections. Une nature "mauvaise" et une loi civilisatrice. Une vision ethnologique presque raciste, simpliste comme la première pensée d'un fermier colon blanc en Afrique, claire et directe : elle n'est pas de mauvaise foi, mais de bonne foi erronée. C'est tout. Ould Kablia, comme ceux qui ont la même vision que lui, est convaincu par sa justesse, et par sa méthode et sa philosophie.

Certains comme lui ont cette façon de voir qui est celle du bon colon et, en face, beaucoup d'Algériens se comportent vis-à-vis de l'espace public, du bien commun, de l'État, comme autrefois ils se comportaient face à l'administration coloniale : le premier frappe pour civiliser et le second ruse pour se venger. Conclusion ? S'il y a une nature anarchique, c'est aussi parce qu'il y a un ordre mental colonial. Amitiés.

(Le 27 avril 2013, le président Bouteflika est hospitalisé en France à la suite d'un AVC. Les rumeurs sur son état de santé se multiplient.)

CLAN DE LA RÉSURRECTION CONTRE CLAN DU COMA
Mercredi 22 mai 2013

À la fin, on a deux équipes : ceux qui disent qu'il se porte bien, va revenir, rajeunir, poursuivre et se faire réélire. Et ceux qui disent qu'il va mal, de plus en plus, ne peut plus signer, parler, bouger, dire, commander. Dans la première catégorie, on peut citer Bensalah, le patron du sénat, Sellal l'intendant, Rezag Bara, le conseiller, le Quai d'Orsay et Laurent Fabius le ministre des Affaires étrangères français. Dans l'autre camp, on peut ranger une partie du peuple, puis Enrico Macias qui a déclaré l'avoir visité sur son lit d'hôpital, Hichem Aboud, l'ancien de Betchine, patron de deux journaux censurés, un ex-Premier ministre algérien anonyme qui aurait fait des déclarations lors d'un dîner à Paris. Et chaque jour augmente sa dose de brume puisque, chaque jour, l'une des deux équipes apporte sa révélation ou son anesthésie. Une véritable religion antique est en train de naître autour de Bouteflika : certains déclarent l'avoir vu, d'autres l'avoir entendu, d'autres disent qu'il ne meurt pas, mais se régénère, d'autres soutiennent qu'il n'existe plus depuis très longtemps que sous la forme de son frère. Et cela se complique avec le temps.

Et le temps passe. On ne sait pas comment cela va finir dans un pays qui a une seule télévision qui ne peut pas filmer son propre président sur son lit de malade. Dans le tas? Nous sommes un tas de peuple déposé au fond de l'armoire. L'enjeu se fait doucement, sans nous. Le régime dépend du pétrole et donc il n'a pas à rendre compte de la santé de son président, de nos paniques ou de nos interrogations. Vu dernièrement, un clip d'un salafiste tunisien qui prêche, étonné : "Pourquoi faut-il consulter le peuple sur la charia ? On ne consulte pas un peuple sur le choix d'Allah. La charia, on s'y soumet ou on est tué, c'est tout ! C'est quoi cette histoire de démocratie ?" La même idée circule dans la tête du régime mais sur un autre intégrisme, celui de la clandestinité et du tutorat féodal : on ne consulte pas le peuple sur l'État et l'état de santé ! C'est le choix des grands électeurs. En quoi le peuple doit-il être concerné par la santé d'un président ou un bulletin de santé ou même par la vérité ? Donc il s'agit de la même idée : la première avec barbe, la seconde avec moustaches. En quoi cela vous concerne que cela soit Benflis, Hamrouche ou Fabius ou Bouteflika comme quatrième calife, juste pour les prochaines années ?

À la fin ? On connaît presque tous le titre de cette pièce de théâtre française : *Le Malade imaginaire* de Molière. Dans notre cas, le malade est réel. C'est nous qui sommes fictifs. Imaginaires. Aujourd'hui donc, l'équipe de la résurrection (équipe qui annonce qu'il va revenir) a moins de chances d'être crue car elle fait partie du régime qui ment. Celle de l'occultation définitive (équipe qui parle de coma) est plus proche de la conviction même quand elle est loin de la vérité. Quand un régime est trop clandestin, son peuple devient fictif et la vérité est un avis.

DJAZAIRI : LE MANIFESTE DE MA LANGUE
Mardi 4 juin 2013

Prenez une langue et jetez-la dans la rue (pour paraphraser Mao), elle deviendra vivante. Enfermez-la dans un livre et un temple, elle meurt et tue les gens autour d'elle. Prenez une langue, ajoutez-lui une armée et un pouvoir, elle devient une langue officielle. Ajoutez-lui une religion ou un prophète, elle devient langue sacrée.

C'est vous dire l'essentiel : ceux qui vous disent que l'algérien comme langue du pays n'existe pas vous disent simplement que vous n'existez pas. On enlève le droit de répondre à un peuple quand on lui enlève sa langue, qu'on la ridiculise, qu'on la réduit à la marge et à l'étable et au langage des serfs. On enlève à un peuple le droit sur sa terre quand on lui impose une langue qui lui impose le silence. Si on vous dit que l'arabe est une langue supérieure, c'est qu'on vous inculque l'idée que vous êtes un être inférieur.

Aujourd'hui en Algérie deux castes parlent arabe, langue morte, aux Algériens, peuple vivant : les élites politiques et les élites religieuses. Les deux puisant dans la sacralité l'argument de leur légitimité. Comme les prêtres et les rois du Moyen Âge de l'Occident. Du coup, ceux qui s'élèvent contre eux s'élèvent contre les martyrs et contre Dieu. Ceux qui disent que l'arabe est une langue morte menacent la domination de la caste et ses intérêts.

Ceux qui vous disent que l'algérien comme langue n'existe pas s'imposent comme intermédiaires entre vous et l'Algérie, et entre vous et Dieu. Ils gagnent leur argent grâce à une langue morte. Enlevez-leur cette langue et ils se révéleront inutiles, imposteurs, spoliateurs. Ils mourront de chômage et de colère.

Ceux qui vous disent que cette langue est une variante de l'arabe pensent qu'eux-mêmes sont un produit dérivé de l'Arabie Saoudite. Ils vivent en Algérie, mangent en Algérie, meurent en Algérie, mais disent que l'algérien n'existe pas et que l'Arabie Saoudite est leur patrie d'origine. Libre à eux, mais qu'ils y aillent.

L'arabe est une langue de colonisation. On peut coloniser en prenant de force la terre ou en prenant de force la bouche et l'esprit. C'est aussi le signe d'une colonisation réussie : aujourd'hui, des siècles après, le colonisé revendique la colonisation comme "œuvre positive" et l'arabe mort est sa preuve. Il se confond avec le colonisateur, sa langue, réclame que ceux qui le nient sont des étrangers sur leurs terres ! Frantz Fanon le décrit bien : peau noire, masque blanc. Langue algérienne, masques arabes.

Ceux qui vous disent que l'algérien n'existe pas parce que l'algérois, le sétifien et l'oranais sont différents, renvoyez-les aux livres d'histoire : le français au XIVe siècle était un langage de gueux et de voleurs de routes et de plèbes crasses. Il a suffi d'un roi et d'une académie pour qu'il devienne lumière et renaissance puis puissance et État. Ils ne sont pas mieux que nous.

Ceux qui vous disent que c'est une langue qui puise dans d'autres langues, dites-leur que c'est le propre des langues vivantes. Ce sont les langues mortes qui se réclament de la pureté, les langues vivantes se réclament, elles, de l'échange. L'arabe n'est pas tombé du ciel mais est né des croisements entre routes, marchands et voyageurs : hébreu, araméen, syriaque, etc.

Ceux qui vous disent que l'algérien n'est pas suffisamment riche pour devenir une langue qui manœuvre le monde, répondez-leur ce qu'a répondu Abû-l-'Alâ' al-Ma'arrî, auteur de *L'Épître du pardon*, le poète aveugle, à propos de sa poésie qu'il a voulue concurrente du Coran : "Laissez les cœurs la polir pendant quelques siècles, et vous verrez." Une langue n'est pauvre que lorsque son peuple manque de confiance en lui-même et se prend pour un autre. C'est alors qu'il se regarde d'en haut, avec mépris et malheur, et que sa langue fait retomber le centre du monde dans d'autres mains que les siennes.

L'auteur l'a toujours pensé : je ne suis le Maghrébin de personne. "Maghreb" est la banlieue d'un Machrek qui s'est institué comme mon lieu de naissance alors que c'est mon lieu de mort. Il se traite comme centre du monde et moi comme sa marge. Le centre du monde revient à un peuple quand ce peuple traite sa langue comme la langue du monde.

On ne peut posséder le monde que lorsque l'on possède sa propre langue.

C'est quand un peuple parle sa langue et l'honore, qu'il honore ses ancêtres et maîtrise sa terre, ses vents, ses sens et ses destins et ses récoltes. Voyez l'histoire : chaque fois qu'un peuple veut dominer le monde, il déclare d'abord et surtout que sa langue est pure, qu'elle est la sienne, et il l'épouse par tous les sons ; les Turcs ont ainsi fait, les Israéliens, les Arabes, etc. C'est alors que naîtront nos Goethe et nos lettres et que nous inventerons des machines et des chants et que nous deviendrons le nombril de la création parce que nous serons le centre de notre univers.

À ceux qui vous disent que cette langue ne ressemble pas à une langue, dites "heureusement!" : elle est algérienne, comme les siens, et sa différence est son identité. À ceux qui vous demandent "comment l'écrire ?", répondez "qu'importe !" : le sens n'est pas dans l'encre mais l'âme.

À celui qui vous dit que jamais cela n'arrivera, dites qu'il a le passé pour lui alors que, vous, vous avez l'avenir qui attend. À ceux qui vous disent "par quoi commencer ?", dites par un chant, un raï, une académie, une acceptation de soi.

En Algérie, l'essentiel parle en algérien : le peuple, l'argent, les publicités, l'amour et la colère. Le reste est donc artifice : l'ENTV, Bouteflika, le régime, les imams, les "assimilés", les islamistes. Tous ceux qui veulent que l'Algérie s'enrichisse, s'aime ou s'en sorte parlent en algérien. Tous ceux qui veulent la posséder, la voler, la détruire, la nier ou lui marcher dessus parlent en arabe classique. Ils sont une minorité dominante. L'algérien est une majorité dominée. Pour le moment.

Quand on vous dit que c'est un dialecte, c'est qu'on vous dit que vous n'êtes pas citoyen. Que vous êtes une plèbe, pas un peuple. On dit "la langue de la plèbe", *"Darijate el 3ama"*. Ceux qui le disent se prennent pour l'élite, *"el khassa"*.

Sur mon passeport est indiqué "algérien" comme nationalité. Et dans ma bouche, je parle en algérien à ma mère, à la femme aimée et à mes enfants. Que m'importent les névrosés : ils finiront par disparaître et moi je serai toujours là, par le biais de mes enfants. Eux défendent les cadavres et moi les nouveau-nés. La preuve ? Dites que vous défendez l'algérien comme langue et vous verrez se lever les imams, les colonisés, les aliénés d'Oqba Ibn Nafi, les religieux, les rentiers, et tous ceux qui ont honte d'eux-mêmes et des leurs. Leur colère est ma preuve.

Je ne suis pas adepte de la honte de soi et du déni de ma langue. Je parle algérien. L'arabité, elle m'appartient (comme culture et œuvres) mais je ne lui appartiens pas.

NÉVROSE : LES ALGÉRIENS N'AIMENT PAS RESSEMBLER AUX ALGÉRIENS

Mardi 11 juin 2013

Tous les Algériens le disent quand ils veulent soupirer : les Algériens n'ont pas d'exemples. À suivre ou à imiter. Les meilleurs sont morts et, quand on donne aux jeunes générations un martyr, l'idéal de vie devient un cimetière. Parfois. Donc, c'est selon. Un grand corps du Héros national composé de plusieurs morceaux étincelants. Le héros algérien est donc un géant assis au bord de la mer et qui regarde. Il a les pieds d'un footballeur. Il a les mains vastes de l'homme qui prend sa part, sa terre, son baril et qui sait à la fois voler avec habileté et serrer la main avec virilité. Il a le regard perçant de celui qui voit loin. En arrière et en avant. Qui sait ou croit savoir que l'avenir est un passé où ce sont toujours les mêmes qui meurent, bêtement et admirablement à la fois. Il a des bras déséquilibrés : l'un long pour contourner la loi, l'autre court pour ne pas avoir à travailler plus que les martyrs ou les imbéciles qui n'ont pas compris. Il a le nez immense : qui va de l'océan à l'océan. Majeur et signe ostentatoire de l'indépendance. Étrange cas algérien : le dictionnaire national se trouve dans les nuances du nez et pas dans la bouche de la langue.

Il a donc la bouche incroyable qui à la fois parle et mâche, produisant le mot qui mord et explique. Il a le teint de son drapeau. Il tourne le dos à sa terre et lui présente son ventre vide. Il est adossé au mur qu'il veut justement enjamber.

Difficile posture qui donne ce corps qui fait mal et qui ne sait pas quoi faire de lui-même – comme on le vit tous. Corps à cacher et corps à fuir. C'est donc le Héros national que la rue enseigne comme modèle et qui est offert comme une statue mentale aux générations déboussolées qui ne savent pas à qui ressembler en Algérie : à un martyr, à un voleur habile, à un footballeur, à un député, à un importateur, à un wahhabite en pantacourt ou à une coiffure d'été? Rien dans les livres, à la télé – et sur les billets de banque, il n'y a que des animaux. Rien qui pousse un Algérien à vouloir ressembler à un autre Algérien. Les modèles du pays sont importés : on y propose de ressembler à un Suédois ou un Saoudien ou un Pakistanais. Les uns traversent la mer en chaloupes et d'autres le désert d'Arabie en tapis de prière. Donc ? Il faut trouver et offrir des modèles et surtout pas dans les cimetières. Il faut revoir l'âge du président, le manuel scolaire, les gros et gras présentateurs de l'ENTV et les coiffures, les animaux des billets de banque et les affiches publicitaires. Il nous faut des héros. Car pour le moment, le héros algérien pour les Algériens est celui qui n'est plus algérien, justement. On est l'un des rares peuples narcissiques dont le but est de ne pas ressembler à lui-même.

PEUT-ON ENCORE OSER DEMANDER DES EXCUSES À LA FRANCE?

Dimanche 16 juin 2013

Un facebookiste algérien a bien résumé la semaine politique : un général en costume civil, avec un président en robe de chambre et un Premier ministre qui sert des gâteaux, le tout à Paris, dans un endroit qui s'appelle les Invalides. Que voulez-vous de plus comme humour et drame ?

Le film muet de Bouteflika vivant mais très malade reste l'événement de la semaine. Certains ont acclamé la réapparition comme une résurrection ou une "victoire cinglante" contre les détracteurs (propagande post-stalinienne encore en vogue), d'autres y ont constaté l'essentiel : l'homme est tellement malade qu'il ne peut même pas soulever un bras, de là à soulever un pays ! Les premiers crient déjà à la possibilité d'un quatrième mandat qu'ils voient comme naturel, gagné d'avance et qui s'impose de lui-même selon eux. Les seconds voient où en est arrivé l'état de l'État : un bulletin de santé, des rumeurs, des démentis, des menaces sur des journaux, des hallalis et des affaires de famille. Rien n'est fait pour assurer une succession sans chaos, ni une transition sans retomber dans la question 1962 de la légitimité.

Sauf que tout cela a été dit et redit. On n'épuise plus la question, c'est elle qui nous épuise. Le neuf ? L'essentiel : dans le message subliminal de ces images d'un président malade qui se soigne à l'étranger, en France, à Paris, aux Invalides. On ne peut pas ne pas songer à la rime désormais impossible de la "demande d'excuses à la France", au dopage à l'hyper-nationalisme anti-France et à la question de l'histoire et de la mémoire. On nous a arrosés d'hymnes et de souvenirs de bravoure et d'avions français abattus avec la volonté et les yeux, on nous a élevés dans le culte de la décolonisation et celui de la guerre pour finalement nous poser un lapin et courir se soigner en France. Pour les jeunes Algériens, le message implicite est clair : les gens "d'en haut" ne font pas confiance à ce pays ni pour leurs économies, ni pour leurs enfants et encore moins pour leur santé. Ceux qui demandent aux Algériens de rester en Algérie sont ceux qui se soignent en France, en Belgique, en Suisse et en Espagne.

On n'a pas encore pesé le sens de ce geste et de cette hospitalisation sur les imaginaires et les ordres symboliques de ce pays. On le fera doucement et on comprendra le tragique : la génération de novembre, celle qui nous a gouvernés par la légitimité de la guerre, ne croit plus en ce pays, ses banques, ses institutions et ses hôpitaux. Aveu d'échec à l'échelle de la nature et du slogan du "sauve-qui-peut". Ceux qui ont habillé Bouteflika pour cette séance et qui le poussent à croire à son propre messie pour sauver ce pays et à son "destin acclamé" par des "millions" ne se préoccupent pas des effets secondaires de ce film muet : il ne s'agit pas de montrer que ce pays va bien mais de montrer que Bouteflika est vivant et que le repas continue et que le système actuel "n'est pas tombé".

Et du coup cela fait mal : les images de cet homme otage des siens ou de ses ambitions profondes, le pays otage de ces gens-là et nous au bout de cette chaîne alimentaire. Après la légitimité par la décolonisation, le film muet de Bouteflika vient de consacrer la légitimité de la fuite et du salut par la voie des mers. Dans leurs pays éparpillés, les *harraga* doivent être soulagés : la solution de la chaloupe a désormais l'appui de la voix muette d'un président.

ERRER AU CAIRE D'ALGER
Samedi 6 juillet 2013

Passer la fin de semaine à essayer de trancher : peut-on laisser des incapables gouverner et laisser le pays partir à la dérive au nom du respect de la démocratie ? Ou respecter le choix des urnes avec la facture de quatre ans de non-gouvernance, d'incompétence, de désastres et de "confrérisation" ? Quand on élit un capitaine de chaloupe et qu'il se met à creuser un trou dans le fond, on le laisse finir son mandat au nom des urnes ? Ou faut-il le jeter par-dessus bord parce qu'il menace la vie de tous par ses agissements ? Mais si on cautionne un coup d'État comme une solution, que sera l'avenir de la démocratie ? Que vont valoir les élections, la légitimité et le droit si on peut les contester par la force de la rue et pas par les urnes ? Mais aussi que valent la démocratie et le droit si on élit des gens qui y mettent fin, les piétinent et les utilisent pour grimper sur nos dos et retirer l'échelle comme ont fait les "Frères musulmans" ? Tout le week-end, la tête posée contre ces murs. Comme toute l'Algérie en 1990, ou presque. Comme nous, les Égyptiens se posent les grandes questions qui mènent à la guerre ou à l'exil ou à la démission ou à l'alliance avec le mal au nom du barrage contre le pire. Et sans réponse.

Ce genre de question n'ayant pas de réponse dans un système vicié à la base : on ne peut pas s'interroger ainsi, sans fin, dans un circuit où l'électeur n'existe pas, où le citoyen est remplacé par le croyant ou le client, et où l'école ne produit pas la liberté mais la sujétion. C'est l'équation de la bombe et de la responsabilité ; on ne peut pas donner la "bombe" ou la laisser fabriquer dans des régimes qui ne sont pas "responsables", dit la doctrine internationale, et cela se justifie : on ne peut pas tolérer la bombe nucléaire aux mains d'un Kadhafi, d'un mollah ou d'un joufflu en Corée du Nord, ou encore en Israël, pays bâti sur l'exclusion raciste. Mais qui fixe cette "responsabilité" ? Le plus fort – et du coup la loi devient la loi de la jungle managée.

La démocratie suppose-t-elle la notion de responsabilité ? Possible. En Algérie on va crier au scandale du putsch, mais on est derrière la télé et personne ne subit le sort des Égyptiens en Égypte et ne se voit menacé dans ses biens, ses idées, son corps, ses espoirs et ses libertés. Il est facile de parler de droit quand on est chez soi et pas en Égypte. Mais le putsch est un putsch : il incarne le recul de la révolution, l'échec de la démocratie aujourd'hui et pour de longs lendemains. Il est la victoire d'un fatalisme qui se répand : nous ne sommes pas aptes à la démocratie. Les islamistes comme leurs adversaires. Ceux qui profitent sont toujours les armées. Où est l'avenir quand l'armée est une prédation, la rue un jeu de force, les islamistes un fascisme et les démocrates des prête-noms obligés à l'alliance avec le mal ?

Tout le week-end à tourner en rond dans sa propre tête.

Et à la fin ? On va encore attendre : il y a un effet domino sur nos certitudes (en impasse), un effet domino sur les islamistes du monde "arabe" (révision à la baisse de leur triomphe et de leurs stratégies) et un autre sur les convictions des militaires et des régimes (ragaillardis). Et nous, Algériens ? Toujours à la pointe du monde "arabe" : après le président démissionné, on a eu le président tué, puis le président parti, puis le président importé et, enfin, le président immigré.

Bonne fête d'Indépendance !

(Le 3 juillet 2013, le président égyptien Morsi est destitué à la suite de très importantes manifestations populaires.)

L'ATTENTAT ISLAMISTE LE PLUS MEURTRIER EST SOUS NOS YEUX

Dimanche 7 juillet 2013

Lorsque Mandela est sorti de prison, il avait sous les yeux un pays divisé par la couleur de la peau, par les classes sociales, les vengeances, les violences et les injustices. Il a réussi à créer le mythe de l'arc-en-ciel et à unifier un pays autour de sa vision, la vérité, la réconciliation. Lorsque Morsi, l'ex-président égyptien, s'est vu offrir un pays uni par le désir de la justice et de la liberté, il a réussi à le diviser, l'émietter et le couper en deux clans qui vont se faire la guerre. La raison ? Elle est dans la stature des deux hommes, leur sens de la justice et du patriotisme. Morsi est issu du mouvement des Frères musulmans, sa vision est idéologique, primaire, ses priorités sont "religieuses", ses préoccupations n'étaient pas le pain, la justice et la dignité, mais le corps de la femme, le haram/hallal, le sexe, la prière et la fatwa. Malentendu profond entre les islamistes et leurs électeurs, qui les ont élus pour la justice, pas pour la réislamisation. Et dans cette vision religieuse, l'opposant ne peut pas être simplement un opposant mais un impie, un ennemi de la vérité, un diable. Morsi et ses frères ne pouvaient pas concevoir le consensus, la concession, le dialogue et la négociation : Allah n'en fait pas et donc eux non plus, qui sont les envoyés d'Allah. Morsi et ses frères auront sur la conscience ce crime d'avoir divisé l'Égypte en deux et aussi le reste du monde dit arabe : eux et ceux qui ne pensent pas comme eux. Eux et Qoraych en face. Au lieu d'être l'homme de la réconciliation et de la réunification, il sera celui qui lègue à l'Égypte sa division la plus monstrueuse. La dixième plaie. C'est la seule réussite des islamistes au pouvoir. Cette incapacité à concevoir le consensus à cause de l'unanimisme absolutiste religieux est partout visible et leur fait prendre les 52 % de voix d'électeurs pour la voix de Dieu et donc la majorité absolue.

En Tunisie, par exemple, les islamistes et les *Ghannouchi boys* retardent depuis deux ans les élections par calculs épiciers et remettent à plus tard la Constitution pour gagner du temps. C'est la stratégie du courant : gagner du temps jusqu'au Jugement dernier, ne pas négocier ou céder et culpabiliser l'adversaire avec des fatwas et des verdicts. L'Internationale des "frères" va-elle repenser leur stratégie politique et leur obligation de dialogue après le coup d'État en Égypte ? Le chroniqueur en doute. Cela va à l'encontre des convictions cachées de ce courant. Les "frères" vont seulement ralentir et essayer de gagner plus de temps, et jouer à la victime.

Mais au-delà du politique, du coup d'État et des urnes et des paradoxes, deux images s'imposent. Deux places : Tahrir et Rabia al-Adawiyya. Des gens qui défendent le corps, la liberté du choix religieux, l'intimité de la foi, la liberté et la modernité, dans le désordre et l'illusion heureuse. Et un autre camp qui affirme avoir vu le Prophète déléguer Morsi pour mener les prières, un camp qui cache la femme comme un crime, qui redoute le nu et le vrai, qui hurle, qui n'est pas tolérant, qui incarne les siècles morts et les croyances tueuses, qui croit qu'Allah lui a parlé à lui et pas à l'humanité et qui veut imposer ce qu'il croit aux autres. Éros et thanatos. Désir de vivre et désir de mourir. La rupture est totale, profonde, elle va traverser le reste du monde musulman et va obliger un jour à la guerre ou au suicide. Ce n'est pas une image simpliste, c'est ce que nous essayons de ne pas voir justement et qui crève les yeux et les écrans. Nous n'avons pas encore de pays mais nous avons déjà deux mondes.

VOUS ÊTES "ISLAMOPHOBE" !
LA FATWA DE LA NOUVELLE INQUISITION
Samedi 3 août 2013

Jour 5678. Le mois du sable, grain par grain. Vous êtes "islamophobe" ! Le mot sert à tout aujourd'hui. Il est l'invention idéologique populaire du nouveau siècle, après la mort du communisme et le déclin moralisant du capitalisme. Donc, dans "islamophobie", on ne met pas uniquement la définition du dictionnaire mais tout ce que le monde ne définit pas clairement. Qu'est-ce que l'islam ? (Une religion obligatoire ou un choix de soi devant les siens ou devant le dieu de son choix ?) Qu'est-ce que la liberté ? (Renoncer à la sienne au nom de celle de tous, ou défendre la sienne de croire ce que les autres ne croient pas, ou ne rien croire et l'affirmer comme un droit ?) Qu'est-ce qu'une caricature ? (Un dessin ou un attentat ?) On peut y mettre d'autres mauvaises réponses aux bonnes questions de la tolérance, de la séparation de la bêtise et de l'État, de la différence, des cultures et des défaites. "Islamophobe" dans la planète d'Allah, c'est comme "capitaliste" chez les communistes et comme "rouge" chez les Américains : vous êtes islamophobe si vous êtes différent et que vous le dites. Vous l'êtes si vous dites qu'un pays a des lois qu'il faut respecter, sinon il faut aller vivre en Arabie Saoudite. Vous êtes aussi accusé d'islamophobie si vous tentez de penser l'islam chez vous, dans votre pays, dans votre tête, dans votre vie. Et vous l'êtes encore plus si vous le faites dans une langue étrangère, celle de l'ex-colonisateur par exemple. L'accusation d'"islamophobe" est servie comme une fatwa et avec la même dose de colère, de rejet, d'exclusion et d'intolérance : c'est un peu le synonyme discret et encore poli d'"hérétique", apostat, impie. Vous êtes donc islamophobe si vous êtes contre l'invention horrible de la burka comme linceul vivant, si vous expliquez qu'il y a des limites entre croyance et droits et que les vivants ont le droit de vivre ici dans le monde et pas dans l'au-delà de chacun.

Vous êtes aussi désormais islamophobe si vous dénoncez les comportements des musulmans qui se cachent derrière l'islam (en Occident, dans le monde ou en Algérie). Si vous répondez à des imbécillités consacrées au nom de Dieu. Vous êtes aussi islamophobe si vous dites non au détournement d'un espace de jeux d'enfants au profit d'une mosquée tous les dix mètres dans votre quartier, ou si vous riez des *takbir* lancés lors des conversions théâtrales dans les mosquées, ou si vous parlez des "savants" autoproclamés, les "Google d'Allah" qui ont des avis sur tout et vous interdisent d'avoir un avis sur rien. Vous êtes accusé d'islamophobie quand vous résistez à l'islamisation de l'espace national, de la justice, de la culture, du sens et de l'avenir et des écoles. Vous êtes aussi islamophobe si vous essayez de penser l'islam selon vos attentes et vos interrogations et pas selon des livres morts. Vous l'êtes donc si vous êtes seulement différent, libre chez vous dans votre pays, critique ou seulement sincère avec les vôtres ou patriote. D'ailleurs, vous êtes islamophobe si vous récusez l'arabité comme identité alors que la religion n'a rien à voir avec l'arabité.

L'accusation est désormais généralisée : contre les Occidentaux parce qu'ils sont occidentaux, contre ceux qui sont différents, contre les siens qui ne pensent pas comme soi, contre les inaugurateurs d'avenir et les objecteurs. Elle est pratiquée dans les cafés, les journaux mais aussi dans les têtes pensantes d'une certaine élite qui nourrit des fixations sur l'Occident, qui voit un complot sous chaque aisselle et qui interprète, avec la facilité de la décapitation, toute différence de pensée comme une soumission à l'Occident, justement.

L'islamophobie n'existe pas ? Si. Comme beaucoup d'autres maladies du siècle. Mais elle existe aussi comme fatwa indirecte, à travers l'accusation maligne d'être "islamophobe". Sournoise manipulation du sens et outil de torture de la nouvelle inquisition. L'accusation d'islamophobie a créé une peur d'être traité d'islamophobe et, partant, elle a étendu l'espace de ce qui est interdit à la critique, à la réflexion et à la contestation. Elle menace et donc paralyse puis s'érige en police des idées et en tabou.

Et il ne faut pas y céder ni reculer. Tant que ceux qui vous taxent d'islamophobie ne s'appellent pas Allah ou Dieu, ils n'ont aucun droit de vous faire taire. La majorité n'a jamais été l'argument de la raison. Et lorsqu'on remonte l'histoire, on découvre, lentement, que l'accusation d'être "islamophobe" est aussi ancienne que le meurtre ou l'ignorance : elle a servi à lapider Ibn Rochd à coups de savates comme à lyncher d'autres lumières. Aujourd'hui, elle sert à cacher le vol des chaussures dans les mosquées, le sous-développement de notre monde, le déni. Et ailleurs, dans le monde des autres, l'accusation sert à "victimiser" ceux qui veulent imposer leurs croyances aux autres.

Conclusion ? C'est en accusant les gens d'islamophobie que l'islamisme avance plus vite que le désert qu'il propose, comme solution, au reste du monde.

ALGÉRIE : MINUSCULE INTRODUCTION À L'USAGE DES ÉTRANGERS

Mercredi 25 septembre 2013

Résumons : l'Algérie n'est pas une dictature. Mais ce n'est pas une démocratie. On y trouve de l'émir Abd el-Kader sur les billets de banque et du Saïdani en peluche autour d'autres billets de banque. Ce n'est pas un pays totalement arabe mais ce n'est plus un pays totalement lui-même, numide et indépendant. On y trouve du pluralisme mais le gagnant est toujours le parti unique. C'est un pays qui a vaincu l'islamisme mais c'est un pays où l'islamisme a vaincu le peuple. Il y a des émeutes chaque jour et une révolution par demi-siècle seulement. C'est un pays pauvre émergent mais c'est aussi un pays riche qui s'enfonce.

On peut y devenir milliardaire, mais justement pour mieux le fuir et le quitter. On y est nationaliste mais on n'y aime pas sa nationalité.

En gros, c'est un régime où les militaires sont dans les casernes mais où le pays y est lui aussi, en assimilé. Le président y est fort mais en même temps malade et faible et très vieux. Un président peut y nommer les généraux, un par un ; mais ils peuvent le nommer eux aussi, et en groupe.

Paradoxalement, c'est un pays de jeunes mais qui vivent comme des vieux retraités. Avec des vieux qui gouvernent avec les audaces de leur prime jeunesse. Une carrière peut s'y arrêter à vingt ans et une autre commencer à quatre-vingts.

Les chiffres de vente de vin y augmentent de 14 % chaque année. Et la construction des mosquées aussi.

Conséquence du centralisme : un ministre est faible là où un wali est hyper-puissant.

Étrangement, c'est un pays pour qui des gens sont morts, mais ils sont morts pour que les suivants y meurent. C'est aussi un pays qui a chassé la France, mais c'est pour ne jamais la quitter et la voir partout où il va, où il reste, où il rêve d'aller.

Tout le monde y fait ses ablutions mais le pays reste un pays sale.

En politique étrangère, l'Algérie n'est ni pour les interventions de l'Occident, ni contre l'Occident. Avec Bachar, mais contre l'entêtement d'Assad. Pour une solution au Mali tout en disant que ce n'est pas son problème. Pour un dialogue avec le Maroc, mais sans le Maroc comme seul interlocuteur. Pour des excuses de la France, mais pour des soins gratuits en France. Pour une refondation, mais seulement entre deux refroidissements. Pour la paix, mais contre l'amour.

Les islamistes n'y font pas de la politique, c'est la politique qui les fait. Pour la lutte antiterroriste mondiale, mais pas sur son sol. Contre les djihadistes, mais pour la réconciliation.

En économie, l'Algérie est pour une économie de marché, mais étatique. On y encourage l'investissement, mais on n'y aime pas l'entreprise privée et on se méfie de l'étranger.

C'est un pays où le peuple ne se soulève pas, mais où le peuple n'est pas totalement couché. Une sorte de position oblique qui déroute l'analyse étrangère et introduit la géométrie dans la mathématique.

C'est donc une nation libre, mais pas libérée de ses ogres intimes. Qui a vaincu la colonisation, mais pas la dégradation. C'est une histoire glorieuse racontée avec mauvaise haleine. La nation aime le non-alignement en politique étrangère et le zigzag en politique interne. Le pays n'a pas de but clair dans le monde, mais chacun en a pour lui tout seul dans sa tête ou la tête de son épouse.

C'est donc une république non démocratique mais pas dictatoriale, policière mais pas militaire, monarchiste mais à deux ou collégiale, libérale mais pétrolière, populaire et populiste, indépendante mais pas toujours. Et ainsi de suite. Cela s'appelle la singularité algérienne, trou noir du sens dans l'empire des clichés.

RÉFLEXIONS SUR LA MORT D'UN VOISIN

Samedi 5 octobre 2013

"… Hier, un vieux voisin est mort. J'ai discuté avec lui un jour avant. On a parlé du monde et de notre vieille rue. On les partageait. Puis, deux jours après, il est mort parce que son cœur s'est arrêté. Ce fut invraisemblable : il y a entre la mort et la vie un manque de mesure juste, de proportions. L'une a la taille du cosmique, la seconde a le volume d'une petite et dernière expiration. Il y a quelque chose qui ne colle pas. Après, j'ai longtemps réfléchi. Je me suis dit que cet homme ne savait pas qu'hier serait son dernier jour. Le monde était « plein », durait depuis si longtemps que l'on s'y oubliait, le vieux voisin avait des milliers de vies devant lui et il cédait comme moi à l'insignifiance et à l'insouciance et au soliloque fondamental qui est l'illusion de toute vie sur elle-même. Je ne sais pas comment le dire mais cette certitude du vieux voisin « qui ne savait pas » est aussi la mienne. Mon monde est atteint par la même éternité et la même brièveté et le même aveuglement. Je veux dire qu'à chaque instant je suis aussi idiot que ce mort et je peux être aussi surpris que lui. La même possibilité d'interruption est derrière chaque souffle. Je vois le monde et je fais le constat de sa monstruosité : il va continuer sans moi. Ce que disait Arthur Rimbaud, je crois, à l'agonie : « J'irai sous la terre, et toi tu marcheras dans le soleil. » Il a dû le dire avec un peu de colère, comme un homme escroqué, ou avec étonnement. Le monde, la ville, ces feuillages, le rideau et le bout de la rue vont continuer à tourner autour d'autres personnes et toute ma fortune, bâtie et accumulée depuis des années, ne peut rien pour les faire revenir et les garder autour de moi. Je pense depuis quatre jours à ce vieux voisin parce que ce fut invraisemblable. Il a éclairé mon univers par sa disparition, parce qu'elle était un simple trébuchement. C'est difficile à comprendre mais je jure qu'il est mort à ma place, et je mourrai à la place des autres, et ainsi de suite.

Ce n'est pas une angoisse religieuse. L'au-delà est en soi et selon les peurs de chacun. Je parle d'un sursaut. Je n'en suis que plus passionné par ma vie. Je veux juste parler d'une sourde envie ténue de la corriger, pour que la mort n'y soit pas un tapis qu'on me retire de sous le pied. Je veux ma vie pleine, défendue, je ne la donnerai à personne et à aucune croyance, je ne l'échangerai pas contre la foi et j'en défendrai la liberté parce que je suis le seul à en payer le ravissement à la fin.

Je veux dire que j'étais étonné par la fragilité du monde, sa consistance, tout à la fois plein, lourd et obtus et constant, et en même temps son épuisement sans fin, sa gratuité. Le vieux voisin est mort alors qu'il avait l'éternité devant lui. Me comprends-tu ? Je tourne donc plus souvent le cou pour regarder derrière moi, je fouille le jour avec soupçon, je surveille mes frontières mouvantes parce que je sais qu'il y a tout le temps une brèche dans la pierre du monde. Une fêlure qui à la fois lui donne toute sa valeur et se moque de tout l'or qu'il peut contenir et offrir ou ravir. Ce que je veux dire c'est que le vieux voisin était un idiot, il n'avait pas saisi qu'il ne lui restait qu'un seul jour quand il me parlait. Je ne veux pas être aussi idiot, j'en suis angoissé. Je veux mourir en regardant la mort pas en la subissant, je veux la comprendre et y glisser avec mon corps et pas être capturé comme un animal par le croc. La mort me prouve que l'au-delà est secondaire et qu'il ne sert à rien de l'anticiper ou de s'y soumettre en espérant l'éviter, ou d'y élever des maisons mortes et d'y loger les dieux. La mort de l'autre est le début de ma vie, si je le veux. Mon sursaut sur le dos de l'immense bête cosmique.

La seule possibilité de ne pas être surpris par la mort est de la surprendre à chaque moment par une vie plus intense et plus consciente, assumant la peur mais aussi la dignité. Le voisin est mort bêtement, je ne le veux pas. Je vivrai donc intensément, aux aguets de chaque instant, échangeant chaque seconde au plus haut de son prix. De chasseur, la mort deviendra mon éclaireur, portant la lampe au-devant, déterrant la terre entière sous mon pas…"

ENTRE LE QUATRIÈME MANDAT ET LE CINQUIÈME CALIFE : QUEL EST NOTRE BUT À NOUS ?

Lundi 7 octobre 2013

Phrase extraite d'une conversation d'hier : "Les islamistes attendent le paradis, le pouvoir attend le pouvoir encore, et nous ?" Car c'est vrai : qu'est-ce qu'on attend, nous qui n'avons pas pour but le régime, le califat, le djihad, la fatwa ou la bénédiction de Bouteflika et ses employeurs ? C'est quoi, notre but, dans la nation ? En gros, on est bien coincés entre Cheikh Chemssou, Echourouk, les bigots du siècle nouveau, le fatalisme de nos livres et de nos alphabets et le pouvoir. On sait qu'octobre 1988 a été un échec qui s'est retourné contre nous, que le Printemps arabe a été volé et vendu puis détruit et récupéré ; on sait que prendre les armes tue le preneur d'armes, que partir c'est mourir et que rester c'est pourrir. D'aucuns disent qu'il faut se taire et vivre sa vie sans vouloir changer le monde. Cela est logique mais pas évident : la vie que l'on veut vivre se rétrécit, est rognée par la rouille, elle est encerclée et condamnée et criminalisée. On ne peut pas vivre sa vie sans la partager. Et en face de nous, il y a ceux qui veulent nous voler cette vie, nous l'ôter, nous culpabiliser et qui nous regardent avec haine, avec mépris ou qui commencent déjà à nous lapider et à nous jeter vers la mer ou la valise. On ne peut pas vivre sa vie si on la cache et si on est traqué et si on est réduit à être un paria chez soi dans la terre des siens. D'autres disent qu'il vaut mieux partir avec idées et enfants. Cela se défend, mais cela tue la vie en soi. Qu'est-ce que réussir et rire pour moi si je le fais sur une île déserte, une salle vide, là où les miens, mes ancêtres, mes descendances ne me regardent pas, ne partagent pas avec moi le pain ou le sein ? On ne recommence pas sa vie après une fuite, on continue seulement de fuir. Ceux qui sont partis sont souvent détruits ou torturés par l'impossibilité de revenir et l'impossibilité d'arriver ailleurs, définitivement, pleinement. Et puis cette terre est mienne, son ombre, ses arbres.

D'autres disent qu'il faut s'enrichir. Acheter des murs hauts, un groupe électrogène, un fusil, un puits, une bâche à eau, mettre ses enfants dans une école privée et s'autonomiser absolument. Une mentalité de survivant de la fin du monde – sauf que c'est la fin de soi, pas du monde. Cela développe en soi la froideur, le mépris, la colère. On finit par ressembler au pouvoir que l'on déteste à cause de la résidence "Club des pins" que l'on se construit inconsciemment. D'autres se lamentent et disent que rien ne sert à rien. C'est une conclusion juste. Mais c'est celle des morts. Elle ne me servira à rien sauf à me pendre pour conclure. On peut aussi s'enrichir pour se protéger : avec de l'argent on peut tenir le mauvais monde à distance et voyager et se laver les mains de tout. Cela est vrai mais un voyage coûte cher à l'aller et, pire encore, au retour. Car on revient toujours. Il y a enfin la solution du compromis : je ne peux pas changer le pays ou changer de pays, alors je m'applique, dans le sacerdoce discret de mon engagement, à corriger la souffrance que je rencontre et à aider l'homme que je croise. C'est honorable mais low cost.

Alors la question reste posée sur nos têtes, les événements d'octobre 1988 comme un corbeau : quel est notre but à nous ici ? On est de moins en moins nombreux, on est épars, on n'a pas l'argent du Golfe, on n'a pas de religion qui tue et on est désespéré et on n'a qu'un seul bras et même pas une chaise roulante. Alors que faire ? Faire un choix de vie et l'assumer face aux autres. Le régime veut le régime et les islamistes veulent le califat. Les deux se battent pour des veaux d'or. Nous, nous nous battons pour nos enfants. Et pour que nos enfants aient un pays et pas seulement un souvenir de pays. Tous ceux qui ont essayé de coloniser ce pays et de traire la vache aux orphelins ont fini par partir et être vaincus. C'est la loi du pays. Ceux qui veulent le quatrième mandat et ceux qui veulent le cinquième calife ne mourront jamais à ma place. Ils ne vivront donc jamais à ma place, ici. Ils sont un produit dérivé du pétrole et moi je suis l'enfant de mes ancêtres. Selon le manuel de survie de l'Algérien face à l'Algérie, "résister n'est peut-être pas gagner la guerre, c'est toujours ne pas tout perdre".

DÉVORATION EST NATION
Lundi 14 octobre 2013

Du martyr à la mâchoire. Juste pour la rime. Demain, donc, on va manger. Le regard fixe, la mâchoire lente comme la meule, les yeux farouches pour éloigner les autres prédateurs, le grognement sourd qui enferme le langage dans une seule syllabe et la nuque hérissée par l'inquiétude. Cela fait un millénaire que nous sommes colonisés et, sourdement, l'indépendance pour nous est essentiellement le rassasiement. Cela fait des siècles que nous mangeons mal ou peu ou pas du tout et que les colonisateurs nous mangent. D'où ces centaines de synonymes que nous donnons au verbe "manger". Qui veut dire prendre, rafler, voler, corrompre, être corrompu, mastiquer, se remplir, indexer un pourcentage sur un contrat ou une facture, coloniser, harceler, dominer, agacer, stresser, cannibaliser, faire pression, coincer, gagner un jeu de dames, réussir un échec et mat, battre, vaincre. En gros "manger" a le sens trouble, absolu, obscur et inquiétant d'"avaler" : la terre, l'argent, l'adversaire, la poche, la monnaie ou le pays et l'histoire. Manger est posséder. S'approprier aussi. Le bail est paraphé par la mâchoire, pas par le consensus et les institutions. Qui mord dîne. Qui dîne possède un drapeau. Qui a le drapeau a des dents. D'où le synonyme prétendument loufoque ou moqueur mais secrètement exact donné à l'hymne national *Kassaman*. *Alias* "Partageons". Partager le manger. Un ventre rempli, c'est un pays calme, un régime serein, un peuple qui roule. Un mouton est un prestige, un bœuf est un comble. La faim est chez nous millénaire et remonte à si loin qu'on peut la raconter avant de l'avoir vécue, tant elle imprègne la mémoire collective. C'est donc son contraire qui assure le sens du bonheur. L'homme qui mange bien est l'homme qui a atteint le sens de la vie nationale. L'indépendance est un festin, le bien vacant est une bouchée, manger n'est pas assimiler les sels et les fibres du monde mais dévorer le monde avant qu'il ne vous dévore. C'est une guerre pas un plaisir, un rapport de force pas de dégustation. Voyez-nous durant le mois du ramadan : on dirait la fin du monde, la panique, le piétinement et la pénurie. C'est la peur secrète de retomber dans la faiblesse et la disette qui ont duré mille ans. Toute notre histoire est une guerre longue. Le repas y a été longtemps frugal et le pain sec. Pour une fois que l'on va bien manger, on le fait en dévorant, pas en goûtant. Le mouton, dans notre univers mental, n'est pas là pour être sacrifié à la place du fils, mais pour rappeler ce qu'a vécu l'ancêtre. Et manger à sa place.

RAPATRIER UN JOUR LES CENDRES DE CAMUS ?

Lundi 11 novembre 2013

Faudra-t-il un jour rapatrier les cendres d'Albert Camus ? Pour le moment, il est dit qu'il n'est pas algérien. Pourtant né en Algérie. Avec des livres éclairés par les paysages algériens, la terre d'ici, la lumière, le sel aussi et surtout. La raison est, dit-on, son choix de ne pas prendre les armes, c'est-à-dire de ne pas être du bon côté. Car, pour le moment, l'histoire algérienne est réduite à la mesure de l'histoire du FLN. "Avant" ou "pendant" il n'y avait rien ou que de la traîtrise et de la tiédeur. Le verdict frappe de nullité la grandeur d'Albert Camus ou l'engagement profond et indépassable de Messali Hadj. Et cette histoire d'une guerre et d'un combat est dure, stricte, tranchée par la mort et la vie et ne permet pas encore de voir au-delà. Mais viendra un jour où, pour continuer à vivre, ce pays cherchera la vie plus loin, plus haut, plus profond que sa guerre. On devra alors proclamer nôtres les anciennes histoires, toutes nos histoires, et s'enrichir en nous appropriant Camus aussi, l'histoire de Rome, de la chrétienté de l'Espagne, des "Arabes" et des autres qui sont venus, ont vu ou sont restés. La langue française est un patrimoine, comme les architectures des colons, leurs traces et leurs actes, crimes ou marais asséchés, génocides et places publiques. Et cela vaut pour les autres : notre empire gagnera de la géographie quand il acceptera la vastitude de l'histoire. Et nous serons grands et fiers lorsque nous nous approprierons tout notre passé, nous accepterons les blessures qui nous ont été infligées et ce qu'il en naquit parfois comme terribles fleurs de sel ou de pierre. Un jour donc, cela cessera, et on pensera à rapatrier les cendres de Camus car il est notre richesse d'abord, avant d'être celle des autres. Il a en lui la trace de nos pas et nous avons nos traces dans ses errances et ses voyages, même s'il nous tourne le dos comme on le dit. Même s'il le nie ou le fuit. C'est ainsi. L'Algérie, c'est aussi les enfants qui l'ont reniée. Et on s'apaisera alors. Car il est triste de voir qu'on n'arrive pas à fêter la naissance de cet homme ni ici où il est né, ni là-bas où il est mort. Il est coincé dans le terrible territoire du premier sans-papiers. Illustre déchiré. Enfant indésirable et désiré. Un homme qui a posé la question au monde et dont on réduit la réponse à un extrait de naissance. Triste histoire d'un mythe. Misère des deux bords qui repoussent ou se disputent cet enfant du mauvais couple. Quand il est mort, Ibn Rochd (Averroès pour les autres) a été enterré au Maroc, mais c'est à Cordoue qu'on a rapatrié ses cendres. Ibn Rochd était-il "arabe" ? Espagnol ? Andalou et homme de sa quête ? Ses cendres enrichiront sa nouvelle terre, autant que sa vie le fit de la terre des autres.

Un jour, on l'espère, Camus nous reviendra. Et saint Augustin, et les autres, tous les autres, toutes nos histoires, nos pierres, architectures, nos mausolées et croyances, nos vignes et palmiers, nos oliviers surtout. Et nous sortirons tellement vivants d'accepter nos morts que notre terre se réconciliera avec nous, et nous vivrons plus longtemps que le FLN et la France et la guerre et les histoires de couples. C'est une question essentielle : celui qui accepte son passé est maître de son avenir. Les cendres de Camus nous sont essentielles malgré ce que l'on dit. Il est le lieu de la guérison car le lieu du malaise, lui comme ce pan de l'histoire qui est nous, malgré nous. Ses cendres sont notre feu. C'est ici son royaume, malgré son exil. Cet homme obsède encore si fort que son étrange phrase de *L'Étranger* vaut pour lui plus que pour son personnage : Hier Camus est mort, ou peut-être aujourd'hui. On ne sait plus. On doit pourtant savoir et cesser.

LE LONG DU SUD : LE PÉTROLE TUE LA PIERRE

Samedi 16 novembre 2013

Le pétrole tue la pierre, le style, l'architecture, la tête et l'os du pays. Sur la longue route dite nationale 1 : la transsaharienne qui amarre le Sud au Nord ou l'inverse. Deux jours pour deux mille kilomètres et une dizaine de villes, hameaux, terres plates, dunes et communes. C'est le désert qui n'est pas encore le Sahara jusqu'au plateau dur et noirci de Tadmaït. Le centre de gravité du pays, dit-on. On y reviendra. Le sujet de la chronique étant le pétrole qui tue l'architecture du pays. Partout, du nord au sud, la même architecture pour les gendarmeries, les postes, les *daïras*, les APC et les sièges d'entreprises ou d'administrations. Et surtout la même monotonie pour les fameux tissus urbains, les logements, immeubles LSP, architecture du relogement massif entreprise dans le cadre des *injazate*. Cela vous donne ces villes de la décennie 2000, mêlant mauvais goût du relogement et course au bilan. Conclusion esthétique du million de logements : une esthétique Kazakhstan/pétrole. Sous forme d'immeubles R + 4, peintures beiges, densification étouffante. Cela finira avec des cités sales, barbelées de linge et d'antennes paraboliques, destinées à abriter les couples fatigués, les enfants nombreux, les fuites d'eau. Y a-t-il d'ailleurs une vie après le LSP autre que la routine nationale? Non, disent les islamistes. Il n'y a qu'un quatrième mandat.

Le pétrole est notre richesse. Il a fini par imposer un régime unique, ordonnateur des projets et grand relogeur. Cela s'est traduit par cette esthétique monotone du pétrole : cités, logement, relogement. Les Algériens sont logés chez le pouvoir, en général, et ce dernier impose son goût donc. Cela vous donne ces villes en photocopie quand on quitte le noyau colonial : place des Martyrs, café Marhaba, rue Khemisti, quartier El Wiam, *alias* la réconciliation, écoles aux noms des compagnons du Prophète, etc. Cela s'étend d'Alger à Aïn-Salah, puis aux frontières, dans les têtes et les appels d'offres. L'âme des peuples est dans leurs pierres. La nôtre est mangée par le pétrole qui en a fait un parpaing et pas une sculpture. Que sera l'Algérie quand tous seront logés ou relogés ? Une grande cité où l'on s'ennuie et où le premier geste collectif sera de cotiser pour créer une salle pour les condoléances et les enterrements, comme cela se fait partout. Vision sinistre et triste que celle du pays le long de la route et qui perd son âme des pierres dans les projets LSP et leurs hideurs.

LE LONG DU SUD : LE DÉSERT AVANCE, LE SAHARA RECULE

Dimanche 17 novembre 2013

Il y a le vide, il y a le désert et il y a le Sahara. Le premier est habité par les chômeurs, du nord au sud, il est vaste comme désert et inhabitable et dur à supporter ou à peupler. Le vide rêve du pétrole mais n'en a pas, comme un chômeur. On peut le voir au Nord dans les cafés, et au Sud entre les rares cafés de la nationale 1. Le désert est difficile, il est caillouteux, noirci par le soleil, mort, calme et étrangement serein face au ciel qui l'a tué depuis un million d'années. Et il y a le Sahara, un vieux folklore, tracé par la dune et la courbe, attirant pour ceux qui veulent se débarrasser de leurs villes ou de leurs corps, photogénique et généreux malgré la frugalité.

Dans le désordre, on peut dire que le Sahara a été tué par le désert puis encore plus par le vide. Des pensées éparses, donc, l'essentiel étant qu'après deux jours de route on découvre que ce pays est vaste. Trop vaste pour être gouverné par une *kasma* et la technique du mandat à vie. Un jour on le perdra, parce qu'on ne pourra pas le défendre. En attendant, le beau Sahara recule, on peut en apercevoir encore de magnifiques immobilités entre Aïn-Salah et ces villages rares sur la route de Tam, qui ont parfois des noms d'igloos du pôle Nord : Arak, par exemple. Le Sahara, on n'en a pas pris soin. On y jette des sachets le long de la transsaharienne, des bouteilles de plastique, des choses bleues, véritable infection nationale, des carcasses de camions accidentés et ce collier de pneus éclatés. Le Sahara est tué par la pollution du Nord et ses plastiques, et par les terroristes du profond Sud qui y interdisent la circulation, le cosmopolitisme, le tourisme, l'échange et la sensation de liberté autrefois prégnante. Le Sahara est aussi cerné par les multinationales, le pétrole, la prédation mondiale. À la fin, il est une vieille carte postale en noir et blanc, avec un ciel pur et des oueds cachés et des noms fascinants. Dans le vaste désert, le Sahara est intermittent : des îlots, des endroits et des routes. C'est une oasis.

Le désert, lui, est plus vaste. Il avance dans tous les sens. Il est le fantasme des monothéistes et des djihadistes qui le proclament père de leur califat et abri de leurs *katibas*. Ils y rejouent *Arrissala*, *Lawrence d'Arabie* et les fondations de l'islam. Le désert est une sensation inquiétante de perte, de risque, des *checkpoints*, des barrages, des fouilles au corps et des bagages, des guérites. Le désert s'étend avec l'enjeu du Sahel et ses nations d'un jour ou ses guerres d'une semaine. Il nous prive du Sahara et des pierres immenses qui ressemblent à des dieux sculptés par les éboulements et les vents. Un jour, le Sahara n'existera plus, disparaîtra. Il n'en restera que le vide et les bornes kilométriques. En face, sous lui, dans son dos et dans le nôtre, le désert avance, suivi par le vide, avec ces jeunes voyageurs qui dessinent sur les pierres des bords de route leurs prénoms et de mystérieux chiffres. Le voyage dans le Sud laisse l'étrange et triste impression d'une fin d'époque.

LE LONG DU SUD : LE CORPS MALHEUREUX DU NORDISTE

Lundi 18 novembre 2013

Plus on va vers le sud, moins le corps de l'habitant est contraint, contrit, coincé ou galvanisé par la culpabilité. On peut résister au réflexe du touriste, mais voir les Touareg de Tam danser la nuit au Festival international des arts de l'Ahaggar est un plaisir. Là, le corps n'est pas encore contaminé par l'idée qu'il est fardeau ou crime ou obstacle entre soi et l'éternité. Les jeunes du coin dansaient avec un plaisir évident, sans la violence des fêtes du Nord, habitués aux musiques et au désir, insouciants. Là, les idées n'ont pas tué le muscle et le poumon et courbé le dos vers la soumission, les *kasmas* ont fait moins de mal, l'arabisation et les islamistes n'ont pas tout ravagé sur leur passage sinistre. Les gens ont l'espace logé à la poitrine, n'étouffent pas comme nous au Nord, ne se sentent pas piégés, inquiétés et piétinés dans la sourde bousculade du Nord. Ils sont eux-mêmes et résistent à l'avancée du Nord tant bien que mal. Le corps au Sud a moins souffert du vent et du sable que des idéologies qui avancent et tuent : islamisme, arabisme, nationalisme, chauvinisme. Il est encore plein de lui-même et pas des idées des autres sur lui. Il peut danser.

Et c'est alors que l'on découvre, quand on vient du Nord, ce que l'on a sur le dos depuis les premières années de l'école : le poids mort de son corps. L'histoire nationale vous reproche de ne pas l'avoir sacrifié à la guerre, même si vous n'étiez pas né. Face au martyr qui n'a pas de corps, vous, vous êtes coupable d'en avoir un qui est bien nourri, qui ne mérite pas de vivre, qu'on doit justifier. L'islamisme rampant, celui de la barbe ou du cerveau, vous crie ensuite que votre corps est sale : vous devez le laver, le cacher, l'enjamber pour aller à Dieu, le tuer en l'autre, le mépriser pour atteindre la pureté et le prendre de haut pour médire sur sa genèse, son désir et son plaisir. Les islamistes vous demandent alors de le trahir et de le cacher ou de le punir, de vous en méfier, d'en avoir honte. Vous ne pouvez alors plus danser, le partager, l'offrir ou l'aimer et l'aimer en l'autre sans vouloir le posséder et le dominer pour mieux le nier.

Et du coup, habitant du Nord soudain plongé dans le sable qui va jusqu'à l'étoile nue, vous découvrez ce qui fait souffrir aussi le Nord : le corps et l'idée que l'on s'en fait. Les fêtes du Nord se révèlent alors comme des moments de violence et de contrainte, le festival au Nord y a le sens du débordement canaille et n'est régulé que par la matraque du flic, les noces sont une corvée mondaine, la danse une exhibition malsaine, le chant une plainte ou une rage et la joie une mauvaise sensation traquée de partout.

Vous découvrez ce qu'ont fait de vous les islamistes passifs, les *kasmas*, le politique, l'arabisation, le vol de votre histoire, le manuel scolaire et le déni de soi. Vous découvrez qu'on vous a inculqué la honte de soi et du corps et que vous êtes malheureux. Tout l'Ahaggar vous le dit, sans un mot.

LE LONG DU SUD : LES GENS DU NORD VENUS

Dimanche 24 novembre 2013

Les nordistes du Sud : c'est un peuple à part, une Algérie qui se repose d'elle-même. On les retrouve au Sud vivant leur vie en tournant le dos à la mer. Cadres venus pour un jour, restés pour toujours, anciens militaires fascinés, femmes mariées, femmes seules, enfants de la géographie mixte, hommes de culture ou de sens tournés vers les grandes dunes, le ciel et la culture des petits potagers. Maisons ocre et carrières sans stress, disent-ils. Généralement affables comme les gens du Sud, ayant retrouvé l'humanité et la générosité, plus ou moins guéris. C'est que le Sud repose du Nord et du poids du pays. On peut y retrouver la simplicité des rapports, le contact, le sens qu'au Nord ont détruit la colonisation, l'arabisation, le relogement, les exodes et la rente. Au Sud, les gens travaillent encore leurs terres, sourient, échangent et ne semblent pas être les fils de la névrose mais les pères d'autrefois. C'est peut-être une impression de touriste, de voyageur, ou un cliché mais c'est aussi une vérité immédiate sous les sens : le Sud peut fasciner jusqu'à vous retenir à vie parce que c'est le dernier souvenir que l'on a de notre pays avant sa lente destruction. On peut se tromper d'impression mais pas sur l'évidence : les gens du Nord installés au Sud cherchent la guérison et le calme et les trouvent généralement. "Le désert est difficile pour celui qui veut y habiter et qui n'a pas une vie intérieure", dira une nouvelle amie avec son compagnon au chroniqueur. Vrai : beaucoup achètent des maisons, y viennent, puis revendent ou repartent parce qu'ils ne supportent pas le vent de sable et la perspective de se retrouver face à eux-mêmes. Mais beaucoup restent car ils ont enfin trouvé le sens qui manque, le goût de planter et d'attendre, d'arroser et de cueillir, de sourire et de partager. L'image est idyllique mais elle n'est pas fausse. Vivre au Sud, c'est être confronté à soi-même et à la différence, mais cela est possible. Alors des gens viennent du Nord et élisent domicile et construisent. Cela donne de beaux liens et parfois de lourds malentendus et des cycles de spéculation sur le foncier. On peut y venir en demandeur d'asile ou en colon caché ou en simple voyageur qui retrouve demeure. Mais on n'oublie pas le Sud quand on y est passé : on l'emporte avec soi, il vous suit, vous y retournez, vous vous en éloignez ou vous le redessinez ou il vous hante et vous avancez vers lui, pas à pas.

Cette fascination est lente, intime, secrète. Elle met à nu les maladies du Nord et ses poids morts, l'étouffement qui y sévit et la quête de l'Algérien pour retrouver la saine proximité avec la nature, soi et les autres. On dit que l'on cherche souvent la paix au Sud. Parce que justement c'est la guerre au Nord, la terrible perte du sens. Le temps que l'on tue alors qu'au Sud il vous accompagne. Pastichons un écrivain : le non-sens du Nord laisse parfois dans l'âme de grands déserts que le Sud ne reflète pas, curieusement, mais guérit lentement et sans mot dire.

LE CERTIFICAT MÉDICAL DE BOUTEFLIKA?

Mercredi 27 novembre 2013

Il y a quelque chose de risible, tragique et amusant dans la demande faite par des opposants : Bouteflika doit fournir un certificat médical pour participer à la prochaine présidentielle. Et c'est tout le drame du métier d'opposant assimilé dans le pays : ne pas participer au jeu, c'est disparaître, ou accepter la fatalité, ou se soumettre, ou se résigner. Mais participer au jeu, c'est toujours perdre, car le régime triche, fraude et bourre les urnes ou joue en faisant semblant de jouer. La solution? Dans la requête formelle : un certificat médical. Il va prouver quoi? Rien. Que Bouteflika est malade ou en bonne santé. Cela ne mène à rien. Le certificat médical est le document le plus falsifié d'Algérie, après la fiche communale et avant la fiche de paie. Le socialisme en a fait une photocopieuse et le peuple un acte de résistance à l'effort ou à la chaleur. C'est le document de la complaisance, celui qui coûte 200 dinars à l'émission et quelques milliards de dollars à l'économie algérienne. Bouteflika, les siens, ses frères et neveux peuvent en fournir autant qu'ils veulent. Signés par les plus éminents qui deviendront sénateurs ou les plus anonymes.

Les opposants assimilés sont donc coincés, comme nous. Que faire contre un mort qui nous enterre? Les plus sages disent d'attendre : la biologie est meilleure que la politique et le goutte-à-goutte plus efficace que l'occupation de la rue. Les autres vont participer : un régime est d'une solidité incroyable mais peut tomber en deux semaines. D'autres concluent qu'il ne sert à rien de s'agiter : le peuple mange bien, encaisse gras et rembourse peu, il ne fera donc pas de politique. Il votera à l'odeur de la cuisine et pas aux cris des discours. Et il y aura encore et toujours des naïfs qui vont y croire, croire qu'ils ont un destin et pas seulement un CV.

Et c'est pourquoi cette histoire de certificat médical est risible. Et aussi cette histoire d'opposants qui demandent qu'on ne touche pas à la Constitution. Faux débats puisque le régime a déjà décidé de ne pas toucher au texte et de laisser le livret de famille là où il est. C'est presque à croire qu'on fait exprès d'orienter le débat vers le futile et l'analyse vers la salle d'attente. Rions donc de notre malchance. Chaque fois que l'on croit que le régime va s'écrouler, il saute dans les airs, retombe, se relève et rajeunit et reste et persiste et résiste : il a été sauvé par le 11 Septembre, par la pluie, par la hausse du prix du pétrole et par l'échec des révolutions "arabes". Le certificat médical de Bouteflika est une pièce administrative inutile : vous en avez besoin pour avoir un permis, un emploi, une mutation, un abonnement pour la natation mais pas pour être président. On le sait tous. Sauf les plus idiots ou qui jouent à l'être.

MALHEUREUSEMENT, NOUS N'AVONS PAS EU UN MANDELA EN 1962

Samedi 7 décembre 2013

Nelson Mandela est mort. Le monde va saluer sa vie, son œuvre, son sourire, sa mort et sa philosophie. Et nous, Algériens ? Faire de même dans la longue procession de l'hommage. Mais au-delà ? Un regret secret, une amertume. Le chroniqueur l'avait écrit un jour : Et si on avait eu Mandela en 1962 et pas Ben Bella ? Et si on avait eu la vérité avant la réconciliation et pas la réconciliation sans la vérité, comme avec Bouteflika ? Et si…

On ose alors le tabou parce que c'est un grand rêve éveillé : une Algérie qui n'aurait pas chassé les Français algériens mais qui en aurait fait la pointe de son développement, de son économie et la pépinière de sa ressource humaine. Une Algérie de la couleur de l'arc-en-ciel. L'Afrique du Sud de Mandela a eu son OAS, ses pieds-noirs, ses colons, ses fermiers blancs, ses radicaux noirs, ses traîtres, ses torturés et ses Aussarresses et ses Larbi Ben M'hidi. Sauf qu'avec Mandela le choix a été de faire passer le pays avant les procès et les vengeances et de construire, en ouvrant les bras. La valise ou la mort n'était pas le slogan de Mandela malgré l'histoire douloureuse de cet homme touché dans sa chair, et malgré l'histoire des siens tués, torturés, assassinés. L'homme avait une vision que nous n'avons pas eue, il a sauvé son pays de la guerre civile et des tueries et des grandes vanités chauvines. Le 1962 de l'Afrique du Sud, grâce à cet homme, n'a pas connu sa crise de l'été, les guerres fratricides entre clans, les massacrés d'Oued Sly, ni les coups d'État cycliques, ni la mainmise des casernes et des polices politiques sur le pays. Parce que Mandela voyait loin, les Blancs n'ont pas été chassés et massacrés ou exclus au nom d'Allah ou de l'identité. Les chars n'auraient-ils pas roulé vers la capitale de ce pays pour y violer la légitimité. Que nous n'aurions pas cédé à l'illusion du socialisme, pour finir malades du butin et du bien vacant. Nous aurions évité alors les révolutions agraires et futiles qui ont détruit la propriété et la valeur du travail, et notre patriotisme n'aurait pas été dégradé en propagandes et persécutions. Un Mandela algérien nous aurait évité la seconde guerre des années 1990, sa fausse conclusion par référendum risible et un président à vie, unique dans le monde, parce qu'un Mandela algérien aurait imposé la dignité des deux mandats et pas plus.

Nous aurions fait les bons choix, nous aurions jeté les armes, les machettes dans l'océan, nous aurions choisi de sourire à l'adversaire et pas de l'assassiner et nous aurions fait coïncider, chaque jour venant, le mot liberté et le mot libération. Un Mandela algérien nous aurait appris que la violence subie n'est pas nécessairement à rendre, justement pour casser le cycle.

Un Mandela algérien nous aurait évité le pays actuel, ses mauvaises convictions, ses mauvais jours, ses molles dictatures et ses gabegies. Nous aurions perdu moins de vies et moins de temps et nous aurions été un grand pays. Car cet homme est l'un des très rares à avoir donné sens à la décolonisation. Toutes les autres épopées ont mal fini : la décolonisation glorieuse a mené à la dictature hideuse ou sournoise. Au massacre, aux caricatures sanguinaires et au sous-développement. C'est dire que l'on ne décolonise pas avec les armes, mais avec l'âme. Décoloniser n'est pas vaincre le colon mais le démon en soi. Adieu, l'homme au sourire qui dénoue.

LA TRISTE VIE DES MANDATS À VIE

Dimanche 8 décembre 2013

Comment s'expliquer la volonté de Bouteflika de prétendre à un quatrième mandat ? Même Mandela est mort. Même Moubarak est allongé. Même Kadhafi n'existe plus. Même Ben Ali a fui. Alors comment cet homme pense-t-il pouvoir s'élever contre le vent et l'Histoire ? Première réponse : à cause du déni du réel. Les pères des peuples ou les prétendants à la paternité du peuple ont toujours cette grosse illusion de se croire une miséricorde pour les leurs. Une pluie tombée du ciel sur une terre sèche, une bénédiction, un tutorat qui participe de la charité et de la nécessité cosmique. D'où, toujours, cet air stupéfié des dictateurs quand ils tombent, sont arrêtés, lynchés, chassés ou renvoyés et jugés. Ils n'arrivent pas à croire comment, de la foule qui applaudit, est née la foule qui juge et qui pend. Et à la racine du déni, il y a la mathématique de l'illusion : combien sont ceux qui protestent dans la rue ? Un ? Deux ou dix millions ? Je suis le président du reste, des autres, les 99 millions restants. Ensuite, à la racine de la racine, la doctrine de la bonne foi : si je reste, c'est par devoir, parce que sans moi ce pays va couler et parce que je n'ai pas fini mon travail (qui dure à vie), et ensuite il y a le peuple qui me le demande (*alias* Saïdani, deux instrumentalistes, un souffleur, un frère, deux tapis et quelques danseurs et chefs de parti).

À la fin, le bonhomme, le nôtre ou un autre, se retrouve enfermé dans un palais de miroirs qui lui renvoie l'image d'un homme providence qui ne peut pas, par souci du bien des autres, quitter le pouvoir. Par un glissement de sens et par un délire, le mot pouvoir devient le mot devoir.

C'est la seule piste qui pourra expliquer pourquoi cet homme, à son âge, malgré son âge, après Mandela, va continuer à vouloir rester et va se présenter, gémir, geindre mais rester et persister. La mécanique est démodée de par le monde, mais elle tente encore, comme une drogue, certains dans certains pays. Le mandat à vie est toujours expliqué par deux raisons : une interne, selon laquelle le pouvoir est un devoir, et l'autre internationale, qui prétend que ce peuple que vous voyez n'est pas apte à la démocratie, qu'il est une menace pour la région et que, si on le laisse choisir, il va choisir le pire. L'Algérie présente les meilleures conditions pour un mandat à vie selon les critères post-11 Septembre et post-Printemps arabe du point de vue de l'Occident.

Il n'y aura pas d'effet Mandela sur notre pays.

LA STABILITÉ : CETTE NOUVELLE RELIGION INTERNATIONALE

Lundi 9 décembre 2013

C'est la nouvelle religion internationale, destinée aux "Arabes" entre autres, aux agités, aux altermondialistes et aux rebelles, révolutionnaires, gens mal à l'aise et gens qui rêvent de mieux et que l'on menace du pire : la stabilité. Qu'est-ce que c'est ? C'est selon. Pour un homme algérien quadra qui se lève le matin pour accompagner son pantalon toute la journée, la stabilité est le contraire d'Al Jazeera. C'est sûr, à la télévision, rien ne bouge, pas même les images. C'est marcher sans tuer, respirer sans mourir, enfanter sans craindre et baisser la tête pour ne pas la perdre. Aux Algériens on a inculqué l'idée que la stabilité est le meilleur qui puisse leur arriver comparé à leurs voisins. On leur vend ainsi la dictature molle sous forme de sécurité rapprochée.

Pour un peuple, la stabilité est donc inculquée comme le chemin le moins dangereux quand on veut vivre sans bouger. La stabilité se mange, s'achète, se paye et s'échange. C'est une devise forte, en somme, depuis quelques années.

Selon l'Occident, la stabilité c'est autre chose. C'est le silence calme et serein autour du puits de pétrole et de la réserve de gaz, avec dattes et palmiers si possible. C'est la sécurité de l'approvisionnement, c'est le contrôle du flux migratoire et de la menace terroriste. Un pays du Sud pauvre est jugé stable quand il n'envoie pas de chaloupes, vend le pétrole sans interruption et traque ses terroristes en les tuant consciencieusement et statistiquement.

Selon un touriste blanc, la stabilité consiste à pouvoir prendre des photos sans être pris en otage ; passer des vacances sans se retrouver sur YouTube le canon sur la tempe ; c'est perdre son souffle, pas sa tête. Car désormais, la stabilité passe avant la beauté quand on fait le choix de voir le monde ou de le parcourir.

Qu'est-ce que la stabilité pour un rebelle de nos bords ? C'est une arnaque. C'est la peau de mouton sous laquelle se cache la peau du loup. C'est la fable du Petit Chaperon Rouge. C'est le vieillissement sans espoir, ni accident, ni saut en parachute. C'est l'immobilité et le thé. C'est ne rien faire, ne rien bouger, ne rien changer, et manger, ne pas déranger, ne pas songer, et plonger en douceur puis nager, flotter et attendre de mourir. C'est ainsi. C'est une nouvelle religion qui vous donne le calme comme un nouveau dieu, l'immobilité comme un rite et le non-espoir comme meilleur que le désespoir.

Cela va-t-il durer ? Non. La stabilité ne se décrète pas. C'est un profond équilibre qu'on n'atteint pas par la politique de l'autruche et le déni du dos. En fait, la stabilité a un synonyme net et précis et sans appel : la démocratie. Ce vieux système rodé où chacun surveille l'excès de l'autre sans attenter à la liberté du prochain. Cela produit un système qui se tient debout, qui se défend, qui résiste au choc et qui ne bascule pas en pendule entre la répression au nom de la stabilité et la stabilité au détriment de la liberté. Parce que certains Printemps arabes ont crashé, on nous explique que la démocratie n'est pas pour nous, ni aujourd'hui ni dans un siècle. On nous vend la stabilité conjuguée à la débilité et à la sénilité.

Mais, la démocratie, personne ne la veut pour nous, même pas nous-mêmes. Ni l'Occident qui veut le puits, ni les régimes qui veulent durer, ni les peuples qui ne savent pas conjuguer. C'en est même devenu une conviction chez beaucoup.

La stabilité est l'avatar lointain d'un si vieux proverbe : celui qui dit, chez nous, "le péureux a toujours maigre fortune".

L'INÉVITABLE FRANCE ALGÉRIENNE

Samedi 21 décembre 2013

La France est-elle nécessaire à l'Algérie ? Vieille question. Ce pays d'en face est dans le dos, à côté, sous le pied et sur le dos. Chaque année, on l'accueille un peu, et on le quitte chaque été, et on y revient pendant qu'il revient en nous, chez nous. Du sel à la bouche, du pain au sein.

Vu d'ailleurs, ce vieux ménage qui n'est pas une histoire d'amour, ni une histoire de célibataires, lasse un peu. Voici ce vieux couple – qui a deux religions, une histoire, une guerre, des milliers d'enfants qui ne sont pas heureux – qui agace le monde par ses histoires de ménage et de divorce perpétuelles. En gros, et pour résumer, la France est encore nécessaire aux élections algériennes qui tournent autour comme une interrogation liée à un assentiment. De Gaulle est français mais, curieusement, l'Algérie politique est très gaulliste. Pas française, mais elle aime trop la tradition de l'homme qui sauve, du militaire messianique, du général qui unit le pays.

Étrangement, l'Algérie tient la France par la périphérie (banlieue et mosquées), la France tient l'Algérie par le centre (décisions, économie et contrats internationaux). On répète que cela tend vers sa fin, alors que cela recommence encore et encore. On dit que les décideurs algériens ont des hôtels en France, alors que les décideurs français ont des locataires chez nous. À chaque élection ici, la France mêle les siens du bout des doigts. À chaque élection là-bas, l'Algérie se mêle au jeu électoral par le jeu de la culpabilité ou de la mémoire. Il y a d'ailleurs trois votes pour chaque élection, dit la mauvaise langue nationale : la France vote pour un régime, qui élit un président, qui accepte de gérer un peuple. Les électeurs y sont alors étroitement mêlés : par la fascination, la décolonisation, l'assimilation et l'intégration.

À la fin ? La France devient amusante quand elle cède au salafisme du Front national pour croire se débarrasser de l'Algérie. *Salaf* c'est l'ancêtre, selon la traduction. Qu'il soit Gaulois pur rêvé ou Arabe noble fantasmé. Les salafistes de la France sont l'extrême droite, ceux de l'Algérie sont, eux, des islamistes. Les deux rêvent de revenir aux temps purs où les sangs n'étaient pas mêlés à la carte de séjour. Mais ? Mais cela n'est pas l'histoire, et l'histoire coule vers le lendemain, toujours. Il est amusant de voir comment chacun des deux pays fait mine de se débarrasser de l'autre puis, lentement, tente de se faire passer pour le visiteur étranger, le vis-à-vis qui marque sa distance, le parfait poli neutre et sans couleur. Il existe cependant, malgré ses détracteurs fiévreux, une "France algérienne" qui n'est pas la conséquence de la colonisation positive, ni l'œuvre du pied-noir, de la décolonisation ou de l'amour ou de l'entente ou du partage.

La France algérienne, c'est un pays violent, des millions d'individus dos à dos, des enfants entre les deux adresses, migrants et coopérants, argent et beaux-parents, échangeant le déni et les malades, Premier ministre et dernier migrant, brassages qui font fondre la frontière par l'inévitable et la proximité. On aura beau faire référence à la Gaule antique et l'Arabie fantasmée, on ne pourra rien contre la proximité. La France est dans les murs et la pierre, et la bouche est au bout du regard. Et l'Algérie est là comme pays d'adossement, de contrats juteux mais elle est aussi dans la gastronomie et on la rencontre dans le métro. La décolonisation est aussi impossible que la colonisation, désormais, voilà une cruelle et lourde vérité que l'on assume rarement. En langage de conte, cela revient à conclure par l'absurde : ils divorcèrent et eurent beaucoup d'enfants. Le Premier ministre vient de visiter l'Algérie. Il ne sera ni le premier, ni le dernier. Et ce n'est pas un jeu de mots.

DANS UNE PRISON, IL Y A LE TOIT ET LES BARREAUX

Dimanche 22 décembre 2013

"… Mais que te dire ? Dans le café, on ne comprend plus rien. On boit et on regarde la terre tourner autour de la tasse et le serveur autour de la terre. Le bonhomme en haut de la tête est vieux, la terre est aride, la pluie est rare et on va vers demain mais sans bagages ni adresse. On ne connaît personne chez nos petits-fils. On connaît presque tout chez nos ancêtres qui se bousculent pour nous donner leurs noms et prénoms. Et après ? Rien, on ne sait pas qui élire ni pour qui voter. D'ailleurs, qui va voter ? On ne sait pas, là non plus, car c'est un métier si neuf qu'on ne sait comment faire. Glisser un prénom dans une boîte n'est pas voter, c'est farcir. Je suis vieux, maintenant. Pas à cause de mon âge mais à cause de la salle d'attente immense qui est dans ma tête. J'ai lu dans un livre une seule phrase, et après je n'avais plus besoin de livres. Il était écrit : « Dans une prison, il y a les barreaux et il y a un toit. » Les prisonniers sont donc de deux sortes : ceux qui voient les barreaux disent que nous manquons de liberté. Ils se cognent alors la tête contre les murs, crient, gémissent ou se révoltent et refusent de manger tant que le mur n'est pas un horizon et tant que la serrure n'est pas un pigeon (blanc). Je les connais, ils sont derrière mon dos et me poussent à creuser le mur et à crier comme eux. Ils ont raison, mais je ne me sens pas bien avec eux. Je crains la falaise, juste après quelques mètres de liberté. J'ai peur de tomber après avoir été libéré.

Les autres? Ce sont ceux qui voient dans la prison le toit. Celui qui protège de la pluie, du froid, du ciel et de la nudité. Eux ne voient pas les barreaux, mais seulement la protection. La prison est leur manteau et le manque de liberté est leur confort. Que veux-tu que je te dise à leur propos? Ils se croient protégés de la liberté par la prison ; ils ne rêvent pas de partir, ni de sortir, mais de rester. Ils voteront pour leur gardien de prison car il est le gardien de leurs peurs. Il ne les empêche pas de sortir mais empêche le monstre d'entrer chez eux, en eux. Voilà ce qu'on pense tous au café de tes ancêtres, assis en cercle autour de moi et de notre voisin dans ce café, tous et jusqu'à l'émir Abd el-Kader qui ne sait plus quoi faire de son cheval après sa mort. On sait tous que la liberté n'est pas facile, et qu'elle n'est pas le but de tous les hommes. C'est selon, mon ami. Le toit ou les barreaux. Cela ne veut pas dire que l'un a raison ou que l'autre a tort. C'est une question de choix. Derrière les barreaux, les gens s'entretuent. Avant les barreaux, les gens meurent d'ennui. C'est dur d'être arabe, surtout lorsqu'on n'est pas un Arabe. Je crois que tu m'as compris malgré toi.

Bonne nuit, elle sera longue et sans étoiles qui t'indiquent du doigt le lever du soleil. *Wallah*, je ne sais plus quoi faire, entre un mort qui veut être président et un président qui refuse sa mort."

2014

UN RÊVE TUNISIEN
DANS LE CAUCHEMAR "ARABE"

Mercredi 29 janvier 2014

Le Printemps arabe a enfanté une guerre civile, un coup d'État, une transition qui dure et qui ralentit, deux cents milices, un apartheid et une réussite. Sur la liste et dans l'ordre : la Syrie, l'Égypte, le Yémen, la Libye, le Bahreïn et la Tunisie. Et cette réussite tunisienne est si fragile, si rare, si récente que l'on a peur d'en parler et d'en commenter l'actualité. À la question "les Arabes sont-ils capables de sortir de la violence, de la dictature et de la théocratie un jour ?", la réponse est "non" depuis toujours. Et pour une fois qu'un pays dit arabe arrive à mettre d'accord ses islamistes, ses laïcs, ses progressistes et ses ex du régime, on a peur que cela ne soit encore une illusion. Et c'est une peur ancienne tellement, depuis toujours, il n'y a eu que sables et mirages dans la planète d'Allah. Jamais l'Andalousie n'a été autre chose qu'un mythe et une nostalgie, jamais la démocratie n'a été notre lot, ni la paix durable, ni le consensus, ni la raison, ni la justice ni le rêve.

Donc, on va saluer, très bas, la réussite de nos voisins : ils viennent d'accoucher, trois ans après avoir chassé Ben Ali, d'une loi fondamentale qui, parce qu'elle a mis tant de temps à être écrite, prouve qu'elle est un texte auquel les gens croient et tiennent. D'un côté, leurs islamistes n'ont pas tous cédé aux utopismes et au djihad, ils semblent admettre l'autre et la nécessité du consensus pour survivre même si toute guerre est ruse, dit leur hadith fétiche ; et de l'autre, la classe moyenne haute, la société civile tunisienne, les élites ne semblent pas totalement anesthésiées, tuées, vassalisées ou exilées ou fatalistes et démissionnaires comme c'est notre cas. Leur paix est, du coup, différente de la nôtre ; la leur est celle de l'effort, la nôtre est la paix des cimetières. Notre consensus est celui des cadavres allongés et le leur semble être celui, laborieux, du vivant.

Et ce texte consacre, sur le papier du moins, le statut de la femme égale de l'homme et pas son obsession, son quart, sa moitié ou son poids mort. Et c'est une prouesse. Et ce texte consacre la justice, les institutions qui veillent et le partage des pouvoirs et d'autres nuances majeures. On pourra, sur le Net, le lire presque comme une poésie tant il fait rêver.

La Tunisie est donc dans l'inaugural. Elle a enfanté le Printemps arabe et elle peut en sauver le cri tombé bas dans le hurlement et le crime. Elle peut prouver qu'il y a de l'espoir après une révolution et que la révolution n'est pas un chaos stérile. Ce pays voisin est peut-être la terre méconnue et négligée de notre débarquement dans le monde moderne, l'isthme de notre espoir, le lieu où se dessine la solution au terrible malaise d'être "arabe" même quand on ne l'est plus ou pas vraiment, et de l'être pour rien mais avec le coût du temps et du sang que l'on perd. Admirables voisins, continuez !

EST-IL POSSIBLE D'ÊTRE HEUREUX EN ALGÉRIE ?

Jeudi 6 mars 2014

Au-delà du burlesque et du film muet de ces jours-ci, la question du siècle et de la vie : peut-on être heureux en Algérie ? On peut être riche, s'appeler Haddad, avoir une belle maison, un salaire ou du temps gratuit ou une femme qui aime votre retour ou un lot de terrain ou de la puissance et des enfants. Mais la question demeure : peut-on être heureux en Algérie ? Qu'est-ce qui manque au bonheur ? C'est selon. Les uns disent que ce sont les autres qui gâchent la joie. Un pays sans Algériens pour un Algérien seul et unique est l'image du bonheur.

Les Algériens seraient, pour chacun, l'ennemi du bonheur de chacun, donc. Sans eux, je serais heureux. Vrai, en fantasme, mais pas en réalité. Mon bonheur a besoin de l'autre : mon sang, mes parents, mes amours, mes amis et ainsi de suite. C'est mon peuple, et mon bonheur augmente quand je le partage. On peut ignorer cette loi par colère, mais elle est immuable.

Pour d'autres ? On peut avoir de l'argent, un plan de Constantine, l'ANSEJ et tout, mais en gros, on n'est pas heureux en Algérie. Les uns prennent la mer ou les airs. D'autres s'enferment chez eux.

Les derniers ont besoin de la puissance pour marcher sur les autres, seul moyen, selon eux, pour les tenir à distance et se protéger. Là aussi, c'est la sécurité mais pas le bonheur. Bien nourri, logé ou pas, habillé, clientélisé ou pas, obligé au travail, l'Algérien n'est pas heureux. Il est en colère. Triste, mélancolique, nerveux ou inquiet. On sent tous que la terre n'est pas à nous ou pas suffisamment, qu'elle n'est pas solide ou qu'on est déraciné de quelque chose. Planté dans un bocal avec le souvenir de l'ancienne forêt maternelle dans la sève. On sent qu'on nous a volé quelque chose. Que nous passons à côté de quelque chose. Qu'il y a arnaque et tricherie.

En gros, on est désenchanté dès la naissance, curieusement. On n'est pas heureux et chacun réagit à ce manque de bonheur, à sa façon.

D'ailleurs, le but national n'est pas le bonheur. Pour Bouteflika, c'est le mandat à vie. Pour les riches, c'est pomper et s'en aller. C'est agresser pour se défendre. C'est manger et prier pour s'en aller, vite, au paradis.

Le but est le jugement dernier, la présidence éternelle, l'exil, le visa, le barreaudage des fenêtres ou le démodulateur numérique.

Rien d'algérien.

On n'est pas heureux dès le début, d'ailleurs. Parce qu'on s'interdit l'essentiel : le plaisir, l'amour, le rire, le voyage, la création, le partage, la sincérité et l'acceptation de soi. Ensuite, on n'est pas heureux parce qu'on n'est pas impliqué dans notre pays, parce qu'on ne le possède pas, parce qu'il est laid, mal construit, sale parfois, très triste, et qu'il nous en veut. Et on n'est pas heureux parce qu'on ne peut rien commencer avec ceux qui nous gouvernent, on ne peut pas élire, choisir, contrôler, décider, critiquer, construire et surveiller.

L'école nous apprend que nous ne sommes pas ce que nous sommes, mais des gens venus d'ailleurs, et alors notre pays ressemble à un campement. Les képis nous surveillent, les gens d'Allah aussi et les voisins.

Le bonheur doit être défini, aidé et poursuivi. Comme un but, pas comme un crime.

Le plan de Constantine de de Gaulle n'était pas l'Indépendance.

Le plan de Tlemcen n'est pas le bonheur.

On n'est pas heureux car ce pays est construit, par nous, comme une prison, une salle d'attente ou un camp.

Beaucoup d'Algériens disent qu'on ne peut pas être heureux en Algérie, donc. C'est un pays qui ne rit pas, où l'amour est un crime, le corps un clandestin, et où le but des polices et de l'ordre est de nous enfermer, nous immobiliser, nous séparer et nous pourchasser. Où la religion est une inquisition ou une bigoterie, où l'identité est un arôme artificiel, où la liberté est une menace pour les politiques et où être jeune, c'est avoir mal vieilli. On n'est pas heureux en Algérie parce que le bonheur n'est pas le but de l'Algérie. C'est très simple.

(Disparu en mars 2014, Farid Bessayeh était professeur de littérature à l'université d'Oran.)

POUR FARID BESSAYEH
Mardi 11 mars 2014

“… Je n'aime pas rendre hommage, me dit-il. C'est comme enterrer deux fois quelqu'un. Mais je ne sais que dire. Il était l'un des rares enseignants qui m'offrait la littérature en spectacle et donnait au mot l'émotion que l'université tuait en moi. Il aimait Julien Gracq, Ernst Jünger et d'autres qui avaient fait de l'attente un spectacle de la condition humaine, et j'aimais cette vision qui n'était pas passivité mais défi. L'homme est-il au-delà ou en deçà de l'image que je me faisais de lui ? Je ne sais pas. Certains le trouvaient ridicule et d'autres un peu excessif.” Puis il se tut.

J'étais à côté, je ne disais rien, moi non plus. Le deuil des autres est une gêne.

Il y avait du vent sur la ville mais le ciel était si bleu qu'on se disait qu'il était vivant, finalement. Tendu par le souffle retenu vers une sorte d'incandescence.

Il répétait : “L'enfance est l'âge d'or des questions. Et c'est des réponses qu'on meurt.” Ce n'était pas de lui. Mais, dans ma tête, il était l'auteur de cette sentence dramatique. Bon. “Que dire d'autre ?” m'interrogea-t-il.

Rien. “Hier il est mort et je l'ai appris par téléphone. Une femme en informait les gens le long de son répertoire. C'est tout. Je voulais te dire que, dans ce pays, l'école vous tue et le sinistre produit ces étranges singularités. C'est avec lui que j'ai appris que le mot peut être spectacle et que la littérature est la question la plus sincère posée à Dieu ou à ce qu'il en reste : le monde précaire. Les écrivains devenaient vivants et augustes, la citation avait le poids d'un livre silencieux et les après-midi gris des baraques de la fac avaient l'aura d'un cercle éclaireur. Il en existe peu comme lui, parfois : ces enseignants qui, mêlant tristesse de ne pas aller au-delà de la routine, enfance persistante, timidité devenue exubérance, basculent dans la recherche de l'élève doué pour l'assister discrètement dans son parcours. Ne sachant comment attirer vers le livre, ils en faisaient leur vêtement, si je peux dire. Il en reste peu, tu sais. Il en existe toujours. Ils servent à la mythologie de chacun, éclairant une vie possible, un chemin ou un choix fait. Je ne sais pas. Je lui parlais très rarement au téléphone. Il avait vécu parfois tristement. Tournant les pages de son existence trop vite. Je ne sais rien de sa vie, que ses frasques de légende ou de faits. Je garde l'image de l'homme qui m'a restitué les livres, comme je t'ai dit. Le spectacle du mot. La fascination pour la sentence, et l'attente comme éternité à portée de l'homme, qui lui donne sens et dignité, dans le vide. Bon, maintenant il est mort. Je n'aime pas y penser car la mort, depuis mes quinze ans, n'est pas une fin, mais une trahison. C'est la grande affaire. Chaque fois que l'un de mes vivants meurt, c'est comme si la toile du monde se trouait encore plus. Altérant le dessin du monde. Le voile. Un jour, le rideau tombera pour moi aussi, et je devrai alors donner un nom à l'abîme. Pour le moment, je n'ai pas de date. J'ai seulement ces ratures qui se multiplient, ces pages déchirées, ces trous qui s'élargissent et avalent les clartés sous le masque d'un prénom. La mort de chacun est une affaire personnelle pour moi. C'est comme si j'étais insulté, chaque fois, par quelqu'un que je ne vois pas, derrière mon dos. Et qui se rapproche. Je ne veux surtout pas faire un hommage. Je veux juste dire que je n'aime pas enterrer et y participer.

Les gens qui partent ne sont, pour moi, que des gens qui s'éloignent un peu, c'est tout.

Je l'aimais bien, cet homme."

Puis ce fut le silence. Je respectais. Je n'avais rien à dire. J'avais tout raconté à haute voix. C'est tout.

LA TUNISIE N'EST PAS MORTE, C'EST L'ALGÉRIE QUI A MAL VIEILLI

Samedi 15 mars 2014

De Tunis. Sous le ciel gris, la mer avec une couleur étrange. Qui mêle argile et bleu. La Méditerranée semble renoncer à venir à terre, de tout son poids se rétracter, et se tourne vers le ciel. Deux éléments s'agitent sous le vent puissant. En bas, les murs blancs et les fenêtres bleues de Sidi Bou-Saïd. C'est donc Tunis. Ce petit pays qui a déclenché le domino dit "arabe" et qu'on essaye de faire oublier. Vue de loin, l'Algérie est un pays qui semble condamné à une mort par rides et vieillissement. De notre côté, rien ne change : les gens sont morts, un mort gouverne et on mange le pétrole en attendant le Jugement dernier. Pour nous faire peur, on nous parle de la Syrie, de l'Égypte, de la Libye et du chaos, pas de la Tunisie. Ce petit pays a gêné les régimes "arabes" au début des révolutions, les gêne encore par sa lente réussite vers la démocratie. On préfère nous parler du cauchemar, pas du rêve.

Et ce petit pays a servi à tout : on dit qu'il est en ruine, qu'il est Kaboul, qu'il va mal, qu'il n'existe plus, qu'il est l'exemple à ne pas suivre et à éviter. Et pourtant, ce petit pays est là, avec ses murs, ses touristes, ses problèmes et son avenir encore flou mais affronté avec conviction par les siens.

On s'y promène, et on ne peut pas éviter de revenir vers son pays à soi. Au nôtre. Comparer sans cesse, se souvenir et s'interroger sur notre drame à nous. La Tunisie est donc encore vivante. Plus que nous, qui nous plaisons à nous raconter le mythe de notre guerre de Libération et à pérorer sur l'expérience algérienne, ses puits, sa position stratégique assise et sur notre fierté nationale comme sentiment collectif. Ce petit pays est sciemment ignoré par la propagande chez nous, pour bien faire peur aux gens. Leur planter dans la tête que l'idée du changement est un crime et un suicide et qu'il vaut mieux vieillir et mourir avec un vieux qui meurt plutôt que rajeunir et changer. La Tunisie est donc là, on peut la toucher, la suivre et écouter ce qui l'agite et la hante encore aujourd'hui après la chute de Ben Ali et de son épouse. Étrange contraste avec notre pays qui se dirige vers un mélange mou : du bourguibisme mythico-médical, un retour de la police comme instrument de pouvoir et pas comme moyen d'ordre, la montée d'un clan Trabelsi derrière la chaise roulante et une sensation de peur alimentaire qui se généralise.

C'est peut-être la bonne image : la Tunisie est une Algérie où 1992 aurait mené à la démocratie et pas à la guerre, où le poids de l'armée ne pèserait pas sur le politique, où la classe moyenne n'aurait pas fui les massacres et où l'économie ne reposerait pas sur la toxine du pétrole et ses milices, pilleurs et contrebandiers.

Et l'Algérie ? C'est aujourd'hui une Tunisie où Bourguiba refuse de mourir, où Ben Ali est son frère, où les Trabelsi ont plusieurs ministres, où les islamistes sont des imbéciles, où la meilleure solution pour les classes moyennes est de partir et où Khalifa est l'ami de Saïd et le patron du FCE. On peut pousser le jeu au plus loin, il est fascinant.

Ici, en Tunisie, Ben Ali a fui. Là-bas, en Algérie, c'est nous qui fuyons.

L'UNE DES MALADIES QUI EXPLIQUENT NOTRE SOUMISSION

Lundi 21 avril 2014

La peur de soi. C'est le propre de l'Algérien, en gros. Après la maladie légendaire de la honte de soi. Honte de sa langue, de ses langues, de ses racines, de ses ancêtres et de son passé au nom d'idéologies importées de chez les Ottomans, les Francs, les Arabes, etc.

La peur de soi est l'autre versant : le peuple a peur du peuple. Il ne lui fait pas confiance et le surveille du coin de l'œil. Le but du voyage algérien n'est pas de se retrouver (essence de la quête dans les mythes du monde), mais de se fuir. Se débarrasser de soi aux bords derniers de la terre. Ne pas se rencontrer. S'oublier. S'effacer. Voyager à reculons, avec un balai à la main pour effacer les traces de ses propres pas et que personne ne vous suive ou ne vous retrouve. "Est-ce qu'il y a des Arabes là-bas ?", demande le touriste national comme première question à la montagne qui lui barre la vue de l'autre pays. Ceci pour le bas de l'échelle. Au plus profond, c'est la peur. "Sans moi, vous vous mangerez", explique l'ogre du régime. Il montre alors du doigt la matraque et l'autorité comme nécessité. Et cela vous infantilise un peuple jusqu'à en faire un chahut quand le policier n'est pas là pour réguler le pétrole, les élections, le feu rouge ou la distribution de la semoule. Les Algériens sont convaincus que, s'il y a la main étrangère, il y a surtout le pied local. La menace du chaos de soi contre soi.

Et c'est cette peur de soi comme monstre ingouvernable, comme horde, comme barbarie dormante qu'il faut guérir. On verra alors s'effondrer la honte de soi et le régime politique d'aujourd'hui et renaître au monde ces gens qui vous entourent comme des ombres et que vous fuyez comme votre ombre. Cette peur qui détruit la dignité par l'insulte, le colon nous l'a inculquée, les colonisations du Nord et de l'Est tout comme, plus tard, le régime politique qui s'offre à nous dans la tradition des "œuvres positives de la dictature" et des vertus de l'autoritarisme.

Le peuple, théorie d'ensemble, en arrive à voter contre lui-même, contre ses propres enfants, à se soumettre au maître par peur, à se nier et à s'accuser, à se voir comme reflet et portrait dans le monstre qui le possède alors qu'il ne s'agit pas d'un reflet mais d'un face-à-face entre lui et l'hydre qui le mange. La peur de soi dévalorise et provoque la violence. Pas pour faire tomber un régime ou changer le monde, mais pour se faire tomber soi-même, au plus bas, et essayer de se fuir au plus vite, au plus loin. De quoi avons-nous peur ? De nous manger. Terrible myopie car, pendant ce même moment d'angoisse, c'est l'ogre du régime qui nous dévore. Peuples d'Algérie, vous n'êtes pas des monstres ! On vous pousse à la monstruosité. Réveillez-vous au moins à cette certitude. Un par un. Il en naîtra un jour une dignité et pas cette détestable vanité qui dure depuis des décennies. La peur de soi est la première maladie nationale. Et si votre président a honte de vous, ce n'est pas parce que vous êtes honteux, mais c'est pour mieux vous convaincre et vous faire accepter l'indignité.

EN ALGÉRIE : L'ÉCHEC DU GAULLISME, LE FANTASME DU FRANQUISME

Mardi 22 avril 2014

La théorie Franco. Beaucoup, presque tous les Algériens, ne savent rien de cet homme, de sa vie, de son œuvre, de son crime ou de ses dictatures. Mais on aime bien citer le nom pour illustrer un fantasme politique : celui de la dictature dure qui accouche d'un pays fort puis d'une démocratie stable. Version l'Espagne. Convaincus que la démocratie sans l'autorité est une erreur, une majorité des Algériens ont opté pour ce mythe qui réconcilie, dans le verbe, poigne, droit et concept du guide. Conservatisme, clergé, nationalisme et dirigisme fort. Franco l'Espagnol est donc attendu en Algérie depuis des décennies. Mort ailleurs, il ressuscite ici, de temps à autre, pour occuper les discussions du café mauresque et unir les vœux autour de la figure messianique de l'homme fort qui mène un peuple saccageur et chaotique et difficile vers la prospérité au prix de la liberté, pour un moment.

De temps à autre, comme ces temps-ci. Après la réélection de Bouteflika, ce fantasme revient donc comme attendu. Des Algériens tièdes, d'abord hésitants, puis votant mollement, expliquent aujourd'hui que le quatrième mandat est celui du Franco attendu : Bouteflika y construira enfin la démocratie, posera la base d'une Espagne à venir qui vient vers nous au lieu qu'on y aille en chaloupe. Une sorte de mandat enfin débarrassé des DRS, des lobbys, des peurs, des équilibres et des statu quo. L'homme n'ayant plus rien à perdre pour son dernier mandat et ne craignant ni la balle dans le dos ni Annaba, va permettre de rajeunir le gouvernement, raffermir les centres de décision légaux, faire élire une APN véritable, se débarrasser des caciques et mettre le cap sur un pays jeune, fréquentable, heureux et espagnol. "Il ne peut pas en être autrement", conclut-on avec trop d'espoir et d'illusions. Une formule, peut-être, pour se donner bonne conscience chez les consentants tièdes ou les convaincus de bonne foi. Ou peut-être l'expression d'un vieux rêve boumédièniste corrigé, sans les erreurs agraires ni le socialisme désastreux. Ce mandat de trop serait ainsi celui de l'apothéose, de la consommation des noces d'or. Le dernier virage pour asseoir le projet de "Lui". Profonde illusion qui vient du fait qu'on manque d'eau dans un désert trop vaste.

Et, sur le registre du fantasme, la théorie Franco est le contraire du fantasme gaullien dans l'imaginaire politique algérien. Dit cruellement, la première théorie explique qu'il s'agit de prendre ce peuple par les cheveux vers la démocratie et non pas de lui donner ou de négocier avec lui une indépendance comme le stipule le second fantasme. À creuser cette piste, soudain, une perspective : relire l'histoire politique algérienne sous forme d'une collection d'images d'identification collective, et la gouvernance comme une formule de mimétismes inconscients. Mais revenons à la discussion du jour : le franquisme algérien rêvé. Sera-t-il réel ou juste une illusion? Réponse : une illusion d'oisiveté, un sursaut de naïveté. La raison est qu'on se sent tellement orphelin, et depuis si longtemps, qu'on confond le "Père de la Nation", avec le beau-père de notre nation.

L'ALGÉRIE VUE DE PARIS : LA "BANALISATION SILENCIEUSE"

Jeudi 8 mai 2014

Lieu : Paris et ciel gris. Il est difficile de regarder la France sans penser à l'Algérie. Et d'aller en Algérie sans traîner la France en lunettes et longues-vues. Sujet du jour ? Ce qu'une célèbre animatrice télé a résumé au chroniqueur avant-hier : "La banalisation silencieuse du cas algérien." Comprendre ce silence immense et consensuel dans les médias français après le 17 avril. Après nos élections uniques au monde, les plus singulières depuis la nomination de l'empereur romain Claude. Les médias français semblent s'être contentés d'un devoir de critique, sans la tradition de l'effet de loupe sur un pays du monde "arabe" où les dictatures tombent ou renaissent inexplicablement. On est venu, on a parlé puis on est parti et il n'y a rien à dire. En gros, l'Algérie n'est pas intéressante. Et c'est vrai, du point de vue médiatique. Les vies politiques des pays, autant que leurs révolutions, ont des esthétiques et des attraits. La politique algérienne est d'une décevante obscurité et d'une routine qui n'attirent plus personne : le régime joue et y gagne toujours. Ce n'est pas un match, mais un repassage de chemise froissée. Autant s'occuper de la Birmanie ou du Congo. Donc, l'Algérie, en France des médias, ne vend et n'intéresse pas. Grand coup de maître des nôtres qui ont réussi à banaliser la plus singulière élection au monde. Au point de la rendre invisible, "normale" comme diraient les Algériens, standard, admissible même. Des cercles d'Algériens, dans le pays ou en Europe, tentent tant bien que mal d'attirer l'attention sur ce qui s'y passe ou ne passe pas, rien n'y fait. Pour le moment. Et c'est une réussite du pouvoir chez nous : obtenir le deal du "je vous aide, vous regardez ailleurs".

Car, pour beaucoup d'Algériens, la position tiède et désintéressée des médias français, malgré le rush durant les élections, est l'expression d'une sourde et ténébreuse alliance d'intérêts aux plus hauts sommets.

Il y a complicité, et la propension à croire en l'occulte et à soupçonner le pire sert d'engrais à cette théorie du complot franco-algérien sur le dos des Algériens. L'Europe a besoin d'une Algérie stable, d'une sécurité de l'approvisionnement ; elle a été refroidie par le Printemps arabe, cherche de gros contrats et n'aime pas irriter un gros client. Ce genre d'explications est désormais du domaine public et les Algériens y croient fermement. Hollande aime Bouteflika et le soutient. Les deux roulent en deux roues, avait dessiné HIC, le caricaturiste d'*El Watan*. Et leurs deux pays sont en panne et cherchent du sens et des explications.

Donc, vue de Paris, l'Algérie n'intéresse pas le marché éditorial. Sauf quand elle fait la guerre, veut la refaire ou s'en souvient à sa manière polémique. Autrement, rien. C'est soit la bataille d'Alger, soit rien à Alger.

LE VICE MALHEUREUX DES CONSTITUTIONS ALGÉRIENNES

Lundi 19 mai 2014

Étranges, les constitutions algériennes ; elles sont comme le droit en Algérie, procédurières et sans fondement philosophique. Car on y traite en premier, toujours, tout le temps, de la question du pouvoir. Qui le prend, qui le garde et pour combien de temps ? La constitution ne fixe pas le but de vivre en Algérie. Son sens dans l'existence, son destin collectif. Les grandes constitutions sont reconnaissables en ce qu'elles s'intéressent aux idéaux de l'existence d'une nation et de son peuple, construisent le mythe national sur une quête et proposent au reste de l'humanité un apport et un modèle de sens et de vision. Nos constitutions à nous semblent fades, limitées à trancher la question du pouvoir et des mandatures. En révision depuis trois décennies, elles traiteront toujours des mandats d'un président, des rapports de ce président avec les autres centres de décision, des prérogatives du président et de ses ascendants sur les chambres élues, les juges ou l'histoire. Les constitutions algériennes sont les textes des traumatismes de 1962 ou du congrès de la Soummam ou du coup d'État de Boumédiène, et elles en sont encore à tourner en rond sur la question de la suprématie et de la puissance, des préséances et des prérogatives.

Vous n'y lirez rien qui puisse indiquer ce que poursuivent les Algériens, morts ou à venir, par leur existence. Ce qu'est ce pays au-delà de sa définition par défaut de terre, enfin (formellement) sans colonisations. Pourquoi doit-on le défendre et y rester et y avoir des enfants. Le fondement philosophique est vite expédié, en préambule, par des généralités sur l'identité religieuse et l'islam comme religion d'État. Contradiction profonde entre les concepts patrie et *oumma*, religion universelle et déclaration de souveraineté. Quelqu'un l'avait bien dit : "Un État a-t-il besoin d'avoir une religion ? Non, seulement les gens, les individus." Ajoutant qu'un État ne peut pas aller au paradis, ni en enfer. Passons. Tout cela pour revenir à cette anomalie au socle de notre patrie : notre constitution est une névrose du pouvoir, pas un texte de loi fondamentale définissant nos origines, nos desseins et nos devenirs et nos grandes idées proposées à l'humanité et à nos enfants futurs. À chaque cycle, il s'agit de la même constitution : procédurière, ressemblant aux codes de partage de la chamelle égorgée chez les anciennes tribus arabes, codifiant les manœuvres. Une constitution de la méfiance, pas du consensus. Un texte notarial entre factions.

Et je rêve.

Je rêve d'une constitution qui fixe comme but le bonheur. Qui consacre l'individu comme capital de la nation. Qui définisse pouvoir et contre-pouvoir. Qui annonce à l'humanité que l'Algérie est terre de toutes les religions mais surtout de la religion de la tolérance, terre d'enrichissement et d'asile. Une nation qui affirme son histoire, son identité par les siens et par ses langues et pas par les Arabies d'ailleurs. Un texte qui annonce que l'arabité nous appartient mais que nous ne lui appartenons pas. Que l'islam est à choisir, pas à subir. Que la démocratie passe avant le rassasiement et que le pouvoir est celui du mérite, pas celui du droit du sang hérité ou versé. Que la justice est libre car elle repose sur le principe philosophique transcendant de la vertu, du juste et de la responsabilité. Que l'enrichissement est légitime, l'argent une récompense, l'effort une religion de l'État, et l'algérianité un capital et une vision que l'on apporte au panier de l'humanité. J'en rêve.

Une constitution sans fondement philosophique qui donnerait du sens à l'individu et à la nation n'est, autrement, qu'un manuel de dictateur.

La suprématie d'un peuple se construit par ce qu'il propose au reste de l'humanité et cela commence par sa philosophie et sa constitution.

THÉORIE DE LA CARTE POSTALE
Lundi 26 mai 2014

Étrange, le vintage algérien : il est colonial et "politique". C'est un peu la mode dans les ruelles de certaines villes : vendre des cartes postales en noir et blanc racontant le quartier avant l'Indépendance, les vieilles places, les anciens paysages avant l'urbanisation. L'Algérie avant le plan de Constantine ou au premier siècle de la colonisation. Faute d'histoire acceptée, on se réfugie presque dans la mémoire. C'est d'ailleurs la tendance dans la planète internet : chercher et trouver de très vieilles photos de la ville ou du village et rester songeur sur la vie d'avant la vie. Pas parce qu'on regrette la colonisation et ses fausses œuvres positives, mais parce que l'âme algérienne veut un peu se promener dans le passé, retrouver l'étymologie de la pierre et le sens ancien des noms. C'est une sorte de voyage dissident hors des voyages organisés par la mémoire officielle, l'ALN-FLN et la commémoration. C'est un peu la quête de la mélodie en marge du tintamarre de l'hymne. Les Algériens cherchent à combler cette mémoire que l'on a voulu enfermer dans le politique et qu'ils libèrent par l'appréciation ou la nostalgie. Ils veulent de l'esthétique, de l'émotion, du songe.

Mais le vintage algérien a aussi une autre tendance. Dans les mêmes ruelles, chez les mêmes revendeurs : les photos vieilles et agrandies de l'époque de Boumédiène, par exemple. Le portrait de l'homme sobre, l'unique photo de ce président assis avec sa mère paysanne, ses yeux de braise et de tueur fascinent encore. On s'offre le président que l'on peut et là où on n'arrive pas à élire, on arrive à se souvenir. L'urne ne peut pas entrer dans la tête, en somme. C'est le vintage politique : si on a élu un président sur la base d'une photo vieille de quinze ans, pourquoi ne pas acheter celle d'un président mort il y a plus de trente ans ?

Pourquoi parler de vintage ? Parce que c'est le signe d'une mémoire qui se construit hors du souvenir collectif officiel. On a sur-politisé l'histoire, on y répond donc par le romantisme simpliste du kitsch et de l'idole. On n'a pas de Bollywood algérien. Pas de héros sauf la mort. Pas de souvenir sauf en armes. Pas de mélodie. Alors on cultive cette tendance douceâtre des vieilles cartes postales. De l'époque où l'on n'était pas né, ou à peine. On veut retrouver du souvenir. Regarder les ancêtres dans leur quotidienneté. Les commenter. "Étrange", confia une amie à l'auteur de ces lignes, "dans les vieilles photos d'il y a un siècle, les Algériens sont toujours photographiés assis, désœuvrés, immobiles, oisifs". De quoi conclure à notre paresse naturelle même avant le pétrole ? "Non. Juste que les colons voulaient justifier, à leurs propres yeux, la théorie de l'œuvre civilisatrice et de la terre vierge", répondra un ancien chef de gouvernement à l'auteur lors d'une soirée. La carte postale est une théorie. *Théorie de la carte postale* est d'ailleurs un beau livre d'un ami français, Sébastien Lapaque, publié chez Actes Sud.

Les cartes postales algériennes disparaissent en effet, deviennent rares ou laides. Victimes du numérique et de l'esthétique des logements sociaux et du parpaing, elles ne sont plus le lien entre des êtres éloignés mais une relation entre soi et le songe.

L'EXTRÊME DROITE EST AUSSI SALAFISTE QUE LES SALAFISTES

Mardi 27 mai 2014

Les satellites nous relient, les dieux et les ancêtres nous séparent.

Réveil sur l'info d'une Europe et d'une France qui basculent de plus en plus vers l'extrême droite avec les derniers chiffres des élections pour le Parlement européen. Qu'est-ce que l'extrême droite ? En gros, hors des longues explications et des discours, c'est surtout le culte de la souche, de la pureté de la race, de l'ancêtre gaulois qui n'est ni brun, ni noir, ni sans papiers. Cela consiste à s'affirmer comme race supérieure, à voir dans l'altérité une menace et une pollution du territoire et de l'identité et à croire et faire croire que la solution est dans la restauration du passé, ses hommes, ses lignages.

L'extrême droite est tout simplement un culte des *salaf*, traduire les ancêtres. C'est-à-dire un salafisme.

Car il n'y a pas de différence, sauf dans l'identité des dieux, entre l'extrême droite et le salafisme de nos terres. Tous deux se revendiquent de la souche et de la pureté. Tous deux rêvent d'émirats restaurés et de passé sans contamination. Les deux salafismes se complètent, sont nécessaires l'un à l'autre et veulent remonter le temps vers les temps de l'isolation, tous deux se sentent menacés par l'altérité, l'autre et la différence. Marine Laden et Ben Le Pen. Les deux se partagent la cartographie du monde et le précipitent vers les guerres, les exacerbations et le retour vers les utopies de la pureté génétique. Et ces deux maladies qui ne font qu'une touchent tous les pays. Fascinent les gens par la fausse promesse de la restauration. "L'islam est la solution", disent les uns en terre des théocraties. "Le premier parti de France", crient les autres, en terre de la souchocratie. Les deux ont cette tendance à vociférer, à constituer des brigades de mœurs ou de vigilance, à se choisir des tenues fluorescentes, à publier des utopies, à décréter et investir les désespoirs et les errances. Étrange gémellité du mal : certains pratiquent l'islamophobie comme instrument de propagande, les autres sont fervents de la christianophobie qu'ils présentent comme menace, main étrangère, colonnes sourdes, complot et attaque. Les premiers ont pour habitude de s'attarder sur le futile et les boucheries hallal, là où les frères du *salaf* parlent de Noël comme impiété, de christianisation et de haram quand ils parlent de la femme, de la chair et de la joie. Les rôles sont bien répartis sur le dos d'une humanité en doute et en errance.

Car bien sûr, quand on est de l'extrême droite française, on parle de l'islam comme d'un danger pour la nation. Et chez les salafistes et leurs fervents islamistes, la christianophobie est une nature. On n'en parle même pas tellement c'est évident et normalisé. On voit le péril chrétien partout, on le soupçonne chez les autres et on le dénonce comme évangélisation.

C'est donc le monde des salafistes. Ceux d'Allah ou ceux de Marine. Les tueurs de l'homme au nom de l'ancêtre. Et ce pays du *salaf* s'étend. Gagne des élections et des esprits. Plonge le monde dit arabe dans le hallal/haram et le monde occidental dans la souche/l'impur. Cela promet des basculements et des retours violents d'anciennes croyances. Cela va vers la guerre, dans un siècle ou dans deux. C'est un cycle mauvais. Entre l'émirat gaulois et "nos ancêtres les Médinois", l'homme est assis la tête entre les mains.

AMAZIGHITÉ : SOLITAIRES OU SOLIDAIRES ?

Mercredi 4 juin 2014

Deux hommes sont en prison. L'un des deux le sait. Il revendique sa liberté, crie, frappe les murs et écrit des chansons où se réfugient ses souvenirs de collines, d'herbes, d'arômes et d'oliviers. Quand on lui enlève tout, pour la fouille et l'humiliation, il possède encore sa langue dans sa bouche. Quand on lui ouvre la bouche pour lui faire cracher sa langue, elle se réfugie dans sa gorge ou dans ses poumons. On ne peut rien contre. Il y a des choses qui restent, en l'homme, même quand on lui enlève son corps.

L'autre homme est lui aussi en prison, mais il ne le sait plus. Il a oublié la possibilité de l'horizon, le nom des autres choses vivantes, sa propre langue, ses prénoms d'autrefois, ses collines et le rythme de ses chansons. De sa mère, il ne connaît que l'écho qu'il en reste dans les noms énigmatiques des villages. La prison lui impose des noms, des mots qu'elle choisit, elle le trompe et lui raconte des histoires qui ne sont pas les siennes, en lui jurant qu'il s'agit du jour où il est venu au monde.

Question du chroniqueur : qui est le plus à plaindre ? Quelle est l'histoire la plus tragique ? Quel est le destin le plus malheureux ? L'homme qui se sait enfermé et se révolte ou l'homme qui ne sait même pas qu'il est en prison et qui ne comprend pas que l'on puisse revendiquer le souvenir et pas seulement du pain ? L'homme humilié ou l'homme qui n'a plus souvenir de sa dignité? L'homme qui sait qui il est ou l'homme qui ne sait même pas où il se trouve?

Le plus fascinant, dans cette histoire, est que l'homme qui se sait enfermé veut se sauver et fuir et retrouver sa liberté. Mais il le veut, parfois, seul, pour lui-même, sous prétexte que l'autre ne le veut pas (alors que l'autre ne se sait même pas enfermé), qu'ils n'ont pas la même langue (alors que l'autre a été poussé à oublier la sienne) et qu'ils n'ont pas le même souvenir du passé (alors que l'autre n'a même pas souvenir d'avoir eu, un jour, des souvenirs). Il veut se battre seul, parce que l'autre ne se bat pas.

Alors l'homme qui a une langue s'isole, creuse son trou dans son coin du mur et croit qu'il peut être libre sans que l'autre ne le soit, en même temps. Dehors, il sera seulement seul. Pas libre. Libre d'oublier mais pas libre de vivre. Il ira partout, mais toujours nulle part. Parfois, il se retourne vers l'autre prisonnier qui ricane, et voit dans la grimace de l'autre une insulte, alors qu'elle n'est que profonde tragédie. Il dit que l'autre ne veut pas être libre alors que l'autre ne sait même pas qu'il y a des collines et de l'air libre, derrière la lucarne. Et l'homme qui a une langue et une mémoire trace, avec un bâton d'ancêtre, sur le sable terne de la cellule, une frontière : ceci est à moi. C'est mon pays. C'est celui de mes ancêtres. Sans se poser la question de fond : peut-on être libre dans une prison qui enferme deux personnes dont l'une est l'ombre de l'autre? Le gardien de la prison en rit, de ces deux prisonniers qui se disputent la liberté pendant qu'ils se partagent la prison. Dans une prison, on ne peut pas avoir un pays à soi. Seulement un coin et une gamelle. L'homme qui a des souvenirs cultive sa différence, pour ne pas perdre son identité, et du coup, tragiquement, cultive sa solitude et perd sa générosité. Il défend sa langue, et du coup, tragiquement, en défend le partage. Et l'homme sans souvenirs ricane dans l'ombre car il ne voit dans l'autre que l'ombre dont il ne se souvient plus.

L'homme aux souvenirs vifs et à la langue belle n'a pas compris que, pour s'évader, il lui faut, avant de se libérer, libérer son compagnon, pour qu'ils soient deux, et forts. Doucement, par le partage et la générosité. L'homme aux souvenirs n'a pas compris qu'il lui faut être l'ancêtre manquant qui tend la main à un descendant qui a tout oublié et qui, dans l'ombre et la ruine, ricane et recule.

(Le 26 juin 2014, l'équipe de foot d'Algérie se qualifie pour les huitièmes de finale de la Coupe du monde pour la première fois de son histoire.)

"CE FUT COMME L'INDÉPENDANCE" : L'UNIQUE SOUVENIR HEUREUX ALGÉRIEN

Samedi 28 juin 2014

Nous n'avons jamais connu qu'une seule joie : celle de notre Indépendance. On en connaît le détail même si on vient au monde longtemps après. C'est notre plus ancien souvenir de vie. Notre moment de communion avec le ciel et la terre et le sang et le rire. Du coup, quand nous sommes heureux, tout revient et remonte à ce moment. "Ce fut comme le jour de l'Indépendance", disent les gens quand ils veulent donner l'échelle d'une joie. Oui. Avec El-Hadj el-Anka en noir et blanc, auguste et la voix frémissante, les femmes en haïk, les drapeaux en explosion, klaxons et youyous. Comme ce fut le cas jeudi soir. Un pur moment qui vous laisse ému, pleurant, mais emporté par quelque chose de rare et d'inquiétant : la joie. Et pour quelques heures on en oubliera les dix ans de guerre, les disparus, les crimes, les corruptions, les fraudes, le régime et ses enfants, l'indignité, les mauvaises villes et la peur et la colère et le scepticisme et la honte de soi. On en oublie les murs mal construits, la rage, l'absurde et la déception. Et on se retrouve tous embarqués vers ce moment d'autrefois où le pays était si neuf qu'il en ressemblait à un premier souffle, une inspiration inaugurale. On agite le drapeau comme une poitrine, on crie, on allume des feux dans le noir de son quotidien et on explose et on danse, hommes, femmes, morts, enfants et enfants à venir. Heureux et inquiets.

Car il y a, dans la joie de l'Algérie, la douleur de ne l'avoir éprouvée souvent ou tellement rarement.

Car, comme la joie du 5 Juillet, celle de jeudi pourra nous être volée ou pourra être trop brève. Transformée en politique, en récupération, en nationalisme grossier ou en soporifique, en FLN ou en ENTV. Mais en attendant, elle est là, douloureuse à force d'intensité, démantelant la méfiance et la lucidité, puissante et exaltante. Poussant à entrevoir ce qu'aurait pu être notre pays si nos victoires étaient plus nombreuses que nos défaites et nos défaitismes.

Si rares sont la joie et le cri sincère et l'expression des poumons que nous avons tourné en rond la nuit du jeudi. Certains chantaient la Palestine, d'autres *Allah ouakbar*, d'autres encore *Bab-el-Oued Chouhada* ou cet hymne à un verset, le *Wantoutri*. Jeunesse sans slogans, éperdue, heureuse, explosée, mais sans mots, errant entre mille conditionnements et manipulations de notre âme, perdue entre les endoctrinements. Ce fut grand, pourtant. Une fatalité est brisée. Que dire d'autre ? Les mots sont comme des hirondelles juchées sur des fils de poteaux que je ne peux pas saisir. Je me souviens si peu, ou trop intensément.

Il aura fallu la quarantaine au chroniqueur pour vivre les grandes joies : Oumdourman dans les rues d'Oran, la fuite de Ben Ali ou le Mondial du Brésil. Si rare et si puissant que cela vous tord le cœur et vous fait mal. Être algérien est un malaise persistant, souvent. Mais parfois, c'est une religion entière. Une émotion si forte. Nous sommes heureux si rarement que, lorsque cela arrive, cela ressemble à de l'agonie et à l'Indépendance. Toujours et encore. Que dire d'autre ? Rien. Le cri n'a jamais eu un alphabet.

CE POUR QUOI JE NE SUIS PAS "SOLIDAIRE" DE LA PALESTINE

Samedi 12 juillet 2014

Non, le chroniqueur n'est pas "solidaire" de la Palestine. Le mot solidaire est entre guillemets. Car il a deux sens. D'abord non à la "solidarité" sélective. Celle qui s'émeut du drame palestinien parce que ce sont des Israéliens qui bombardent. Et qui, donc, réagit à cause de l'ethnie, de la race, de la religion et pas à cause de la douleur. Celle qui ne s'émeut pas du Mzab, du Tibet ou de la Kabylie il y a des ans, du Soudan, des Syriens et des autres douleurs du monde, mais seulement de la "Palestine". Non, donc, à la "solidarité" par conditionnement religieux et "nationaliste". Cette "solidarité" qui nuit à la victime et au solidaire parce qu'elle piège la Palestine comme "cause arabe et musulmane", dédouanant le reste de l'humanité par appropriation abusive. La "solidarité" qui se juche sur l'histoire d'un peuple malmené et presque sans terre au nom de la haine de l'autre. Cette "solidarité" concomitante que le chroniqueur a vomie dans les écoles, les manuels scolaires, les chants de l'arabisme et l'unanimisme religieux.

Le drame palestinien a été "arabisé" et islamisé à outrance, au point que maintenant le reste de l'humanité peut se sentir débarrassé du poids de cette peine. C'est une affaire "arabe", et l'affaire des musulmans. Cette solidarité qui a transformé un drame de colonisation en clashs de religions, de haines et d'antiques mythologies exclusives. Au lieu de penser à construire des pays forts, des nations puissantes pour être à même d'aider les autres, de peser dans le monde et dans ses décisions. Cette solidarité VIP que le chroniqueur ne veut pas endosser, ni faire sienne. Cette "solidarité" qui préfère s'indigner de la Palestine, mais de chez soi, et ne rien voir chez soi de la "palestinisation" du Mzab ou du Sud ou des autres territoires du monde. Cette solidarité au nom de l'islam et de la haine du juif ou de l'autre. Cette solidarité facile et "de droit public" dans nos aires. Cette "solidarité" pleurnicharde et émotive qui vous reproche de regarder le Mondial du Brésil au lieu de regarder Al Jazeera. Cette "solidarité" facile qui ferme les yeux sur le Hamas et sa nature pour crier à l'indignation, qui ferme les yeux sur les divisions palestiniennes, sur leurs incapacités et leurs faiblesses au nom du respect dû aux "combattants". Au nom de l'orthodoxie pro-palestinienne que l'on ne doit jamais penser ni interroger.

Non, donc, le chroniqueur n'est pas solidaire de cette "solidarité" qui vous vend la fin du monde et pas le début d'un monde, qui voit la solution dans l'extermination et pas dans l'humanité, qui vous parle de religion et pas de dignité, de royaume céleste et pas de terre vivante ensemencée.

Si le chroniqueur est solidaire, c'est par une autre solidarité. Celle qui ne distingue pas le malheur et la douleur selon l'étiquette de la race et de la confession. Aucune douleur n'est digne, plus qu'une autre, de la solidarité. Et solidarité n'est pas choix, mais élan total envers toutes et tous. Solidarité avec l'homme, partout, contre l'homme qui veut le tuer, le voler ou le spolier, partout. Solidarité avec la victime contre le bourreau parce qu'il est bourreau, pas parce qu'il est israélien, chinois ou américain ou catholique ou musulman. Solidarité lucide aussi ; que l'on cesse la jérémiade : le monde dit arabe est le poids mort du reste de l'humanité. Comment alors prétendre aider la Palestine avec des pays faibles, corrompus, ignorants, sans capitaux de savoir et de puissance, sans effet sur le monde, sans créateurs ni libertés ? Comment peut-on se permettre la vanité de la "solidarité" alors qu'on n'est pas capable de joueur le jeu des démocraties, d'avoir des élus juifs "chez nous", comme il y a des élus arabes "chez eux", présenter des condoléances pour leurs morts alors que des Israéliens présentent des condoléances pour le jeune Palestinien brûlé vif, se dire sensible aux enfants morts alors qu'on n'est même pas sensible à l'humanité. Le chroniqueur est pour l'autre solidarité : celle totale et entière et indivise. Celle qui fait assumer, par votre dignité, au reste du monde sa responsabilité envers une question de colonisation, pas de croyances. Celle qui vous rehausse comme interlocuteur, négociateur et vis-à-vis. Celle qui vous impose la lucidité quant à vos moyens et votre poids, qui vous impose de distinguer votre émotion de vos élans. Celle qui commence par soi, les siens, pour justement mieux aider l'autre, partout, dans sa différence comme dans sa communauté. La solidarité avec le chrétien pourchassé en Irak et en Syrie, les musulmans de Birmanie, les habitants de l'Amazonie ou le jeune encore emprisonné à Oum-el-Bouaghi pour un casse-croûte durant un ramadan.

Les images qui viennent de Gaza sont terribles. Mais elles le sont depuis un demi-siècle. Et nos indignations sont encore aussi futiles et aussi myopes et aussi mauvaises. Et nos lucidités et nos humanités sont aussi rares et mal vues. Il y a donc quelque chose à changer et à assumer et à s'avouer.

La "solidarité" n'est pas la solidarité.

Ce que fait Israël contre Gaza est un crime abject. Mais nos "solidarités" en sont un autre qui tue le Palestinien dans le dos.

Que les amateurs des lapidations se lèvent donc : c'est la preuve que, mis à part les jets de cailloux, ils ne savent rien faire d'autre.

(Début juillet 2014, pour sa première apparition à visage découvert relayée sur le Net par photos et vidéos, le chef de l'État islamique Abou Bakr al-Baghdadi porte au poignet ce qui ressemble fort à une Rolex.)

VOULEZ-VOUS DEVENIR UN CALIFE ROLEX?

Lundi 14 juillet 2014

C'est une traque inédite : à la recherche du calife. C'est l'info oubliée de la semaine, entre Gaza en sang et le Mondial en deuil brésilien. Les services de renseignements français et espagnols sont sur les traces d'un djihadiste d'origine algérienne, venu de Syrie, allant vers Allah, en transitant par l'Europe, selon des informations distillées. Le plus intéressant, c'est l'esthétique de la traque : on ne recherche plus un kamikaze, un preneur d'otages ou un simple terroriste, mais un candidat calife, envoyé pour créer le califat de l'Europe. C'est la mode aujourd'hui du courant djihadiste : restaurer l'empire d'autrefois, l'utopie ancestrale, l'âge d'or d'avant le temps et la décadence. Le califat. Donc les califes sont là. Chez les islamistes, comme nouvelle offre d'emploi.

La question concerne cependant l'humanité et pas seulement les enquêtes policières : le calife présumé est une histoire ancienne dans le monde "arabe", dans la famille "arabe", dans l'histoire "arabe". En gros, c'est une nécessité de l'histoire "arabe" : un calife est le représentant de Dieu, son régent délégué, le centre de l'islam, sa papauté politique. Sa résurrection est un premier pas vers les temps anciens. Le calife manquant manque à l'islam, au djihadiste mais aussi dans la mécanique politique "arabe" : la crise califale est une crise récurrente : en déficit d'institutions et d'États, les pays arabes vivent sous le règne des régimes, eux-mêmes euphémisme discret de la notion de califat. Un calife n'est pas élu, comme un dictateur "arabe", il est choisi par l'armée et les puissants, comme tout dictateur "arabe", le calife reste à vie, comme les dictateurs "arabes", meurt violemment, comme les dictateurs "arabes", et a tous les pouvoirs, comme les dictateurs "arabes". Tout dictateur est désigné, vécu et subi comme calife. On peut être calife au nom d'Allah, d'une guerre de décolonisation ou avec l'armée dans le dos. Des califes meurent, même aveugles et misérables mendiants dans les rues, comme Al-Qahir l'Abbasside en 951. Ou dans des bains de sang, ou trahis ou tués par leurs propres mère, frère ou père. Il faut lire la longue lignée de califes assassinés dans l'histoire des empires musulmans. Extraordinaire. D'Omar à Muammar (Kadhafi) : que du sang et des gloires.

Donc le métier n'est pas agréable : la longue lignée des califes des empires musulmans est un catalogue de morts violentes, comme dit plus haut. Sur les quatre premiers, Abû Bakr, Omar, Othman et Ali, trois ont été tués, affreusement. Les autres Omeyades et Abbassides ? De même : les uns lapidés, yeux crevés, assassinés dans des bains, pendant la jouissance ou en guerre dans le dos. Il en naquit une tradition mais aussi des modes de gouvernance : des califes "élus", on passe aux califes héréditaires, puis aux califes sous tutorat de puissantes familles financières. Comme depuis un siècle dans le monde "arabe". Rien n'a changé. On est passé de calife à dictateur père du peuple et colonels putschistes, puis, inversement, de colonel putschiste, dictateur et familles régnantes vers le calife. Le seul détail en plus ? Contrairement aux anciens, le calife de l'armée islamique d'Irak a une Rolex au poignet. Coincé entre les temps anciens et le temps suisse.

L'INTÉGRISME HIDEUX AU NOM DE LA PALESTINE

Lundi 14 juillet 2014

Existe-t-il un intégrisme de la "cause palestinienne" ? Oui. À distinguer de la Palestine et de ses drames. Le second est un pays volé. Le premier est une sorte de religion, un ensemble de lobbys, de catalogues d'insultes, de myopies, de lâchetés, sous couvert de gauche ou d'engagement ou d'islamisme ou de solidarité. L'intégrisme de la cause palestinienne ressemble d'ailleurs à l'idéologie sioniste : il fonctionne par lobbys, par exclusion, par violence et par sournoiserie et par le monopole et la propagande. Le sioniste vous accuse d'être anti-israélien dès que vous êtes contre lui. L'intégrisme de "la cause palestinienne" vous accuse d'être à la solde des juifs, de viser la visibilité ou d'être naïf dès que vous pensez autrement que sa doxa et ses meutes.

Ensuite ? Comme tous les intégrismes, il est aveugle. Il a sa hiérarchie : en bas, les insulteurs. Ceux qui "veulent libérer" la Palestine par la langue, en insultant à partir de Lille ou de Londres "le traître" qui ne collectionne pas les affects, les photos des enfants de Gaza et qui ne s'émeut pas comme un ver dans un bocal en brûlant un drapeau ou en crachant sur du juif. Au milieu, les "religieux". Tièdes enfants du baathisme scolaire et de l'islamisme bigot, ou violents imamisés. Un type qui, en général, ne comprend pas que l'on veuille présenter la tragédie palestinienne comme une tragédie humaine : "Ce sont des juifs !", crie-t-il. "Si tu penses autrement que nous, tu es avec eux. Tu n'es pas musulman si tu n'es pas anti-juif. Tu es un collaborateur, un harki d'Allah ou un fourbe qui veut plaire à l'Occident." En haut, les intellectuels. D'abord les vieux progressistes arabes, un peu aigris, un peu déçus, profondément hésitants. Enfermés dans leur bonne foi, ils confondent foi et analyse : le soutien à la Palestine doit être inconditionnel, sans analyse ni esprit critique, en package et avec une sorte de droit d'aînesse condescendant. Penser autrement, c'est penser mal et se tromper, toujours. À côté, il y a les autres : les intellectuels de l'affect. Ceux qui pensent bien, sauf sur ce point obscur de leur affect : la cause palestinienne. Du coup, une remarquable capacité d'analyse quant aux affaires du reste du monde cède ici à une sorte de devoir d'hallali sacré que l'on reconduit et étale à chaque bombardement des "territoires". Avant de retomber comme des brindilles de thé dans un café "arabe".

En gros, comme pour tout intégrisme, la "cause" palestinienne est surtout un affect. Aveuglant, terrible, monstrueux et vide, impuissant, nul et confortable. Si vous dites que vous refusez la "solidarité" assise, sélective et myope, et que vous lui préférez la solution de pays forts, économies puissantes capables de peser sur les décisions internationales, on vous insulte. Si vous dites que la cause palestinienne n'est pas un monopole identitaire ou religieux, on vous insulte. Si vous dites que justement c'est un drame dont est responsable toute l'humanité et pas une caste de baathistes ou d'islamistes ou d'identitaires, on vous insulte. Et si vous ajoutez que ce n'est pas une guerre sainte mais une décolonisation et que la haine du juif dégrade l'homme qui la porte et salit la "cause palestinienne", on se déchaîne : vous visez des "prix", on vous paye à Tel-Aviv, vous êtes un "sale juif", un mercenaire, vous n'avez rien compris. Le déchaînement de ce lobby est aussi virulent que celui des sionistes sur qui remet en question leur idéologie au nom des intérêts d'Israël, justement. Mêmes méthodes : exclusion, embargo et attaques chiennes.

Et cet intégrisme, comme ses frères aînés, ne lit pas ce que vous écrivez, ne pense pas, ne regarde pas et ne se remet pas en question : il est la vérité. Donc, tout le reste est trahison. Il ne lit que ce qu'il veut croire pour assouvir ses violences. D'ailleurs, la "cause palestinienne" sert à tout, dans le monde dit arabe, sauf à secourir les Palestiniens. On vous sort les photos des enfants mutilés de Gaza, on vous hurle au visage et on crie à la trahison : c'est le package "solidarité", version bronzage laïc et accroupi/islamiste. Puis on rentre chez soi, en attendant le prochain bombardement. Vous vous retrouvez alors seul, sur la colline de votre humilité, à essayer de comprendre, de penser, d'analyser les raisons de cette impuissance à secourir l'homme ou à le réveiller à sa raison. Seul à vouloir regarder au-delà de l'affect et à vouloir rassembler les mots justes pour expliquer aux "solidaires intermittents" qu'il ne s'agit pas de s'émouvoir, de lapider et de hurler, mais de restaurer, penser et dépasser le Moyen Âge.

"Un sac vide ne tient pas debout", a dit un président américain à propos de la nécessité d'avoir un pays puissant et riche. Mais chez nous, dans ce vaseux monde "arabe", ce sac insulte, brûle des drapeaux, hurle, prie, pleurniche puis s'affaisse. On voudrait vous le mettre sur la tête pour vous tuer, vous étouffer et vous empêcher de parler.

Terrible époque : les intégrismes sont devenus une religion commune à toutes les religions.

PALESTINE : À PROPOS DE "DÉNONCER"

Dimanche 3 août 2014

À Gaza, le massacre continue. Que faire ? Un midi, un ami téléphona au chroniqueur. On était aux trois premiers jours de l'attaque meurtrière contre les Palestiniens. "Écris une chronique pour dénoncer Israël." Moments de colère contre la colère : on en est encore à dénoncer ? Croit-on encore que c'est cela, le devoir de chacun ? Ne voit-on pas que le crime est évident, le mort est mort et chaque fois tué, qu'il ne s'agit plus de dénoncer mais de comprendre, au cœur même de l'émotion, pourquoi on en est arrivé là ? On dénonce un crime au début, en 1948, peut-être encore une ou deux fois, on s'indigne, mais après, il faut conclure : il faut penser au moyen de l'arrêter. Dénoncer est désormais un geste dépassé.

À la limite de l'effet de mode et de la quête de la bonne conscience. Même si l'émotion est compréhensible, elle ne doit plus servir à s'aveugler. Ce midi, le chroniqueur a choisi de dénoncer : non pas le crime, car il est commis sur les toits du monde, sous l'œil de tous, mais de dénoncer nos impuissances parfaites. Dénoncer ce qui a mené l'opprimé à être si seul. Dénoncer donc nos aveuglements, nos solidarités mal pensées et nos faiblesses et nos colères aveuglantes. Le choix a été fait de dénoncer non pas le crime, mais ce qui a mené le tueur à pouvoir l'accomplir en plein jour, sous le nez cassé du monde, sans reculer.

Le chroniqueur a essayé de proposer un au-delà de l'émotion et des émotions ô combien commodes, déjà : en Palestine, comme ailleurs dans ce monde "arabe" qui n'en finit pas de mourir depuis quatre siècles, il s'agit d'échecs qui ne sont même pas assumés. On préfère en inculper le "régime", le lobby, le complot ou l'autre, l'Occident, ses médias ou sa puissance, la Ligue arabe ou la femme sans voile. On ne veut pas voir dans l'impuissance un acte de chacun. Dénoncer, oui : mais la faiblesse, l'échec et la cécité.

Pour la Palestine, il faut une quête de paix mais aussi les moyens de puissance pour la négocier. Et cette puissance se construit par chacun, sur des générations. Que peut ce monde "arabe", lui qui ne propose rien au monde, qui n'a pas des économies performantes capables de peser, peu d'armées et si peu de moyens ? Ne voit-on pas que, si le tueur tue en Palestine, c'est aussi parce qu'il évalue à sa juste mesure le rapport de force ? Ne voit-on pas le lien immédiat entre dictatures "arabes" et sous-développement des peuples et cécité des peuples ? Pourquoi refuse-t-on de voir le lien entre les compromissions de chacun, au quotidien, les lâchetés, les vols et les incivismes et le manque d'engagement, avec la faiblesse des pays et donc l'isolement du Palestinien ? Pourquoi refuse-t-on de lier le sens de ses actes à celui de ses impuissances ? Pourquoi refuse-t-on de comprendre que la puissance vient de la créativité et que la créativité vient de la liberté comme culte et valeur ? Comment veut-on obtenir la liberté de la Palestine alors que l'on refuse de concevoir la liberté chez soi ?

Et donc, au troisième jour du massacre, le chroniqueur a refusé de dénoncer l'évidence pour écrire sur ce qu'on se cache : les effets de mode, le manque de conscience, les appels à la guerre mais en mode assis, les émotions faciles qui s'éteindront quand la guerre sera mise en sursis, les solidarités sélectives, les appels à la haine qui dégradent. Les images du crime à Gaza sont horribles et le crime continue et il ne sera stoppé que le jour où les puissances le décideront. C'est la voie : devenir une puissance. À long terme. Et dans l'immédiat, face à la douleur ? S'indigner, oui, mais sans se disculper. Être en colère, mais aussi contre soi-même. Dénoncer, mais ne pas s'innocenter.

Ce n'est pas le moment ? Justement, si : on a cette habitude criminelle d'oublier, après. De ne pas y penser et de s'enfoncer dans les routines des peuples. C'est justement à l'heure du crime qu'il faut lever le voile sur les raisons du crime. C'est maintenant qu'il faut commencer à comprendre. S'indigner est légitime et aidera à rendre "humaine" la cause et inhumaine la guerre. Mais pas seulement. Le meurtre de l'opprimé est aussi notre acte. Discret.

Le chroniqueur a choisi de ne pas dénoncer un crime commis en plein jour. Cela tombe sous le sens. Tout le monde voit qui tue qui. Il rêve de lucidité, de prise de conscience et de responsabilité. La paix comme la puissance se construisent. Avec le savoir, quand nous pousserons nos enfants à aller plus loin que nous dans la maîtrise du monde, quand nous investirons le monde au lieu de lui tourner le dos, quand nous construirons des pays, pas des exils. En attendant, le crime est là et continuera.

L'ÉNIGME DES FEUX D'ARTIFICE SANS FÊTE

Samedi 6 septembre 2014

Nuits algériennes. La mode du jour est aux feux d'artifice. À Oran, à Alger, ailleurs. Sans raison. Des bruits de pétarades, suivis de grosses fleurs de lumières colorées mourant joliment. Cela explose partout depuis des jours. Étrangement. Sans explication. Signe de ce calendrier désordonné national : il n'y a rien à fêter, pas de dates, rien, et pourtant il y a des feux d'artifice. Pourquoi ? s'étonnera l'étranger habitué au faste lors du rite ou de la célébration. Parce que. La rumeur dit qu'il s'agit d'articles saisis à l'importation puis revendus. Inutilement. D'autres bruits parlent d'un homme d'affaires devenu calife et Khalifa qui les distribue gratuitement. En gros, c'est vrai, c'est faux. C'est tout aussi inexplicable que le feu d'artifice. Question fascinante : pourquoi des Algériens lancent des pétards et des feux alors qu'il n'y a pas de fête ? Scène d'un peuple qui s'ennuie, hors du temps et de ses dates. Sans bornes ni limiteur de vitesse. Cela ne se voit nulle part dans le reste du monde qui a des horloges. Face au temps, on est unique, et seul. La raison ? L'ennui. La nuit algérienne a été tuée par la guerre des années 1990. Elle est tombée dans le domaine du désert. Hors du champ du regard et de l'État. C'est l'espace du hurlement, du gyrophare, de la ronde, de l'interdit et du sans-toit.

La guerre est finie, son couvre-feu est resté.

Aujourd'hui, un autre peuple erre et allume les feux de ses tribus. Peut-être. Ou peut-être parce que les jeunes Algériens maraudent. Coincés entre les âges. L'ennui réinvente le feu. Tous les pyromanes le savent. Ou peut-être que ce peuple est passé au stade de l'éternité : on ne fête pas le temps, mais l'instant. On se célèbre soi-même dans la nudité de ses prénoms. On est sans décompte. On ne compte plus. La fête est ce qu'il y a entre les fêtes. La nuit est un pays sans histoire qui coule vers sa fin. Étrange. Souvenez-vous : on a même inventé la célébration du match avant le match. Par peur de la défaite, on l'anticipe par la célébration. Des supporters de foot disaient que si on gagne, on fêtera encore, et si on perd, l'essentiel est qu'on a déjà fêté. Par manque de fêtes, on fait la fête. On célèbre le vide, la nuit, le temps à perdre, l'oisiveté, l'éternité. Un ami a expliqué le feu d'artifice comme un feu de détresse. Île nationale dans la nuit noire de la mer agitée. La terre cherche la terre. Le pays cherche son pied.

Désœuvrement. C'est l'essence de ce geste. L'impossibilité d'une vraie fête finit par fêter le vide en soi. Manifester sa présence se fera alors par les deux plus anciennes méthodes : le feu et le bruit face à l'obscurité du monde nouveau-né. Face à la nuit. On est dans la préhistoire, celle d'avant le temps. Analyse sans fin sur ce geste qui n'existe nulle part : lancer, au ciel, des feux, les regarder mourir, recommencer puis attendre que la nuit s'épuise, puis dormir un peu et se réveiller dans un pays crûment éclairé par le soleil comme un passant épuisé, assis sur le bord d'une route qui n'est pas à lui.

(Le 23 septembre 2014, Hervé Gourdel, guide de haute montagne français, est décapité par des djihadistes dans le massif algérien du Djurdjura.)

L'AFFAIRE DE L'ÉGORGÉ QUI PARLE DE NOUS

Samedi 27 septembre 2014

En Algérie : la peur est un souvenir qui vous tient la main, le ventre, la tête, le poumon et le reste du corps. Un Français a été égorgé au pays et c'est le peuple qui a peur d'être dépeuplé. L'assassinat est horrible : il rappelle que la mort n'est pas la réconciliation et que cela peut revenir. Être tué, égorgé et proscrit, isolé, évité et contourné. L'image de l'Algérie est une chose si fragile, si ténue dans le monde, si coûteuse : un rien et on retombe dans la case du pays à éviter pour les touristes et les vols d'oiseaux et les espèces menacées. Et cela vous tue vivant : pourquoi sommes-nous maudits de la sorte ? À peine revenus à la vie que déjà chassés par l'odeur des morts que nous promenons ? Pourquoi ce triste destin de pays invisible, ou visible seulement par le pire ? Pourquoi de tous les pays "arabes" il aura fallu que cela soit dans le nôtre que certains aient répondu à l'appel de Daesh et autres barbares ?

Paris : rues éclairées par un ciel lavé. Des arbres se penchent sur leurs propres ombres. Le feuillage vert est comme une rivière éparpillée vers le haut. Des piétons pressés. Puis l'affaire de l'Égorgé. Elle remplit les discussions, la bouche et la tête, les journaux, les médias et la langue du chauffeur de taxi. Tout le pays revient, mais par la mauvaise porte : sa guerre, sa décolonisation, ses années 1990, ses exilés, mains rouges et pieds noirs et visages las, les clichés et cette étrange invisibilité de l'Algérie en France, due à la proximité qui éloigne, à l'histoire qui voile, en prétendant donner la parole aux morts pour l'enlever aux vivants surtout. Que faire alors ? Expliquer, mais cela est dur. Le pays, le sien, qui vous porte et emporte, n'a plus rien à dire aux autres. Les rues de Paris sont sous le soleil du début d'automne. L'Égorgé parle partout de sa mort et la hurle sur les toits sans fin. Cela détruit car cela tue le seul pays que vous possédez et qui vous possède. L'affaire ramène à la surface les préjugés, les procès, le mépris, la colère chez les autres. On en vient presque à réactiver l'image du fellaga qui égorge. Cela se répand comme une mauvaise odeur.

L'affaire a fait reculer le pays dans l'ombre et le passé. Elle nous coûte en images. Elle résume tout et presque rien. C'est l'époque. Algérie, terre vivante où la mort est un soleil et le sang un dernier signe de la main avant le silence. L'affaire fait dire tout et n'importe quoi sur le pays. Et nous n'y pouvons presque rien. On n'a pas égorgé un Français mais un être humain et nous tous avec. Il y a perdu la vie et, nous, on ne la retrouve presque pas. C'est triste pour nous et dur pour les amoureux de cet homme.

ENTRE EXILÉS ET ANNIHILÉS

Lundi 29 septembre 2014

Peut-on écrire sur l'Algérie quand on n'est pas en Algérie ? Difficile. Il manque l'air jaune, le poids vertical de la terre que l'on pousse devant soi comme un mur, les regards acérés par la méfiance, la route lasse et cet ennui au bord du gazoduc, entre le drapeau et le désert. Et le vide. C'est le vide qui manque. Le seul qui appelle les mots à faire sens. Le sens a besoin de l'absurde. Vieille tournure du chroniqueur : les gens qui partent du sens (politique, religieux, théologique, fanatique, commun, totalitaire ou raciste et ethnique, etc.) aboutissent à l'absurde : ils tuent, assassinent, insultent, nient ou s'agitent et prennent des otages et des poses. Les gens qui partent de l'absurde comme évidence aboutissent au sens. Humain, laborieux et digne, défendu comme honneur et présence, riche et à la mesure de l'homme. Le monde s'explique mieux par le pèlerinage que par le temple. Passons. Tout cela pour dire qu'aller ailleurs, c'est tourner autour de soi. Voyager, c'est comparer. S'éloigner, c'est se regarder. L'Algérie est dans le dos parce qu'elle est dans la tête. Effet de loupe sur l'actualité : quoi de neuf mis à part la mort en culte ou en événement ? Rien. Sauf une phrase fascinante d'un opposant organisé, Soufiane Djilali : "Nous aidons le pouvoir à partir." Profonde, tragique, entre compassion et opposition. Le Bardo Thodöl et la plateforme de revendications. On aide un mourant à partir en paix, à se reposer, à laisser advenir l'avenir. À ne pas empêcher les lois de la vie et les alternances de saisons. Le projet politique devient un engagement presque humaniste. Une veillée. Le pays est une grande chambre où se sont réunis les descendants pour aider un mourant acariâtre à accepter le ciel et à lâcher un peu la terre. On n'est plus dans le politique en Algérie, mais dans l'euthanasie, justement pour sauver la vie et la mort du pays. Curieux cas régional : stable et immobile, sécurisé mais sans bénéfice, nécessaire et futile à la fois. À force d'avoir tout essayé pour assurer un changement, l'opposition en est venue aux raisons philosophiques et de survie. Mais en vain. Le régime est un vieux mourant qui ne meurt pas.

La guerre de Libération a duré sept ans, celle de la succession durera un siècle.

Passons encore. Vu d'ailleurs, le pays est un éparpillement : on n'en finit pas de le raconter partout en rencontrant les exilés. L'exilé algérien est un pays plus vaste que son pays de départ. Sa vie coule dans le sens contraire de ses jours. C'est que, quand on part de l'Algérie, on ne finit jamais de partir. On s'éloigne, on s'éloigne et, un jour, on disparaît.

Les exilés ont d'étranges éclairages qui ne sont pas dirigés vers le présent, mais vers leur présence et leur absence.

L'ÉTAT ISLAMIQUE EST UNE ARABIE SAOUDITE AMBULANTE ET SANS PÉTROLE

Mercredi 1er octobre 2014

La question que l'Occident ne se pose pas : bombarder l'armée de l'État islamique servira-t-il à quelque chose ? Pour le moment, on est dans le casting de l'urgence : la puissance contre le mal. La force contre la menace. Daesh (nom ténébreux sonnant comme un Léviathan) tue, égorge, décapite, viole, incendie et avance et veut le reste de la terre au nom de son ciel à lui. La réaction est celle de la coalition : l'union sacrée du monde contre la fin du monde, en gros. Mais après ? Et avant ? L'EI (État islamique, nom français de Daesh) ne vient pas du ciel d'Allah, comme il le prétend, mais de la terre, de quelque part. On va le bombarder en Syrie, en Irak mais il renaîtra. C'est une matrice, pas un Reich. Il sera décapité mais il n'a pas besoin de tête, justement. On devient Daesh comme on devient islamiste et on devient islamiste parce qu'on pense que c'est être plus musulman que le musulman. On ira bombarder cette armée de fin du monde, elle sera tuée puis, une après-midi d'ennui, de folie ou de colère, elle renaîtra ailleurs, dans un autre désert. La raison ? Daesh n'est pas en Irak, mais dans les têtes. Dans la vaste planète d'Allah, il y a les écoles, les livres gratuits, les médias, les satellites salafistes dans le ciel, financés par le wahhabisme, financé lui-même par le pétrole, lui-même acheté par l'Occident, la Chine et les autres. La phrase est longue car c'est une chaîne alimentaire. À l'autre bout de vos interrupteurs, il y a l'épée. Un vieux topique de la facilité ? Non : c'est un vieil effet domino.

On oublie, dans cette affaire de l'EI, que le wahhabisme vend son pétrole au monde et ses idées au monde musulman. Sauf que, dans le second cas, c'est presque gratuit. Plus de mille chaînes TV religieuses inondent les maisons dans le monde "arabe", pénètrent les foyers et touchent cette frange faible : les mères illettrées des villages lointains, les femmes, les adolescents, les enfants. Des millions de livres sont imprimés et soutenus par l'Arabie et ses petites sœurs dans le monde. Des prêcheurs sont payés et entretenus, des fatwa-corporations, des réseaux.

On oublie que, pour survivre, les régimes dans notre monde d'Allah ont compris le bénéfice d'une alliance passive avec les islamistes pour féodaliser les peuples et convertir le citoyen en croyant et le croyant en serf. On oublie que les idées de l'EI sont dans les écoles de la planète d'Allah, dans les rues, dans les habits, les comportements, les réactions et les visions du monde. Encouragées comme une sorte de succédané de l'identité, en réaction à l'Occident. Défendues comme des valeurs désormais "nationales" et locales. Acceptées et transmises. Transformées en raison de vivre et de mourir et de tuer. "Daesh est en nous", avait écrit un ami. Et c'est pourquoi il est et sera partout.

Du coup, bombarder n'est pas solutionner. C'est juste surseoir. L'État islamique reviendra car la matrice est là, riche, protégée, immunisée, exempte de comptes et de pressions : le wahhabisme et son pays natal, l'Arabie Saoudite, ses idées, ses cheikhs, ses théologiens, ses rentes de pèlerins et ses puits. On tuera l'EI, mais il renaîtra dès qu'il touchera terre, en cycle fermé.

L'EI est juste une Arabie Saoudite ambulante qui n'a pas de pétrole et qui n'est pas protégée par ses clients.

LE COSMOS EST UN SELFIE SANS VISAGE
Mardi 7 octobre 2014

Le selfie. Sujet de polémique, selon certains, dans les champs de Dieu. Peut-on se prendre en photo, souriant ou ébaubi ou extasié, à La Mecque ? Oui, parce que cela ne nuit à personne. Non, parce que le pèlerinage est un acte solennel où l'homme s'efface près de Dieu au lieu de prendre la pose à ses côtés. Donc sans réponse, comme toutes les autres questions que se posent les musulmans face aux temps modernes. Au plus profond, le sujet intrigue le chroniqueur. Souvenirs des lectures des grands mystiques, qui ont tant pesé sur sa vie : Al-Junayd, Al-Jili et sa fabuleuse métaphysique de l'homme totale. Et les grandes gnoses musulmanes où le monde est expliqué comme un message de Dieu : je suis un trésor caché destiné à être découvert. Théorie de la vie comme quête, et du monde comme labyrinthe. Le cosmos serait donc, selon ces anciennes traditions, le selfie sans visage d'un dieu sans trace sauf dans les cœurs ou les sangs ou les livres. Créer est se refléter. Le monde est un miroir sans tain. Un feu et des ténèbres selon les mazdéens. Selon Sohrawardî, le génial Perse, le cosmos est un acte de réflexion presque infini, se dégradant du premier être, la niche des lumières, jusqu'au visage de la beauté humaine, raffiné comme une paupière de femme. La grande architecture des anges serait une sorte de selfie qui irait en se déclinant d'un règne à l'autre, de la Source ultime et jusqu'au feu d'allumette.

Passons, le sujet reste fascinant même vu hors philosophie. Le visage, le corps de l'humain sont interdits dans le monde de l'islam. Du moins, c'est ce que l'on veut croire et imposer. Sculpter, c'est "imiter", ce qui est dessiné est à blasphémer. Le Un ne se démultiplie pas. Absolument. Et un selfie ? C'est un champ blanc, le bug du système binaire hallal/haram. La Mecque est un lieu saint mais aussi un lieu juteux pour les Al-Saoud. Cela rapporte de l'argent. C'est du tourisme confessionnel. Vécu comme une ascension par le pèlerin, et comme une affaire par ce royaume.

On peut donc y prier mais aussi prendre des photos. Le selfie est un acte blanc. Ni hallal, ni haram. On peut se prendre en photo, cela voudra dire l'envie de partager un moment unique. Ou se l'interdire, car cet espace est destiné à effacer l'homme au profit d'une exclamation ou d'une prière verticale et nue de la chair. Peut-on photographier une prière ? Ou regarder une extase ?

Vieille piste : le selfie est le premier acte d'art de l'homme : de la préhistoire, au fond des grottes, jusqu'aux grandes statues des empereurs antiques. Du rupestre au numérique. Le sphinx est un selfie cassé. Le nuage est un selfie de désœuvré. Selon les chrétiens, l'homme est un selfie de Dieu dans le laps de la mortalité et de la douleur. Satan est un selfie du feu dans notre tradition. Narcisse est le premier selfie raconté et l'astrologie est un selfie de tous, projeté sur le ciel de personne.

Sans fin. Tout est reflets ou échos. Sauf la mort qui ne peut se prendre en selfie, sans en mourir définitivement.

LA RÉVOLUTION EST TUNISIENNE, LA SOLUTION AUSSI

Mercredi 29 octobre 2014

Le *made in Tunisia*. La mode du moment. Pourquoi ? Parce que, dans ce pays, une étrange voie est ouverte. Après la fuite de Ben Ali, on semble vouloir arrêter la fuite du temps ou la fuite devant le temps. Les laïcs, comme on aime les appeler, ont gagné une majorité, même relative, face aux islamistes d'Ennahdha. Cela provoque des enthousiasmes fiévreux et une sorte d'espoir presque fou. Voilà, enfin, un peuple, prénom de tous, qui a compris que l'islamisme n'est pas la solution et que la religion n'est pas une assiette ni un moteur. Cela exalte les orientalismes dormants, chez les observateurs étrangers, les exotismes politiques et les illusions endogènes des élites locales. Voilà le seul cas où un Printemps arabe semble avoir une belle arrière-saison. Vrai ? Avec des réserves. D'abord, les Tunisiens n'ont pas voté en masse. Le désenchantement a épuisé le corps électoral et "voter n'est pas manger" pour le ventre creux ou la tête éteinte. Le vote n'a pas été massif mais intelligent. Ensuite, les gagnants ont obligation de coalition avec les islamistes. Cela veut dire calculs politiques et concessions. Enfin, l'intégration des islamistes dans le jeu politique va imposer une sur-radicalisation des terroristes, si l'on peut dire. Sans issue du côté de la représentativité, ils vont opter pour le bruit et la fureur.

Et donc ? C'est une victoire. La première dans le monde dit arabe qui n'a pas trouvé de solution entre l'armée et la mosquée. Une voie s'ouvre. Cela donnera des idées, bonnes, aux islamistes de bonne foi qui, peut-être, comprendront que participer est plus rentable qu'imposer ; de l'espoir aux pessimistes qui, après un siècle, ont conclu que rien ne sert à rien et que tout sert aux islamistes ou aux militaires ; et de la lumière aux obscurités qui montent dans nos âmes. Une chance est donnée, à partir de l'angle tunisien. On va l'apprécier avec enthousiasme et lucidité. On ne va pas cracher sur l'aube et sa clarté. La Tunisie a inventé le *made in* de la révolution. Elle invente celui de la solution. On admirera ce pays, sauvé ou en voie de l'être. Par les siens. Par Bourguiba. Par ce détail qu'il n'a pas d'armée sur le dos qui marque ses espoirs. Il servira d'arguments contre les esprits noirs, contre nos pessimismes et contre nos régimes qui nous vendent l'immobilité comme stabilité et la peur comme menace. Il montre, surtout, que les progressistes, les laïcs et les autres ne sont pas tous assis à regarder se coucher le soleil de leurs espoirs et à analyser, sans fin, la défaite ou la fatalité. Un pays dit arabe est vivant. Là aussi, je rêve d'être tunisien. Malgré mes lucidités pesantes.

LE CHOIX NATIONAL DE L'INACHEVÉ

Jeudi 13 novembre 2014

Ciel gris. Pluie en attente. La ville s'étend puis s'épuise. Jusqu'où ira-elle ? Tous les Algériens rêvent d'habiter. C'est une vieille peur : ne pas avoir de pays et, après le pays, ne pas avoir de toit. Et après le toit ? À l'échelle d'une vie, le pays offre déjà peu d'espoir : son école ne lancera rien vers la Lune, une daeshisation est en marche dans les têtes, les urbanismes ne sont pas une conquête de l'espace par la courbe, mais une rétraction, un refus d'habiter, une hideur. C'est le sujet du jour : l'inachevé comme esthétique du refus. Pourquoi les Algériens construisent si abondamment l'inachevé ? Partout : villages, villes nouvelles, villas, maisons, cités à 254 668 864 logements : une sorte de pays avec des entrailles à l'air libre.

Une terre retournée pour exposer aux cieux son estomac. La raison ? L'essentiel est à l'intérieur. On n'habite pas le pays mais seulement le chez-soi, tournant le dos au monde. Du coup, la frontière est nette : ce qui est ma peau est moi, à moi. Le reste du pays appartient au régime de la régence, c'est son domaine, son fief au sens féodal, sa terre. Du coup, il y a inversion : le régime est l'apparent, la surface, le visible. Le sujet est l'intérieur, le reflux, le refus. Le régime est chez lui, le sujet est à l'intérieur de lui-même. Cela se voit. Du coup, ces murs nus, exposés comme une indécision mais qui n'expriment que le partage des territoires. L'inachevé procède aussi de la croyance : il reste quelques minutes avant que le soleil ne se lève à l'ouest et que les morts cessent d'être des martyrs ou des morts, que tous se bousculent dans une sorte de 1962 universel, ascendant vers les cieux, convoquant les actes et les corps. Donc pourquoi achever quoi que ce soit, puisqu'on va mourir ? Pourquoi habiter autre chose que la tente et l'itinéraire des points d'eau ? Pourquoi choisir la pierre dans l'univers des dunes ?

Le choix de l'inachevé est tout à la fois refus et échec. Il y a quelques années, on a bien décidé d'une loi pour rendre obligatoire l'achèvement des bâtisses. On en oublia que ce choix des Algériens procède de la métaphysique comme de l'échec de la citoyenneté. Il y a eu alors résistance puis refus passif. Le pays reste en briques rouges, entre poteaux muets et cité-pétrole. Une sorte de pays Potemkine inversé : il ne se cache pas derrière un décor, mais expose ce qui devrait être caché et, du coup, occulte le beau par le terne de son ciment. Au fond, on ne veut pas de ce pays. Un jour ou l'autre, au-delà des indignations mécaniques et de la douleur de l'acceptation, il faudra que quelqu'un le dise. La brique rouge le dit clairement.

GRENOBLE ET NOTRE FEUILLE MORTE

Lundi 17 novembre 2014

Faut-il écrire sur la énième hospitalisation de Bouteflika en France ? Presque non. La maladie de ce président est tombée dans le domaine de l'anecdote. On y retrouve le casting de nos misères et banalités : un hôpital français, un démenti algérien, une ambulance, quelques TV et un nombre d'articles lassés, mêlant astrologie, analyse et observation des horizons. C'est que cette affaire a lassé : elle n'est ni vie, ni mort, mais une routine. La fonction présidentielle ne garde, de son emploi ancien, que la figure figée de ce monsieur, recevant des étrangers pour prouver qu'il y a une vie après sa maladie, au reste du monde et pas à son pays. Quant à nous, Algériens, enfermés et suspendus par les pieds à nos astres, on s'est accommodés de cette régence, par défaut, assurée par un Premier ministre, entouré de quatre autres Premiers ministres dont un homme d'affaires, un frère, un général repêché et un kabuki devenu patron du FLN. En Algérie, on a regardé les TV françaises nous parler d'une affaire qui ne nous concerne presque pas. Ici, ce ne fut pas un événement, ni un non-événement. Mais quelque chose de l'ordre du cycle et de la vie des feuillages : ils viennent, s'étalent, se consomment d'attendre puis se rétractent vers l'éternité. En conclusion, depuis Chadli, on a compris que l'on n'a plus besoin de président mais seulement de son adresse postale. Même la question de l'après est devenue secondaire : il n'y a pas de vie avant la mort, pourquoi s'interroger sur une vie après la mort ? Après Bouteflika ? On ne sait pas : on va seulement continuer, mâcher, marcher et chercher puis rentrer au soir. Le pays est un point d'eau, pas un forum de civilisation : on va presque suivre les puits de pétrole comme les ancêtres suivaient les sources. Il y a eu annulation du peuple et de la présidence. Au profit de qui ? Une entité aveugle qui dévore et se défend, maquis obscur, une société anonyme avec des actionnaires que l'on change ou déchoit. C'est un pouvoir mou et sourcilleux, maquisard par essence, occulte par mystique de l'autorité. Alger n'a jamais été capitale, au fond, juste un maquis. L'espace d'une *katiba* à l'ancienne où le pseudo a des noms de roi.

Donc, ce ne fut pas un événement. Il est parti, il s'est allongé, on l'a soigné, il est revenu. Entre-temps rien n'a bougé : ni nous, ni le temps. Seulement le sable. Il a dessiné un désert. Puis nous nous sommes, tous, endormis.

UN CERF-VOLANT INQUIET DANS UNE TASSE DE CAFÉ

Lundi 24 novembre 2014

Ciel gris. Avec une sorte de vent chaud qui vous étouffe comme une laine. Une sorte d'été vagabond, oublié par le temps. Un automne à sec. Pas d'hiver pour le moment. Que des nuages qui ressemblent à des moutons en colère et qui s'en vont manger les profondeurs du ciel. Au loin, une route. Des voitures en escaladent l'avant-bras comme des fourmis étincelantes et décidées. Puis, plus loin encore, la brume, puis le ciel et, derrière le ciel, nos croyances en bazar. En abîme : l'au-delà est le pays le plus surpeuplé du monde : à peine un mètre carré de libre pour un homme qui veut y aller seul sans se faire accompagner par mille guides autoproclamés, harcelant comme à la sortie d'un aéroport l'arrivée de touristes. Combien pèse le ciel ? Très lourd. Comme la terre sur le dos des décolonisés. En gros, dans la division des territoires, les "historiques" vous volent la terre et les religieux vous prennent le ciel et y campent comme des gardiens de parking sauvage, avec des gourdins et des interdits. Les trottoirs du ciel. Rêve philosophique du chroniqueur : découpler le religieux de la quête spirituelle. Démonopoliser l'âme, lui rendre sa liberté et la suivre dans sa quête antique qui ne passe plus par le dogme. Comment chercher Dieu et le sens sans marcher sur le corps des allongés ? Comment construire une philosophie qui soit une dignité et pas une soumission en prologue ? Comment sentir le monde comme mystère vif sans que viennent y jacasser des croyances usées et des prêcheurs hurlants ? Rêver d'immobilité, d'une sorte de religion qui soit acceptation, calme, paix et équilibre. Rêver de discuter avec le ciel et non de le prier. Car ce qui gêne dans l'au-delà, c'est la surpopulation et le brouhaha. Négocier avec le ciel, lui parler. Lui contester son éternité par ce droit que vous donne la condition de mortel : vous êtes le seul à mourir et donc vous êtes le seul digne de poser la question, de vous rebeller ou de vous révolter ou de refuser.

De la poésie ? Non. Il s'agit de la question la plus insistante pour le chroniqueur : comment interroger le monde et le ciel sans abdiquer, se soumettre ou mentir et se défaire ? Comment aller vers Dieu ou en revenir, sans nier l'homme en soi et à ses côtés ? Comment lier (le mot est l'étymologie du mot religieux) ciel et terre sans se lier les mains derrière le dos ? Comment sortir du dogme sans déboucher dans une voie de garage, un marécage asséché ou dans le dandysme crépusculaire dans les banlieues de l'Occident ? Comment interroger le ciel sans perdre sa voix ?

Ciel gris. La terre est une histoire et le ciel est son essence. On aime, depuis les âges anciens, lire l'avenir dans les astres. Mais, les astres, que lisent-ils en nous regardant vivre et mourir ? C'est ce qui m'intéresse.

PEUT-ON ÊTRE MUSULMAN SANS DÉRANGER LE MONDE?

Mardi 2 décembre 2014

Credo dans la république crânienne du chroniqueur : "Quand les femmes sont enfermées, les hommes sont prisonniers." Vérifié au Sénégal. Dans les rues de Dakar, entre poussière, lumières et vrombissements de moteurs, les femmes. Élégantes à couper le souffle en immobilités, le regard pris. Couleurs donnant des fruits aux vents. Souriantes. Corps tracés par le désir et la précision. Libres. "Les femmes sortent le soir?", interrogea le chroniqueur qui scrutait, plus tard, l'obscurité sans poteaux dans la nuit. "Bien sûr. Pourquoi cette question?", s'étonna la collègue. Parce que, chez nous, la nuit est un pays en forme de fin de monde vide, traînant les cris et les emballages. Une désertion. Une évacuation surtout. Une préhistoire où les grands arbres reprennent la marche nocturne et où les monstres s'ébouriffent depuis les sous-sols ouverts. La femme dans la nuit algérienne est une impossibilité. Cela donne à notre terre les formes d'une falaise de suicidés, chaque soir. Passons et revenons au Sénégal : les femmes sont habillées pour être comme des œuvres. Leur raffinement est frappant dans les rues poussiéreuses, sales et jonchées de sachets. Le voile est rare. "Mais il arrive", dit une enseignante. Parmi les écolières rencontrées, une ou deux ont le visage enfermé par un bout de tissu. "C'est récent. On ne voyait pas cela avant", regrette une autre. Comme une maladie de peau. Cela avance avec l'argent du Qatar et les satellites des *chouyoukh*. Cela menace de transformer les tissus bariolés en cloisonnement.

Cela tue comme un feu de cendres et avance partout dans le monde comme une tumeur qui prend les enfants, les murs, les minarets et les gens pour leur sucer le sang et le remplacer par le ronronnement d'un millénaire mort. En attendant, une question : peut-on être musulman sans déranger les autres, les tuer ou les culpabiliser ou leur en vouloir et les insulter ? Oui, les Sénégalais le prouvent.

Discret dans la pratique, un homme vous parle longuement puis s'éloigne, s'isole et se met à prier sans en avoir l'air ni en imposer le spectacle. La croyance n'est pas rites ostentatoires ni cris et interdits hurlés. Elle ne traîne pas des traces d'eau sur le pantalon, sandales en plastique dans le bureau, tapis au dos de la chaise, baisse de rideau et barbes fétichisées. Comme l'étaient nos ancêtres penchés sur la terre ou sur le ciel à prier. On peut être musulman sans tuer le monde et en y respectant les vies et ses cycles. Cela est possible. Mais cela est réduit en cendres, de plus en plus.

CATALOGUE BREF DES *HARGAS* ALGÉRIENNES

Jeudi 11 décembre 2014

L'actualité est riche, la tête est pauvre. Pas d'ampoules allumées ce matin sous la chevelure. Du vide avec une horloge qui le fixe. Retour sur le vieux sujet de la seule métaphysique algérienne : la *harga*. Traduire brûler, fuir, aller, refuser, nier, traverser, arriver, tourner le dos, la langue, les mains, les yeux ou le corps vers l'intérieur. Selon les classes sociales et les éléments de l'alchimie ancienne. La *harga* par mer est connue. C'est l'élément eau. L'Algérien prend la mer, marche dessus et veut changer sa terre, sa vie et son jour de naissance. Chaloupe, gilet de sauvetage, Espagne et peur. Il existe des statistiques sur cette version eau, des procès, des passeurs, des lois, des garde-côtes et des naufragés mais aussi des sauvés. La mer est brûlure.

La *harga* par le feu est autre. Le candidat à cette immigration ignée brûle le pays qu'il ne peut changer ; il change le poids en feu et le feu en cendres. Ainsi, il se sent purifié, se sent ailleurs, peut-être nouveau. Le feu est une *harga*. On brûle son corps, son pays ou les deux. Manière de fuir en faisant fuir les autres autour de soi. Refuser et brûler. Incendier pour changer. Crier et allumer. L'élément feu est à la fois lumière et ténèbres ; il purifie mais détruit. Il transforme en air. Il y suffit d'une allumette, une chair, un pays, une impasse et une demande de logement ou de bonheur. Un joint aussi. Brûler les poumons pour brûler les jours.

Le troisième élément donc, l'air. La *harga* par air est connue : prier à se dissoudre. Remuer l'index sans savoir pourquoi. Regarder le ciel comme un seuil et la terre comme une semelle. Demander des ailes à un verset et la lune à un minaret. Se laisser pousser la barbe, raccourcir le pantalon, rentrer les omoplates puis s'envoler. Le plus haut possible, loin de Quraych et de la pesanteur. Changer la terre en cieux. Sublimer le corps en prières, partir verticalement en passant par La Mecque. Se désincarner. Remonter le temps. La *harga* est dans ce cas intérieure, un refus de porter le monde et son poids. Négation de la condition. Le candidat transforme la terre en air et l'air en récitations.

Reste le quatrième élément. La terre. Comment quitter sa terre en restant chez soi ? En creusant. Fermant le périmètre. Élevant le mur et les barreaudages. Changer de langue et de cercle. S'enfermer chez soi, recruter des agents de sécurité à l'entrée de la cité, creuser un puits d'eau, planter quatre antennes paraboliques, multiplier les télévisions comme des aquariums de l'au-delà, ne plus fréquenter que ses reflets et acheter un groupe électrogène. La *harga* par terre est déjà une habitude de reclus pour les classes moyennes algériennes. Autonomisation, réclusion, exil par murailles de Chine, enfermement, négation, soupir. Partir est se replier, se déplier ou plier. Selon les moyens et le désir du corps.

Pour les alchimistes, les autres éléments sont le puzzle du cosmos. Sa dégradation en chiffres. Sa quadruple racine. Le but est l'or : pour l'alchimiste, le voyageur, le prieur, le fumeur ou le reclus volontaire ou le rêveur d'Espagne. Selon chacun.

CHEZ LAURENT RUQUIER, MAIS DANS MA TÊTE
Samedi 13 décembre 2014

Au matin Radio France, Paris. Questions sur Camus, l'Algérie, le chroniqueur puis le temps de parole à un architecte belge, Vincent Callebaut, fascinant : utopiste de villes flottantes et de villes verticales écolos. À écouter. Car, dans la tête de l'Algérien, la machine à comparer ne s'arrête jamais. Lui pense : Paris à "démuséifier" (du mot musée), ville écologique autosuffisante, verticalité anti-banlieues, potager-avenue, implanter la campagne au cœur de la ville, concept du vivre-ensemble. "Et vous ?" C'est plus complexe : le régime encourage, soutient et dépense pour le "vivre-chez-soi", pas pour le vivre-ensemble. Le but est de reloger chacun dans un trou, pas de creuser un pays dans le creux de la géographie ; le vivre-ensemble n'est pas un but national algérien. Cela a été dit dix mille fois. La ville est chez nous ennemie, elle est le signe de la blessure coloniale, le lieu de perdition et de négation, l'espace de la vengeance enfouie et secrète. Où se situe le centre-ville quand l'histoire est refusée ? C'est le centre colonial rebaptisé ou le centre effacé des cités-dortoirs ? La stèle ou le forum ? Le logement tourne le dos au logement chez nous. Ou le contraire. À poursuivre. Cela faisait rêver, au matin gris de Paris, dans la froidure, sur cette ville future que permettait l'utopie de l'architecte.

Longue nuit, d'ailleurs. La veille, dans une télé. Sensation d'être à l'intérieur d'un aquarium en regardant Laurent

Ruquier, très sémillant, d'*On n'est pas couché*. Assis avec les chroniqueurs de la fameuse émission, filmé, flashé, interrogé, essoré. Curieuse sensation de flottement sous les applaudissements. Pensée sur ce que va dire le pays à propos de ce que va dire le chroniqueur. Parler en France pour un Algérien est dur : c'est à la fois choisir des mots, choisir des histoires, choisir un passé, un risque, un trébuchement. On ne dit pas en France ce que l'on se dit entre nous sur l'Algérie : règle une. Règle deux : notre âne est meilleur que leur cheval, précise le manuel du décolonisé. Règle trois : chaque mot a deux visages, trois sens, quatre synonymes et cinq boules de fer au pied. Malaisé. J'aurais voulu n'être ni français, ni algérien, mais bolivien par exemple. Parler de Camus, de l'histoire, de la blessure coloniale, mais avec distance. Ne pas être malade de l'histoire. Difficile : comment dire à la fois que la colonisation est un crime mais que l'indépendance est un désenchantement ? Comment dire que la France a tué mais que le désastre algérien présent sur le dos de la colonisation est facile et comique vu de la lune ? Comment parler de l'islam sans tomber ni dans l'islamophobie facile ni dans l'islamophilie ridicule comme explication du cosmos ? Quatre heures d'enregistrement.

Le temps de s'ennuyer un peu, de rire beaucoup, d'observer, de parler, de répondre, de surveiller sa langue par ses oreilles et de regarder la télé de l'intérieur. Intéressant, le cosmos-show occidental. Avec en clou de spectacle une empoignade entre deux chroniqueurs français : Natacha Polony et Aymeric Caron. Du ravissement, à la même table que vous. Et un peu d'ennui. Si loin de nous. Les sujets ? L'immigration, le crime, les faux chiffres, la droite, la gauche, Le Pen, Zemmour, etc. Dans tout ça les "Arabes" ou les immigrés en gros ont le rôle du cadavre. Comme dans *L'Étranger*. Tout part d'eux, mais sans eux. Ce fut bien comme émission cependant. Fini tard.

La nuit, Paris est un ciel nocturne inversé : il commence au sol, sous vos pieds, puis s'élève avec vos yeux quand vous renversez la tête vers la voûte noire, dans votre taxi silencieux.

(Le 16 décembre 2014, l'imam salafiste Hamadache appelle sur son compte Facebook à une fatwa contre Kamel Daoud pour "apostasie".)

CINQUANTE NUANCES DE HAINE
Mardi 16 décembre 2014

Question fascinante : d'où vient que certains se sentent menacés dans leur identité, dans leur conviction religieuse, dans leur conception de l'histoire et dans leur mémoire dès que quelqu'un pense autrement qu'eux ? De la peur d'être dans l'erreur, qui les pousse à imposer l'unanimité et à combattre la différence ? De la fragilité des convictions intimes ? De la haine de soi qui passe par la haine de l'autre ? De toute une histoire d'échecs, de frustrations, d'amour sans issue ? De la chute de Grenade ? De la colonisation ? Labyrinthe. Mais c'est étrange : ceux qui défendent l'islam comme pensée unique le font souvent avec haine et violence. Ceux qui se sentent et se proclament arabes de souche ont cette tendance à en faire un fanatisme plutôt qu'une identité heureuse ou un choix de racine capable de récoltes. Ceux qui vous parlent de constantes nationales, de nationalisme et de religion sont souvent agressifs, violents, haineux, ternes, infréquentables et myopes : ils ne voient le monde que comme attaques, complots, manipulations et ruses de l'Occident. Le regard tourné vers ce Nord qui les écrase, les fascine, les rend jaunes de jalousie. Le dos tourné à l'Afrique où l'on meurt quand cela ne les concerne pas : Dieu a créé l'Occident et eux comme couple du monde, le reste n'est que déchets. Il y a des cheikhs et des fatwas pour chaque femme en jupe, mais pas un seul pour nourrir la faim en Somalie. L'abbé Pierre n'est pas un emploi de musulman ?

Laissons de côté. Gardons l'œil sur la mécanique : de quoi est-elle le sens ? Pourquoi l'identité est morbidité ? Pourquoi la mémoire est un hurlement et pas un conte paisible ? Pourquoi la foi est méfiance ? Mais que défendent ces gens-là qui vous attaquent chaque fois que vous pensez différemment votre nationalité, votre présent ou vos convictions religieuses ? Pourquoi réagissent-ils comme des propriétaires bafoués, des maquereaux ? Pourquoi se sentent-ils menacés autant par la voix des autres ? Étrange. C'est que le fanatique n'est même pas capable de voir ce qu'il a sous les yeux : un pays faible, un monde "arabe" pauvre et ruiné, une religion réduite à des rites et des fatwas nécrophages après avoir accouché, autrefois, d'Ibn 'Arabî, et un culte de l'identité qui ressemble à de la jaunisse.

C'est qu'il ne s'agit même pas de distinctions idéologiques, linguistiques ou religieuses : l'imbécile identitaire peut tout aussi bien être francophone chez nous, arabophone, croyant ou passant. Un ami expliqua au chroniqueur que la version cheikh Chemssou laïc existe aussi : avec la même bêtise, la même aigreur, la même imbécillité et le même ridicule. L'un parle au nom de Dieu, un autre au nom des années 1970 et de sa conscience politique douloureuse, un autre encore au nom de la lutte impérialiste démodée ou du berbérisme exclusif. Passons, revenons à la mécanique : de quoi cela est-il le signe ? Du déni : rues sales, immeubles hideux, dinar à genoux, président malade, une dizaine de migrants tués dans un bus sur la route du rapatriement, dépendance au pétrole et au prêche, niveau scolaire misérable, armée faiblarde du Golfe à l'Océan, délinquances et comités de surveillance du Croissant, corruption, viols, émeutes. Rien de tout cela ne gêne. Sauf le genou de la femme, l'avis de Kamel Daoud, le film *L'Oranais*, la dénonciation de la solidarité assise et couchée avec la Palestine, l'Occident en général, le bikini en particulier, l'affirmation "je suis algérien", ou l'analyse du cas d'Israël comme structure des imaginaires morbides.

Pourquoi cela existe ? Pourquoi l'âme algérienne est-elle encerclée par une meute de chiens aigus et d'ogres pulpeux ?

NÉO-QURAYCH : MOHAMMED SERA TUÉ AU NOM DE MOHAMMED

Lundi 29 décembre 2014

Ciel froid, boursouflé, chargé de pluies à venir. Gris comme une mauvaise humeur. Derrière la vitre, le monde, ses miniatures, ses routes, une voiture qui rampe le long de l'avant-bras de l'horizon. Les arbres sont tenaces et vieillis, leur verdure ressemble à un bagage oublié en cette saison.

Des habits d'autres temps, juchés sur les portemanteaux des branches mortes. Les oiseaux ne sont plus que des points noirs qui errent. Il n'y a presque plus de noms pour beaucoup de choses. Juste des traces, de la nudité gelée. La terre est un trait. Par-dessus le ciel, en trait ferme. Le *Yi-king* version météo. La création est un hexagramme géant.

La question est suspendue au-dessus de ma tête comme un lustre dans une mosquée vide : faut-il encore continuer à écrire ? La technique du petit garçon aux allumettes est peut-être une illusion quand le monde est une coupure d'électricité volontaire. Le monde va mal. Dévissé. Branlant comme une porte rouillée entre un dieu silencieux et un homme qui prie dans la mauvaise direction. Entre deux époques.

Visions d'anges éparpillées qui ne savent plus quoi faire de leurs ailes et de nos prières solitaires. Pensée pour soi, son corps, ses enfants et pour ce jeune Mauritanien que le Net essaye de garder à la ligne de flottaison de nos attentions : Mohamed Cheikh Ould M'khaitir, âgé de vingt-huit ans. Condamné à mort pour insultes à un prophète.

Au Maroc, un film est interdit. Pour avoir falsifié "le réel", c'est-à-dire un mythe, une fiction, une représentation. Signe d'un empiétement monstrueux de la fiction sur le réel. Ici, un chroniqueur est chargé de tous les maux du pays depuis sa création : juiverie, sionisme, harkisme, apostasie, impiété, trahison, francophilie, complot, etc. Dans quelques jours, quelques ans, la terre ne sera plus ronde, la roue sera désinventée, le ciel redeviendra arène des dieux, déjà des monstres renaissent et des animaux inconnus sortent des ventres. Au final, la fin du monde n'est pas un décompte, c'est un compte à rebours. Essentiellement.

Mon monde est malade. Il ne veut pas du monde. Il veut la fin du monde. C'est une géographie d'hystérie que n'éclairent plus mes allumettes.

Rideau baissé sur le balcon, puis pensée pour Mohamed Cheikh Ould M'khaitir. Que puis-je pour lui ? À l'annonce du verdict, un détail terrible : des coups de klaxon, des youyous pour fêter le crime commis au nom d'une justice hallucinée. Le pauvre jeune homme est donc seul. Celui qui ne proteste pas consent. Tout le monde tue Mohammed, d'une façon ou d'une autre.

Le monde musulman est aujourd'hui une version inattendue d'*Arrissala*, le film de Moustapha Akkad : c'est Quraych qui gagne et un prophète meurt dans une grotte avec un seul verset et un seul ami. Monde dur, pénible à vivre ou à quitter, une arche de Noé folle construite par les fous pour tuer les espèces. Une monstruosité. Obsédante, la photo de ce jeune Mauritanien. Il est chacun de nous. Assis dans ma tête. Il est moi. Mieux que moi. Face à pire.

Pourquoi Daesh attire plus de volontaires que la lumière, le livre, la raison et l'humanité ? Dieu est-il une propriété ? Un prophète est-il illumination ou condamnation à mort ? Une lame triste et monstrueuse traverse le monde de l'islam, tue, emporte, transforme l'homme en animal, dépèce, lapide, égorge. La vague kidnappe les femmes et les vend et grimpe sur les arbres imaginaires, veut soumettre les fables, les récits, les raisons, les films, les esthétiques, la créativité et la foi et l'interrogation et la dignité. Elle fait peur. Elle est sombre, nocturne, asphyxiante.

Mohamed Cheikh Ould M'khaitir est condamné à mort au nom de Mohammed ibn 'Abd Allâh. De Mohammed à Mohammed, au nom de Mohammed. On tourne en rond. Le cercle est vicieux. Le piège se referme.

Mohammed est seul dans sa grotte, sa cellule.

2015

L'AUTRE "JE SUIS MOHAMMED"
Jeudi 22 janvier 2015

C'est-à-dire Mohammed Aïssa, le ministre des Affaires religieuses. Homme distingué, calme, profond et capable de parler de Dieu sans marcher sur l'homme. Dans le tourbillon des récupérations, après l'attentat contre *Charlie Hebdo* en France, entre le salafiste dopé et les manipulations affectives, il a été le seul à dénoncer la vraie main étrangère : les télévisions "jordaniennes", sous prénoms algériens, qui ont appelé à des marches. Étonnant, vu par la forme. Voilà que deux chaînes se permettent ce que les partis ne se permettent pas, et sans que la justice ne bouge : appeler à des marches et lever des foules. Ni le ministère de la Communication, ni la très invisible Autorité de régulation des médias n'ont bougé. Rien : on peut être une société jordanienne et appeler à des manifestations en Algérie, sans risque.

Mais le sujet est ailleurs. Mohammed Aïssa a été le seul à réagir à la grande menace : l'invasion des cheikhs cathodiques, des chaînes TV qui en font commerce et de l'islam de Riyad et des wahhabites. À propos de ces TV, il a expliqué avant-hier que : "Cela relève de l'inconscience [...] on pousse à l'extrême, sans prendre conscience de l'incidence des propos des uns et des autres. Je remarque sur certains plateaux des invités qui excommunient carrément des Algériens, les considérant comme des païens et des apostats. Il y a aussi d'autres invités qui versent dans le blasphème." Du grand courage face à l'énigmatique empire occulte de ces TV, qui bénéficient de trop de facilités. Homme de savoir, il expliquera que "je suis Mohammed" s'illustre par le comportement, la conquête du savoir, la morale, l'observance. "C'est-à-dire qu'au lieu de crier, de brûler et d'incendier, il est préférable de démontrer que l'islam est une religion d'entente, de cohabitation, de convivialité, de propreté et d'hygiène." L'homme étant dans le religieux, là où ses adversaires sont dans la manipulation et la propagande.

L'homme est donc à soutenir et à suivre. Il représente ce que doit être un vrai ministère des Affaires religieuses, en ces heures sombres où la religion sert à tuer, excommunier, violer, massacrer, puis hurler qu'on est les victimes du monde et de l'Occident. Un islam éclairé, qui transmettra à nos enfants le désir de vivre et de partager, pas celui de s'exploser et d'assassiner. Et l'homme est donc lynché par ces TV, par leurs journaux, crucifié par les imams qui "mangent" de vendre des fatwas, et par les courants de la main étrangère wahhabite, formés en Arabie puis envoyés en Algérie. Il résiste mais il ne le pourra seul. "Je suis Mohammed" prend tout son sens lorsqu'on est aussi Mohammed Aïssa, son combat et sa vision. Les deux grands ministères de souveraineté ne sont pas, en effet, en Algérie, celui de la Défense ou de l'Intérieur, mais celui des Affaires religieuses et celui de l'Éducation. Cela se joue là, sous nos yeux. Si on laisse cet homme seul, il sera vaincu et nous et le pays avec lui. Il faut soutenir cet homme, aujourd'hui, maintenant, explicitement et avec courage. Il ne s'agit pas de lui mais de nous tous. "Je suis Mohammed" n'a pas de sens si on laisse Mohammed seul face à ces avocats de la fin du monde et les néo-Quraych hystériques. "Je suis Mohammed" est un acte de la vie et de la foi et du choix de chacun. C'est parler à l'humanité et non lui cracher dessus. C'est assumer son propre prénom pour prétendre être digne d'un autre. C'est suivre et aider Mohammed Aïssa contre ceux qui, déjà, l'insultent, le lynchent.

Car être Mohammed n'est pas chose facile. Mohammed (Aïssa) le sait bien, lui.

DEUIL ET FOUET : ABDALLAH ET SON ESCLAVE BADAWI

Samedi 24 janvier 2015

Le deuil et le fouet. Vendredi avec ce ciel aux nuages gigantesques : un cerveau aérien de géant. Couleurs fascinantes. L'info du jour : trois jours de deuil en Algérie. Pour l'un des rois chancelants de cette Arabie qui nous pèse sur l'âme et la racine. Un roi est mort, un autre lui succédera au nom d'Allah pour quelques années. Leurs mandats à vie sont curieusement brefs dans ce royaume de l'éternité. Trois jours de deuil chez nous. C'est alimentaire, de la politique. On le devine. Mais l'autre ? La pensée est en effet pour l'autre, celui qu'un collègue chroniqueur a salué, entre "Je suis Charlie" et "Je suis Mohammed" : Raïf Badawi. Le blogueur condamné à mille coups de fouet et dix ans de prison pour un blog sur le Net. Il a déjà reçu cinquante coups selon les rapports. Il lui en reste neuf cent cinquante. Et dix ans de prison. C'est ainsi : le monde dit arabe a désormais des obsessions rageuses et inhumaines : flageller et juger les blogueurs, les dissidents, les gens singuliers et différents, les révoltés, les dignes et les justes. Insulte à l'islam et atteinte à la personne du roi ou du président sont des crimes plus grands que la saleté, le sous-développement, la lâcheté internationale et la pauvreté ou la corruption nationale.

Donc c'est simple pour ce vendredi : dix ans de deuil pour Raïf Badawi. L'esclave qui vaut mieux qu'un roi et qu'un royaume. Cela fait mode ? C'est trop facile ? C'est attendu ? Bien sûr. Continuons à voir dans l'indignation une mode et dans le devoir de rappeler l'injustice une alimentation générale. Cela dédouane et permet de revenir au statut du mouton sans trop de culpabilité. Ce jeune blogueur est vivant, il est en prison, il a deux enfants et une famille et tout le reste est blabla cependant. Il ne s'agit ni d'islam, ni d'insultes, ni de récupération, ni d'autre chose. On pourra déblatérer des siècles, cela ne change pas l'évidence : un jeune Saoudien est en prison pour dix ans et va recevoir neuf cent cinquante coups de fouet. C'est une injustice. Et à ceux qui aujourd'hui viennent nous parler de défendre l'islam, il est utile de rappeler que la justice est une valeur au-dessus de la foi, dans les textes sacrés même. Donc dix ans de deuil. À chacun ses favoris. Face à Dieu, je choisis de soutenir l'humble, pas le roi. Il faut le rappeler aujourd'hui, ici, en ce moment. À ceux qui l'oublient, tentent d'en noyer le scandale. À ceux qui se présentent comme défenseurs de Mohammed en oubliant cette injustice. Aux gigolos des mosquées qui vont y faire des "études" et reviennent faire les agitateurs dans ce pays, et aux admirateurs courbés de ce royaume. Ce n'est rien, c'est facile, mais c'était juste pour rappeler, ne pas oublier et préciser que "Je suis Mohammed" ne sert à rien et ne signifie rien si on n'est pas Raïf Badawi. Juste le rappeler. Pour qu'on n'oublie pas, entre deux prières et une fatwa contre la fabrication des bonshommes de neige, comme décrété récemment dans ce royaume par un "savant".

NI M'EXILER NI ME PROSTERNER

Lundi 26 janvier 2015

Peut-on sortir de la névrose algéro-française ? Car c'est une névrose. On la reconnaît à ceci : le visage est terne des deux côtés, l'affect est vif, la vérité est ténue, la fable est monstrueuse et l'avenir est une feuille morte photocopiée. La névrose se reconnaît à ses traces de pas dans votre tête : elle tourne en rond pendant que vous tournez à vide. Envie d'écrire le monde, d'élargir la fenêtre à la taille de l'océan.

Que pense de moi le Japonais penché sur une rime ancienne ou un moteur nouveau ? Que dit la Terre de Feu sur mon prénom ? Suis-je connu par les glissements neigeux au pôle ou la femme aux hanches larges à Dakar ? Quelle est l'image de mon algérianité dans le brouhaha des divers et des mesures ? Comment sortir de cette longue guerre qui me remplit la bouche de cendre et de totems jacasseurs ? Je rêve d'un poumon neuf et d'un verbe inné. D'aller marcher pieds nus sur un monde de galets. Comment ? Je pouvais parler de mon livre là où j'allais : mes mots auraient été écoutés, nourris ou écartés comme des feuillages sur un chemin de jungle.

Mais parler en France pour un Algérien ou en Algérie pour un Français équivaut à tirer un continent avec ses dents. Tout est lourd, même l'humour. Tout a triple sens et quatre cimetières. Tout est pénible, lent, mouvant, chargé, risible et sent le renfermé. C'est un monde mort qui ne cesse de parler. Un lien pourri. Je ne veux pas refaire la guerre ou m'exiler. Juste raconter sans que cela ne soulève des tombes. Dire la feuille quand elle se courbe. Une aube qui ne trouve personne pour l'écouter et qui s'en va. Un ciel qui cherche son reflet sur toute terre possible. Raconter le monde en commençant par un prénom. Dire des histoires d'amour et de rire. Des histoires de quartiers et de voisins. Me libérer.

Car, au fond, les colons quittent chaque fois ce pays mais nous laissent prisonniers de nous-mêmes : Arabes, Français, Espagnols, Vandales, Ottomans. Ils s'en vont puis ne nous quittent plus et nous enferment parmi leurs morts. Et on les porte et les emporte. Je rêve de la libération du verbe et du rêve algérien. De la quiétude souriante en bienvenue. D'une profonde confiance en soi. De la possibilité de regarder la mer comme un seuil et pas comme une porte fermée. Je rêve de désirer le monde, pas une guerre, une vengeance ou un mur ou un enfermement ou un effondrement ou une conversion en ablutions. Je rêve d'un pays dont le présent sera plus imposant que la mémoire. Je rêve de sortir de cette prison qui a le dessin d'une confrontation sans fin. Un pays. Une femme. Une descendance proche et éparpillée.

Pénible. Comment se débarrasser de ce lien morbide ? Raconter le monde dans une autre langue que celle du souvenir voulu ou subi ? Je veux être un écrivain japonais mais en étant en même temps un Algérien sûr de soi et des siens. Difficile à faire comprendre, cette nuance irréductible qu'est le rêve de ma libération.

Je ne veux plus de l'Histoire. Elle veut toujours ma mort et mes mots. Elle ne me tolère pas vivant. Je ne veux pas me protester ni me soumettre. Je veux juste vivre ma terre.

(Le 25 janvier, l'Égyptienne Shaimaa al-Sabbagh est tuée par balle alors qu'elle venait, avec d'autres militants, fêter place Tahrir les quatre ans de la révolution. Les photos de sa mort font le tour du monde.)

MA *JOCONDE*, MA *GUERNICA*, MON AMOUR
Mardi 27 janvier 2015

Shaimaa al-Sabbagh. *Joconde* du couple, *Guernica* de la féminité, crucifiée. L'homme la serre dans ses bras, le visage collé à son ventre, regard éperdu. Comme s'il voulait lui donner sa vie, revenir dans sa matrice, refouler le temps à mains nues, nier, redevenir enfant pour qu'elle redevienne vivante, se faire pardonner de n'avoir pas pu la protéger.

Elle est debout, portée par des ailes plutôt que par ses jambes. Il y a du sang sur son visage déjà tourné vers sa blessure qu'elle interroge comme une constellation inattendue. On sent que sa vie est devenue si poignante qu'elle en mourra. L'instant est éternel dans la photo qui immortalise paradoxalement la mort. Le bref devenu un dieu. En arrière-plan des passants, un poteau, du monde, vous, moi, les autres si loin, la Création entière, l'histoire du pays et des pays.

Le couple tombe en restant figé, uni, soudé, lui pleurant en elle la mère, la sœur, la femme, la fille, la maternité malmenée, la femme qu'on lui arrache en lui arrachant la peau, la matrice. Lui qui refuse, qui essaye, qui hurle le plus gigantesque des "non" possibles, qui a des yeux qui vous font mal en le regardant, qui vous donne cette envie de pleurer pour se plaindre à des dieux passants. Lui, l'homme déchiré, éploré, le sourd au temps, l'homme qui lutte du muscle contre l'évidence.

Elle qui est déjà dans le martyre, avec ce même regard des martyrs quand ils regardent quelque chose qui est immense et désiré, mortel et capable d'éterniser par un simple effleurement. Shaimaa tuée dans le dos, vivante pour toujours dans cet instant capturé, offert, tenu, enfermé et ouvert.

Puis vient le temps. Il décompose le couple en mille : la femme s'affaisse et s'élève. L'homme essaye de la rattraper car il sait que la mort est un puits profond où l'eau ne renvoie pas de reflets. Puis il la soulève avec le monde et ses arbres, cieux, poteaux, enfants et étoiles et la porte. Mais elle n'est déjà plus là où lui est en lutte et se hâte. Ils sont séparés dans cette troisième photo où son corps est déjà sans prénom, éteint et oublié. La femme est restituée à l'immensité. Le temps reprend, s'écoule, des gens crient, des gens courent, puis l'histoire.

Puis le retour à la première photo. Celle de l'étreinte. Celle où l'on voit la femme de profil. Son regard de blessée dans le dos, de trahie. Et l'homme qui l'étreint comme s'il voulait supplier, crier et demander pardon. Obsédante photo. Moment nu de nos histoires. Révolutions tuées. Printemps saccagés. Les dictatures tombent et se relèvent.

Shaimaa tombe mais ne se relève pas. Pas encore. Image bouleversante. *Joconde* du couple, *Guernica* de nos révolutions. Respect, Shaimaa l'Égyptienne, je n'ai pas ton courage, je n'aurai pas ta mort.

ALLAH EST GRAND, L'ARABIE EST TRÈS PETITE, MICHELLE EST BELLE

Samedi 31 janvier 2015

Cheveux contre royaume. Titre d'un poème possible ou déjà épuisé. Ou de l'actualité.

À l'enterrement d'un autre roi d'Arabie, il y a eu le monde et le monde entier. Entre autres, Michelle Obama et son époux. Moment d'interrogations protocolaires : ira-t-elle cheveux nus ou voilée ? La première dame du monde a opté pour les cheveux nus, face à des monarques aux cheveux cachés et aux femmes enterrées. Le message était direct car, en Indonésie, la dame avait pris soin de se couvrir la tête. Donc il s'agissait d'un message et pas seulement d'une coiffure. Il s'agissait de rappeler que dans ce royaume qui s'est approprié La Mecque, l'islam et le lever de soleil, les femmes sont voilées, cachées, enterrées, frappées, interdites de conduire, de décider, de se promener dans l'univers seules, de voyager (sauf accompagnées ou avec un bracelet électronique comme du bétail tatoué). Sur le Net, certains amateurs du déni ont insisté pour présenter le nouveau roi comme un héros musulman (il abandonne le couple américain pour aller faire sa prière), cela ne change rien : Michelle Obama est venue tête nue, a été reçue, on n'a pas osé la voiler comme on l'ose avec les Saoudiennes que l'on met dans les sachets noirs, on lui a souri, elle a dit et rappelé que ce pays est absurde, tue, condamne la fabrication des bonshommes de neige, lapide, décapite en pleine rue.

Allah est grand mais l'Arabie peut se faire toute petite pour ses protecteurs. C'est bien. Cela rappelle, malgré la "couverture" qu'apporte l'Occident à ce pays tueur de liberté, qu'il est la matrice du mal du siècle, la fabrique du kamikaze et un lieu de naissance des fatwas, des dérives et de cet islam wahhabite qui veut étendre le désert et ses Bédouins au reste des géographies. En ce sens, Michelle a fait mieux que son Amérique.

Car, face à l'Arabie Saoudite, l'Occident a parlé par deux voix de femmes. D'un côté les cheveux de Michelle Obama et, de l'autre, la concubine Christine Lagarde. "De façon très discrète, c'était un fervent défenseur des femmes", dira-t-elle après la mort du roi saoudien Abdallah, vendredi dernier. Une Saoudienne fouettée n'aurait pas dit mieux sous la torture. Schéhérazade qui ne raconte rien justement pour ne pas être décapitée. *Mille et Une Nuits* insonores. Tapis écrasés, lampes à pétrole sans magie, quarante voleurs fréquentés et honorés. C'est ainsi. De cet enterrement, retenons les cheveux de Michelle, la prosternation de Christine, le silence d'Aïcha et le dos de Raïf Badawi.

ZABOR
Mercredi 4 février 2015

“Écrire est la seule ruse efficace contre la mort. Les gens ont essayé la prière, les médicaments, la magie ou l'immobilité, mais je pense être le seul à avoir trouvé la solution : écrire. Mais il fallait écrire toujours, sans cesse, à peine le temps de manger ou d'aller faire mes besoins, de mâcher correctement. Beaucoup de cahiers qu'il fallait noircir. Je les achetais, je crois, selon le nombre de gens que je rencontrais : dix par jour, parfois deux (quand je ne sortais pas de la maison de mes grands-parents) ou plus ; une fois, j'ai acheté soixante-dix-huit cahiers, d'un seul coup, après avoir assisté au mariage d'un voisin. Le plus proche libraire me connaissait et ne me posait jamais de questions sur mes achats : dans le village on me désignait comme étant le fils du postier, celui qui lisait sans cesse, et on comprenait un peu que je noircisse les cahiers comme un possédé. On m'envoyait les vieux livres trouvés, les vieilles pages jaunes des colons, des revues déchirées et des manuels de machines disparues. J'étais silencieux et brillant aux écoles et j'avais une belle écriture appliquée. Donc j'achetais les cahiers en recomptant, les yeux fermés, le corps allongé sous la vigne tourmentée de notre cour, pendant l'heure de la sieste, les gens rencontrés la journée précédente. C'était un peu pénible d'avoir toujours un numéro associé à un visage. C'était difficile. Parfois les visages des gens connus écrasaient ceux des inconnus ou en volaient des traits. Rendant le recensement hasardeux et la magie fragile. Je repassais le film dans ma tête, je scrutais les détails et les traits, récitais des noms pour en séparer la bousculade. Pourquoi ? Sans cela, l'une des personnes que j'oubliais mourait le lendemain. Quand moi j'oublie, la mort se souvient. Confusément. Je ne pourrais pas expliquer cela, mais je me sentais un peu lié à la faucheuse (comme on disait autrefois, à l'époque des récoltes) : sa mémoire et la mienne étaient reliées comme deux vases ; quand l'un se vide, l'autre se remplit. Enfin, la formule n'est pas bonne. Il faut dire : quand ma mémoire se vide, la mort vide le monde. Quand je me souviens, la mort est aveugle et ne sait pas quoi faire. Elle tue, alors, un animal dans le village, s'acharne sur un arbre ou des feuilles ou va ramasser des insectes dans les champs pour les croquer, en attendant de retrouver la vue. Comment cela se passait quand je dormais ? Dieu veillait. Tout ce que je savais, c'est qu'il me fallait bien compter les gens que je rencontrais, durant le jour, acheter les cahiers selon leur nombre puis écrire, le soir venu, ou au crépuscule ou même au lendemain, des histoires avec beaucoup de prénoms. Entre mon oubli et le dernier soupir d'un proche, j'avais un délai de grâce de trois jours ; je pouvais retarder d'écrire sur cette personne pendant trois jours, mais jamais plus.

Bon, je voulais vous dire, seulement, que, quand j'écris, la mort recule de quelques mètres, comme un chien hésitant qui vous montre ses canines, le village reste en bonne santé avec ses quelques centenaires (grâce à moi) et on ne creusait aucune tombe dans le flanc ouest de notre hameau. C'est un miracle qui avait lieu, depuis longtemps, mais que je gardais secret. Pas par pudeur ou peur, mais parce que (je le pense) raconter cette histoire pouvait interrompre l'Écriture, provoquer des morts et j'en serais coupable. Le seul moyen de l'éviter était de parler aux cahiers, avec un stylo. Dans le village, peu savaient lire, le secret était sauf. Passons. Bien sûr, c'est inexplicable, un peu douteux même. Un homme qui vous dit qu'il écrit pour sauver des vies est toujours un peu malade, mégalomane ou affolé par sa propre futilité. Je ne vous l'affirmerais jamais, mais je peux, au moins, vous raconter comment j'ai fini par en être convaincu. Je sais que je suis la cause de l'augmentation du nombre de centenaires dans notre village, que j'ai repoussé des trépas en décrivant, longuement, des arbres, que mes cahiers sont des contrepoids et que je suis lié à l'œuvre de Dieu comme un copiste solitaire qui possède un encrier et dresse des portraits de l'océan. Énigme de ma vie, né pour conjurer et repousser, dans le noir atelier de ma tête, la plus ancienne puissance. Que vous dire de plus ? Mon nom : Zabor. C'est en l'écrivant, pour la première fois, que j'ai entendu le bruit dans ma tête. Voici comment cela arriva."

(Assia Djebar est décédée le 7 février 2015.)

ASSIA DJEBAR PEUT ENCORE VIVRE SI ON LE VEUT

Lundi 9 février 2015

Chouyoukh contre écrivains. Imams contre livres. Fatwas contre fictions. La fin du monde contre le monde. La mort contre le conte.

Le pays a choisi, un peu, parfois, souvent. D'un côté les écrivains, chassés parfois, morts tellement de fois, exilés, forcés, réduits ou transformés en caricatures d'eux-mêmes ; de l'autre la montée triomphante et dopée de ces armées de "savants" qui tuent le monde par la langue, salissent la vie et transforment une religion en sexologie de malades.

D'un côté l'écriture qui cherche du sens sans tuer l'homme, restitue la dignité, l'énigme ou la gravité, de l'autre ceux qui veulent tuer la femme, la liberté, la promenade et le corps et le sens. Le pays, entre le gouffre et le roman, le rite et la rature, un livre et tous les autres livres. Question de fond : le pays a-t-il besoin de ses écrivains ? Presque pas.

À quoi sert un écrivain dans un pays où la fiction n'est pas tolérée ? Où la fiction est sommée ou soupçonnée ? Où l'imaginaire n'est pas un droit mais le diable ?

À quoi sert l'écriture quand on répète que tout est dit dans un seul et unique livre ? À quoi sert de faire rêver quand on proclame que tout se passe après la mort et la fin du monde et pas avant ? À quoi sert le roman face au monologue de l'Histoire et à l'inquisition du religieux ?

Que veut dire raconter l'homme quand le seul héros est un dieu ou un calife ? Qui est Assia Djebar ? Elle a si peu de traces dans les manuels scolaires, les livres, la vie, les rues, les têtes des enfants et nos écoles et villes et sentiment de fierté hors hydrocarbures. Comme beaucoup d'écrivains algériens. Et il suffit de feuilleter les manuels scolaires pour s'en convaincre. Elle est morte depuis si longtemps, d'ailleurs. Elle n'est pas une chanteuse algéro-égyptienne pour que Bouteflika daigne lui rendre hommage. Elle fait partie de l'oubli organisé et du dédain. Elle est élue de l'Académie française, immortelle chez eux mais depuis longtemps morte chez nous. Comme d'autres. Elle ne sied pas au mythe national confectionné ni au califat qui s'est installé dans les rues du pays. Elle a trois torts : elle est femme libérée par la langue d'autrui, elle a rencontré la vie en France et dans le monde, elle est algérienne profondément. Donc elle est morte en Algérie depuis longtemps et on a tout fait pour qu'elle ne soit pas modèle, icône, voix et voie chez elle.

Assia Djebar est l'écrivain. À l'hymne à la vie qu'il propose, on lui préfère le rite pour décrocher l'éternité. À l'interrogation qu'il défend, on lui préfère la soumission. À la gloire qu'il apporte au pays, on lui oppose l'indifférence ou l'insulte. À la liberté qu'il exerce, on lui oppose le soupçon sur ses croyances, ses appartenances ou ses raisons cachées.

À l'imaginaire dont il veut maintenir la nécessité, on lui répond par le haussement d'épaules ou l'inculture sale. Il ne faut pas se le cacher : l'hommage sera bref, le livre ne sera pas lu, l'autodafé continuera. Et entre les rues aux noms des martyrs et les mosquées aux noms des gens d'Arabie, Assia Djebar ne donnera son nom qu'à sa propre tombe en Algérie ; sauf pour ceux qui veulent encore donner la vie en rouvrant ses livres, là, le pays se ferme. Les écrivains algériens étaient déjà mal vus par un régime inculte et méfiant, ils sont désormais déclarés inutiles dans le califat qui se construit sous nos yeux.

Défendons leurs vies, leurs œuvres, leurs mémoires. Ils sont une possibilité de salut. Une source de fierté et le lieu de la rencontre avec soi et avec le reste du monde.

(L'acteur français Roger Hanin, né en 1925 à Bab-el-Oued, a été inhumé en grande pompe le 13 février 2015 au cimetière juif de Bologhine, tout près du quartier de son enfance.)

UN BREF INSTANT DE MÉMOIRE VIVE
Lundi 16 février 2015

Dans le langage pensé, on appelle cela l'Algérie plurielle : l'Algérie arabe, l'Algérie amazigh, l'Algérie juive, l'Algérie chrétienne, l'Algérie ottomane, l'Algérie espagnole, etc. L'une mange presque toutes les autres, les nie, les appauvrit, les exclut, les refuse. L'Algérie amazigh essaye de survivre. Parfois on lui tire dessus, parfois c'est la prison, le chant, la rébellion, la tentation d'autonomie, la dignité. Douloureuse, arrachée à la terre vers la montagne, méprisée, repoussée mais résistante. L'Algérie espagnole est en ruine. Des murs, des frontons, quelques forts et presque rien dans les manuels scolaires. L'Algérie ottomane est curieusement vécue : revendiquée par les descendants des koulouglis comme une racine, elle est incolore dans la mémoire : on en a hérité le mode de gouvernance, la régence, la façon de désigner le dey du moment et les présidents, la pensée janissaire, les modes de milices et le mépris cité/tribu. L'Algérie chrétienne est encerclée, à peine tolérée, niée elle aussi. Réduite à un poids mort sur une croix effacée : on la traite comme une entité exogène, étrangère, alors qu'elle a participé à la guerre de Libération, qu'elle a habité le pays avant l'islam, qu'elle a enfanté saint Augustin et ses *Confessions* et qu'elle a été là pendant la décennie noire, la guerre grise, la paix floue. Elle a payé de son sang, des siens, et essaye de faire modeste figure parce qu'elle sait que le pays est susceptible, malade de ses racines, violent et emporté. On essaye de la lier au Vatican pour mieux la cerner dans le statut de "l'Étrangère" là où elle affirme son algérianité mais avec résignation au silence. L'Algérie saharienne, elle aussi réduite au silence et à la dune, soupçonnée de sédition, traitée comme une vache renversée, pis en l'air. Visitée dans l'exotisme et tenue à distance par un barrage vert dans la tête noire.

Reste l'Algérie juive. Celle-là est aussi ancienne que le pays et même plus ancienne que lui. Elle n'est pas enseignée, elle est stigmatisée, objet d'hystérie et d'hallucinations. Elle est évoquée comme une peste ancienne, confondue avec le sionisme dénoncé, la question palestinienne et la réponse "arabe". Elle est chantée, rejetée, refusée, interdite de territoire et de mémoire et pourtant elle est là. En silence et persistance. Elle a partagé le sel et le quartier, la guerre ou le refus de guerre, la colonisation subie ou désirée. Elle est divisée comme le pays et son ventre. Nos grands-parents la vivaient avec calme, les générations arabo-baathistes la vivent comme une hantise, une trahison et un complot étranger. C'est donc cette Algérie juive qui, pendant quelques heures, a été assumée, puis vite pliée et rangée après l'enterrement de l'acteur français Roger Hanin. Images inédites pour les générations Benbouzid de l'enterrement dans un cimetière israélite, avec le rite du lieu. Le juif d'Algérie ayant été effacé de la mémoire, des plats, des souvenirs, des livres et de l'histoire épique. Cela réveilla une curiosité mais provoqua cette hideur de ceux qui ont crié "au juif!". Espace de contradiction du régime qui enterre dignement un ami de l'Algérie mais qui fabrique dans les écoles la haine de l'autre, de l'étranger et qui efface nos Algéries pour le bénéfice morbide d'une seule. Déni de l'histoire, protocole de la sépulture. On n'est accepté dans sa différence que mort. Vous pouvez visiter l'Algérie mais dans une tombe.

Algérie plurielle donc, refusée par l'Algérie de l'histoire unique et de l'identité dite arabe. Algérie rêvée de notre guérison, refusée par l'Algérie hideuse de nos dénis et qui est inculquée à nos enfants dans les écoles, perpétuée par l'Algérie islamiste qui dessine un nouveau territoire à la place de celui de nos mémoires, histoires et martyrs. Algérie résistante face à celle qui veut tout dévorer. Algérie fragile et qui, pourtant, a survécu à toutes les colonisations. Et qui survivra à la haine de soi d'aujourd'hui, aux journaux talibans et aux écoles sinistrées, cheikhs "gynécologues" et générations "je suis n'importe quoi". Algérie de Hanin, Assia Djebar, Dib, Messali, Matoub, Massinissa, l'Émir et autres morts bienveillants.

LE SORT FAIT AUX FEMMES RÉVÈLE LA LISTE DES PEUPLES MAUDITS

Mercredi 25 mars 2015

Farkhunda. Le prénom, presque, d'une terre. Ou d'un royaume ? Ou d'une légende ? C'est le prénom de la femme afghane lynchée par la foule, filmée, puis jetée au fleuve Kaboul, dépecée et brûlée, il y a une semaine.

Il fallait voir ces images sur Internet : des policiers qui se croisent les bras, un Afghan qui filme, une meute qui s'acharnait sur une masse sombre – la femme accusée d'avoir brûlé un coran. À un moment, un homme arrive et se met à la frapper avec un seau. Un autre avec une planche. Poussière. Atroce. Sentiment de terreur et de honte.

Plus tard, quand retombera la poussière, le ministère afghan de l'Intérieur précisera qu'elle n'était coupable de rien : ni d'avoir brûlé, ou piétiné ou déchiré un coran. Juste d'avoir été une femme. Farkhunda. On tente d'imaginer ses derniers moments, sa douleur sous le piétinement, ses cris, sa sombre solitude.

Puis on recule : cela est atroce et impossible à la fois de se représenter l'atrocité de l'intérieur. De la rage au cœur, alors. Presque de la haine pour ces peuples. Il fallait voir ces images et cette horde d'animaux qui s'est abattue sur elle au nom d'un livre ou d'un dieu.

De la sauvagerie à vous faire vomir. De l'inhumain. Il fallait imaginer la vie de cette femme, dans ce pays vidé où les femmes sont traitées comme des organes honteux, une vie sans sens, sans liberté, sans désir, pour finir sous les pieds de ce troupeau, au nom d'un livre.

Le monde feuillette. En Égypte : Essissi, le général-président, accueille une femme qui a été obligée de se déguiser, pendant quarante-trois ans, pour contourner l'interdiction "sociale" de travailler. Sisa Abu Daooh, soixante-cinq ans, admirable, nourrissant impotents et enfants. Une vie entière en clandestine sous sa propre peau, dans son pays, parmi les siens.

C'est l'état de notre monde : la femme sous la loi de l'enterrement du vivant. Partout chez nous la femme est coupable. De son corps, de sa féminité, de sa condition. Avilie, chassée, pourchassée, harcelée, accusée, honnie ou aliénée au point qu'elle se retrouve à haïr les autres femmes au nom de l'homme ou de Dieu.

Cela ne change pas : entre le sort de Sisa Abu Daooh, ou celui de Farkhunda jetée brûlée dans le fleuve Kaboul ou celui des autres, il n'y a que des degrés de dépossession ou de lynchage. La femme est coupable et son procès est ouvert par la meute qui la lynche, les hommes qui lui interdisent de travailler ou ces rats qui, à l'APN algérienne, ont grimacé à propos de l'amendement de la loi sur le harcèlement sexuel (la femme étant coupable parce qu'impudique). Même sort, mort ou corps. Partout où on parle du ciel, on commence par piétiner la femme. Et c'est terrible.

Car JAMAIS un peuple ne marchera sur la Lune, ne sera puissant, honoré et respecté tant qu'il traitera la femme, sa moitié vivante qui donne la vie, son lieu de désir et d'imaginaire, son champ d'amour et d'acceptation, comme une honte. JAMAIS un peuple ne connaîtra la paix et la puissance tant qu'il traitera la femme comme un animal ou une esclave ou une impudeur à cacher. JAMAIS un peuple qui parle de la femme comme d'un préservatif vivant ne connaîtra la sérénité, le partage et la quiétude.

Un peuple qui veut cacher les femmes comme une honte enterre la moitié de sa force économique, méprise la moitié de ses forces, ne peut prétendre être un peuple ou avoir un vrai pays.

Il sera une honte à vivre et une misère à subir. C'est la loi de la vie. Le sort de l'Afghanistan est dans le sort de Farkhunda. La misère de l'Égypte est dans le sort réservé à Sisa Abu Daooh. La tristesse et l'échec de l'Algérie sont à lire dans la bouche de ces députés islamistes qui ont accusé la femme d'être coupable d'impudeur. Vous voulez lire l'avenir de certains peuples ? Regardez alors le présent qu'ils font subir à leurs femmes.

LE FN EST LE FIS DE LA FRANCE
Mardi 31 mars 2015

La fausse vraie montée du FN est-elle suivie en Algérie ? À peine. Pour les plus sceptiques, c'est une confirmation de la théorie des exclusions. Pour les autres, c'est un spectacle, à défaut de visas ou d'envie d'y aller. Cela change la France, mais pas le regard sur la France.

En gros, c'est un peu le FIS chez nous : populisme, bas niveau des élus ramassés dans les marges pour meubler les listes, victoire par le vote sanction, discours sur la "souche" et le pur. Le FN est comme les islamistes chez nous : bon en opposition, idiot en gouvernance. Sa montée n'est que l'échec des autres. Sa façon de voir est tout aussi salafiste : il prétend que l'immigré est le problème, et donc que chasser les immigrés permet de dégager des emplois vacants et de lutter contre le chômage. Les islamistes du FIS ou ses fils disaient la même chose : le chômage ? Mettons toutes les femmes au foyer et vous verrez le nombre d'emplois obtenus pour les chômeurs hommes. Les méthodes du FN ? Celles des islamistes : jouer sur le mythe des temps anciens et purs – Jeanne d'Arc ou la Médine utopique. Le califat ou la Gaule ancestrale. Laser au ciel ou dans les yeux des électeurs idiots et ébahis. Le FN joue surtout sur la peur : en France, dans des villages qui n'ont pas vu un immigré depuis deux siècles, le FN a joué sur la peur des Français de voir leur mode de vie changer. Il dénoncera l'islamisation comme les islamistes dénoncent la "christianisation". Il joue sur l'identité comme les salafistes sur l'islamité.

FIS/FN. Jeu de miroirs. L'un est gouverné par un père et une fille. L'autre l'était par un aîné et un cadet. L'un promet l'avenir par un faux passé. Les deux possèdent milices, mensonges et faux chiffres. Théories du complot, "affaires montées" et esthétique fasciste. L'un est vert l'autre est bleu. Et la France ? Elle va connaître nos misères politiques et nos impasses : interdire le FN n'est pas possible ; le laisser prendre le pouvoir, c'est perdre le pays. Ou peut-être pas : les Français liquideront l'illusion de la solution par le FN, s'ils le laissent prendre un peu de pouvoir. Possible, ou pas. Dans tous les cas, c'est le règne des populismes mondiaux aujourd'hui : Grèce, Argentine, Venezuela, Europe, etc. Le populisme, c'est promettre au peuple des solutions faciles à des problèmes complexes, prendre le pouvoir puis enfoncer le pays dans des crises plus graves. "L'islam est la solution" vaut le slogan du FN, "Le peuple d'abord". Tout est dans la bouche, rien n'est dans les mains.

Les élus du FN en France, à peine élus, s'attaquent aux associations culturelles, aux "clubs de danse du ventre", aux subventions culturelles, racontent des Français. Pas de quoi s'étonner : la culture est l'ennemie de Daesh. Qu'il soit bleu, vert ou rouge sang. Le radicalisme populiste est aujourd'hui un monothéisme mondial. Au final, il s'agit de la même maladie. Le FN et le salafisme ne semblent lutter, l'un contre l'autre, que pour mieux se nourrir l'un de l'autre. Étrange parenté.

IL FAUT ÊTRE LAÏC POUR SAUVER LA RELIGION

Mercredi 1er avril 2015

Dans le monde dit "arabe", c'est le ciel qui trace les frontières de la Terre et transforme les nations en nuages éphémères. C'est le nouveau siècle et les pays du coin sont des tracés sur le sable, entre une caravane avec un hymen et un drapeau, une prière ou un colon. Le ciel s'y joue et tue l'homme qui passe ou s'y attarde. Cela se passe ainsi quand on ne sépare pas religion et État, péché et délit. "Séparer l'État de la religion sauve l'État, bien sûr, mais sauve surtout la religion", me dit l'ami dans les rues de Bruxelles, hier soir. Étrange qu'on n'y pense pas chez nous, pour les plus généreux d'esprit. Les religieux sincères devraient être en effet les premiers à défendre la laïcité : cela permet de garder la foi loin du Parti, de maintenir la religion dans la pureté du cœur et le champ du choix. Préservée de la politique, une religion est préservée des ambitieux, des calculateurs, des violents, des corrompus et des manipulateurs qui y viennent par cupidité et haine et non pour chercher la voie du sens. Ceux qui y viendraient prier ou guider le feraient par choix, amour, compassion, quête spirituelle, désir de trouver du sens. On verrait alors s'éloigner ces mauvais vivants qui, au nom de la religion, tuent la foi et l'homme et le passant et la femme et le rire et le monde.

Sauf que le mot a mauvaise presse, sali par ceux-là mêmes qui disent que la laïcité est un crime contre Dieu et un complot de l'Occident. Cela se comprend : l'assassin défend son masque. S'il vous dit que séparer la religion et la politique est un péché, c'est parce qu'il fait de la politique au nom de la religion. Cela ne l'arrange pas de perdre son masque. Il fait commerce, il ne se soucie pas de faire d'une croyance son mulet ou sa chaussure. Séparer la religion du politique, c'est séparer la carrière de la croyance. C'est aussi mettre à nu l'ambition de l'homme qui veut prendre le pouvoir au nom du pouvoir de Dieu. Il vous dira qu'il veut ce que Dieu veut, que l'islam est la solution et qu'on doit appliquer la loi de Dieu. Sauf qu'il ne s'agit pas de cela. Il ne s'agit pas de guider les cœurs vers le ciel mais les gens vers la soumission. Séparer l'État de la religion sauve la religion de ceux qui la salissent et la manipulent. Cela permet de voir venir les meilleurs cœurs vers une foi. Cela permet de libérer une religion de sa prise en otage par la violence. C'est alors que l'on parlera de l'homme, de l'amour d'un dieu, de sens, de vision, de conviction, de partage, de don, de sacrifice. Au lieu de parler de fatwas, interdits, tabous, haram/hallal, haine, complot, sexe, femme, nudité. Sourire sera la première lettre de l'alphabet. Séparer le politique du religieux, c'est unir l'homme au désir d'un dieu. La carte du monde serait alors tracée par les pèlerins, pas par les tueurs et les morts. Et jamais ce monde dit arabe ne connaîtra la paix tant qu'il confondra verset et épée, religion et politique, califat et calculs.

(Le 18 mars 2015, le musée du Bardo, à Tunis, est la cible d'un attentat terroriste. Bilan : 24 morts, 45 blessés.)

LA POSSIBILITÉ D'UNE TUNISIE
Lundi 6 avril 2015

Les Tunisiens sont sévères avec leur révolution : elle va mal, fait mal, est mal faite. Le pays est en difficulté, n'a pas beaucoup d'argent et les petits Ben Ali repoussent doucement à l'ombre des indécisions. Aux yeux de l'Algérien passant, cela fait un peu sourire car le désenchantement chez nous dure depuis cinquante-trois ans presque. Là où, en Tunisie, la désillusion est si jeune (trois ans) qu'elle en ressemble à un caprice. Que leur dire ? Tout : qu'ils ne savent pas ce que vaut, au change du symbole, leur révolution encore vive dans le désastre de ladite "arabité", c'est le seul pays qui prouve encore qu'il y a de l'espoir. On ne le leur répétera jamais assez car les Tunisiens ont peu conscience de leur reflet dans nos déserts. Il faut encore et encore leur répéter qu'ils doivent réussir car cela implique pour nous la possibilité d'une île. Sinon, nos dictateurs auront raison. Déjà qu'en Algérie, les exemples libyen et syrien ou égyptien assurent la survie miraculeuse d'un régime qui est allongé comme Moubarak, fou comme Kadhafi, violent comme Bachar, rusé comme Ali Salah.

La Tunisie devine peu son poids, habituée qu'elle est à l'angle discret de sa géographie et à la modestie de ses ambitions régionales. "Un petit pays qui a donc de petits problèmes", résume un ami dans les rues lumineuses de son pays. Faux, car ce pays a aussi inventé la grande solution.

On le ressent dans la rue et les esprits. Discussion avec un jeune homme brillant qui, entre vie de commerce et de loisirs, réinvente la solidarité dans la Tunisie profonde : initiatives envers les lycées, les femmes, les villages oubliés, etc. Étonnement en soi et presque de la jalousie à entendre ces gens parler de leurs initiatives en toute liberté : "Ici, les ministères ont peu d'argent et de moyens : quand quelqu'un lance une initiative, ils sont preneurs." Cela vous plonge dans la songerie du pays derrière le dos, le vôtre. Là, on ne peut pas bouger sans agrément, autorisation, bureaucratie. Tout est à l'ombre de la méfiance policière. Je ne peux pas aller dans les écoles algériennes, parler de littérature sans le cachet humide de Bouteflika lui-même. Si on lance des initiatives d'internats subventionnés, de lycées autonomes en énergie, recyclage ou alimentation, on a besoin de deux conteneurs d'autorisations au bout d'un siècle de procédures. On ne peut rien faire pour son pays ligoté, que gémir, médire puis grimacer et regarder les radios des mille collines (Echourouk et Ennahar) réinventer le FIS sous vos yeux et fabriquer une guerre civile à venir.

Ce qui frappe en Tunisie est ce concept lumineux, libre, vif et essentiel : la possibilité d'entreprendre, de faire quelque chose. Le militantisme n'a pas ce sens de concurrence vers le pouvoir, mais d'engagements solidaires envers les siens. C'est-à-dire que l'on peut faire quelque chose, qu'on le fait, sans méfiance, ni doute, ni la rouille majeure du soupçon, ni inquisitions. Les raisons : Ben Ali a fui, il n'y a pas de pétrole "don de Dieu" qui transforme le peuple en malédiction de la démographie, il n'y a pas d'armée qui pèse, pas d'anciens moudjahidin, de famille révolutionnaire qui butinent le butin de guerre. C'est un pays qui subit les islamistes mauvais, le terrorisme et la crise mais qui attend encore quelque chose de lui-même, essaye, tente et ne sombre pas. Beaucoup de Tunisiens savent intuitivement, même s'ils tentent de l'oublier dans le bavardage, que leur Tunisie dépend d'eux, de chacun, et qu'ils n'ont que ce pays sous l'aisselle dans le voyage du monde.

La révolution est dure, coûteuse, mais l'initiative est donc possible, l'entreprise, l'acte. La Tunisie est la possibilité d'une île, l'Algérie est un continent perdu. On en est frappé. Bien sûr les grimaces chez nous sont des essaims quand on parle de l'espoir dans ce pays voisin. C'est qu'on n'aime pas voir les autres réussir. Et on est solidaire dans les échecs. C'est notre métaphysique : il est douleur, pour le pays qui a brillé par une guerre de Libération, de voir que d'autres se souviennent ou vivent mieux la liberté.

Passons. L'attentat du musée est encore dans les discussions ici. Mais la Tunisie n'est pas un musée figé. C'est un vif pays qui habite le présent.

LA VIEILLE ERREUR DU “CONSOMMONS ALGÉRIEN”

Lundi 11 mai 2015

“Consommons algérien.” Un vieux mythe algérien qui remonte aux fondations de la nation. Un vieux rêve qui revient en cycle. Comme, cette fois, avec le FCE du patronat unique algérien (sur le mode parti unique). Et avec les mêmes lots de moqueries, autodérisions algériennes, déceptions et analyses : consommer quoi ? Par qui ? Comment ? C’est que le patriotisme algérien est valable pour le fusil, pas pour les mains. On fabrique peu, on défend la nation mais contre l’invasion coloniale, pas alimentaire ou *made in*. Le nationalisme économique suppose un peuple qui fabrique, crée, vend et impose. Ce n’est pas notre cas. Nous, on sait chasser le colon, pas fabriquer des bateaux ou des satellites. On n’est pas des Japonais.

Et, donc, encore les mêmes myopies. Au matin, sous le soleil d’Oran, au rond-point, une affiche qui incite à consommer algérien, mais pas en langue algérienne. En arabe dur et fermé. Curieuse erreur redondante depuis des décennies : comment pousser à consommer algérien sans parler algérien ? Pourtant, tous les vendeurs le savent : l’amour, la mort et l’argent parlent la langue locale du pays. C’est-à-dire l’algérien ou le tamazight ou autre, pas l’arabe des rimes. On ne se fait pas latin pour vendre aux Chinois. Inciter les Algériens à consommer algérien en leur parlant un arabe classique de livre est presque de l’humour, mauvais.

C'est aussi du délire organisé. Du strabisme idéologique. Car on pense faire une campagne économique mais avec des soucis idéologiques ; donc, cela ne marche pas. Les pubs des autres boîtes, celles des téléphonies par exemple, ont bien compris : on ne peut pas inciter les Algériens à parler en le leur disant en langue arabe. Contradiction sur l'étalage. On n'aime pas l'amour dans la langue morte de l'âge d'or mort. On ne meurt pas en récitant des poésies de la période antéislamique et on ne vend pas des confitures avec des étiquettes d'al-Mutanabbî. L'amour, la mort et l'argent parlent la langue immédiate de la chair et de la mère.

Donc, pour inciter les gens à consommer algérien, il fallait au moins le faire en algérien. Accepter nos langues est le commencement pour guérir nos mains : le pays sera à nous, on y fabriquera, aimera, mangera et consommera. L'arabe dur aide à consommer les passés, pas les présents, ni les aliments. Consommons algérien doit commencer par : acceptons l'Algérien, pensons algérien, aimons l'Algérien. On ne mange pas ce que l'on n'aime pas. Les enfants le savent. Donc, consommons algérien doit commencer par notre langue. C'est meilleur pour la nation et pour les modes d'emploi et les posologies.

HOLLANDE, LE DOIGT DANS LA SUCCESSION OUVERTE D'ALGER

Mercredi 13 mai 2015

C'est la rumeur du mois devenue information : François Hollande, le président français, annoncé mi-juin en Algérie. Pour quelle raison ? Les siennes et celle des nôtres. C'est-à-dire celle du régime aux commandes : une sorte de lifting d'image, de démonstration de force face aux adversités montantes, de preuve de "fréquentabilité". C'est un peu la vieille méthode des dictatures : démontrer la santé par la fréquentabilité. Formule plus méchante : quand de Gaulle vous serre la main, cela veut dire que les autres "ont compris" et que votre main serre la sienne. Car, mis à part cette rumeur, il n'y a pas de signe d'activités politiques démontrant la vie ou la mort chez nous. D'ailleurs, quand vous vous promenez dans les pays des autres, on ne vous demande plus si votre pays va bien, mais comment va votre président. Vous songez alors à de l'humour, un peu de colère, une dose de silence ou à changer de conversation ou de peau. La France d'Hollande fera-t-elle l'erreur de venir prouver la vie d'autrui et ses capacités motrices ? Pourquoi pas. Ce pays s'ennuie, lui aussi, manque de sens, il est assis.

Question violente et irrespectueuse : décolonise-t-on jamais, au final ? Ne réédite-t-on pas les noces violentes des couples ? Rupture, distance bavarde, dédommagements, haines, puis lente distance, jeux de domination et de rébellion, souvenirs manipulés, puis langues, puis rites d'indifférence, puis apparences aménagées, mariages tiers puis retour aux raisons, froidures, intérêts, fourberies puis lents vieillissements, séductions séniles puis lucidités sur les pertes et profits et équilibre dans les formes et, enfin, visite d'hôpital, soucis de santé partagés et étonnants soutiens mutuels. Le régime actuel, face à la France, a la psychologie fascinée du décolonisateur. Il a chassé la France mais elle reste une nécessité pour son mythe d'entretien. À la fin, tout le monde se soigne en France. Pas des blessures de guerre mais des blessures du temps. Rires. Jaunes. Il ne s'agit pas de "politique", de remise en question de la guerre de Libération ou de harkisme esthétique, mais d'une sombre facette chez le libérateur quand l'histoire devient du temps et le mythe un galon. Le libérateur finit toujours seul entre un colon qu'il a chassé et un peuple qu'il n'aime pas. Alors, lentement, il s'enfonce dans le mimétisme et la corvée de la gestion des indépendances. De la gloire à l'intendance. Cela finit par vous faire goûter à l'aigreur. À écrire un jour : "Le colon et le colonel : âge et jumelage."

Et pour notre visite de juin ? C'est seulement une rumeur qui peut devenir une erreur, selon les Algériens qui attendent un changement de leur vivant. Du point de vue de la psychologie, la rumeur démontre surtout que le temps ne passe pas, qu'il n'y a pas de solution et que la vie après la mort est étonnamment longue en Algérie. On en arrive à spéculer sur le déplacement de Bouteflika en France puis à spéculer sur les déplacements de "Val-de-Grâce" pour sauver Alger. Conclusion : Hollande aurait dû ne pas mettre le doigt, ouvertement, dans la succession ouverte d'Alger. C'est un mauvais calcul.

Lassitude.

BUCAREST : IMPRESSIONS EN VRAC

Dimanche 24 mai 2015

Le ciel roumain est pur à cause de l'été précoce. Sur terre, les traces du communisme et ses esthétiques : immeubles en ruches serrées et ternes, tristes façades, gigantisme des édifices publics (tentation de tout dictateur, jusqu'à notre "plus grande mosquée d'Afrique"). Étrange, le socialisme a imposé des rites : la porte capitonnée du "responsable", l'inévitable "palais du peuple", le souvenir (qui fait sourire les Roumains) des pénuries et des rites des douaniers véreux – déodorant Axa, savon Fa et cigarettes pour faire passer des revues "occidentales" ou des produits rationnés. Dans la ville de Ploieşti (quarante minutes de trajet), dans un restaurant, le chroniqueur algérien parle aux Roumains du même pays "socialiste" : des heures "rationnées" de la télévision, du discours du parti unique, des "Services" et leurs terrorismes au nom de la sécurité, de la tristesse, des peurs et des ruses pour survivre à la bureaucratie, la délation, les autorisations de sortie, etc. Cela fait rire. Mais avec des différences entre la Roumanie et la post-Algérie : l'épisode Nicolae Ceauşescu est enseigné dans les manuels scolaires, octobre 1988 est encore nié chez nous. Après la chute du dictateur, le pays s'est libéralisé, dans le désordre, mais sans le sinistre. Chez nous, on a rappelé la dictature, on l'a restaurée et elle se porte mieux en se portant assise. Avec un autre détail : on est passé de la pensée unique, comme a dit une amie, à la "non-pensée unique".

Retour à Bucarest : on y voit l'architecture du vieux royaume avec de si belles maisons, et les hideurs socialistes avec le souvenir gris de leur gloire qui a mal fini. Le pays est calme, ne sent pas la rancune et va doucement entre la chute du régime et le ravalement des façades des beaux édifices. Consumérisme et restauration. La nostalgie? "Oui, chez les anciens", explique une universitaire. Curieuse maladie du présent : des Roumains regrettent parfois le dictateur à cause de ce qui fait notre malheur chez nous : le "gratuit", le "syndicat", le "logement aidé", l'emploi fictif et le discours unanime.

Michel Tournier, l'écrivain français, disait que, dans une prison, certains voient les barreaux, d'autres admirent le toit.

Des Roumains parlent à leurs enfants d'une époque bénie imaginaire où le dictateur-père assurait un monde de sécurité et de gratuité.

L'image fantasmée se transmet par "la famille" et les anciens face aux difficultés des temps présents. Cela divise le temps en "avant" et "après". Mais, en Algérie, ce calendrier est insolite : l'"avant" est revenu pour piéger l'"après" ; d'octobre 1988, on a débouché dans l'Algérie 1990 pour remonter avec l'actuel président à l'Algérie 1970. Le temps est une corde tordue, un serpent sans dents, une eau sans tête. L'Algérie est une spirale, la Roumanie une ligne droite un peu courbée mais qui se redresse. Passons : le pays est beau, il n'a pas cette agressivité des pays tristes et en colère contre soi-même ; il accueille, mais dans une sorte de belle indolence. La ville est propre, le "parti unique" est devenu chambre de commerce. Pourquoi cela n'a pas réussi chez nous, la fin du régime et une transition sans grandes catastrophes? Vaste question avec interdiction de nager dedans.

Les Roumains parlent de révolution mais avec un sourire en coin. La théorie de la révolution "provoquée" et manipulée et donc de la "fausse révolution" a ses partisans : la chute du dictateur a été préparée et des indices le laissent penser, dit-on. Cela fait partie du folklore ou de la spéculation. L'essentiel est ailleurs. Sensation étrange d'être un homme préhistorique dans un monde post-historique : la Roumanie, qui était comme nous, a "fait quelque chose". L'Algérie, non : on est sorti du socialisme pour tomber dans la guerre, puis dans l'islamisme ambiant d'aujourd'hui et l'économie du butin. Tournant en rond puis en vrac : ni démocratie, ni dictature, ni califat, ni socialisme, ni libéralisme, ni rien. Un mélange détestable et sans tête, incapable d'être une idéologie d'État ou un régime fort. Un président absent avec un ministre de l'Enseignement supérieur fervent des jupes longues et défenseur d'un agent de sécurité talibanisé. Un détail ? Non : un indice majeur. En Roumanie, la jupe courte ne provoque ni séismes, ni polémique, ni fixations honteuses sur les jambes de la nation. Obsédante, cette histoire d'un ministre contre les jupes courtes en Algérie. Elle résume tout.

Bucarest. Ville aimable. Pays sans rancune envers son passé ou son présent.

LE RÊVE MONSTRUEUX D'UNE ALGÉRIE SANS JAMBES

Lundi 25 mai 2015

Les jambes de l'Algérie. Histoire de nos présents. D'un côté, un recteur d'Alger, devenu ministre de nos talibanisations en marche, soutient son agent de sécurité qui soutient les talibans contre les jupes courtes. La jupe courte est mal vue pour le nouveau ministre. C'est la source des séismes selon les salafistes, du mal selon les oisives, des sécheresses selon les passants et des fins de monde selon les Algériens qui tournent en rond.

De l'autre côté, la France, pays qui a trouvé son séisme sans bouger les fesses : une étudiante est chassée pour cause de jupe longue. Un journal fictif a même proposé d'échanger les deux femmes pour régler les problèmes.

Dans le reste du monde, la campagne d'Algériennes sur "mes jambes ne sont pas un crime", avec photos de jambes d'Algériennes, a fait le tour du monde. On a parlé de l'Algérie à partir des pieds, pas des mains. Au lieu de briller par la lumière, le pays brille par ses fanatismes. Mais la métaphore n'est pas épuisée : on a un président assis, qui ne se lève pas et dont les jambes ne fonctionnent pas. Cela est arrivé à l'Amérique au siècle passé, mais l'Amérique a gagné, pas nous. Jambes mortes contre jambes nues. Les premières ne dérangent pas le ministre de l'Enseignement supérieur. Les jambes nues, si. Et l'agent de sécurité? Le mal est dans les jambes. Celles des femmes. Source tarie, pays en boucle, banc public, jambes immobiles. Croiser les jambes sauve la virginité, mais immobilise l'économie. En gros, la fable est nette : les jambes nues avancent et essayent de faire marcher le pays. Les jambes immobiles le font tourner en rond. En plus précis? Misères de l'Algérie de Bouteflika : un ministre califat, agent de la police des mœurs, jambes sans os. Que dire d'autre? Au lieu d'être reconnu pour le premier pas algérien sur la Lune, on est identifié comme le pays des jambes tordues. En rond. On ne cire plus les chaussures depuis Ben Bella, on cache les jambes depuis la réconciliation. Le but politique ultime, c'est un pays sans jambes. Coupées au ras des chaises. Rampant sur le ventre, parlant par murmures, désignant le monde par la main qui tremble, épuisé par le verbe. La Grande Marche de Mao remplacée par la Grande Immobilité de la RADP. La Panne Absolue et magnifique. Pays rêvé, peuple enjambé, pays dé-jambé. Femmes roulantes, chaises nues. Misère : sans les jambes des femmes, on ne fera pas un pas en avant. Mais qui le veut, chez nous? Selon la tradition, il est interdit d'allonger les jambes dans les mosquées. Cela explique les conquêtes des Arabes et leur audace. Aujourd'hui, on peut les allonger. Le pétrole est un don de Dieu, les Chinois un don de l'histoire.

Pays à libérer des mains. Encore et encore. Tombé dans le ridicule et le sinistre. Pays-tronc sur les cent mètres du monde.

Maudits soient les peuples qui croisent les mains et accusent les jambes des femmes.

À HANOÏ, UN ALGÉRIEN AVEC DES SANDALES DE CAOUTCHOUC

Lundi 8 juin 2015

Onze heures de vol, dans un cheval d'élan et de fer, luttant contre la nuit et la fin de la terre dans le ciel, pour arriver au Viêtnam et à ce moment exact de la vie : les pieds dans l'eau de pluie de Hanoï, chaude, le vêtement mouillé, le corps enfin libre, calmé, serein, ouvert au monde comme une paume, la plante des pieds dans les sandales en caoutchouc, le regard apaisé. La ville est étonnante : mille et une motos traversent la rue et votre tête à chaque minute.

Désordre fou qui ne se conclut pas par la collision : ici la moto est le descendant du vélo communiste et les gens conduisent en réussissant, dans le chaos, l'art de la fluidité. La moto permet de circuler entre les piétons, dans les ruelles étroites et cela ne coûte pas cher. Du coup, des scènes invraisemblables : des familles entières entassées sur le bicycle avec l'enfant absolument serein, comme s'il avait le visage collé sur une vitre de voiture.

Les pousse-pousse sont encore là mais version conducteurs qui pédalent. Le pays est cependant calme entre les bruits des moteurs, brouillon mais comme silencieux. Chaleur étouffante, terrible, insupportable avec le décalage horaire. Il faut en gros trois jours pour s'y adapter. Visite du premier jour au temple de la Littérature, sanctuaire du Prince propagateur des lettres, fondé au XIe siècle. Ancien lieu du confucianisme supplanté par le bouddhisme puis le communisme puis le consumérisme. Impression de se promener dans un film, entre lotus immobiles et arbres qui ressemblent à des généalogies tant ils sont grands. Puis, une surprise : un distributeur Coca-Cola derrière l'un des temples entourés de tortues en pierre que les étudiants de l'âge féodal frottaient de leur main pour en recueillir les bénédictions ou le courage face à l'examen. C'est tout le symbole de ce pays : un pays encore communiste mais seulement "formellement". Dans la réalité, le Parti est invisible : pas de propagande ostentatoire, un discret compromis entre l'idéologie d'apparence et la réalité libérale. Col Mao et veste US. Confucius et Coca-Cola.

Première impression aussi : la femme. Son corps est libre et on ne lui reproche pas les séismes. À Hanoï, les gens ont cette étrange façon de vivre l'espace public comme un espace privé. Les dîners se préparent "dehors", on mange sur les trottoirs entre les mille et une motos (avec parkingueurs comme chez nous). Les plats sont des images, on dévore assis sur un tabouret en plastique et le service est huilé, impeccable, souriant et efficace. Les scènes de la nuit tardive ressemblent à celles de nos maisons : on y lave la vaisselle des restaurants dehors, accroupis, en riant de la journée ou en racontant le temps.

Les femmes ont les jambes nues, sont élégantes mais ne sont pas harcelées : enquête minutieuse du chroniqueur qui pèse les peuples à leur lien avec leurs femmes. Ici, rien : pas un regard, une haine, une névrose, un harcèlement ou une salive. Les femmes sont les égales des hommes. Le corps n'est pas malheureux : il est porté, vécu, nourri avec application. Des touristes se promènent dans le fameux quartier "des 36 rues" où loge le chroniqueur.

Centre de Hanoï et ses artefacts pour touristes. Ils sont nombreux car le Viêtnam a une image dans le monde. Les visiteurs mangent dans les rues, assis entre les Vietnamiens, des plats d'une saveur de fruit. Le souci de l'apparence du mets est poussé jusqu'à faire une peinture avec une salade et un portrait avec des arômes. Les femmes conduisent les motos avec leurs talons aiguilles souvent ! Passons.

Impressions heureuses sur ce pays qui a un parti unique et une vie libérale. Pays des boat people il y a quelques années, aujourd'hui en plein boom, exportateur exemplaire de café ou de thé ou autres riz. Pays tué par deux ou trois colonisations mais qui a gagné ses guerres, y compris contre la vocation fatale d'être un vétéran de guerre qui tue son propre pays. Sur la route de l'aéroport, question numéro un au guide : Avez-vous un ministère des Anciens Combattants de vos guerres ? Réponse : non. Une association.

Le ministère du Travail s'occupe des invalides. Grands mots jamais voisins chez nous : travail et invalides de guerre. Et les guerres justement ? Agacement puis réponse : on pense au présent et à l'avenir, répondent la plupart. C'est enseigné dans les écoles ? Oui, mais pas à l'excès. La liberté de la presse ? Silence gêné des journalistes rencontrés. Ici le Parti contrôle encore les médias.

Cela signifie les maux du politique, peut-être : corruption, représentativité flouée, etc. Autre question : l'effort. *Alias* le travail : ici, les gens ont la culture du double emploi car le "plein emploi" n'existe pas ; tout le monde vend, achète, mange ou déplace, dit-on. Il n'y a pas de pétrole, que des bras.

L'arrivée du chroniqueur correspond avec la visite d'une délégation vietnamienne en Algérie, pays qui achète tout et vend le "don de Dieu", *alias* le pétrole. Reprise de l'ancien lien sous la colonisation puis sous le socialisme. Possible ? On verra. Hanoï est lumineuse, agitée, désordre coordonné, commerces et culte des ancêtres ou des tortues, libéralisme et prudence. Il pleut abondamment aujourd'hui. Les ruelles sont protégées par de grands arbres. Les poteaux électriques ressemblent à des labyrinthes de fils et de câbles, monstrueux. La terre fait remonter de la vapeur et les piétons se couvrent de plastique pour se protéger ; une vendeuse de CD regarde le chroniqueur s'abriter des pluies drues. Elle lui apportera plus tard un banc et le priera de s'asseoir.

Le monde est nu comme une main. Le terrible monologue de l'Algérien, celui qui hante la tête et que chacun de nous promène dans le monde, cesse brutalement. Il n'y a plus de colère ou de mots. Appartenir devient un don. Cesse un ressac. La pluie lave les arbres et mon corps. C'est une ablution.

Sous les pieds, la rue et les sandales. Souvenir d'un Algérien qui est passé à Hanoï, peut-être dans ces ruelles en 1967. Il a écrit *L'Homme aux sandales de caoutchouc*, une pièce de théâtre sur les utopismes de l'époque. L'homme a été enterré à équidistance entre le culte et l'indifférence. Le soir, retour à la chambre. Il faut ouvrir ce livre de sable qu'est Internet et revenir au pays pour écrire : d'un coup, les salafistes, la jupe courte, le retour du parti unique, Bouteflika et ses produits, le malaise débarquent dans votre tête.

Le jacassement du pays reprend et vous ternit. On y apprend que la fiche communale pour de nouveaux anciens moudjahidin est de retour. Que le parti unique est de retour. Prix, pénurie, approvisionnement, vie et chronique d'un pays transformé en un intestin. Derrière les fenêtres, les rues de Hanoï vous rappellent que le monde est une possibilité. Qu'il n'est pas composé de notre malaise, de notre face-à-face avec l'Occident. Derrière nos géographies mentales, le monde est aussi ces Asie(s) vastes. Le Viêtnam vous laisse cette impression qu'il y a d'autres issues aux décolonisations que la ruine, la dictature, le culte des vétérans ou l'hypernationalisme qui ne se mange pas et dégonfle les bras.

Cap sur la capitale de l'ancien empire, Hué. Le demain du Viêtnam est l'hier de l'Algérie.

À cause du décalage horaire et des mentalités.

L'EFFET DE GAULLE SUR LA PSYCHOLOGIE DU DÉCOLONISATEUR

Lundi 15 juin 2015

Ciel lourd comme un mauvais repas. Gris, chaud mais diffus avec un soleil éparpillé en cotons. Sujet du jour ? L'effet France. Mais il faut y résister. On peut parler d'autre chose. L'effet de Gaulle. Un ami a même réussi à trouver le lit dans lequel avait dormi l'illustre homme lors de sa visite à Mostaganem. Légende ? À peine : le lit existe, selon l'ami. Et même plus : certains responsables algériens des décennies passées, maires ou retraités ou "responsables", venaient même le chercher pour s'y allonger et y dormir au moins une nuit à l'Ouest. Sulfureuse piste. De quoi faire un roman : *Le Lit de de Gaulle*. Il serait le signe médical de cette obsession du gaullisme comme effet de consécration sur les caïds, *bachagas* et autres Désignés. Le même effet sur les décolonisateurs eux-mêmes. Se faire visiter par de Gaulle ou par sa photocopie est un acte de consécration : le panthéon chez nous en Algérie, on y entre vivant. Quand on en sort, c'est qu'on est déjà mort. Recevoir de Gaulle est à la fois un signe de l'accession à l'égalité pour le décolonisateur et un signe épique de son héroïsme "qui a obligé le maître à venir en égal, pas en propriétaire". Cela consacre le décolonisateur comme égal, comme hôte, comme désigné mais aussi comme puissant, destin achevé. Nous sommes du même rang face aux décolonisés, dit le sourire. Vous comprendrez ma peine car je comprends mieux vos effets autrefois. Vos mots. Vos paroles. Vos attitudes. Sans moi, ce peuple se mangera. Ce peuple ne travaille pas. J'assèche les marais. La dictature se présente face à l'ancien colon comme une vraie présence positive au final.

Mais c'est aussi un effet volage, acide ou difficile : le décolonisateur est susceptible ; il peut tout calquer, la porte d'Alger comprise. Il peut se rebiffer, se retourner et se consacrer à l'adversité hargneuse par dépit. Un ami a dit un jour que de Gaulle n'a pas dû avoir la vie facile : avoir en face Bourguiba, Mohammed V, le FLN et son collège, des adversaires difficiles, intelligents, dignes et forts et complexes, comparés aux élites dictatoriales d'aujourd'hui. Vrai, mais juste un peu. L'effet de Gaulle est comme le jeu de la séduction : si je ne cède pas, elle s'en va. Mais si je cède trop, elle s'en va. Situation rendue complexe par les manipulations : l'effet de Gaulle me sert contre mes adversaires ; mais si j'en use trop, mes adversaires vont s'en servir pour lever la rue des conservateurs contre moi. Ceux-là mêmes que je monte contre la France au nom de mon histoire de décolonisateur ayant pris le maquis avant même ma propre naissance. De Gaulle se disant, en même temps, qu'il se doit de se montrer auprès du décolonisateur pour le soutenir contre ses propres adversaires conservateurs qui, s'ils prennent le pouvoir, vont faire pire. Complications profondes de la vie de de Gaulle. L'Algérie est difficile comme colonie ou ex-colonie ou même comme voisin.

L'essentiel ? C'est l'effet, pas la cause. C'est ce que vise le décolonisateur devenu chef : avec de Gaulle à côté, il dit l'essentiel à ses adversaires, aux indigènes du FLN, au pays profond qui vit assis dans sa propre mémoire. Le lit de de Gaulle est une obsession. Obscur lien de l'Œdipe face à la mémoire d'Antigone.

Sauf que la dé-colonie (ex-colonie) est une bombe. Elle va exploser. Le décolonisateur n'a ni vision, ni lendemain, ni souci pour son pays : l'essentiel pour lui est son fantasme, pas sa nation. Elle crèvera, il ne sera plus là. La fin de l'Histoire, c'est ma mort.

ULTRA-SELFIE-SOLITUDE
Jeudi 18 juin 2015

La solitude est un bâton. Vous parcourez des milliers de kilomètres pour rencontrer l'Autre ou sa culture ou ses paysages, mais à l'instant propice du rendez-vous vous sortez un bâton pour vous prendre vous-même en photo, consacrant votre solitude, la rupture du monde, le cloisonnement, l'indifférence à l'Autre, le renoncement. Vous vous passez de cela même que vous avez recherché : l'Autre et ses signes. Le selfie est une solitude. Fascinant spectacle, dans les rues de Bruxelles ou près de la rivière des Parfums à Hué, au Viêtnam : un homme vient de loin pour voir le monde mais ne vit le monde que comme arrière-plan. Le monde est un prétexte. Il est un fond d'écran. Le touriste, qui, à l'époque, demandait aux autres son chemin comme un pèlerin, provoquait à la fois la rencontre, le malentendu et les langages et le lien. Il finissait par trouver lieu d'entente et occasion de récit. Sournoisement, le selfie vous permet de vous passer du monde, de l'Autre et du besoin de l'Autre. C'est une solitude mais aussi une maladie mondiale. Une sorte de rhinocérite à la Ionesco : cela contamine et se voit partout depuis peu. Cela mène à croire au pire et aux anciennes gnoses : le cosmos lui-même n'est peut-être que le selfie sans visage d'un dieu qui nous tourne le dos et gambade dans nos mythes.

Le geste est un rite : le touriste ou l'individu trouve un lieu, une occasion, sort un long bâton qui va lui servir à fabriquer son propre reflet figé et à tenir l'univers à l'écart. On n'est plus dans l'art ancien de l'autoportrait, car celui-ci s'intéresse à l'homme et ne prend pas prétexte du reste de la création comme accoudoir au visage. Le selfie, quant à lui, consacre le cosmos comme ustensile et l'individu qui prend un selfie comme un ego. C'est une solitude, alors que le portrait est une exposition de soi, un don, une présence. Le portrait par selfie est une absence au monde, un refus, une réclusion du lieu de rencontre comme lieu de décor, un nihilisme. Les Québécois ont raison de parler d'egoportrait pour dire selfie. Le Japonais qui pourrait s'adresser à un passant à Bruxelles rate l'occasion, prend son bâton de selfie pour repousser la possibilité de la rencontre et trimbale uniquement son image mentale pour pouvoir la prendre, la figer, puis la ligoter et l'emporter chez lui comme un butin, la peau du monde en gibier, une taxidermisation des apparences. Le tourisme est une extension de l'appartement du pays d'origine. On ne va pas vers le monde, on tourne dans le même quartier avec les mêmes gens que l'on emmène avec soi comme spectateurs de son itinéraire fermé. Le bâton de selfie sert à un berger dont l'unique souci est son troupeau mental, pas l'humanité.

Car le selfie est une maladie du monde. Des membres de Daesh ont été identifiés récemment par des selfies (ils n'avaient pas pu résister à la tentation mondialisée), tués et détruits. L'usage du selfie a même provoqué un immense débat théologique en Arabie Saoudite avec des ulémas qui refusaient que des pèlerins puissent prendre des selfies à La Mecque. Soupçon sur le sens réel du geste : le pèlerin ne vient pas rencontrer Dieu, mais prendre une photo avec lui pour revenir chez lui et le raconter. C'est donc un geste païen.

Image fascinante trouvée sur le Net : un jeune court, poursuivi par un taureau. Le plus fascinant est qu'il tient à la main un téléphone et se prend en photo, poursuivi par l'animal bourru, donc soucieux d'immortaliser cet instant, conscient d'être en spectacle permanent, pensant, dans la mécanique de la peur, à ce qu'il va montrer, dire et raconter aux autres : même les émotions profondes et primaires sont altérées par ce vif besoin du selfie ! Le bâton est cet écart strict de la civilisation de l'image, entre l'homme et la rencontre de l'homme. La distance est mesurable entre Robinson et Vendredi : cinquante centimètres. Tragiquement extensible. Le bâton n'y sert plus au pèlerinage mais au refus, il ne soutient pas le marcheur mais l'isole, il ne déplie pas la terre mais la replie sous l'aisselle.

La fin du monde est un bâton de selfie.

*(Le 15 septembre 2015, le très puissant général Mohamed Medièn**e**, dit Toufik, chef des Services secrets algériens depuis 1990, quitte son poste.)*

LA CHUTE DE TOUFIK CHANGE-T-ELLE L'ALGÉRIE ?

Mercredi 16 septembre 2015

Toufik, *alias* le général Medière, est tombé. Disgracié ? Mis à la retraite ? Parti volontairement ? Ayant négocié son départ ? Limogé ? On peut s'épuiser sur les variantes. Ou même succomber à cet étrange fétichisme médiatique qui a transformé des élites en paparazzi cherchant l'image du mystérieux Toufik. Ou se vantant d'avoir la dernière photo du nouveau Tartag, l'héritier. L'essentiel est dans deux questions peut-être : de quelle nature va être le pouvoir dorénavant ? Et qu'en feront Bouteflika et les siens ? Car c'est une sorte de victoire à la Pyrrhus : elle ne ressemble pas à une victoire pour nous. Le DRS était une monstruosité politique, on le sait, on l'a payé et subi. Mais la façon dont il a été démantelé est dangereuse. Elle ressemble à une lutte de clans, pas à une victoire de la démocratie. Étrangement, le nouveau pouvoir a juste remplacé les mœurs de l'ancien, par certains côtés.

Résumons. Le DRS contrôlait des journaux. Le néo-DRS en contrôle aussi et les utilise avec les mêmes manières. Le départ de Toufik, ce n'est pas l'APS qui l'a annoncé mais un journal TV connu pour son obédience. Le DRS contrôlait des syndicats de patrons et des segments de l'économie. Le nouveau centre de décision en contrôle aussi, il contrôle le FCE et depuis un moment déjà. Le DRS contrôlait des partis. Le nouveau pouvoir en contrôle aussi et en fabrique au besoin comme le faisait le DRS. Le DRS avait le pouvoir mais pas la responsabilité, ce qui lui assurait l'impunité en lui donnant un droit d'abus. Le tout parce qu'occulte, non élu. Des centres de décision autour de Bouteflika exercent la même autorité, avec le même statut de non-responsabilité.

À la fin, le général sans photo est tombé. Mais c'est du Pyrrhus pour le pays. Ce n'est pas notre victoire. Ce n'est pas la victoire d'un État encore. C'est celle d'un pouvoir sur un autre. Cela ne résout en rien notre faiblesse et notre statut de colorant statistique. C'est de la consolidation personnelle. "Lui" n'est pas les trois quarts d'un président mais nous sommes encore le quart du peuple. À cela s'ajoute l'équation utilitaire : sans le DRS, c'était le FIS ou le GIA. Et sans le néo-DRS, c'est l'instabilité, les islamistes ou le chaos. Qu'est-ce qui a changé ? Un détail : le nouveau patron de ce qui reste du DRS a des photos. La nature de l'État algérien reste donc la même : soumis à l'équation de l'occultation, à la théorie de la régence avec des centres de décision collégiaux, à la formule de démocratie contrôlée ou en sursis perpétuel. Le général est donc mis à la retraite mais cela ne change pas beaucoup de choses pour le moment. Cela ne change pas une nature qui revient au galop. On reste sceptique, marqué, indifférent. On reste défait.

(Le 2 septembre 2015, le petit garçon syrien d'origine kurde Aylan Kurdi, âgé de trois ans, meurt lors de naufrages de migrants tentant d'échapper à la guerre civile syrienne. La photographie de sa dépouille sur une plage de Turquie bouleverse le monde entier.)

LES MILLE MOTS D'UNE IMAGE
Jeudi 17 septembre 2015

L'univers est un hologramme, l'actualité est une image. Pour cette fois, on est encore dans le protocole du XXe siècle : une image satellite peut provoquer une guerre, une image d'enfant peut l'arrêter. Tout le monde s'est souvenu de la petite fille et du vautour au Soudan, de la petite fille au napalm du Viêtnam, etc. Et la liste s'allonge : au casting des émotions collectives, un cas d'impasse internationale qui va "déverrouiller" une émotion forte : la photo d'Aylan, l'enfant kurde rejeté par la mer, convoque nos profondeurs ou nos superficialités. Certaines images ont donc la force d'*imago mundi* mais version "fin du monde". Sorte d'archétype réactivé : ici, avec Aylan, l'enfant de trois ans, on a d'abord l'Enfant : c'est l'état de l'innocence avant la chute dans l'actualité. Moment de l'union antérieure. Le fils de l'homme mais l'ancêtre de l'humanité. L'enfant est innocent et l'image de sa mort réactive la culpabilité, la honte, mais aussi le souvenir d'avant la chute dans le temps. Sa mort est une porte fermée, une condamnation. Une obligation de refaire la chute, de la pomme à la pelle. L'enfant mort est à la fois mort de noyade, mais tué par tous. C'est la part transcendante de nos nationalités. La racine commune qui se trouve là coupée et tuée. Aylan est donc un crime.

Ensuite, la posture : l'enfant n'est pas tourné vers le ciel, il est jeté. Il n'est pas enterré, il est rejeté ; il est une révélation car une dénudation. Affront suprême et dernier : il semble enfouir son visage là où il ne peut pas nous voir ; il ne veut pas nous voir. Le visage dérobé par le sable est un terrible enterrement. Un choix de solitude insupportable pour les témoins. Enfin, les vêtements. Ceux d'un dimanche, d'un jour férié, d'un jour de semaine, d'une sortie vers un jardin de quartier. C'est à la fois notre présent mais aussi un drame de nos profondeurs. L'enfant est terriblement l'enfance elle-même. Sa mort est vue comme possible dans la famille de chacun : l'enfant que l'on perd dans la foule, que le monde avale, mâche, dévore et efface. Cela réactive l'ancienne et terrible peur d'être abandonné, perdu, de s'égarer. La photo d'Aylan est une collusion indécente entre fait divers et tragédie hors du temps. Ce n'est qu'un enfant mort mais c'est l'Enfant mort.

Sommes-nous coupables ? Oui, chacun, quelque part. L'Occident est-il coupable ? Pas uniquement lui : le langage universel de la jérémiade voudrait que l'Occident qui a inventé la morale de la responsabilité universelle soit accusé d'être le seul responsable. Faux : le monde dit arabe est responsable surtout, le boucher de Damas a voulu la présidence à vie au prix de millions de vies, la Méditerranée est un cimetière à cause des murailles de l'Europe et des dictatures du Sud. Qui a tué Aylan ? Le passeur, Daesh, Assad et son père, les Russes, Bush ou le régime iranien : c'est une chaîne. Dire que l'Occident subit les effets de son interventionnisme dans nos califats est une horreur : ce sont nos dictateurs qui chassent nos enfants par les mers et les cieux. Aylan a même été tué avant de naître. Soutenir que l'Occident doit s'engager humainement ne doit pas faire oublier les terribles hypocrisies du monde "arabe" : l'Arabie Saoudite aime accueillir les pèlerins, pas les réfugiés. La Fatwa Valley de l'Arabie a une fatwa pour chaque femme mais pas un dollar pour le réfugié. Le radeau est celui de tous.

Quand Aylan se noie, c'est le monde qui est en naufrage. Il fallait donc éviter de soutenir les soulèvements dans le monde "arabe" ? C'est une plaisanterie : c'est comme chercher à inventer la machine à lustrer le temps. Cela n'est pas possible : l'Histoire est en marche dans cette géographie et les dictatures devaient tôt ou tard provoquer les révolutions, les immolations, les exodes et les naufrages.

Le mal n'est pas la révolution, le mal est ce qui la rend inévitable. Les révolutions chez nous sont des échecs ? Non, car c'est confondre les révolutions et les haricots magiques de Jacques : c'est croire qu'un arbre pousse en un jour et qu'un géant peut mourir en trébuchant et que l'avenir est une oie d'or. Il fallait soutenir Assad et compagnie car c'est mieux que voir des noyés rejetés par la mer ? Non, c'est une myopie : on n'évite pas le mal quand on soutient la cause du mal. La solution est de s'enfermer chez soi ? Impossible : nous sommes liés. La terre n'a pas de nationalité.

LA MÉDITERRANÉE : ENTRE MER ROUGE ET MER MORTE

Lundi 21 septembre 2015

L'actualité est terriblement mythologique : "Comment traverser la mer ?" Si on le fait seul, cela s'appelle un clandestin, un immigré, un noyé, un pêcheur, un pécheur. Si on le fait avec un peuple, cela s'appelle l'exode ou le récit biblique. Cela fonde une religion, un peuple. Si on le fait en groupe, cela s'appelle un flux, un boat people, une fuite. La mer, mais pas toute la mer : il faut qu'elle soit rouge ou blanche. La Méditerranée : berceau et tombeau. Siège des dieux ou des midis parfaits. Lieu de l'homme ou du surhomme. Souvenir d'une conférence à Avignon, sur la Méditerranée à repeupler ; étrange sensation à écouter les autres parler d'un souvenir (la Méditerranée des Grecs), alors que je pensais à un présent (la mer des réfugiés ou des migrants) : on ne vit pas la mer de la même façon, vue par un touriste ou par un homme du Sud. Pour l'un, elle est ouverture, infinie, exotisme, prémices, première marche, entame et prologue, plaisir, possibilité d'île ou suspension du temps. Pour l'autre, elle est mur, obstacle, elle est en dents, compte à rebours et non pas temps suspendu.

Pour l'un, elle est plate comme la terre. Pour l'autre, elle est verticale, à escalader. Au Nord, les élites en parlent avec nostalgie, au Sud, avec colère. Elle est un souvenir des anciens temps grecs pour les uns, une preuve que la terre est une falaise pour les autres. Ce fut un moment de flottement, un jour, lors de cette rencontre sur le thème de la Méditerranée à Avignon, en France : je ne savais quoi dire sur la mer du milieu car je ne l'ai vécue que comme une bordure, une frontière, jamais comme un récit épique – et je l'ai dit alors : pour que la mer devienne vivante, la Méditerranée, une présence et une nation, il faut un récit, un mythe, un fait d'homme et de dieux, un partage équitable de l'horizon. Étrange découverte immédiate pendant que les autres parlaient : dans la cartographie musulmane, la mer n'est pas territoire mais interruption. Le pur-sang "arabe" du mythe est stoppé par la vague : le Coran parle si peu de la mer. Daesh a d'ailleurs dessiné une nouvelle carte, *imago mundi* du désastre, rééditant les noms des lieux des XIe-XIIe siècles : Khorassan, Abyssinie, pays de Cham, Andalousie, etc. Et curieusement, la carte ne donne pas de nom à la mer. Car la mer est toujours dite "mer des obscurités" : c'est le lieu où la divinité est interrompue par son contraire. La terre qui se dérobe à l'épée. Le contraire du désert et sa monstrueuse continuation, son extrapolation, son versant encore plus terrible où ne poussent ni palmiers ni oasis. La mer est le contraire de la conquête, vue du Sud. D'ailleurs, les terroristes détournent des avions ou des pays, ou des révolutions, jamais des bateaux, pour le moment. Il y a guerre sainte, terre sainte mais pas mer sainte et la Méditerranée ne l'a jamais été au Sud.

Et aujourd'hui, l'actualité est la mer : un enfant s'y noie, des pays s'y précipitent. La mer est tout à la fois le lieu à combler, à traverser, à ignorer : le dos du monde et sa face affreuse. Le limes mais aussi le purgatoire. La Méditerranée est l'espace du désastre. Elle est le corps pour les uns, l'âme pour les autres. C'est le rideau de fer de notre époque. Elle va séparer en coupant le corps à hauteur du tronc ou de la langue. La question est donc : "Comment restaurer la Méditerranée comme lieu de rencontre du corps, maison de l'homme dispensé des dieux, rêve d'équilibre entre soi et le ciel ?"

Rêvons. Mais pour le moment, la mer est un mur. Côté nord, elle est nostalgie du corps ; côté sud, elle est malaise du corps. Il faut voir, côté sud, le malaise du nageur, l'enjeu du bikini pour les femmes. Le début de la mer est le début de la honte, de la culpabilité, du crime : la plage est un enjeu immense dans la cartographie du religieux. C'est un lieu de tensions et de contrainte. Espace d'immobilisation et d'indécision : la mer dévoile le corps que l'on veut cacher. La mer et l'au-delà sont toujours adversaires, même s'ils se ressemblent.

La mer est donc le fait divers du moment : s'y noyer, y nager, la traverser ou se faire traverser par elle en songe et en fantasme. Rage et naufrage.

L'AUTOMNE EST LE PLUS ANCIEN LIVRE DU MONDE

Mardi 29 septembre 2015

Pluie fine comme des pattes d'oiseaux. De celle qui vous rappelle les sorties d'école de l'enfance. Le pain nu. L'odeur puissante de la terre réveillée. La pluie hésitante, éparse qui réveille quelque chose de sensuel au-dedans des sols. Assis face au ciel, on se met à en sonder le fond. Comme jetant des pierres dans un puits sans bords. Le gris des nuages n'est pas triste, il semble mélancolique, doux. Tout le ciel semble être une tête posée sur une épaule. Un moment de mémoire. Puis le sujet : le but. C'est quoi au juste le but d'être là, assis, avec cette langue, cette nationalité, ce souvenir, cette histoire ? Qu'en faire ? Peut-être que mes ancêtres le savaient : le pays est obscurément palpable quand on ne le possède pas, quand on l'attend ou quand on le rêve. Mais dès qu'il tombe entre nos mains, il redevient nuage. Il faut alors le reconstruire. Qu'est-ce qui me relie à cette terre ? Au plus profond, un amour, un apprivoisement. Une sorte de passion douloureuse qui ne participe ni de l'hymne, ni de la vanité, mais de la sensualité et de la volonté. J'ai aimé cette terre enfant jusqu'à la dessiner, des milliers de fois, comme une fusée. J'ai détesté que l'on me parle à la place de la terre alors que j'étais amoureux de saveurs que j'ai découvertes seul. Possédé par d'intrigants récits de famille, des bordures de villages, par le sang debout de mon grand-père qui a vécu si longtemps qu'il est devenu un ciel.

Je parle et j'écris sur ce pays avec la violence due à ma passion, avec le geste radical du laboureur, l'homme qui secoue rudement l'olivier pour la cueillette. Je suis lié. Mots et poings. Cela ne se comprend pas. On croit que, parce que j'y impose mon exigence, j'y exprime ma détestation. Et cela est blessant que cette passion soit comprise au regard des hommes assis, ramant dans le fleuve du temps avec le bout des doigts. La terre est un mélange entre ma naissance et mes pas.

Je l'aime nue, muette, offerte, sans intermédiaires, sans courtiers, incendiée par le feu de la présence, remuant, aux nuits, entre les branchages des histoires. J'aime la terre quand elle est à moitié céleste comme une métaphysique ou palpable en moi comme mon corps. Le reste des verbes m'épuise et je déteste que cet amour soit obligé de s'asseoir et de s'expliquer.

Je n'aime pas rendre compte de mes étreintes. J'ai rêvé d'elle comme centre de la terre, nombril, élévation, domination, puissance, victoires. Je veux fréquenter ses arbres, pas ses cimetières, l'écouter seul sous la pluie fine et pas dans la passion convenue et vieillie du patriotisme. Je n'aime pas qu'on décide à ma place. Souverain total dans le palais de ma langue. Le patrimoine n'est pas un musée pour moi mais saisons et fruits en cycle. Quant au matrimoine, je lui tiens tête et c'est pour mieux dire que je veux le continuer. Je déteste les intermédiaires en toute chose et surtout entre moi et le parfum de la terre aux premières pluies, quand la terre passe de la dureté de l'écorce à la féminité du pistil.

Pluie fine et éternelles questions. Je voudrais comprendre le but, le dessein de ma présence, expliquer à l'enfant ce qu'est être algérien, en nettoyer la passion, en dégager la vue. Creuser, heurter, interroger, brusquer et tenir chaque mot par la gorge jusqu'à trouver les raisons d'un autre vivre-ensemble. Celui qui nous manque et qui fait la différence entre une nation et un vaste rond-point.

Je rêve d'une terre dégagée, nue et sans saccages. Sans les hymnes trompeurs, ni les inquisiteurs. Une terre qui apaise les langues, guérit la présence au monde, donne la récolte et le courage, accueille mais crée la loi, donne mais sans tuer. Ce n'est pas parce que j'aime ce pays à ma façon que je n'aime pas ce pays. Je ne flagelle aucune présence mais j'aime interroger. Qui a le droit de juger de ma façon d'aimer parce qu'elle ne ressemble pas à la sienne ? Celui qui, justement, ne respecte pas tous les enfants de cette terre et croit en être l'enfant unique et gâté.

La pluie tombe sur la terre, éparpillant le ciel gris.

Oui, au nombre des feuilles, l'automne est le plus ancien et le plus grand livre du monde.

(Le 24 septembre 2015, plus de deux mille pèlerins trouvent la mort lors d'une bousculade à La Mecque.)

ARABIE SAOUDITE : LA "FAMILLE" QUI NE PRÉSENTE JAMAIS SES EXCUSES

Mercredi 30 septembre 2015

Image de l'année : des cadavres entassés les uns sur les autres à La Mecque, chez la famille des Saoud. Une semaine après la tragédie de plus de sept cents pèlerins piétinés, ce pays, ce régime dur, n'a pas présenté ses excuses, ni admis sa responsabilité, ni évincé l'un de ses serfs du royaume. Rien. Ce régime ne se sent pas responsable. C'est d'ailleurs un privilège de mourir dans ce pays. Un premier pas vers le paradis, selon la croyance standardisée. Le tabou sur la gestion de ce rite est total : on ne remet pas en question l'étrange privilège de cette rente assurée à un régime et une famille, on ne remet pas en question la vie face au rite et on ne remet pas en question l'absurdité de la dépense quand, au final, il faut y aller pour y crever piétiné, sans les excuses de l'auteur du crime, ni son repentir. On est dans le déni total de la vie comme valeur. L'image de ces corps entassés est en soi une révélation d'une sinistre métaphysique : celle où la mort est destin qui exempte de la responsabilité, du corps comme chiffon dont on cherche à se débarrasser, du sacré comme excuse. Il y a dans cette colline de chair un reflet d'holocauste, une image de boucherie et la preuve de ce déni de la vie sur lequel est bâtie l'idéologie de ce régime. On a à peine le courage d'admettre l'impensable et pourtant c'est le cas : le roi de ce régime a reçu des condoléances des autres, de Bouteflika, mais n'en a présenté aucune comme demande de pardon pour sa responsabilité. L'affaire est conclue depuis des décennies : Allah est Dieu, les Saoud sont ses représentants et les Lieux saints sont un don du ciel pour cette dictature. Si on va y mourir, c'est pour la gloire de Dieu.

Un jour pourtant, il nous faudrait admettre raison : le rite reste puissant et attire les vies, les cœurs et les gens, mais il est commerce, argent et complicité de crime. Dieu est dans le cœur, pas chez les Saoud. Pourquoi la pierre est plus noble que la vie ? Pourquoi un temple vaut-il plus qu'un cœur ? Pourquoi donner son argent pour un lieu, pas pour une vie ? Pourquoi une terre sainte doit signifier un régime sous immunité absolue ? L'image de ces chairs entassées est une horreur qui viole l'intime. C'est une dégradation insupportable, une inhumanité. Le manquement au devoir d'excuses et de responsabilité chez cette caste est la preuve, encore et encore, d'une vision sinistre et méprisante de la vie, d'une certitude d'immunité face à l'humain, d'une dictature sournoise. Aux Lieux saints, la vie n'est pas sainte. Cela insulte profondément, et les crieurs publics au nom d'Allah et de l'Islam ne sont pas là aujourd'hui pour s'indigner comme ils le font d'un genou de femme ou d'un jean féminin.

Il est vrai que, pour beaucoup de prêcheurs, l'Arabie Saoudite paye mieux. On ne mord pas son maître, on l'excuse au nom de Dieu et du destin quand il piétine des pèlerins ou la dignité de ceux qui sont morts chez lui.

LA MÉTAPHORE ABÎMÉE DU VIN "ARABE"

Jeudi 8 octobre 2015

"… Tu sais, l'ami, tu m'as demandé ce que je pense des vins. Cela est difficile tant nos deux terres n'ont pas la même géographie. Pour toi, un verre de vin est goût, parfums, robe et palais. Pour moi, il est dissidence, désobéissance, infraction et exclusion et honte. Regarde : la poésie bacchanale dans mes parages a toujours été, chez nous les « Arabes », immense et plus fournie que les vins. Il y a plus de poèmes délicats sur le vin que de sortes de vins. Donc il y a plus de poètes qui chantaient le vin que de vin à boire dans ma géographie. Je veux dire autrefois, à l'époque où le soleil tournait autour de nous et nos empires selon la légende. Quelle belle poésie. Tu devrais la lire ! La vie de ces gens (Omar Khayyâm, Abû Nuwâs…) était si mêlée à la coupe que le vin avait une bouche et une langue et se proposait d'expliquer le ciel et la terre en restant allongé.

Mais, même à cette époque, il fallait ruser : escamoter, par jeu de métaphores, la coupe et l'extase. Parler d'une cuite comme si on parlait d'une rencontre avec le divin. Dégrader l'ivresse sous la robe d'un cantique. C'était un moyen de faire lire et entendre le poème des vins sans se faire couper la tête ou la parole. Étrange quand même que les plus grands mystiques de ma géographie aient puisé leurs images dans la bouteille et pas dans le livre sacré ! Le vin exprimait mieux le ciel que le verset ?

Mais aujourd'hui, je n'ai même plus cela : on ne chante plus le vin, le vin est muet. Il se boit à l'ombre, derrière les murs des bars, quand on ne veut ni rejoindre Dieu ni retrouver sa femme. Il est mauvais, parfois mal fait comme des pierres, acide comme un refus, mais on le boit : son goût vient de notre désobéissance. Parfois il est fort, lumineux, et a la réussite d'un hasard. Les métiers des vins disparaissent ici avec les morts. Ceux qui vivaient de fabriquer le vin meurent les uns après les autres et les caves sont en ruine. C'est une histoire. Au bannissement du ciel s'ajoute au vin son histoire dans notre pays : Dieu et colonisation lui ont donné mauvaise réputation.

Donc j'ai bu avec malaise au début de ma vie. Je ne reconnaissais pas au vin son goût mais son dégoût. J'avais le visage toujours inquiet. Il m'a fallu du temps pour le laisser mûrir dans ma tête, l'accepter, le tolérer comme le goût du sanglier, le palper et le choisir. Le boire sans me sentir coupable, fuyard ou menteur. L'apprécier et l'acheter sans le cacher. Toute une vie pour apprendre à boire le vin au soleil et pas sous les murs. Et encore ! Je reste prude sur mes étreintes, je cache mes bouteilles et, pour les jeter à la poubelle au matin, je les emballe lourdement pour les cacher aux éboueurs. Étrange, non ?

Tu vois, mon ami, qu'écrire sur le vin peut me mener à écrire sur une vie entière. Curieux qu'on doive attendre chez nous la mort pour boire car le vin est licite dans l'au-delà. Cela me sert à quoi, le vin au paradis, au juste ? On dit qu'il y coule en rivières. Mais où mènent-ils, ces fleuves ? Peut-être qu'il faut boire après la mort pour se soulager de l'ennui. Passons. Je voulais écrire sur le vin. C'est donc une vie entière et, là où toi tu goûtes et choisis, moi je résiste. Dans les bars à vin, ici, on a des airs de rescapés, nous, les buveurs. Et cela vous donne ces vieilles scènes de bars enclavés : les uns pleurent salement une femme, les autres se disputent avec un dieu inexplicable, d'autres font des mots croisés et les derniers font le bras de fer avec une ride ou une mémoire. Viens ici pour voir comment on boit le vin. Tu comprendras, Nathanaël, pourquoi, malgré ses goûts inhabiles et parfois grossiers, on le boit dans un territoire : l'au-delà gambadant de la malédiction. On en revient avec les teints de couchers de soleil ou la vigueur d'hommes qui ont tenu tête à des dieux au risque de se faire dévorer le foie par les oiseaux…"

PENSÉES DE POLOGNE OU D'EUROPE : LES RÉFUGIÉS FONT LES ÉLECTIONS

Mercredi 21 octobre 2015

Cracovie. Le ciel polonais est gris comme il se doit. La ville est belle car elle est l'une des rares à avoir été épargnée par les bombardements lors de la Deuxième Guerre mondiale. Pluie fine qui vous incite à l'art perdu du piéton. Pourquoi art perdu ? Parce qu'en Algérie (on s'en souvient) l'art est de s'adosser, pas de déambuler. D'ailleurs, si les routes sont mauvaises chez nous, les trottoirs sont pires : occupés, envahis, désossés, mal faits ou impossibles à parcourir. L'art du piéton est un art disparu, entre mauvais carrelage et calendrier des prières. Pour se promener, il faut un pays et des chaussures et une philosophie douce mêlant l'attente, la contemplation et la paix intime. Choses rares. Retour à Cracovie : ici, le mur est beau mais les élections sont proches. Celle d'un nouveau Parlement. Et, comme partout en Europe, c'est la montée de la droite et des populismes. La campagne électorale est centrée sur la question des migrants qui arrivent : qu'en faire ? Comment faire ? Selon la réponse, on est de droite, de gauche ou d'extrême droite ou terrorisé. Les Polonais n'échappent pas à la surmédiatisation et à ses conséquences. "Parfois j'ai honte d'être polonaise !", dira une interlocutrice au festival où je suis invité. Pourquoi ? "À cause du traitement de la question des migrants" : les Polonais ont subi cela il y a à peine cinquante ans et aujourd'hui ils l'oublient ; comme les Italiens, les Français, les Portugais… etc. D'ailleurs, le discours est construit sur le même thème qu'Echourouk (chez nous) face aux Subsahariens : les migrants apportent la maladie, le crime et la violence. La propagande anti-réfugiés est féroce et touche l'opinion au cœur du sensible et de la peur. Surtout dans des pays sans échanges de cultures de frontières avec l'Autre, soumis aux médiatisations hystériques et géographiquement loin du monde dit arabe. À Cologne, en Allemagne, une maire a été poignardée pour ses engagements pro-migrants. La propagande est féroce, d'ailleurs : les réfugiés sont accusés d'être porteurs de maladies, d'être des terroristes, des islamistes, de venir se cacher en Europe par lâcheté, abandonnant femmes et enfants, etc. En face, et pour démanteler cette vision inhumaine de l'Autre, c'est le vide et le malaise. La question divise la gauche d'Europe et paralyse les esprits un peu partout : on ne sait que faire entre la peur d'être envahi et l'obligation morale d'accueillir. Dilemme loin des géographies du Sud, où la question est parfois mal tranchée : on n'accueille personne dans les terres sacrées d'Allah (*alias* les principautés du Golfe et l'Arabie Saoudite) et on donne un peu de pain dans les rues d'Alger ou du Caire car les régimes ne savent pas quoi faire du migrant – le chasser est impossible mais l'aider est en contradiction avec le principe de solidarité idéologique entre les régimes. Le laisser traîner dans les rues est même bien pour faire peur à ceux qui sont tentés par la demande de démocratie ou la menace du soulèvement.

L'Occident a pour malheur d'avoir voulu incarner la Morale universelle : aujourd'hui il est accusé au nom de cette morale. Le procès est dur et vrai et faux et permet de réarmer les extrémismes même chez nous : l'anti-occidentalisme permet de la vigueur à l'islamisme et du recrutement pour les populismes chez nous. La géographie est un affect et la carte du monde est une chaussure : enfilée pour fuir ou jetée pour frapper. Le réfugié est la contradiction de l'Occident moral mais il est aussi l'incarnation de notre contradiction profonde : on crache sur l'Occident au nom de l'islam, mais c'est vers l'Occident qu'on fuit pour sauver sa vie et non vers La Mecque.

La Pologne va donc voter dans une semaine pour son parlement. Le parti Droit et Justice est donné favori. La "terreur des migrants" va jouer fort, comme partout dans ce continent. Souvenir d'un slogan peint en orange fluo sur la route vers l'aéroport Charles-de-Gaulle, juste la veille : "Marine, vite!" Faut-il se construire un mur des Lamentations? Non, justement ; l'Occident a peur et c'est légitime. Il est soumis aux propagandes massives et cela est une réalité. La question du migrant est une question d'humanisme, de politique, d'élections mais aussi de lentes et constantes explications. Au sud, nous ne faisons pas mieux avec les Subsahariens. Et si les Syriens se jettent à la mer, ce n'est pas parce que la révolution est un mal. Le mal est ce qui la rend inévitable.

Cracovie. Demain Varsovie. Dans les restaurants, les gens vous regardent avec indifférence, bienveillance ou avec appréhension : votre peau est drapeau. Peut-être est-ce vous, le réfugié dont on parle partout. La ville reste belle cependant. On y vend partout des anges car l'Église y est un parti et le ciel un cerf-volant pour les églises nombreuses. Solidarność? Le mot était polonais il n'y a pas si longtemps.

MANHATTAN : IMPRESSIONS DÉCOUSUES À TRAVERS LE DÉCALAGE HORAIRE

Lundi 9 novembre 2015

Central Park, sous un ciel d'été indien profond. Cet immense poumon de New York qui fait oublier New York et l'île dense de Manhattan. Arbres géants avec ces tons de feuilles mortes qui font ressembler le monde à un incendie froid ou à un poème devenu une vieille page. Des enfants jouent. Des gens passent, courant : culte du long souffle et du corps dans les grandes villes américaines. Les joggeurs donnent d'ailleurs l'heure de l'aube, chaque matin, vus des fenêtres de l'hôtel. Des sentiers dans le parc mènent à des arbres encore plus grands et le ciel a des couleurs d'eau. Cela vous donne cette envie de rester immobile, à écouter novembre, réordonnant les choses de votre esprit, classant la nationalité, la peau, les prénoms et impressions. Vous reposer. Laisser les brindilles de thé retomber au fond de votre âme. On peut passer des heures à Central Park, malgré les bruits de la célèbre Cinquième Avenue à côté. Longue vitrine du chic et de la hâte. Les bruits de New York sont célèbres chez ses habitants. “Si je n'entends pas les ambulances et les sirènes de police, je suis inquiet”, a résumé M., hier soir, au volant de sa grosse voiture, sous les lumières féroces de Time Square. Il est amusant, souvent, d'écouter les Algériens exilés raconter leurs villes étrangères : liens de sang-froid, ou d'accident, d'amour lent. Tendance immémoriale à comparer le pays perdu avec le pays trouvé au fond d'une route. Déceptions et ambitions, en mode horloge. Le plus amusant intellectuellement reste cette "troisième voie de l'exil", dessinée dans une terre lointaine pour nous. Explications : les Algériens de New York sont au moins conscients d'une chose – avoir échappé à la géographie de l'Algérie française et de la France algérienne. Ici, pas d'histoire qui pèse, sauf la sienne propre. Cela vous donne des âmes différentes. Des itinéraires. Des singularités. Quelques brillantes réussites avec pèlerinage aux sources chaque année. Le récit de ces Algériens brillants qui veulent donner quelque chose à leur pays mais qui sont mal accueillis, négligés. C'est le Grand Récit amer des exilés brillants en Amérique, suivi par le Récit de ceux qui ne savent pas si rester est mourir et si s'exiler est trahir. Les jeunes de la génération immédiate vous posent la question avec angoisse. Suivi du Récit de ceux qui ont tranché, vivent bien, ont des enfants et de nouveaux prénoms à nourrir. Suivi par ceux qui sont restés par accident et qui ont découvert l'Amérique par accident comme Christophe Colomb. Suivi par le Récit épique et sans fin de ceux qui ne pardonnent pas à la terre du début d'avoir voulu leur fin. Ceux qui ne pardonnent pas à l'Algérie ce qu'elle est ou ce qu'elle a fait d'eux. Long catalogue du soliloque de l'Algérien avec sa terre sous l'aisselle.

Au soir, dîner avec tous, au restaurant Nomad. Visages d'accueil. Récits de vie. Yeux fiers. L'un d'eux me montre des photos de tournage du film *La Bataille d'Alger*. Anecdote sur la confusion, chez les Algériens de l'époque, entre les chars du coup d'État de Boumédiène et les petites démonstrations des figurants militaires. Rires.

Le souci, quand on arrive à New York, c'est son gigantisme que n'allège que le reflet des immeubles lumineux, dans les eaux nocturnes, vus de Brooklyn. Petite virée dans le corps du géant urbain qui vous écrase. Question : que dire donc durant les conférences sur son pays ici invisible ? Car c'est le souci du voyageur : comment rendre visible dans les discussions son pays pour ceux qui ne savent pas qu'il existe ? Que doit faire Vendredi face à Robinson, quand il n'est pas seulement noir mais invisible ? Vendredi est aujourd'hui l'homme sans couleur mais aussi le centre du monde et de la fin du monde (surtout). Paradoxalement. L'histoire s'écrit autrement car Vendredi est en train de creuser l'île et peut la perforer et provoquer son naufrage. Dérives sur le sens. Il fallait parler aux auditeurs avec clarté comme on explique une couleur inconnue à un malvoyant. L'algérianité ne se mange pas (elle vous mange), ne se visite pas, n'a pas de récit mondial sauf la bataille d'Alger (avec impossibilité chronique d'obtenir un visa vers Alger pour les étrangers). Il est difficile de dessiner un pays sur une petite feuille de notes. Même le désert semble plus meublé et plus facile à raconter. Mais cela se construit. Un pays peut être un livre.

Par la fenêtre du seizième étage, la ville est infinie et s'en va vers les bords de la terre. On se construit des images dans la tête sur New York. Vestiges de films et de clichés. L'hôtel a ceci de luxueux et de vintage qui le fait ressembler au film *The Grand Budapest Hotel*. Excès et componction. La chaleur est lourde. Les gens sont pressés.

Une phrase insiste dans la tête : "New York est un smartphone géant." Absurde. Cette ville est surtout un empire. Elle a des immeubles qui prennent le ciel au cou. Des gens qui travaillent dans les nuages et en redescendent en fin de journée.

(Dans la soirée du 13 novembre 2015, Paris est frappé par une série d'attentats terroristes. Bilan : 130 morts, 413 blessés.)

MAIS QUE DIRE? QUE PENSER? QUE FAIRE?

Jeudi 19 novembre 2015

Que dire!? La nouvelle est tombée de nuit, sur ma tête, à Brooklyn. Une peur noire, étouffante, sèche. Car je suis algérien, et je sais ce que cela signifie, une guerre : la ruine de l'humain, la rupture, le triomphe des aveuglements. Quelque chose que je vois se dessiner depuis des années au cœur du monde pour le tuer. Je me suis donc senti traqué, acculé, pestiféré à cause de ma géographie : j'étais entre le monde qui tue et le monde qu'on assassine. À quoi pouvaient servir désormais des gens comme moi en temps de guerre ouverte?

Ma première inquiétude, après le choc des morts, était la nationalité des tueurs. Car, aujourd'hui, le tueur tue sa victime mais aussi son pays d'origine.

Le plus dur était de réagir. Et il ne resterait rien à dire, justement. La condoléance est usée et proclamer son indignation était insuffisant, banal, comme serrer la main d'un mort. L'humanité n'avait pas ma peau et le barbare avait mon visage. Toute la tragédie de l'otage. J'étais un homme brun entre deux rives, vendeur d'une vision du monde que démentait la déflagration. Ce cri, je l'entendrais souvent et il me terrorisait, *Allah ouakbar*, "Dieu est grand". Et là, il venait encore de retentir, dans la bouche des tueurs, pour faire rétrécir le monde, apportant accusations, racismes, méfiance, insultes et cadavres. "Dieu est grand" vous fait sentir petit et présage la mort, pas l'extase face à une divinité. Que dire à ce pays qu'il n'a déjà entendu et peine à croire désormais malgré ses hommes de bonne volonté : dire que l'islam n'est pas l'islamisme ? Que les terroristes me tuent autant qu'ils vous tuent ? Qu'ils tuent plus de musulmans que d'Occidentaux (comme pour consoler en comparant les cimetières) ? Qu'il ne faut pas ressembler aux tueurs en tuant la tolérance et la bienveillance ? Qu'il faut que les musulmans sortent dans la rue ? Mais comment parler à des gens qui viennent de perdre la raison par la peur et la douleur ? Mais que valent mes mots qui sont une poignée de sable ?

J'ai mis donc deux jours à réagir, car je ne vois pas en quoi un mot peut permettre de reprendre raison. Le 11 Septembre universel dure maintenant depuis une décennie et il passe de l'avion précipité à la guerre ouverte. À New York, où je suis depuis quelques semaines, dans les milieux des journalistes, j'ai été frappé par la sourde routine de la réaction après les attaques à Paris. On s'est précipité, on a écrit, commenté, mais "en creux", dans la désarticulation de la fatigue : comme si l'indignation ou le cri ne pouvaient plus rattraper le fait. Comme s'il n'y avait rien à ajouter à la fin du monde, au bout de la phrase. Tout a été dit. La guerre est désormais routine.

Que penser !? D'abord la peur. Il n'y a pas pire et plus rigoureux que l'effet papillon de l'attentat : on pense à sa peau et à ceux qui ont la même couleur de peau et qui vont "payer" le crime en France et en Occident : immigrés, réfugiés, expatriés… Daesh a frappé la France pour ce qu'elle représente : sa laïcité et sa diversité. Daesh sait qu'il fallait frapper là, précisément, pour provoquer des suites de rejets, des racismes, des hystéries et la montée des extrêmes. Du pain bénit pour ses futurs recrutements : ce monstre se nourrit des ruptures et des vieux textes messianiques.

Un livre, un désert, un but. La série d'attaques ne pouvait avoir de sens que si elle frappait un pays qui héberge la plus grande communauté musulmane en Europe. Cela permet le pire. La France est riche et fragile par ses diversités. Et ces diversités vont souffrir. Le monde se fermera encore plus. Et Daesh aura raison.

Ensuite, les attaques portent les signes d'organisation et de patience d'un État. État islamique ou un autre État voyou qui réagit à des pressions internationales devenues intolérables. On passe de "Assad doit partir", à "Hollande doit partir", disent les soupçonneux. Cette attaque est l'aubaine des diables du monde. Ainsi, la France est poussée à opter pour une guerre interne contre les siens, au nom des siens, pour croire se défendre. Les attaques ont tué 130 personnes, mais tueront plus, ailleurs, avec une Europe qui va fermer ses portes aux réfugiés. Se cloîtrer et surveiller les bruits de pas autour de son continent. Le cycle nourrira les exclus du monde, les islamismes rampants dans mon monde et provoquera la guerre. Car une guerre est là, elle est presque inévitable : on peine à comprendre, au nord, l'effondrement du Sud dans l'utopie sinistre de Daesh. Ce n'est plus un État fantasmé, mais un fantasme de puissance et de vengeance qui consume désormais des générations. Le dire ainsi, brutalement, irrite les bonnes volontés qui luttent dans ma géographie contre le monstre, mais c'est une bataille qu'on est en train de perdre. On évite de se l'avouer.

La guerre ouverte a déjà des cadavres et des vautours : extrémismes, voleurs de deuils, bonimenteurs de la race ou du "tuez-les tous!".

Que faire!? C'est la bonne question. Parce qu'encore sans réponse. Aux uns l'arme à la main, aux autres le cri de vengeance. Que faire des islamistes ou face à eux? C'est la vieille question d'un siècle trop jeune. L'islamisme est un fascisme. Sa vision est bâtie sur une prétention mondiale, un totalitarisme sournois et une ruse de guerre : il ne peut être modéré, il est seulement patient. Il ronge l'humanité au nom d'une religion, mais la religion ne lui est qu'un moyen. Il ne défend pas Dieu, il veut le remplacer. Que faire donc ? Le tuer ne fait que lui donner raison. Sa mécanique est celle du martyr : plus on le tue, plus il est éternel et plus il a raison. La guerre contre le terrorisme est elle-même terrorisme parfois. Elle est nécessaire mais insuffisante. L'idée est d'éradiquer le terrorisme aujourd'hui, mais cela ne peut être une victoire que si on l'empêche de renaître demain. Car on ne naît pas djihadiste, on le devient : des livres, des chaînes TV, des mosquées, des désespoirs, des frustrations. Tout cela vient d'une matrice, d'un pays, un royaume : il ne sert à rien de lutter contre le Daesh mal habillé en Syrie et de serrer la main du Daesh bien habillé de l'Arabie Saoudite. C'est surseoir à l'attaque, pas l'éviter ; l'idéalisme est une idéologie qui a de l'argent et qui se répand. Comprendre : cela permet de mieux réagir, et pas seulement en "mode avions qui tuent" ou option de l'extrême droite pour des élections.

L'idée est de ne pas faire le jeu des islamistes, de ne pas les nourrir, mais surtout de ne pas les laisser venir au monde pour nous tuer. L'idée de fermer la France aux siens ou au reste du monde est un réflexe attendu, mais il n'est pas le bon. Il n'y a pas de zone offshore face à ce fascisme, et fermer les yeux n'est pas éteindre le feu. Il n'y a que des engagements, humains, et des fermetés. Daesh tue, rompt, exclut, terrorise, ment, profite, recrute le désespoir, sépare et déshumanise. Il faut donc l'éradiquer partout, mais sans lui ressembler, en France ou ailleurs. Le pouvons-nous ? J'ai parfois des doutes. Mais j'ai aussi des enfants et donc un devoir. Peur pour la France, mais peur que la France ne réagisse mal et ne fasse mal aux siens. Les tueurs venaient d'ailleurs, mais aussi de son ventre.

L'ARABIE SAOUDITE, UN DAESH QUI A RÉUSSI

Vendredi 20 novembre 2015

Daesh noir, Daesh blanc. Le premier égorge, tue, lapide, coupe les mains, détruit le patrimoine de l'humanité, et déteste l'archéologie, la femme et l'étranger non musulman. Le second est mieux habillé et plus propre, mais il fait la même chose. L'État islamique et l'Arabie Saoudite. Dans sa lutte contre le terrorisme, l'Occident mène la guerre contre l'un tout en serrant la main de l'autre. Mécanique du déni, et de son prix. On veut sauver la fameuse alliance stratégique avec l'Arabie Saoudite tout en oubliant que ce royaume repose sur une autre alliance, avec un clergé religieux qui produit, rend légitime, répand, prêche et défend le wahhabisme, islamisme ultra-puritain dont se nourrit Daesh.

Le wahhabisme, radicalisme messianique né au XVIIIe siècle, a l'idée de restaurer un califat fantasmé autour d'un désert, un livre sacré et deux lieux saints, La Mecque et Médine. C'est un puritanisme né dans le massacre et le sang, qui se traduit aujourd'hui par un lien surréaliste à la femme, une interdiction pour les non-musulmans d'entrer dans le territoire sacré, une loi religieuse rigoriste, et puis aussi un rapport maladif à l'image et à la représentation et donc à l'art, ainsi qu'au corps, à la nudité et à la liberté. L'Arabie Saoudite est un Daesh qui a réussi.

Le déni de l'Occident face à ce pays est frappant : on salue cette théocratie comme un allié et on fait mine de ne pas voir qu'elle est le principal mécène idéologique de la culture islamiste. Les nouvelles générations extrémistes du monde dit arabe ne sont pas nées djihadistes. Elles ont été biberonnées par la Fatwa Valley, espèce de Vatican islamiste avec une vaste industrie produisant théologiens, lois religieuses, livres et politiques éditoriales et médiatiques agressives.

On pourrait contrecarrer : mais l'Arabie Saoudite n'est-elle pas elle-même une cible potentielle de Daesh ? Si, mais insister sur ce point serait négliger le poids des liens entre la famille régnante et le clergé religieux qui assure sa stabilité – et aussi, de plus en plus, sa précarité. Le piège est total pour cette famille royale fragilisée par des règles de succession accentuant le renouvellement et qui se raccroche donc à une alliance ancestrale entre roi et prêcheur. Le clergé saoudien produit l'islamisme qui menace le pays mais qui assure aussi la légitimité du régime.

Il faut vivre dans le monde musulman pour comprendre l'immense pouvoir de transformation des chaînes TV religieuses sur la société par le biais de ses maillons faibles : les ménages, les femmes, les milieux ruraux. La culture islamiste est aujourd'hui généralisée dans beaucoup de pays – Algérie, Maroc, Tunisie, Libye, Égypte, Mali, Mauritanie. On y retrouve des milliers de journaux et des chaînes de télévision islamistes (comme Echourouk et Iqra), ainsi que des clergés qui imposent leur vision unique du monde, de la tradition et des vêtements à la fois dans l'espace public, sur les textes de lois et sur les rites d'une société qu'ils considèrent comme contaminée.

Il faut lire certains journaux islamistes et leurs réactions aux attaques de Paris. On y parle de l'Occident comme d'un site de "pays impies" ; les attentats sont la conséquence d'attaques contre l'islam ; les musulmans et les Arabes sont devenus les ennemis des laïcs et des juifs. On y joue sur l'affect de la question palestinienne, le viol de l'Irak et le souvenir du trauma colonial pour emballer les masses avec un discours messianique. Alors que ce discours impose son signifiant aux espaces sociaux, en haut, les pouvoirs politiques présentent leurs condoléances à la France et dénoncent un crime contre l'humanité. Une situation de schizophrénie totale, parallèle au déni de l'Occident face à l'Arabie Saoudite.

Ceci laisse sceptique sur les déclarations tonitruantes des démocraties occidentales quant à la nécessité de lutter contre le terrorisme. Cette prétendue guerre est myope car elle s'attaque à l'effet plutôt qu'à la cause. Daesh étant une culture avant d'être une milice, comment empêcher les générations futures de basculer dans le djihadisme alors qu'on n'a pas épuisé l'effet de la Fatwa Valley, de ses clergés, de sa culture et de son immense industrie éditoriale ?

Guérir le mal serait donc simple ? À peine. Le Daesh blanc de l'Arabie Saoudite reste un allié de l'Occident dans le jeu des échiquiers au Moyen-Orient. On le préfère à l'Iran, ce Daesh gris. Ceci est un piège, et il aboutit par le déni à un équilibre illusoire : on dénonce le djihadisme comme le mal du siècle mais on ne s'attarde pas sur ce qui l'a créé et le soutient. Cela permet de sauver la face, mais pas les vies.

Daesh a une mère : l'invasion de l'Irak. Mais il a aussi un père : l'Arabie Saoudite et son industrie idéologique. Si l'intervention occidentale a donné des raisons aux désespérés dans le monde arabe, le royaume saoudien leur a donné croyances et convictions. Si on ne comprend pas cela, on perd la guerre même si on gagne des batailles. On tuera des djihadistes mais ils renaîtront dans de prochaines générations, et nourris des mêmes livres.

Les attaques à Paris remettent sur le comptoir cette contradiction. Mais, comme après le 11 Septembre, nous risquons de l'effacer des analyses et des consciences.

MONTRÉAL
Lundi 23 novembre 2015

À Montréal. Sous le ciel gris d'un hiver qui tarde. D'habitude, raconte-t-on, la neige est déjà là, mais pas cette fois. Le Québec est peut-être le troisième pays des Algériens. Pour ceux qui y vivent, pour ceux qui en rêvent. Il a la langue française, sans le mal français aux yeux des voyageurs algériens. On y parle le français sans y ressentir l'histoire. Un pays nu et neuf. Avec des arbres immenses, de la neige qui suspend le temps, des diversités qui apaisent la peur d'être étranger et des villes belles avec des noms proches des prénoms de chacun. Donc, on y vit bien, dans cette France bis épargnée par le procès de la colonisation/décolonisation. On est en France sans le poids de la France et on est en Algérie sans les guerres d'Algérie. Et on est même en Amérique.

Heureux? Oui, beaucoup d'Algériens vous le disent : "Ici, j'ai la paix." Étrange qu'il faille se faire coloniser trois mille ans, se battre sept ans, connaître la libération puis se sentir toujours vivre la guerre : chez soi, en soi, avec les siens, dans la rue, etc. C'est qu'au plus profond, ce fut une erreur de viser l'indépendance sans viser en même temps le bonheur, dans la déclaration de novembre. D'ailleurs pourquoi la déclaration ne parle pas de bonheur mais seulement de justice? Peut-être que nous rêvons de liberté depuis toujours, quant au bonheur, c'est la mort qui nous le promet dans nos cultures. Ici, les Algériens vous parlent toujours de leur première raison d'exil : sauver leurs enfants, ou leurs enfants à venir. Donner une terre à la semelle. Un arbre à la fatigue, un mur à la peau nue et un visage à un lendemain. C'est simple : on ne peut recommencer l'Algérie en Algérie, alors on la recommence ailleurs. Slogan du partant. Sans culpabilité ? Parfois : c'est dur de quitter une terre et d'y laisser les siens, ses années et des parfums. Tout exil est un arrachement. On le sait depuis Ovide. Le visage se transforme en brume quand on pose la question à beaucoup d'Algériens ici sur comment ils vivent l'éloignement volontaire : défense de la paix comme but de la vie mais regret douloureux sur ce qui a poussé à partir. Vieille réaction de la peau face à l'horizon. Passons.

L'hiver est ici comme la sécheresse ailleurs : on en parle toujours, il scande le temps et divise l'année en deux. On l'attend. Du côté du fleuve, l'air est tellement pur qu'il incendie le poumon quand le ciel s'éclaircit. La pierre des maisons est ancienne. Des enfants passent, amusés par les fausses cornes de cerfs qu'ils portent. La fête est imminente.

Il existe des pays de recommencements.

APRÈS TANT D'ATTENTATS : "JE SUIS QUI?"

Mercredi 25 novembre 2015

La construction de l'ennemi. Belle formule prêchée lors d'une table ronde à Montréal. Elle est de Gilles Bibeau, auteur de *Généalogie de la violence*. L'image est puissante car on redécouvre que l'ennemi n'est pas une personne mais une construction laborieuse ou fulgurante. Par la culture ou après l'attentat. Un ennemi, cela vient au monde par la cécité, le borborygme, la distance. C'est le lieu où on projette ses peurs et le contraire de sa peau. C'est un champ de culture/inculture. C'est un processus qui réactive le bestiaire, le récit idiot et sommaire, la mythologie. Un mélange entre le cliché et l'effet de loupe. Mais l'ennemi n'est pas seulement un effet d'optique aveugle, il est aussi incarnation. C'est une coconstruction : l'étranger y participe aussi.

Pourquoi ces questions? Parce qu'aujourd'hui l'Occident est obsédé par le Barbare. Selon un autre spécialiste, rencontré lors d'une émission radio au Canada, le mot "barbare" vient du balbutiement, du marmonnement, du borborygme. Les Grecs désignaient ainsi le barbare par sa langue incompréhensible. L'Occident n'arrive pas à comprendre l'attentat permanent contre son corps, sa solitude, son humanité et le crime de l'attentat contre le reste de l'humanité : il ne comprend pas ce que lui veut vraiment Daesh, par exemple, et il essaye de trouver un mot juste pour s'éclairer. Le mot "barbare" est ce qui reste sur la langue quand on sait comment s'expliquer cette violence nue. On sait désormais comment ce monstre recrute, comment il opère, comment il écrit et filme ses horreurs, mais on ne sait pas ce qu'il veut : al-Qaida voulait se venger, les islamistes voulaient renaître en revendant la cendre de nos âges d'or, les djihadistes voulaient un califat mais Daesh va plus loin : il veut le rien, le vide, le moment zéro. Il ne veut pas. Son but est la fin du monde, la fin entière. L'irruption de l'au-delà dans la vie courante. La fin du monde prouve la divinité car le monde l'occulte. Abîme de la pensée messianique qui inspire l'attentat comme accélérateur du temps et de la fin des temps. Revenons à la terre. Aujourd'hui, l'Occident a choisi le mot "barbare" pour désigner l'ennemi et il a raison : ici, il ne s'agit plus de l'ennemi de guerre mais d'une maladie, une irruption noire de quelque chose de profond qui refait surface. C'est le trou noir qui réduit la raison à une falaise abrupte. Donc, le mot "barbare" est le seul qui puisse désigner un trou noir, une énigme qui tue.

Mais la notion d'ennemi a fini par réactiver le pire : le rejet, le préjugé culturel, les orientalismes détestables et l'envie de croisades. Les moments de crise ont ceci d'ennuyeux qu'ils cèdent au remake, souvent.

L'ennemi a été donc construit et reconstruit : l'État islamique rêve de l'État chrétien et l'appelle de ses vœux et de ses bombes. La peur a fini par investir les médias et la culture et érige la figure de l'ennemi, patiemment.

Idées éparses : l'histoire construit l'ennemi, la guerre ; la littérature construit la rencontre, l'étreinte.

L'idée de "l'ennemi" est donc fascinante : elle est autoportrait et scrutation. À l'échelle de l'homme ou de son pays. C'est un effet miroir et la part d'ombre refusée.

Bien sûr, la parenthèse est séduisante mais éloigne de la Troisième Guerre mondiale. Aujourd'hui, c'est la Tunisie qui est frappée, après Paris, Bamako, le Liban, etc.

L'attentat, le pire, est celui qui installe la mort dans la routine. Daesh a frappé. La guerre est donc là, elle banalise, se banalise. "Je suis Charlie", suivi de "je suis Tunis", "je suis Bamako". À la fin "je ne sais plus qui je suis". Puis "est-ce que je suis ?". Puis "qui suis-je ?". Puis la formule du déni : "Je ne suis surtout pas l'Autre."

Qui va gagner la Troisième Guerre mondiale ? Tous : les dictateurs de chez nous et leurs intellectuels organiques (partisans de la paranoïa et du gémissement anti-occidental), les régimes occidentaux et leurs droites extrêmes, Daesh et sa fin du monde. À dire vrai : quand la Raison meurt, chacun a ses raisons.

Idées éparses, car il ne reste plus rien à dire après les attentats.

Tunis frappée encore : l'enterrement du monde est désormais collectif.

ALGÉRIE : LA PAIX (RELATIVE) DE L'IMMOBILE

Jeudi 26 novembre 2015

C'est aujourd'hui l'aubaine : l'isolationnisme économique algérien lui a valu d'être préservé des effets domino des krachs financiers du reste du monde. Et le régime nous a bien vendu son ankylose comme vertu visionnaire. L'exception algérienne lui a valu d'enjamber le Printemps arabe et le régime a vendu cela au reste du monde comme effet de nos anticipations et avant-gardisme dans les révolutions. Aujourd'hui, il s'agit de sécurité : dans le vacarme des morts, l'Algérie ressemble à une île de quiétude : presque pas d'attentats, ni de Daesh sauf sur les plages et dans les têtes, pas de menaces, sauf lointaines, aux frontières. Cela va faire l'essentiel de la propagande à venir. Les courtisans crient déjà : "Nous avons vu juste, et Bouteflika a sauvé le pays." En l'immobilisant. Du point de vue technique, le pays est bien sûr *safe* : sa maîtrise des groupes terroristes est parfois réelle, parfois due à la bénédiction des ancêtres. Son discours sur le traitement du mal du siècle est bon et son savoir-faire contre le savoir-tuer de ces groupes est sous-traité comme une bonne expérience antiterroriste dans le monde.

Vertu des ancêtres, expérience des hommes, abnégation des inconnus et traumatisme de survivants nous valent aujourd'hui ce curieux statut de pays épargné, pour le moment. Comme si, tués que nous sommes, on ne peut plus nous assassiner. Et cela éclaire le reste du monde étrangement pour nous : c'est l'univers entier qui vit la décennie noire algérienne, a commenté un internaute. Avec le même protocole : attentats massifs, coup d'État thérapeutique, division des élites entre réconciliateurs et éradicateurs, promotion des "Services" comme seule solution, vertu du "tout-sécuritaire" et démocratisation en mode rusé pour contourner les règles au nom de la sécurité. Une vengeance sur le sort, mais une vengeance triste, pour nous.

La solution algérienne est-elle la bonne ? Selon les uns oui : il fallait "réconcilier" pour assécher les maquis et stopper la guerre. Mais puisque la "réconciliation" n'a pas été accompagnée par une révolution dans la culture et les écoles, on est retombés dans une république islamique horizontale et un deal scandaleux entre émirs et apparatchiks. Cela nous vaut une paix, mais une paix par défaut, due à un corps qui ne bouge pas. Un deal entre la stagnation et l'au-delà. Cela reste fragile, amusant, fascinant du point de vue de l'angoisse mondialisée face aux djihadismes, abyssal du point de vue de la philosophie : nous avons vaincu le terrorisme, mais en faisant le mort et l'aveugle.

Étrange bénédiction : nous avons vaincu la crise mondiale parce que nous sommes une île ; nous avons vaincu le terrorisme parce que nous sommes tous morts ; nous avons vaincu la peur parce qu'on n'a plus rien à faire d'autre ; nous avons vaincu le FIS parce qu'on s'y est dissous au lieu de le dissoudre ; nous avons vaincu le temps en le faisant tourner en rond. L'Algérie est une île très possible.

D'EUREKA SPRINGS, ÉCRIT SUR UNE VÉRANDA DE BOIS ET DE BRUME

Mercredi 2 décembre 2015

“… La route à partir de Kansas City était si longue qu'elle a tout découragé : les dernières villes, maisonnées, baraques, des stations-services puis la lente montée des collines. Ici, le monde s'est épuisé pour moi, au bord d'une véranda de bois, face à la forêt, dos à un feu. Pas une forêt morte, mais un sombre peuple d'arbres qui a des bruits d'animaux et des immobilités de sagesses anciennes : ours, cerfs et panthères. Les derniers vivants vus étaient de vieux paysans américains, silencieux dans un McDo aux odeurs de fritures froides. L'Amérique profonde. Celle qui fait la force de cet empire et sa cécité sur le reste du monde. Habillés grossièrement, réunis en famille. Que savent-ils de nous ?

Sur la véranda, face à l'abrupte falaise, il y a des arbres dessinés sur le papier diaphane de la brume ; la forêt arrive peu à peu, comme en marchant dans les airs. Des feuilles rouges, rouille ou vert-gris qui donnent l'impression d'une saison unique qui joue avec des nuances. Le bruit des pluies éparses sur la toiture fait scintiller les branches mortes avec des gouttelettes. Le silence est pourtant parfait, malgré le ventilo de la chaudière en dessous des lattes de bois. Des écureuils viennent sautiller puis s'éclipsent dans un autre règne. Le petit village est traversé par une route unique avec des animaux sculptés dans des troncs d'arbres sciés. Un panneau lumineux donne le nom du dernier habitant enterré : c'est un caprice des pompes funèbres ici, une façon curieuse de rendre hommage mais avec de la pub. Le village, en bas, à dix minutes de voiture, sert d'adresse à des sources thérapeutiques et vit des touristes et des quêteurs de guérisons miraculeuses. Les gens y marchent avec lenteur et les rues sont pavoisées de statuettes d'animaux. On écoute votre langue avec intérêt car elle est étrangère dans cet univers lent d'horloge vieillie.

La forêt arrive car la brume se lève. Elle commence par des arbres nus, puis par d'autres, plus grands, vert et gris, puis devient un immense océan presque noir, profond, et qui n'a pas de nom dans la mémoire des hommes. Je m'impose de ne pas bouger. Rester là pour échapper au temps, contempler le versant innommé. Tout l'effort était d'échapper aux mots pour qu'ils ne viennent pas égratigner la surface limpide de l'heure. Ne pas abîmer le monde par un livre bavard et éparpillé. Laisser nu cet univers, là, sauvage dans le feu de l'inconnu, renaissant sans cesse dans la boucle de ses saisons, brûlant et froid comme un dieu immobilisé. Il ne fallait pas bouger, ni remuer les feuillages dans sa tête. Enfin se reposer. Prendre un long souffle, comme on tire sur une corde noueuse, et grimper vers une conscience plus grande. Alimenter le feu. Rêver d'une guérison de la mémoire et du corps. Être un arbre, souvent. Je veux remercier le père de mon ami qui m'a offert ces heures. Il a la barbe d'un Hemingway et un humour de grande intelligence. Sa vie a été si longue qu'elle a fini dans la tendresse.

L'arbre long est le premier pas d'une vie vers le ciel. Pour toujours immobilisé au début de son ascension. Arkansas."

LA RATURE DE CAMUS
Jeudi 17 décembre 2015

Yale est un temple. À la manière du *Jeu des perles de verre* de Hermann Hesse. Parce qu'autour la ville de New Haven est assombrie par le chômage, agitée par la violence et la Question raciale (avec majuscule), objet de malaise entre la peau et le drapeau aux États-Unis. Un univers de facultés, de pierre et d'arbres géants incendiés par les automnes vifs. "L'arbre est le seul ancêtre visible en Amérique. Le pays manque d'histoire ancienne et s'accroche à ses arbres", m'a dit mon éditrice américaine. C'est là que j'ai donc croisé le manuscrit du *Mythe de Sisyphe* d'Albert Camus. L'université l'a acquis auprès d'un collectionneur israélien il y a longtemps. On accède à la relique par le rite du formulaire, la fouille et le silence : un texte reconstitué feuille par feuille. Une écriture qui surprend : autant le style de cet homme est une rigueur de chiffres, autant sa calligraphie est une étreinte étouffée d'encre et de brusqueries. Une écriture noueuse, pressée, écrasée, raturée presque de l'intérieur, née d'un souffle court, pas d'une ample inspiration. L'homme écrivait en évitant l'écriture, presque, en la subissant comme une corvée. En l'étreignant au cou. Sur le papier mince, la rature était plus ample, plus vaste que la phrase. La rature était l'écriture. Fascinante, comme un second livre jumeau, palimpseste. La rature est le murmure assourdi à l'oreille. Le rêve éveillé d'un livre second, caché, vieux mythe du lecteur assidu, du copiste du Moyen Âge, de l'herméneute. Déchiffrer la rature, c'est surprendre alors le temps dans son imperfection. Coïncider avec le présent d'autrefois au moment même de son hésitation essentielle, fondamentale. Enquêter pour ramener le livre à l'homme et à son souffle mal cadencé. L'ajout, la rature, le biffé sous la respiration. Lire le manuscrit est une expérience directe de la respiration, on y entend le halètement du marcheur, on y distingue le bruit de la terre sous la semelle. Le manuscrit est le lieu où le livre n'a pas effacé ses autres possibilités. C'est un lieu avec des échos, sonore mais figé dans l'étoilement d'une encre tombée. Cet espace contraire au définitif de tout livre, parce que surpris dans sa hâte vers la parure.

Mais ce ne fut pas une simple expérience esthétique. Le manuscrit est aussi le corps le plus entonnant de la mort. Il ne se décompose pas mais décompose le reste. C'est le corps dur d'une apparition permanente. Car la survivance de la calligraphie suppose la mort. Sans cela, on est dans le brouillon. Je regarde, dans l'écriture du *Mythe de Sisyphe*, le reflet impossible d'un visage piétiné par l'absence. Avec l'impression que, parfois, un homme écarte le feuillage touffu d'un buisson écrit, et me fixe. Une heure plus tard, à feuilleter la relique, j'ai fini par avoir cette certitude, trop violente, raccourcie à l'extrême, que je feuilletais ma… propre mort. Tout manuscrit est terreur glorieuse pour l'écrivain. Le bras coudé, les doigts qui serrent la plume, le muscle, tout cela n'existe plus et ne reste que cette tension lumineuse des choix des mots et qui est le style. Un mort me regardait. Et j'étais promis à cette mort dont je tenais le corpus entre mes mains. Pensée noyée : même Dieu n'a pas résisté à écrire des livres pour affermir son éternité. Je m'essayai alors au jeu : respirer lentement, pour retrouver le rythme exact de cette écriture. Son jeu de poumons et de concentration. Comme m'allonger dans un autre corps. Le papier du manuscrit était fin, m'obligeait à l'attention qu'on prête au chuchotis. Feuilleter était "approcher". Le manuscrit est ce qui reste du labyrinthe, il en est la solution, la tangente occultée. Du coup, le lire, c'est un dépérissement du mystère convenu du livre mais aussi un tâtonnement voulu : retoucher, en fermant les yeux, un corps désiré, pour en reconstruire la jouissance au bout de l'occultation. On s'exerce alors au renouvellement de la rencontre. Restaurer le moment rêvé d'avant le choix du mot. Au moment exact de ce mot, a-t-il hésité ? Un cri dans la rue ? La quotidienneté derrière la vitre de l'éternité.

Au dos d'un des feuillets, une date : 25 mai 1938. C'est au dos d'une note du conseil d'administration d'*Alger républicain*, le journal de l'époque, que Camus a continué d'écrire son livre. Le chapitre censuré, consacré à Kafka. Une double feuille volante ramassée dans une rédaction. Le palimpseste est un démenti de l'éternité. Dans les religions du Livre, on peut vous tuer pour cela.

LE TERRIBLE DÉDAIN DU CONTRE-CASTRO

Lundi 21 décembre 2015

"… Tous les dictateurs rêvent de faire le plus long discours de l'histoire des hommes. Rêvent de parler, parler, parler jusqu'à ce que le pays meure, se vide ou se plie. C'est une forme de torture douce : un homme parlera si longuement qu'il vous ôtera l'envie de répondre et vous donnera l'envie de dormir et de se soumettre. C'est ce que font d'ailleurs les dieux avec leurs livres sacrés. Et nous ? Non, mon ami : le nôtre a inventé le silence le plus long au monde. Le murmure le plus éloquent. Le chuchotis parfait depuis celui inventé par l'amour clandestin. Pas un mot. Il trouve son plaisir à nous bouder jusqu'au Jugement dernier. Il recevra dans son palais l'insecte le plus rare mais jamais un Algérien. Nenni. C'est le contre-Castro : quand il ouvre la bouche, c'est pour respirer ou pour parler à un étranger. C'est le plus étrange rapport que j'aie vu entre un dictateur et son peuple : il refuse de parler aux siens, de les voir, les rencontrer. J'adore le regarder ne pas parler. Montrer le quart du visage pour mieux signifier la bouderie nationale. Ce dédain qui aime mêler les apparences du martyr et le mépris du raffiné obligé de fréquenter une terre sale. Il laisse presque entendre la même phrase face aux étrangers : « Que c'est dur de gérer l'indépendance. Plus dur que de se battre pour elle. » Il a cette façon de s'asseoir, tourné vers l'interlocuteur étranger, comme pour mieux se démarquer de notre race, de notre ADN. Ce ton qui place la narine à hauteur de notre front, nous regardant de si haut qu'on se retrouve petit par évidence. Ah mon ami ! Je n'ai jamais rien vu d'aussi grand comme gratte-ciel dans ce pays que son palais et ses airs. D'ailleurs, je pense qu'il donne corps à nos humeurs : on rêve tous de ne jamais se croiser. Personne n'aime ce pays parce que, justement, il nous oblige à nous fréquenter et à nous supporter. Son rêve est peut-être déçu : se faire élire par nous, puis que l'on parte tous quelque part et qu'on le laisse seul avec les siens soliloquer sur leur gloire et l'éternité. Au fait, peut-être qu'il voulait un club, pas une nation. Donc il ne dit rien et s'arrange pour bien le faire et filmer ce silence parfait. J'aime scruter les scènes de sa télévision quand il daigne apparaître : je suis sûr qu'il met des heures à penser aux détails : l'ordre des chaises, le bouquet de fleurs, la lumière, le regard. C'est le genre qui a compris que le pouvoir est l'image, pas le son. Il a construit le maquis où il n'était pas ! Il s'est même offert un pseudo : Amar. Il en change aussi. Il rejoue la guerre, je crois, mon ami. J'en suis même convaincu : une guerre à lui, dans sa tête, avec un maquis, des lieutenants, des ennemis, des négociations d'Évian, des cessez-le-feu et de longs palabres muets avec de Gaulle. Suis bien l'actualité ces dernières années : il a refait la bataille d'Alger, le congrès de la Soummam, le coup d'État, les purges et le reste. Je crois qu'il a l'angoisse du temps : il ne pardonne pas au plus long fleuve du monde. Il a une grosse colère et un calcul : vingt ans de règne pour effacer vingt ans de désert. Tu sais, mon ami, je pense que le plus vieux moteur du monde n'est pas la volonté, mais la rancune. C'est quelque chose qui ne refroidit jamais. Cet homme ne nous pardonne pas.

Bon ! Il y a un appel à la prière. J'y vais. Je prie non parce que j'attends une réponse, mais parce que j'aime bien jeter des pierres dans le puits du ciel et prouver qu'il n'y a pas d'eau. Sauf celle des pluies. Au fait ! Cette année, il n'a pas plu une goutte : les autres vieillards ne parlent que de ça et de leurs dentiers. Je vais t'écrire la semaine prochaine. Hier, j'ai rêvé de ma maison pleine de plumes d'oiseaux, partout. Je n'ai pas encore trouvé le sens de ce rêve et donc je le regarde comme une pièce d'une monnaie inconnue avant de m'endormir."

LE GRAND LEGS D'AÏT AHMED : LA POSSIBILITÉ D'ÊTRE PROPRE ET D'ÊTRE POLITIQUE

Lundi 28 décembre 2015

Être le Père du Peuple nation s'obtient par deux moyens : la dictature (le viol), ou l'histoire (la filiation). C'est donc le cas d'Aït Ahmed : sur la scène du parricide, il est le père nié, exilé, chassé, insulté. Au pays de l'infanticide permanent, il est salué, regretté, hissé au rang de l'hommage des foules, mais après la mort. L'homme est donc mort mais, pour l'essentiel, il reste une lumière, indirecte. Car Aït Ahmed, on ne le connaît pas par le manuel scolaire, ni par l'hommage dû par une nation à l'un de ses pères, ni par le salut et le respect appris, mais on le reconnaît avec l'âge, quand on apprend à lire le vrai livre, à reconnaître le sens des mots sacrifice, militantisme et cause. Pour l'expression de "lumière indirecte" ? C'est parce que la vie de cet homme a ce curieux effet d'éclairer, de rendre visible et d'accentuer l'infamie de beaucoup de politiques algériens, adversaires ou anciens compagnons décrépits. Un mot revient sans cesse depuis sa mort, dans les hommages : éthique. Les Algériens, dans le vacarme salissant du butin depuis les premières heures de l'Indépendance, ont toujours été sensibles au statut de cet homme qui représente l'antithèse du "politique" : probe, propre, distingué, réfléchi. Il a vécu comme une possibilité d'une indépendance menant à la liberté. Il est mort signifiant un échec retentissant mais aussi la possibilité d'une continuité.

L'homme est donc le portrait du "politique" rêvé et fantasmé : défendant l'amazighité algérienne sans céder ni aux vassalités baathistes ni aux extrémismes berbéristes. Proposant de sauver le pays par le compromis, pas par la compromission. Défendant la démocratie comme une nécessité et pas comme un fonds de commerce d'opposition. Plaidant la solution, pas les positions. L'homme a refusé les bas compromis des vétérans de guerre qui, souvent, finissent mal et honteusement après les décolonisations. Ne cédant jamais à la cupidité légendaire chez les libérateurs quand ils vieillissent. Dans l'imaginaire algérien, il a donc rejoint le cercle strict de ces politiques dont on admire justement le désengagement signifiant l'honnêteté, là où le militantisme se traduit par le ramassage du butin dans l'histoire alimentaire du FLN d'aujourd'hui.

Les Algériens admirent, on le sait, le politique qui ne fait pas de politique, paradoxalement. Cela donne à l'honnêteté l'honneur de l'impasse, ne sert pas le pays mais sauve l'âme. Aït Ahmed n'était pas cet homme, cependant. Il était militant. Le chroniqueur fait partie de cette génération vidée d'elle-même, qui n'a pas connu cet homme par le livre ou l'hommage. Une génération éduquée au déni et au rejet, formée pour compléter la disgrâce et l'exil par l'oubli. Il aura fallu tant d'années pour retrouver la trace de cet homme dans le paysage, les livres et les racines. Pour finir par voir dans ce militant une possibilité éthique du politique. Et c'est cela le plus grand héritage laissé par cet homme aux générations futures : la possibilité de conjuguer morale et politique, histoire et engagement, destin de libérateur sans misère de prédateur. Son exil n'a pas fait de lui un homme rejeté mais un homme compris. Contrairement à d'autres carriéristes, il n'a pas connu de traversée du désert. Il n'a pas fait de son destin d'inventeur et de père de la liberté une excuse, une statue de ciment ou un infanticide méprisant comme le font les chefs des décolonisations, en général.

L'homme est donc l'un des rares pères de cette nation à pouvoir avoir une descendance si ce pays survit à l'infamie, à la lâcheté des siens et aux traîtrises. Son histoire est heureuse et il aura beaucoup d'enfants.

2016

LA LETTRE 7 DU VIEILLARD À PROPOS DES DÉNOUEMENTS

Lundi 4 janvier 2016

"Je te souhaite une belle année. Quoique, à notre âge, cela ressemble plus à une photocopie qu'à une fleur inconnue. J'ai vu l'enterrement à la télévision. Il y avait beaucoup de monde. J'ai failli pleurer mais je me suis retenu. Un vieillard qui pleure, c'est l'échec de la sagesse, et je ne veux pas être surpris ainsi. Il vaut mieux donner l'impression que je crois à l'éternité plutôt que d'offrir le visage pitoyable d'un homme qui a perdu ses dents et ses certitudes. Voilà. Je me suis demandé comment a été son dernier jour. Le savait-il ? C'est rare de voir un vieillard se battre pour avoir un pays. À cet âge, en général, on essaye surtout de retrouver ses chaussures à la sortie des mosquées ou des enterrements. Tiens ! Cela me rappelle comment est morte ma grand-mère. Les derniers jours, elle ne pouvait plus bouger de son lit et regardait sans cesse le seuil de la maison. Elle nous demandait à qui appartenaient les belles chaussures blanches posées à l'entrée. Avec mon grand-père, la mort avait un visage encore plus fascinant : deux semaines avant sa mort, il raconta qu'il savait exactement combien il lui restait de jours à vivre. Comment ? C'est simple, nous dit-il : en mangeant une orange à l'heure de la sieste, il nous dit avoir compris que le nombre des quartiers de son fruit correspondait au nombre restant de ses jours au soleil. Ma mère s'est longtemps souvenue de son rire triste et de sa sentence : « J'ai mangé le plus lentement possible cette orange, et j'ai compté ses grains blancs deux ou trois fois pour être sûre! » Mon père à moi, il est mort quand il a rêvé qu'il avait pris un bus que, depuis des décennies, il ratait dans ses rêves. Tu sais, l'ancien bus, celui qui traversait le village à 4 heures du matin et qui ne passait que tous les sept jours. Les gens l'attendaient en silence, bravant le froid et avec des bouts de papier en guise d'adresse de parents lointains dans les villes difficiles. Ma mère? Elle est morte en balayant avec colère les feuilles mortes de nos figuiers. Elle en voyait partout, tout le temps, et l'indiscernable bruissement d'une feuille morte qui tombait sur le sol en ciment la faisait sursauter dans son lit, se précipiter vers le balai et chercher la source de ce tintamarre inaudible pour les autres. Tous avaient une histoire. Je crois que ce sont les plus belles morts : celles où on vous accorde une sorte d'épilogue amusé, tourné comme une charade. Votre vie a, du coup, le poids d'un livre et tout le charme d'une histoire de cinéma projetée sur votre peau. Moi? Oh, tu sais, je pense que je suis trop fourbe : je peine à croire les histoires. Je vais peut-être mourir les yeux ouverts, méfiant envers la mécanique des anges et les escaliers ascendants. Peut-être que je vais mourir sans le privilège d'une histoire comme les anciens : surpris par le claquement d'une porte, déçu par un grincement de gonds ; ou soudainement trébuchant, la tête en avant, du voile à l'étoile sans savoir comment c'est arrivé. La mort peut se présenter comme une berceuse ou comme un couteau. Cela dépend de ce qu'on a rêvé au plus intime de sa vie. C'est quand même fascinant, cette fin. Bon, j'ai donc aussi ma croyance. Peut-être que je vais connaître les signes juste avant d'expirer. Cela se résumera peut-être au toucher d'un inconnu sur mon épaule. Tu vois à quoi je passe mon temps : les autres vieux surveillent leurs voisins et les femmes d'autrui, moi je surveille le seuil de ma chambre et comment sont posées mes chaussures vides. À part cela, il n'y a rien de nouveau. Je ne vais pas te dire bonne année, à la fin. À notre âge, c'est comme s'offrir de vieilles chemises.

PS : Je déteste le mot dépouille. J'ai l'impression qu'on parle d'une valise abandonnée à la foule par un homme qui a enfin réussi son plus grand élan. Du coup, les enterrements ont ceci d'incompréhensible à mes yeux qu'ils élèvent des rites gigantesques autour de simples manteaux refroidis. Bon, j'arrête ce délire. Le café froid semble, de plus en plus, être mon meilleur portrait."

(Le 5 janvier 2016, grâce à la réforme de la Constitution votée au Parlement algérien, le tamazight passe du statut de langue nationale à langue officielle.)

UN GRAND PAS POUR LA LANGUE, UN PETIT PAS POUR LE RESTE

Mercredi 6 janvier 2016

De l'ouverture du colis de la future Constitution, on ne semble retenir que l'officialisation du tamazight comme langue nationale et officielle. Viendront ensuite la question de la limitation des mandats et la dernière, celle de la tragédie nationale. Le reste des chapitres reste dans le flou, l'inintéressant et la profession de foi très idéaliste. Il y a presque de l'amusement intellectuel à lire les paragraphes concernant les libertés, les droits et la lutte contre la corruption, et à se souvenir de nos réalités, des abus, dépassements, zèles et monarchisme ambiant. Ce nouveau livret de famille n'est pas trop différent des anciens et se reconnaît à sa fanfaronnade mesurée à nos sorts quotidiens. Passons.

Les questions restent à poser sur les autres détails : la limitation de mandats qui sonne presque comme un amendement comique, proposé par la même personne qui en a violé le sens il y a quelques années. Par quelle impudence vient-on aujourd'hui proposer une limitation de mandats pour autrui et la clause de dix ans de résidence en Algérie ? Et que signifie "constitutionnaliser" la tragédie nationale ? Une décoration de plus pour Madani Mezrag, une amnistie encore plus féroce empiétant sur le devoir de mémoire et le droit de demander des comptes ? Encore plus de dattes et de lait pour les repentis en sursis ? Un verrouillage encore plus féroce sur la question des disparus ? On ne sait pas.

Cela ressemble à une manœuvre pour fermer tout débat sur la question, ou bien à une opération pour transformer une fausse solution en prestige international.

Ce texte est beau à lire. On veut y ajouter sa foi et sa croyance mais il n'y a pas plus décevant dans nos pays que les constitutions, et on a assisté à tellement de viols que la noce a le goût du plastique dans la bouche de l'affamé. Les réalités sont autres et, même si un texte de loi fondamentale est le but d'une nation et non l'état des lieux de sa terre, on a appris à garder nos distances avec ces "romans".

Il en va de même pour l'officialisation du tamazight. C'est une victoire. Mais dans la réalité, cette victoire va se heurter aux grandes cultures régionalistes nourries avant même la naissance de ce pays. Et va se heurter à l'effet de barrage sournois des conservateurs et des islamistes et des générations Echourouk nourries à la haine de soi, à l'auto-racisme et au déni. La résistance des zombies de l'identité va être énorme et les moyens d'en triompher sont faibles sans le soutien d'un État entier. C'est une longue entreprise, et ceux qui y ont sacrifié leurs vies et leur temps, sans nier les autres, en savent quelque chose. Cette Constitution, sur ce point, est un triomphe mais cela reste de l'encre. Il faut, en même temps, lui donner les moyens, réparer nos blessures et nos esprits, guérir nos divisions, nourrir le consensus et les retrouvailles, lever les malentendus et pardonner les torts et les morts. Cela demande que certains pardonnent et que d'autres retrouvent leurs racines au lieu de cracher dessus au nom de Dieu ou du chameau. Le tamazight n'est ni une propriété, ni une dissidence et ni une traîtrise. C'est nous, tous.

Ce texte est à lire mais il ne doit pas faire oublier le chemin. Il ne doit pas servir à une diversion, ni blanchir une illégitimité politique fondamentale, ni stopper le débat sur comment il a été écrit, par qui, pourquoi. Il ne doit pas escamoter ce huis clos qui a servi à sa rédaction, à ses consultations. Ce nouveau texte a déjà un péché de naissance et une erreur d'adoption.

LE PLEIN D'ESSENCE ET LA FATWA VALLEY

Jeudi 7 janvier 2016

Mais que faire de l'Arabie Saoudite ? Juste après les attentats du vendredi 13 novembre, j'avais publié une "Opinion libre", dans le *New York Times*. L'article rappelait quelque chose de simple : on ne peut pas lutter contre Daesh si on ne lutte pas contre sa matrice idéologique. Comprendre : cette vaste Fatwa Valley des religieux en chef nourrie, logée et payée par la monarchie saoudienne principalement. C'est ce clergé qui assurait la propagande religieuse avec ses livres, ses chaînes satellitaires, ses formations, mosquées et prêcheurs qui sont la source de l'une des radicalisations majeures qui frappent le monde. Une matrice qui a fini par former/déformer des générations entières et qui, avec le satellite et Internet, a trouvé les moyens de se propager encore plus vite. Daesh noir, donc, celui du vendredi 13, et Daesh blanc, celui de la fabrication idéologique du djihadiste, le royaume béni d'un dieu et d'un baril. J'avais souligné dans l'article une évidence, mais aussi cette formidable myopie entretenue par l'Occident sur ce royaume.

Le plus amusant intellectuellement, c'était de voir comment allaient réagir les gouvernements face à cette évidence après la parution de l'article et sa reprise un peu partout. Comment on allait à la fois promettre une *global war* et saluer l'allié éternel en ce royaume, et sauver un peu la contradiction qu'on ne veut pas admettre. Si on touche à ce régime on va provoquer un effet domino terrible, accentuer l'insécurité des approvisionnements en pétrole et conforter l'adversaire iranien. Inquiétude ancienne mais explicable. L'Arabie, un allié? Démanteler cette illusion tenace était facile : cette monarchie repose sur deux piliers aux intérêts contradictoires : fondé par un guerrier (Mohammed ibn Saoud) et un théologien intégriste (Mohammed ibn Abdelwahhab) au milieu du XVIIIe siècle, le royaume est bâti sur une alliance dite stratégique avec l'Occident, mais aussi sur une alliance idéologique avec le clergé religieux. Le premier lui assure la protection internationale, l'autre la légitimité intérieure. Sauf que les deux soutiens sont en guerre : la monarchie souffre des frappes terroristes et affirme lutter contre elles, mais elle fabrique le terrorisme. Il n'y a qu'à écouter les prêches des vendredis dans ce pays qui réunissent des millions de fidèles par saison pour comprendre qu'il s'agit de deux mondes différents entre la diplomatie du roi et les violences de ses prêcheurs. Et ce royaume ne peut pas faire autrement que de s'empresser de créer et de proposer une sorte d'Otan musulman contre Daesh, tout en couvant ce clergé qui le ronge.

On ne naît pas djihadiste, on le devient. Et on le devient parce que le wahhabisme a une force de frappe financière, éditoriale, que la "modernité" n'a pas. Cela provoque des basculements, des massacres, des "Sahelistans", des propagandes et des courants de fond qui ont donné légitimité et moyens au seul wahhabisme et ses armées. C'est cette équation qu'il faut résoudre pour résoudre le cas de Daesh. Sans cela, on continuera à compter les morts, à saluer la "collaboration" de l'Arabie et à condamner en tournant en rond. C'est terrible de résumer la crise du monde à cela, mais c'est l'essentiel de l'équation si on y ajoute la Palestine, les décolonisations détournées, la faillite philosophique alternative à l'islamisme.

Retour donc à la question du “que faire” ? Un roi plus jeune, et donc des règles de succession réformées, peut-il permettre des réformes courageuses face à un clergé agressif ? Une pression internationale pour assécher la rente de la Fatwa Valley ? Oui, mais cela équivaut à faire de cette monarchie un unijambiste qui ne tiendra pas debout. “Lutter contre Daesh ? Eh bien, il faut cesser de conduire des voitures”, résume une amie éditrice américaine. Bush avait voulu faire le plein gratuitement et l’Arabie nous vend le carburant au prix du sang. Et le terrorisme, comme les moteurs, roule au pétrole et au gaz.

LA "COLOGNISATION" DU MONDE

Lundi 18 janvier 2016

Colognisation. Le mot n'existe pas mais la ville, si : Cologne. Capitale de la rupture. Depuis des semaines, l'imaginaire de l'Occident est agité par une angoisse qui réactive les anciennes mémoires : sexe, femme, harcèlement, invasions barbares, liberté et menaces sur la Civilisation. C'est ce qui définira au mieux le mot "colognisation". Envahir un pays pour prendre ses femmes, ses libertés, et le noyer par le nombre et la foule. C'est le pendant de la "colonisation" : envahir un pays pour s'approprier ses terres. Cela s'est donc passé dans la gare de la ville allemande du nom de ce syndrome, pendant les fêtes du début de la nouvelle année. Une foule des "autres", *alias* Maghrébins, Syriens, "Arabes", réfugiés, exilés, envahisseurs, a pris la rue et s'est mise à s'attaquer aux femmes qui passaient par là. D'abord fait divers, le fait est devenu tragédie nationale allemande puis traumatisme occidental. "Colognisation" désigne désormais un fait mais aussi un jeu de fantasmes. On arrive à peine à faire la différence entre ce qui s'est passé dans la gare et ce qui se passe dans les têtes et les médias. Les témoignages affluent, mais les analyses biaisent par un discours sur le binôme civilisation/barbarie qui masque le discours sur la solidarité et la compassion. Au centre, le corps, la femme, espace de tous, lieu du piétinement ou de la vie.

Pour l'agresseur, cela est clair : il vient de ces terres où c'est le sexe qui est un crime, parfois, pas le meurtre. La femme qui n'est pas "fille de…" ou "épouse de…" est un butin. Une possibilité de propriété. Un sexe à prendre. Un corps à emporter sur son dos vers la broussaille. Le spectacle de la femme libre en Occident n'est pas vu comme l'essence même de la liberté et de la force de l'Occident, mais comme un caprice, un vice ambulant, une provocation qui ne peut se conclure que par l'assouvissement. La misère sexuelle du monde "arabe" est si grande qu'elle a abouti à la caricature et au terrorisme. Le kamikaze est un orgasme par la mort. Et tout l'espace social est une prison du désir qui ne peut s'exprimer que dans la violence, la dégradation, la fuite vers d'autres terres ou la prédation et la clandestinité. On parle peu de la misère des sens dans les terres à turbans. Et, paradoxe détestable, ce sont les islamistes qui se chargent d'exprimer la sexualité, de la baliser, de la coder ou de la réduire à l'expression hallal de la procréation. Tuant le désir par la posologie. Au point que c'en est devenu une véritable obsession dans le discours de prêche. Une sorte de libido-islamisme conquérant.

Mais la "colognisation" a fait renaître le fantasme de l'autre menaçant dans un Occident qui ne sait pas quoi faire de nous et du reste du monde. Les faits tragiques et détestables survenus dans cette gare sont venus cristalliser une peur, un déni mais aussi un rejet de l'autre : on y prend prétexte pour fermer les portes, refuser l'accueil et donner de l'argument aux discours de haine. La "colognisation", c'est cela aussi : une peur qui convoque l'irraisonnable et tue la solidarité et l'humain.

LA SOLUTION PAR LES CLOWNS

Jeudi 21 janvier 2016

Le partage des tâches est clair : les élites du Sud jugent les démocraties du Nord, celles du Nord peuvent s'intéresser aux démocratisations dans le Sud. La mode tiède de la semaine passée était de parler de l'expérience tunisienne, par exemple. L'anniversaire de la révolution inaugurale du 14 janvier (fuite de Ben Ali) permettait des retours (discrets) sur les grandes questions épuisées : la démocratie est-elle possible en terre d'Allah ? Au Sud, cependant, la fascination pour les démocraties du Nord est différente : comment sont-elles venues au monde ? Comment faire de même ? La démocratie est-elle une nature ou une culture (sur le mode vieux débat du Moyen Âge) ? C'est tout un art de la déconstruction qui a sa littérature dans le monde dit arabe. Inauguré par la Renaissance, il passera par le mimétisme communiste, les fabrications socialistes puis les études généalogiques avant d'aboutir aux rejets pour cause de rancune et de viols au Moyen-Orient.

On comprendra donc que la démocratie de l'Occident est tout un spectacle pour nous, au Sud. On y puise des arguments pour sa foi, mais on y cherche aussi des faiblesses pour nourrir sa mauvaise foi. Premier bug du modèle : les fascismes qui arrivent au pouvoir par… la démocratie. Là, la grande leçon est celle du XXe siècle : Hitler a été élu. Et cela se reproduit chez nous par ce bug des révolutions : on fait tomber des dictatures pour de la démocratie, mais c'est au nom de la démocratie que des fascistes islamistes arrivent au pouvoir. Première maladie contagieuse du modèle démocratique. Le second bug, encore inédit, est celui du populisme. Le "consensus par le clown" : métaphore à déplier pour comprendre. Car c'est un spectacle fascinant de voir que ce qui menace les démocraties du Nord, modèles du genre, n'est pas seulement l'élection d'un fascisme mais surtout un affaissement par les spectacles et les shows. Épuisées par le manque de solution, travaillées par les peurs, ramollies peut-être par le confort et les télécommandes, les grandes démocraties s'offrent depuis peu des clowns somptueux, expression d'une fatigue du modèle et d'une rupture de confiance. Expressions plus extrêmes d'une berlusconisation : Beppe Grillo en Italie, les fervents d'Ukip en Angleterre ou le triomphant Donald Trump aux États-Unis. Étonnant pour nous de voir que l'Occident peut être populiste malgré la force de ses élites.

De quoi Trump est-il l'expression ? On lui a trouvé mille sens. Le plus évident est celui de la troisième voie : entre l'illusion Obama et le cauchemar du retour du genre Bush, Trump offre le spectacle, le clown ravageur, ce quelque chose de goinfre et de grossier qui s'apparente à de la malbouffe, la possibilité d'un rire nerveux face à la peur. Le bonhomme avance dans les sondages par son image d'une politique qui est un bras d'honneur à la politique, paradoxalement. Incarnation de la rancune des électeurs et de leurs colères. Il est aussi le réinventeur des modes de campagne à l'ère du buzz : on n'a plus d'autre moyen pour se faire entendre que celui du spectacle et de la provocation. Il suffit d'aller à l'extrême de la proposition (construire un mur avec le Mexique, interdire d'entrée les musulmans, confondre l'Allemagne et Paris) pour économiser des millions en flyers : Internet se chargera de répandre la mauvaise parole. Le Net ayant réinventé les prophètes et les prophétismes.

Pour des intellectuels du Sud, quêteurs infatigables d'une solution à l'équation démocratie/Allah, Trump est source de malaise et de moquerie. C'est selon ce qu'on veut illustrer : l'échec de l'Occident ou les limites de sa proposition de civilisation. Donald Trump est l'expression de la fin (momentanée) du politique ou sa suspension par un entracte délirant, mais, vu du Sud, c'est un scandale du modèle ou la preuve de son épuisement. C'est la réédition des frasques de Rome et sa solution par l'empereur Claude. Mais cela a aussi un effet domino qui donne de l'argument aux revendeurs de fin du monde : islamistes, conservateurs, anti-occidentaux, antidémocrates en tout genre. On se dit alors que si l'Amérique produit Trump, pourquoi doit-on s'expliquer d'avoir produit Ben Laden ? Quelle différence y a-t-il entre le fou et le fou rire ? L'un tue, l'autre tue par le ridicule. Au Sud, certains jugent que l'Occident a les maladies des empereurs romains : le génie ou la futilité.

JE VEUX QUE LES RÉVOLUTIONS SOIENT UN ÉCHEC PARCE QUE…

Mercredi 27 janvier 2016

Il y a comme un délice intellectuel à annoncer la mort des révolutions dans les pays dits arabes. S'y mêle le verdict de l'impossibilité culturelle énoncé en Occident sur les géographies du Sud, et ce fatalisme laïc des élites du Sud quand elles se regardent à travers l'affect ou le présent. On disséquera donc, avec une consternation sophistiquée, le cas égyptien, syrien ou libyen. On y tracera la distance entre l'espoir fou des premiers jours et les retournements décevants cinq ans après. Et dans les deux visions, celle de l'Occident comme celle des descendants angoissés des décolonisations, on opère par recours à quelques jugements occultés et par référence à une vision simpliste de l'histoire.

Car, dans le verdict de ces échecs, il est supposé d'abord que les révolutions sont, en fin de compte, un mal plus grand que la dictature au vu des actualités sanguinaires. Ce qui est de mauvaise foi. On oublie en effet que ce qui est mal, c'est ce qui rend une révolution inévitable, pas la révolution elle-même. Si les gens étaient libres, heureux et vivant dans un pays de justice, qu'est-ce qui les pousserait à sortir crier et réclamer ? On oublie que le hold-up des islamistes n'a été possible que parce que les islamistes sont les enfants gâtés des dictatures. Et que vider le palais des dictateurs ne suffit pas tant qu'on n'a pas le courage des révolutions des sexes, des dieux et des idées.

Il est aussi supposé que les révolutions doivent fournir, dans nos géographies, leur fruit dans l'immédiat ; une vision fast-food du changement, mode Ikea pour démocraties. Ailleurs, on demande à la révolution d'être un arbre qui promet des fruits dans une génération, et chez nous, un haricot magique qui doit pousser le soir. Aux gens du Sud, il est demandé de conclure la révolte par la démocratie dans le délai des jours ouvrables de la semaine, ce qu'on ne demande pas à ce processus au Nord.

L'échec des révolutions est un constat qui part d'une vision presque scolaire de l'histoire ; on la suppose à la manière d'un *blockbuster* hollywoodien : rupture d'équilibres, quête, obstacles, confrontation puis victoire et bonheur et beaucoup d'enfants. Une vision "médiatique" qui n'a rien à voir avec les processus longs et inhumains des évolutions historiques des pays et des peuples. Parce que l'homme a parfois horreur du sang ; il croit que l'histoire évolue avec les mêmes sensibilités.

Le constat d'échec part aussi d'une vision d'autodénigrement, de scepticisme conceptualisé : le scepticisme du Nord est reproduit comme ricanement sur soi au Sud. Les révolutions, puisqu'elles ne correspondent pas au romantisme, sont donc un échec. Beaucoup au Sud s'empressent, avec un acharnement qui en dit long sur la psychologie, de conclure aux déboires comme par assouvissement, par rancune, par dénigrement, par envie de justifier une vision de tristesse.

Ces révolutions sont ratées parce qu'elles ne correspondent pas à mes désirs, à ma vision, parce que je ne suis ni le père ni le tuteur et parce que cela me dédouane, conforte ma position assise qui colle mon malheur aux autres.

On annonce aussi l'échec des révolutions parce qu'on confond échelle de vie et échelle des pays : puisqu'une révolution ne porte pas ses fruits à l'horizon d'une vie, elle est donc un fiasco. Alors que le calcul d'âge d'une histoire nationale se soucie si peu de nos respirations en vrac.

Ces révolutions sont conclues comme des échecs aussi pour mieux prouver la vision d'une histoire faite de complots, de théories de conspiration de l'Occident, de néocolonialismes occultes. Leur échec est la preuve qu'elles sont "importées", fabriquées par la CIA et le Mossad. Conclure, chaque an, au désastre des révolutions permet de valider l'idée que les changements et les efforts sont mauvais et que nos sorts tristes ne sont pas nos torts en premier.

Les révolutions dans les pays dits arabes sont pourtant un processus, pas un film ni un conte. Elles sont un mouvement qui n'est pas humain ou à l'échelle de nos douleurs. Ce mouvement dévore, broie mais est irréversible. Il peut se conclure, mais jamais définitivement ; il avance mais pas là où on le filme. C'est quelque chose qui, au-delà du bien et du mal, ne se résume pas à nos affects et à nos douleurs.

Les révolutions dites arabes ne sont pas un échec. Sauf si on confond histoire et road-movie. Elles sont tragiques et désastreuses pour nos foyers et nos vies, mais elles sont irrévocables.

LA BI-EXCLUSION MONDIALE
Mardi 2 février 2016

Tentation des formules faciles : "le grand déplacement", la nationalité ou la valise, le grand départ, les pieds-gris. La chronique aime les jeux de mots pour s'accouder sur l'actualité. Le sujet est, bien sûr, ce dossier sensible et plein de bruits et de fureur de la binationalité. En Algérie, les binationaux, sur le vote ("nostalgiste", forcément, et donc conservateur) desquels le régime a toujours compté, sont en ballottage. La prochaine Constitution leur interdit la présidence et les hautes fonctions. Cela a créé de la douleur et de la colère : les binationaux sont, donc, bons en tant que "petits nègres" : pour voter ou jouer au football mais pas pour commander le pays. La nouvelle Constitution, sur cette question, est venue remuer une douleur, un sentiment de rejet et de différence qu'éprouvent parfois les binationaux face à leur nation d'origine ou la moitié de leur monde.

Cela est vécu comme une ségrégation, un rejet, un infanticide. Le binational était déjà négligé, déprécié, peu sollicité ou poussé au dépit, à peine impliqué dans le jeu de lobbying au profit de la nation et ignoré, contrairement au statut d'enfant favori qu'a le Marocain en exil ou le Tunisien en départ. À cela, on va donc ajouter une Constitution bâtie sur l'idée méprisante de la souche, des origines, du lieu de résidence et des "papiers". Un remake inversé du monde du bi en France.

En France, le binational est soumis aux conséquences furieuses d'un monde en guerre et en quête de souches et de pureté. La loi sur la déchéance de la nationalité a fini par faire oublier l'article de loi, pour se cristalliser sur la douleur d'être français sans l'être entièrement, d'être de ce pays mais poussé vers la mer ou la marge. Le débat est devenu passion et a dérivé vers les grandes questions que ce pays n'a pas pu résoudre depuis longtemps : qu'est-ce qu'être français ? L'est-on par le sang, comme une monarchie, ou par le cœur, comme une passion ? Que veut dire déchoir d'une nationalité alors que le terroriste n'en a plus et que le seul à le payer c'est celui qui veut être français et qu'on rejette, justement ? Être français est un choix ou un mérite ? Une culture ou une nature ? On parlera alors de grand déplacement, de pays de souches et de la bi-exclusion.

Et c'est un étrange monde qui se dessine : une Méditerranée en forme de faille géologique. La carte qui ne tolère plus que l'uniforme identitaire. Un monde binaire, de Sud et de Nord. Cauchemar d'un départ massif des pieds-gris vers le sud. Écho au 5 juillet 1962, avec la valise ou le cercueil. Ou rêve d'un pays "purifié" par les dénis et les rejets.

Le débat sur les binationaux va au-delà des textes parce que l'époque est mauvaise. Il se greffe sur le mal du siècle et les actualités malodorantes. Il a donc glissé, dérivé. Il n'est plus que le présage d'un monde qu'on n'aime pas et qui s'annonce : celui des grandes séparations et des replis.

Faut-il l'accepter ?

LE PROCÈS PERMANENT DU "JE" PAR LE "NOUS"

Lundi 8 février 2016

L'effet tatillon. Sur la rime de l'effet papillon et son orage au bout de la chaîne des causes et des effets. Qu'est-ce donc ? C'est l'univers étouffant de la surinterprétation et du poids de l'histoire, du non-dit, du grégaire, de l'entre-nous, entre nous et l'Occident, le "je" et le dieu. Écrire sur la femme et le rapport maladif qu'on a avec la femme, le lien mort du désir, le corps sans but et sans liberté, est donc jugé "mauvais" dès qu'on l'écrit dans un journal de l'Occident. Mais c'est dit, redit, accepté et dénoncé quand on le dit entre nous. Le passage de l'entre-nous oral à l'écriture publique est un tabou à ne pas casser. Tous, on parle de la décadence du musulman, de l'écart entre "la foi" et "le rite", de la pauvreté de sens et de la futilité du monde de la croyance, mais dès que cela est écrit et que vous êtes sous le feu des médias, on le dénonce chez vous comme complot pour vendre des livres, comme traîtrise, comme déviance ou comme essentialisme indigène. Le grégaire se lie, se ligue et vous mange et vous insulte ou vous excommunie. Le crime est celui d'avoir donné de l'encre à la voix, ou d'avoir écrit ce que chacun dit. Le crime est la dénonciation de l'entre-nous, la transgression du murmure clandestin de sa propre culture. Le crime est la voix et le porte-voix.

Et cela vous use.

Sous l'inquisition d'un Occident en pleine errance d'âme, qui essaye de trouver en vous le chamane de ses angoisses, le témoin de ses convictions peureuses et la preuve de ses théories sur l'Autre.

Sous l'inquisition des vôtres qui vous lapident pour votre singularité, ne comprennent pas le "je" dans l'étable du "nous" dominant, ne s'expliquent pas votre vision sauf sous l'angle de l'alimentaire, ne peuvent voir plus loin que la théorie du complot et la salive de l'âge d'or mort et enterré.

Piégé, sommé, obligé, repoussé, brûlé, incompris et soupçonné ou trop coloré et aromatisé comme un exotisme bien convenable.

Texte tarifé ou sommation du groupe.

L'effet tatillon est un échec, une incapacité de toucher l'universel et de le revendiquer. Un échec du dépassement et de la possession du monde. L'effet tatillon est un effet lourd de la colonisation et de la décolonisation.

Il enferme le monde dans un couple et somme au choix. Il repousse la culture vers la jérémiade ou la suffisance. La vanité de se croire le centre du monde en Occident, ou celle de se croire la victime unique du monde dans notre univers de la marge.

C'est alors que l'épuisement guette la clairvoyance.

LETTRE À UN AMI ÉTRANGER

Lundi 15 février 2016

"Cher ami,

J'ai lu avec attention ta lettre, bien sûr. Elle m'a touché par sa générosité et sa lucidité. Étrangement, ton propos est venu conforter ce que j'ai déjà pris comme décision ces jours-ci, et avec les mêmes arguments. J'y ai surtout retenu l'expression de ton amitié tendre et complice malgré l'inquiétude.

Je voudrais cependant répondre encore. J'ai longtemps écrit avec le même esprit qui ne s'encombre pas des avis d'autrui quand ils sont dominants. Cela m'a donné une liberté de ton, un style peut-être, mais aussi une indépendance qui était insolence, irresponsabilité ou audace. Ou même naïveté. Certains aimaient cela, d'autres ne pouvaient l'accepter. J'ai taquiné les radicalités et j'ai tenté de défendre ma liberté face aux clichés dont j'avais horreur. J'ai essayé aussi de penser. Par l'article de presse ou la littérature. Pas seulement parce que je voulais réussir mais aussi parce que j'avais la terreur de vivre une vie sans sens. Le journalisme en Algérie, durant les années dures, m'avait assuré de vivre la métaphore de l'écrit, le mythe de l'expérience. J'ai donc écrit souvent, trop, avec fureur, colère et amusement. J'ai dit ce que je pensais du sort de la femme dans mon pays, de la liberté, de la religion et d'autres grandes questions qui peuvent nous mener à la conscience ou à l'abdication et à l'intégrisme. Selon nos buts dans la vie.

Sauf qu'aujourd'hui, avec le succès médiatique, j'ai fini par comprendre deux ou trois choses.

D'abord que nous vivons désormais une époque de sommations. Si on n'est pas d'un côté, on est de l'autre ; le texte sur Cologne, j'en avais écrit une partie, celle sur la femme, il y a des années. À l'époque, cela n'avait fait réagir personne, ou si peu. Aujourd'hui, l'époque a changé : des crispations poussent à interpréter et l'interprétation pousse au procès. J'avais écrit cet article et celui du *New York Times* début janvier ; leur succession dans le temps est donc un accident et pas un acharnement de ma part. J'avais écrit, poussé par la honte et la colère contre les miens, et parce que je vis dans ce pays, dans cette terre. J'y ai dit ma pensée et mon analyse sur un aspect que l'on ne peut cacher sous prétexte de « charité culturelle ». Je suis écrivain et je n'écris pas des thèses universitaires. C'est une émotion, aussi. Que des universitaires pétitionnent contre moi aujourd'hui, pour ce texte, je trouve cela immoral parce qu'ils ne vivent pas ma chair, ni ma terre, et que je trouve illégitime sinon scandaleux que certains me servent le verdict d'islamophobie à partir de la sécurité et des conforts des capitales de l'Occident et de ses terrasses. Le tout servi en forme de procès stalinien et avec le préjugé du spécialiste : je sermonne un indigène parce que je parle mieux des intérêts des autres indigènes et post-décolonisés. Et au nom des deux mais avec mon nom. Et cela m'est intolérable comme posture. Je pense que cela reste immoral de m'offrir en pâture à la haine locale sous le verdict d'islamophobie qui sert aujourd'hui aussi d'inquisition. Je pense que c'est honteux de m'accuser de cela en restant bien loin de mon quotidien et de celui des miens.

L'islam est une belle religion selon l'homme qui la porte, mais j'aime que les religions soient un chemin vers un dieu et qu'y résonnent les pas d'un homme qui marche. Ces pétitionnaires embusqués ne mesurent pas la conséquence de leurs actes et du tribunal sur la vie d'autrui.

Cher ami,

J'ai compris aussi que l'époque est dure. Comme autrefois l'écrivain venu du froid, aujourd'hui l'écrivain venu du monde dit arabe est piégé, sommé, poussé dans le dos et repoussé. La surinterprétation le guette et les médias le harcèlent pour conforter qui une vision, qui un rejet et un déni. Le sort de la femme est lié à mon avenir, à l'avenir des miens. Le désir est malade dans nos terres et le corps est encerclé. Cela, on ne peut pas le nier et je dois le dire et le dénoncer. Mais je me retrouve soudainement responsable de ce qui va être lu selon les terres et les airs. Dénoncer la théocratie ambiante chez nous devient un argument d'islamophobe ailleurs. Est-ce ma faute? En partie. Mais c'est aussi la faute de notre époque, son mal du siècle. C'est ce qui s'est passé pour la tribune sur Cologne. Je l'assume, mais je me retrouve désolé pour ce à quoi elle peut servir comme déni et refus d'humanité de l'Autre. L'écrivain venu des terres d'Allah se retrouve aujourd'hui au centre de sollicitations médiatiques intolérables. Je n'y peux rien mais je peux m'y soustraire : par la prudence comme je l'ai cru, mais aussi par le silence comme je le choisis désormais.

Je vais donc m'occuper de littérature et en cela tu as raison. J'arrête le journalisme sous peu. Je vais aller écouter des arbres ou des cœurs. Lire. Restaurer en moi la confiance et la quiétude. Explorer. Non pas abdiquer, mais aller plus loin que le jeu de vagues des médias. Je me résous à creuser et non à déclamer.

J'ai pour ma terre l'affection du désenchanté. Un amour secret et fort. Une passion. J'aime les miens et les cieux que j'essaye de déchiffrer dans les livres et avec l'œil la nuit. Je rêve de puissance, de souveraineté pour les miens, de conscience et de partage. Cela me déçoit de ne pas vivre ce rêve. Cela me met en colère ou me pousse au châtiment amoureux. Je ne hais pas les miens, ni l'homme en l'autre. Je n'insulte pas les raisons d'autrui. Mais j'exerce mon droit d'être libre. Ce droit a été mal interprété, sollicité, malmené ou jugé. Aujourd'hui, je veux aussi la liberté de faire autre chose.

Mille excuses si j'ai déçu, un moment, ton amitié, cher A. Et si je rends publique cette lettre aujourd'hui, avant de t'en parler, c'est parce qu'elle s'adresse aux gens affectueux, de bonne foi comme toi. Et surtout à toi.

À Oran."

MANGER LES ANCÊTRES OU LES ENFANTS

Lundi 29 février 2016

Le grand enjeu de l'âme algérienne : sauver l'enfant ou l'ancêtre ? Restaurer le passé ou construire un avenir ? Planter ou enterrer ? Le cimetière ou l'accouchement ? Né d'un déracinement et d'un déni, le pays aime ses racines. Il en a fait un culte et une maladie. Les ancêtres sont vénérés comme des parents, comme des guides, comme des martyrs, des fondateurs de villages, comme des sources d'inspiration et comme un moyen de garder le sol sous la semelle. Cela est bien. Un être sans ancêtre est une feuille morte qui tient la main à une valise, un homme sans mur derrière le dos, un buisson avec un drapeau. L'ancêtre est nécessaire au nom et au prénom et il donne à la terre les formes d'une mère et au pays l'énergie d'une poignée de main. Dans l'absolu. Car l'ancêtre peut aussi être une maladie : on le préfère alors au nouveau-né, au futur et au réel ; il devient une obsession. Une propagande et quelqu'un qui ne veut pas quitter la maison alors qu'il est bel et bien mort.

De l'autre côté, le pays va mal parce qu'il n'aime pas ses enfants qui ne l'aiment pas. L'instinct filial est malade chez nous. On ne pense pas à demain mais à hier. On préfère la racine à la récolte. Les peuples conquérants se reconnaissent à l'éclat de l'œil qui voit l'enfant venir dans le siècle encore obscur. Alors ces peuples construisent, creusent, prévoient et calculent les récoltes et les érosions des terres. Ce qui n'est pas notre cas. Le culte des ancêtres et des martyrs a fini par donner un teint jaune même aux nourrissons. On a une obsession du passé irrésolu qui nous pousse au dédain face aux grossesses. Tout le discours politique est bâti sur la culpabilisation par les ancêtres, et pas par les enfants. Tout le discours identitaire songe aux racines, pas aux récoltes. Toute notre douleur est nostalgie. À notre urbanisme, à notre façon de bâtir les ponts ou de creuser la terre et les routes, on sent chez nous le désir de rejoindre les ancêtres au lieu d'être des ancêtres pour nos enfants à venir. Cela nous distingue des conquérants par ce repli. Cela nous tue et nous le voulons. Nous ne pensons pas à ce qu'on lègue à nos enfants comme Maghreb, comme pays, comme puits et réserves, comme villes et comme écologie. Cela se voit chaque jour. L'avenir étant tué soit par l'éternité promise au paradis, soit par la gloire vaniteuse d'un passé obsédant.

Cela se conclut par ce paradoxe des peuples sans lendemain : une démographie galopante qui a les airs d'une profonde stérilité.

MES PETITES GUERRES DE LIBÉRATION

Mercredi 2 mars 2016

En règle générale, je n'aime pas parler à la première personne. Le "je" est un abus. Encore plus chez un journaliste. Cela me gêne comme une carapace ou un maquillage. Cela me rappelle ces ego démesurés qui croissent chez les "engagés", les militants, les intellectuels ou chez les bavards. Écrire est une exigence de la lucidité et cela impose de s'effacer. Au "je", je préfère l'artifice de "chroniqueur". Un statut d'administrateur de la métaphore. Cela me permet d'écrire tout en gambadant, libre, derrière les mots. Cela donne de l'importance à l'Autre. Laisser courir un vent. Ouvrir une fenêtre sur une poignée de main. Écouter et rester un peu immobile pour voir surgir l'inattendu dans le buisson des verbes. Exprimer des idées sans les alourdir par son propre ego.

Trêve. Le sujet est aujourd'hui une explication et un remerciement. D'abord, il me faut expliquer pourquoi je choisis de me reposer. Et ma raison première est ma fatigue. Écrire, c'est s'exposer, comme a dit un collègue, mais c'est aussi s'user. Il y a en Algérie une passion qui use, tue parfois, fatigue ou pousse à l'exil immobile (rester chez soi, dans sa peau), ou à l'exil qui rame (partir ailleurs). Nous sommes passionnés par le vide en nous mais aussi par notre sort. Cela nous mène à des violences qui ont parfois l'apparence d'une folle affection ou d'une exécution sommaire par un peloton désœuvré. Ou à des procès permanents de "traîtrise" avec le bout des lèvres. Les verdicts des Algériens sur eux-mêmes ont la force des radicalités. Et, durant des années de métier, j'ai subi cette passion. J'ai fini par incarner, sans le vouloir, les contradictions de l'esprit algérien, ses affects, passions et aveuglements. Palestine, religion, femme, sexe, liberté, France, etc. J'ai parlé, en homme libre, de ces sujets parce qu'ils m'interrogeaient et pesaient sur ma vie. Cela a provoqué des enthousiasmes et des détestations. Je l'ai accepté jusqu'au point de rupture où l'on vous traite de harki, de vendu ou de sioniste. Puis j'ai vécu le succès jusqu'au point où les récompenses dans le monde me faisaient peur chez moi à cause de notre méfiance et nos haines trimbalées comme des chiens domestiques. J'ai écrit jusqu'au point où je me sentais tourner en rond ou être encerclé. Et j'ai donc décidé, depuis quelques mois, d'aller me reposer pour essayer de comprendre et retrouver des lectures et des oisivetés. Il se trouve que cette décision, prévue pour fin mars, a été précipitée par "l'affaire Cologne". J'ai alors écrit que je quittais le journalisme sous peu. Et ce fut encore un malentendu ; certains ont cru à une débandade, d'autres ont jubilé sur ma "faiblesse" devant la critique venue du Paris absolu et cela m'a fait sourire : si pendant des années j'ai soutenu ma liberté face à tous, ce n'est pas devant dix-neuf universitaires que j'allais céder ! Le malentendu était amusant ou révélateur, mais aussi tragique : il est dénonciateur de nos délires.

Dans "l'affaire Cologne", j'ai fini par comprendre que je n'étais que le déclencheur de quelque chose qui couvait et qui attendait. Le délire était si rapide et si disproportionné qu'il est devenu plus intéressant que mes propos. J'ai donc décidé d'arrêter et de ne pas répondre car cela était inutile pour la lucidité. Amusant, donc, mais clinique surtout. Ce que j'ai écrit sur nos liens malades avec le désir, le corps et la femme, je le maintiens et le défends cependant. Ce que je pense de nos monstruosités "culturelles" est ce que je vis, par le cœur et le corps, depuis toujours. Je suis algérien, je vis en Algérie, et je n'accepte pas que l'on pense à ma place, en mon nom. Ni au nom d'un dieu, ni au nom d'une capitale, ni au nom d'un ancêtre. Et c'est pourquoi les immenses soutiens et messages de solidarité que cela a provoqués m'ont ému : ils témoignaient d'un désir de partage, de compréhension. L'enjeu était plus grand que ma petite personne : pouvoir dire librement, sans tomber dans la compromission au nom d'une culture, d'une race ou d'une connivence ; pour me soutenir, certains ont mis de côté leurs convictions car il s'agissait de liberté. Et certains ont témoigné de leur honnêteté en refusant les inquisitions et les récupérations. Et certains ont saisi qu'il s'agissait d'un droit chez moi, chez les miens, que de m'élever contre ce qui nous abaisse au nom d'une croyance. Le postcolonial ne doit pas être cécité et la "différence" ne doit pas excuser la barbarie. Je ne suis pas islamophobe, je suis libre.

Il se trouve aussi qu'avec le temps on s'use : on finit par comprendre que derrière la hargne de certains se cache quelque chose de presque irréparable. La maladie de notre âme. Une incapacité secrète à accepter le monde, à le conquérir, à admirer les réussites de ses propres enfants. Le doute lié à l'enfantement. Le soupçon face au succès. Les procès d'intention et de croyance. Nous, les Algériens, nous souffrons de l'étrange maladie de l'enfermement, et quand l'un des nôtres saute le mur de la camisole, et nous revient avec d'autres mondes sous l'aisselle, on le lapide, on l'isole ou on le soupçonne. L'indépendance précède encore la guérison dans notre histoire.

Déçu, donc ? Non. Ce pays est le mien. J'y vis et je n'y baisse pas les yeux et je n'y tue personne et je le partage avec ceux qui ne veulent pas le diviser et je le défends contre ceux qui veulent le voiler, le manger, le cacher. Je ne suis pas patriote par la proclamation, mais parce que les gens que j'aime y sont, les arbres favoris et toute ma mémoire y est une terre. J'y reste.

Dieu ? C'est comme ma naissance et ma mort : cela ne concerne personne. L'islam ? Il n'est propriété de personne et j'y réclame le droit du plaidoyer libre et insolent. Et ainsi de suite. Je n'ai jamais menti et j'ai toujours écrit ce que je pensais. La bonne foi est meilleure que la foi ; je le répète. Et donc, je ne change pas de musique, comme je l'ai dit à un journaliste, mais seulement d'instrument. Je suis devenu journaliste parce que j'avais besoin d'un salaire et de rester dans les parages de l'écrit. Cela devint une passion, puis une façon de vivre. La chronique est pour moi un tir à l'arc. Le parcours du cent mètres qui tend le corps vers le feu. J'aime cet exercice qui met la vie matinale sous tension. Encore ? Je ne suis pas sioniste, ni athée, ni soumis, ni français, ni suédois, ni arabe. Je suis libre de cette liberté qu'ont rêvée mes ancêtres qui sont morts pour me la donner par-dessus la tombe. J'ai mes grands défauts. Mes convictions et mes livres. J'aime tenir tête au ciel et aux ossements qui jacassent. J'ai grandi dans un village qui est devenu un cerf-volant dans ma tête. J'ai essayé d'apprendre vite et j'ai aimé les écrits. J'ai travaillé dans les journaux avec la tension d'une question de vie ou de mort. J'ai partagé et trahi. J'ai distingué, dans le chaos de ma génération, des voies et des possibilités que j'ai saisies. Je ne suis ni meilleur, ni pire, mais seulement constant. J'ai critiqué ce régime par déception quant à ses ambitions d'État et son manque de grandeur et ses hommes cupides et sans classe ni chemises propres. Et là, j'ai envie de me reposer du journalisme pour rêver de littérature.

Et il me faut donc, aujourd'hui, remercier. Ceux-là qui ont toujours lu en partageant mon plaisir d'écrire. Qui ont puisé dans mes accidents de verbes ce qu'il leur fallait comme raisons ou convictions. Car ce pays est passionné et ses enfants nombreux. Certains veulent en hériter avant sa mort, d'autres le volent, d'autres le subissent et d'autres le respectent avec la vénération silencieuse qu'ils doivent à une parenté. Et, parmi ceux-là, beaucoup m'ont compris, pardonné ou suivi et défendu comme leur propre vie.

J'aime mener moi aussi la guerre de ma libération. Et fêter, parfois, mes indépendances.

QUELQUES REPÈRES

1er Novembre : fête nationale algérienne qui commémore le début de la guerre de Libération, le 1er novembre 1954.

5 Juillet : fête nationale algérienne qui commémore l'Indépendance, proclamée le 5 juillet 1962.

Abane, Ramdane (1920-1957) : un des principaux chefs historiques de la révolution algérienne, assassiné par le FLN.

Adami, Mohamed : homme politique algérien, ministre de la Justice sous la présidence de Liamine Zeroual, poussé à la démission en octobre 1998 après une campagne de presse à charge.

Aït Ahmed, Hocine (1926-2015) : chef historique de la révolution algérienne, emprisonné de 1956 à 1962. À l'Indépendance il crée le Front des forces socialistes qui deviendra le principal parti d'opposition en Algérie. Il vivra en exil en Suisse de 1966 à 1989.

ALN : Armée de libération nationale algérienne, principal bras armé durant la guerre de Libération algérienne.

ANSEJ : Agence nationale de soutien à l'emploi des jeunes. Structure gouvernementale algérienne qui vient en aide aux jeunes entrepreneurs.

APC : Assemblée populaire communale, équivalent de conseil municipal.

APN : Assemblée populaire nationale, chambre basse du Parlement algérien.

APS : Algérie Presse Service, agence d'information publique en Algérie.

Arrissala : film de Moustapha Akkad de 1976, relatant la vie du prophète Mohammed (titre français : *Le Message*).

Bachaga : héritage de l'administration ottomane, il désigne un représentant des services civils. Au fil du temps ce terme a désigné péjorativement les hauts dignitaires religieux algériens favorables à la colonisation.

Baker, James (né en 1930) : homme politique américain ayant exercé sous l'administration Reagan puis Bush. Il a été représentant des Nations unies dans le conflit du Sahara occidental.

Belhadj, Ali (né en 1956) : cofondateur, avec Abassi Madani, du Front islamique du salut.

Belkhadem, Abdelaziz (né en 1945) : homme politique algérien ayant occupé le poste de Premier ministre, membre du FLN et classé dans la mouvance islamiste.

Ben Bella, Ahmed (1916-2012) : militant nationaliste et homme politique algérien, premier président de l'Algérie indépendante.

Renversé par un coup d'État en 1965, il est emprisonné puis assigné à résidence jusqu'en 1980. Il s'exile alors en France jusqu'en 1990, date de son retour en Algérie.

Ben M'hidi, Mohamed Larbi (1923-1957) : militant nationaliste algérien important, un des six chefs historiques du FLN. Chef de la zone autonome d'Alger, il est capturé par les hommes du général Massu le 23 février 1957. Il décède le 3 mars 1957 après avoir subi des actes de torture.

Benflis, Ali (né en 1944) : homme politique algérien, membre du FLN, ayant occupé le poste de Premier ministre sous la présidence de Bouteflika avant de passer à l'opposition et de créer son parti.

Bentalha : localité à 20 kilomètres au sud d'Alger où eut lieu dans la nuit du 22 au 23 septembre 1997 un des plus importants massacres de la décennie noire, causant plus de 400 morts. Ce massacre a été rendu célèbre par la photographie d'Hocine Zaourar intitulée *La Madone de Bentalha*, pour laquelle il a reçu le prix World Press.

Betchine, Mohamed (né en 1934) : général de l'armée algérienne à la retraite, ancien chef des services secrets. Conseiller influent durant la présidence de Zeroual, il fut contraint de démissionner en octobre 1998 à la suite d'accusations de corruption.

Bouazizi, Mohamed (1984-2011) : vendeur ambulant tunisien d'une petite ville de province qui fait une tentative de suicide par immolation à la suite d'exactions des agents municipaux. Il décède le 4 janvier 2011. Son acte provoque une mobilisation populaire dans toute la Tunisie et est considéré comme le déclencheur de la révolution qui allait provoquer la chute du régime tunisien.

Boudiaf, Mohamed (1919-1992) : homme d'État algérien, membre fondateur du FLN, assassiné le 29 juin 1992 alors qu'il était à la tête d'un gouvernement provisoire.

Boumédiène, Houari (1932-1978) : colonel et homme d'État algérien, président de la République de 1965 à 1978.

Bouraq : coursier fantastique de la tradition islamique auquel on attribue généralement une tête de femme et un corps de cheval. Le Bouraq est lié au voyage nocturne du prophète Mohammed qu'il effectue entre La Mecque et Jérusalem, puis de Jérusalem au ciel.

Boussouf, Abdelhafid (1926-1980) : un des principaux chefs de la révolution algérienne, fondateur des services secrets algériens. Il s'est retiré de la vie politique dès l'indépendance de l'Algérie.

Chadli, Bendjedid (1929-2012) : ancien combattant durant la guerre de Libération, il devient le troisième président de l'Algérie de 1979 à 1992.

Chaouchi, Faouzi (né en 1984) : gardien de but fantasque et populaire du Mouloudia Club d'Alger (MCA).

Cheikh Chemssou : prédicateur religieux officiant sur la chaîne de télévision privée Echourouk.

Chouyoukh : savants musulmans.

Clan d'Oujda : groupe d'hommes politiques et militaires algériens du FLN originaires en majorité de l'Ouest de l'Algérie et installés durant la colonisation à Oujda, ville marocaine frontalière de l'Algérie. Ces hommes formèrent une coalition qui allait prendre le pouvoir à l'indépendance de l'Algérie et constituer la colonne vertébrale du pouvoir algérien – jusqu'à aujourd'hui encore puisque le président Bouteflika en fit partie.

Constantine (plan de) : vaste plan économique et social lancé par le gouvernement français en Algérie après l'arrivée au pouvoir de de Gaulle en 1958 et qui visait à contrecarrer les effets de la guerre de révolution algérienne par la construction de logements, la redistribution de terres agricoles, l'industrialisation et une politique de l'emploi en direction des Algériens.

Daïra : subdivision territoriale qui regroupe plusieurs communes.

Djilali, Soufiane (né en 1958) : homme politique algérien, président du parti Jil Jadid (Nouvelle Génération).

DRS : Département du renseignement et de la sécurité, les services secrets algériens.

Echourouk : quotidien d'information et chaîne de télévision privée de langue arabe.

Elmahdy, Aliaa Magda : blogueuse égyptienne, membre des Femen.

El Watan : quotidien francophone algérien.

Ennahar : quotidien d'information et chaîne de télévision privée de langue arabe.

ENTV : Entreprise nationale de télévision. Groupement de chaînes de télévision publiques.

Essebsi, Béji Caïd (né en 1926) : homme politique tunisien au long parcours depuis l'indépendance de la Tunisie jusqu'à la révolution de janvier 2011. Il est actuellement président de la République tunisienne.

FCE : Forum des chefs d'entreprise.

FFS : Front des forces socialistes, parti politique algérien fondé en 1963 par Aït Ahmed, classé dans l'opposition.

FIS : Front islamique du salut, formation politique algérienne créée en 1989, dissoute en 1992.

FLN : Front de libération nationale, créé en novembre 1954 au début de la guerre de Libération, aujourd'hui parti politique dont le président d'honneur est Abdelaziz Bouteflika.

Ghannouchi, Rached (né en 1941) : homme politique tunisien islamiste.

Ghoul, Amar : homme politique algérien proche de la majorité présidentielle et classé dans la mouvance islamiste.

GIA : Groupe islamique armé, organisation terroriste armée fondée en 1992 dans le but de renverser l'État algérien et de prendre le pouvoir.

GPRA : Gouvernement provisoire de la République algérienne, créé en 1958 pour constituer le bras politique durant la guerre de Libération et négocier l'Indépendance.

Hadj, Messali (1898-1974) : homme politique algérien, pionnier du mouvement indépendantiste, fondateur tour à tour du PPA, du MTLD et du Mouvement national algérien (MNA) qui s'opposera au FLN sur la stratégie adoptée pour la lutte de libération. Il sera violemment réprimé et condamné à l'exil en France où il mourut.

Harga : le fait de "brûler" c'est-à-dire de migrer clandestinement.

Harrag (pl : *Harraga*) : migrant clandestin, littéralement le "brûleur".

Injazate : en arabe signifie les "réalisations", désigne les grandes réalisations durant les mandats successifs de Bouteflika.

Islahate : terme à connotation religieuse signifiant les réformes ou réalisations positives.

Kaaba : construction cubique au centre de la mosquée sacrée de La Mecque qui constitue le centre symbolique de l'islam et vers laquelle se tournent les fidèles pour accomplir leurs prières.

Kasma : "section" du FLN, bureau local, organiquement en dessous de la *mouhafadha*.

Katiba : unité de base de l'ALN signifiant bataillon. Repris depuis par les groupes terroristes.

Khalifa : califat.

Khassa : littéralement la "minorité", ici au sens de l'élite.

Khelil, Chakib (né en 1939) : homme politique algérien, ancien président de l'OPEP, ancien ministre de l'Énergie de 1999 à 2010. Il démissionne après des soupçons de corruption.

Khidr : figure mythologique et énigmatique de l'islam à laquelle il est fait allusion dans le Coran et considérée comme sainte par certains.

Laâyoune : ville la plus importante du Sahara occidental sous administration marocaine.

LSP : Logement social participatif. Un des programmes de logements sociaux initiés par le gouvernement algérien durant les années 2000 pour résorber la crise du logement.

Madani, Abassi (né en 1931) : cofondateur, avec Ali Belhadj, du Front islamique du salut.

Makhlouf, Hafez (né en 1971) : colonel syrien, chef de la Direction générale de la sécurité.

Makhzen : désigne la monarchie marocaine et les institutions qui lui sont rattachées et qui constituent le cœur de l'État.

MALG : ministère de l'Armement et des Liaisons générales, désigne le service de renseignement durant la guerre de Libération nationale. Fondé par Boussouf. Les membres du MALG sont communément appelés les "malgaches".

Mameri, Tarek : jeune blogueur condamné en juin 2012 par la justice algérienne pour avoir appelé au boycott des élections législatives.

Marzouki, Moncef (né en 1945) : homme politique tunisien élu président de la République tunisienne de 2011 à 2014.

Mezrag, Madani : chef terroriste de l'AIS (Armée islamique du salut) de 1993 à 1997 avant de bénéficier d'une amnistie. Il intervient régulièrement dans les débats publics.

Mokri, Abderrazak (né en 1960) : homme politique algérien, président du MSP depuis 2013.

Moudjahid : combattant de l'Armée de libération nationale algérienne (ALN) ou membre du FLN qui participa à la guerre de Libération.

Mouhafadh : désigne un représentant régional du FLN.

MSP (ou Hamas) : Mouvement de la société pour la paix, parti politique algérien islamiste fondé en 1990.

MTLD : Mouvement pour le triomphe des libertés démocratiques, fondé en 1946 et qui préfigure la naissance en 1954 du FLN.

OAS : Organisation de l'armée secrète, organisation militaire clandestine terroriste créée en 1961 pour lutter par tous les moyens contre l'indépendance de l'Algérie.

Omra : petit pèlerinage à La Mecque, par rapport au *Hadjj* qui désigne le grand pèlerinage.

Oujda : voir Clan d'Oujda.

Oumdourman : ville du Soudan dans laquelle l'Algérie a battu l'Égypte le 18 novembre 2009 lors d'un match décisif de qualification pour la Coupe du monde 2010 de football.

Oumma : communauté ou nation en arabe, désigne plus généralement la communauté musulmane dans le monde.

Plan de Constantine : voir Constantine (plan de).

PPA : Parti du peuple algérien, fondé par Messali Hadj en 1937 qui deviendra le MTLD (Mouvement pour le triomphe des libertés démocratiques) en 1946 et qui préfigure la naissance en 1954 du FLN.

Quraych : tribu arabe de La Mecque à laquelle appartenait le prophète Mohammed.

RADP : République algérienne démocratique et populaire (nom complet de l'État algérien).

RASD : République arabe sahraouie démocratique – État non reconnu internationalement proclamé par le front Polisario le 27 février 1976 qui revendique la souveraineté sur le Sahara occidental.

RCD : Rassemblement pour la culture et la démocratie, parti politique algérien fondé en 1989.

S12 : Au début des années 2010, le gouvernement algérien introduit le passeport biométrique. Entre autres documents requis pour l'obtenir, il faut fournir un extrait d'acte de naissance, dit "S12", qui doit être conforme aux archives du registre d'état civil et qui n'est délivré que dans la commune de naissance de l'intéressé. Le S12 devient vite un véritable cauchemar.

Saâdane, Rabah (né en 1946) : footballeur algérien devenu sélectionneur pour l'équipe nationale d'Algérie qu'il a menée trois fois jusqu'à la Coupe du monde (1982, 1986, 2010).

Saïdani, Amar (né en 1950) : homme politique algérien, ancien secrétaire général du FLN.

Soltani, Aboudjerra (né en 1954) : homme politique algérien, classé dans la mouvance islamiste.

Takbir : désigne le fait de prononcer la formule *Allah ouakbar*, "Dieu est le plus grand". Indique aussi l'appel à la prière.

Tartag, Bachir (né au début des années 1950) : général de l'armée algérienne, chef des services secrets algériens depuis 2015.

TPI : Tribunal pénal international.

UGTA : Union générale des travailleurs algériens, principal syndicat ouvrier en Algérie.

Wakf : un bien dit *"wakf"* désigne en droit islamique une donation faite par un particulier à une œuvre d'utilité publique et qui devient par la même occasion inaliénable.

Wali : équivalent de préfet en Algérie.

Wallah : interjection en arabe, littéralement "par Dieu", signifiant "je le jure par Dieu".

Wantoutri : déformation du cri de joie *"One, two, three, viva l'Algérie !"*.

Zeroual, Liamine (né en 1941) : général de l'armée algérienne, président de l'Algérie de 1994 à 1999, date de sa démission.

Tous les textes réunis dans ce recueil ont été publiés en premier lieu par *Le Quotidien d'Oran*, à l'exception des chroniques suivantes :

"*Djazairi* : le manifeste de ma langue" (4 juin 2013), "Peut-on encore oser demander des excuses à la France?" (16 juin 2013), "La stabilité : cette nouvelle religion internationale" (9 décembre 2013), "L'inévitable France algérienne" (21 décembre 2013), "Ni m'exiler ni me prosterner" (26 janvier 2015), "Le FN est le FIS de la France" (31 mars 2015) parues sur le site Algérie Focus (www.algerie-focus.com) ;

"Théorie de la carte postale", (26 mai 2014), "Voulez-vous devenir un calife Rolex?" (14 juillet 2014) parues sur le site Yagool (www.yagool.dz/indexFr.php) ;

"Néo-Quraych : Mohammed sera tué au nom de Mohammed" (29 décembre 2014), "Ma *Joconde*, ma *Guernica*, mon amour" (27 janvier 2015), "Le sort fait aux femmes révèle la liste des peuples maudits" (25 mars 2015), "L'automne est le plus ancien livre du monde" (29 septembre 2015), "Après tant d'attentats : « Je suis qui? » (25 novembre 2015), parues sur le site Impact 24 (www.impact24.info) ;

“Ultra-selfie-solitude” (18 juin 2015), “Les mille mots d’une image” (17 septembre 2015), “La métaphore abîmée du vin « arabe »” (8 octobre 2015), “Mais que dire ? Que penser ? Que faire ?” (19 novembre 2015), “La rature de Camus” (17 décembre 2015), “Le plein d’essence et la Fatwa Valley” (7 janvier 2016), “La solution par les clowns” (21 janvier 2016), parues dans le magazine *Le Point*.

“L’Arabie Saoudite, un Daesh qui a réussi” (20 novembre 2015), parue dans *The New York Times*.

TABLE

Le fugitif, *par Sid Ahmed Semiane*........................ 9
L'exercice du vif........................ 17

2010

Décoloniser le corps, la langue et la mer
Samedi 17 juillet 2010........................ 29

La fin d'un mois d'une rare violence
Lundi 13 septembre 2010........................ 32

Le dialogue d'un ancien moudjahid avec un poteau
Lundi 20 septembre 2010........................ 35

Une génération qui ignore que la France se trouve en Suède
Mardi 21 septembre 2010........................ 38

Avilissement généralisé
Mercredi 29 septembre 2010........................ 41

Ce pour quoi je vais être président de ce pays
Dimanche 3 octobre 2010........................ 44

Prenez le jour, rendez-nous la nuit
Lundi 4 octobre 2010........................ 47

Le manifeste ou "Quand la bouche crache sur sa propre langue"
Dimanche 17 octobre 2010........................ 50

Variantes oisives sur le mythe de Sisyphe
Jeudi 28 octobre 2010 53

Madame Clinton a voté Bouteflika
Jeudi 4 novembre 2010 56

La peine de mort requise contre… une chanson
Samedi 6 novembre 2010 58

MENA sans nous
Mardi 9 novembre 2010 60

Un an après : seconde lettre d'Oumdourman
Lundi 15 novembre 2010 63

Mokri, Lieberman et le sandwich "Palestine"
Jeudi 18 novembre 2010 67

La génisse préférée du pouvoir
Dimanche 28 novembre 2010 70

Le Qatar ou Comment réussir un pays en le transformant en une entreprise
Samedi 4 décembre 2010 73

WikiLeaks : la bande-son des régimes locaux
Lundi 6 décembre 2010 76

Le guide de l'Algérie par un ambassadeur américain
Mardi 7 décembre 2010 79

L'ange Assange
Lundi 13 décembre 2010 82

Le livret de famille comme Constitution
Jeudi 16 décembre 2010 84

2011

Je rêve d'être tunisien
Samedi 15 janvier 2011 89

Schéma standard de la dictature “arabe”
Samedi 29 janvier 2011 91

D’où nous viennent ces monstres ?
Jeudi 3 février 2011 94

Méthodes contre-révolutionnaires
Mercredi 9 février 2011 96

Le choix du salarié, le pari du héros
Lundi 14 mars 2011 99

Ben Ali en *live* dans plusieurs capitales arabes
Lundi 4 avril 2011 101

La révolution : est-elle nécessaire ?
Mardi 26 avril 2011 103

Extrait d’une mort incompréhensible
Samedi 14 mai 2011 106

Le complexe Oujda
Lundi 16 mai 2011 109

Les Syriens meurent entre Dieu et YouTube
Mercredi 18 mai 2011 111

Peut-on emprisonner un Algérien pour tentative d’immolation ?
Dimanche 12 juin 2011 113

Un peu de poésie dans un monde de communiqués
Samedi 25 juin 2011 116

La solitude d’Essebsi et les soldats syriens en… Algérie
Mardi 5 juillet 2011 119

Le papillon passant
Jeudi 7 juillet 2011 122

Année de la cage : jour II
Mardi 16 août 2011 124

Nouvelles misères en Kabylie
Dimanche 21 août 2011 126

Des milliers d'Arabes "tués" par la Chine et la Russie
Mercredi 14 septembre 2011 128

Le 14 janvier et l'infini
Jeudi 22 septembre 2011 131

Feu sur le corps de l'Algérien
Dimanche 9 octobre 2011 134

Le concept le plus triste depuis deux mille ans
Lundi 10 octobre 2011 136

L'histoire des fils de Messaoud de Hassi Messaoud
Mercredi 19 octobre 2011 138

Quatre jours après le vote tunisien (I)
Samedi 29 octobre 2011 141

Quatre jours après le vote tunisien (II)
Dimanche 30 octobre 2011 144

Waithood : le plus grand drame du monde "arabe"
Mercredi 9 novembre 2011 147

Bachar : les morts te tueront !
Lundi 14 novembre 2011 149

Les Égyptiens face à notre octobre 1988
Mardi 22 novembre 2011 151

L'autre
Lundi 28 novembre 2011 153

La stratégie du labyrinthe pour faire de l'Algérie un "cas complexe"
Jeudi 1er décembre 2011 155

Les héritiers de Ben ali se "coupent" en quatre
Dimanche 4 décembre 2011 157

Un jeune Syrien, seul dans sa nuit, sous dix mille commentaires
Lundi 5 décembre 2011 160

Contre l'ANSEV (Agence nationale d'emploi des vieux)
Samedi 10 décembre 2011 163

Tunisie : le seul président "arabe" vraiment élu
Mercredi 14 décembre 2011 166

Comment remplacer un pays par une fiction
Jeudi 29 décembre 2011 168

2012

France-Turquie : dispute entre deux ex-colons
Mercredi 4 janvier 2012 173

Analyse d'une double immolation
Mardi 31 janvier 2012 176

Pendant qu'il neige : le secret véritable de la chronique
Mardi 7 février 2012 178

Le nez d'un clown peut-il être vert ?
Samedi 10 mars 2012 181

Merah et le zapping des millions de Mohammed
Samedi 24 mars 2012 183

Le peuple est-il coupable ou victime ? (I)
Jeudi 19 avril 2012 185

Le peuple est-il coupable ou victime ? (II)
Samedi 21 avril 2012 187

Le sombre fantasme du décolonisateur vieillissant
Lundi 30 avril 2012 189

Les armées "arabes" sont-elles solubles dans la démocratie ?
Mardi 29 mai 2012 192

Nager dans un mur
Dimanche 24 juin 2012 195

Ce en quoi Boudiaf est différent
Samedi 30 juin 2012 197

Un village a-t-il une fin ?
Samedi 4 août 2012 199

La question du siècle : que faire des islamistes ?
Dimanche 16 septembre 2012 201

Trois fois rien
Dimanche 23 septembre 2012 204

Gerbe de plomb
Jeudi 27 septembre 2012 208

Le plus lourd turban du monde
Mardi 16 octobre 2012 210

L'Israélien, "l'Arabe", l'islamiste : les trois meurtriers du Palestinien
Dimanche 18 novembre 2012 212

L'Égypte et nous : le post-islamisme est-il possible ?
Jeudi 6 décembre 2012 214

Hommage à Aliaa Magda Elmahdy, la seule vérité nue
Mercredi 26 décembre 2012 217

Post-révolutions : faut-il laisser les peuples "arabes" voter ?
Samedi 29 décembre 2012 220

2013

Sahel : topographie d'un pays dans une jeep
Lundi 14 janvier 2013 225

La France au Mali : ceux qui sont pour, ceux qui sont contre (le mur)
Mercredi 16 janvier 2013 227

Les djihadistes sont les enfants des dictatures, pas des révolutions
Samedi 26 janvier 2013 229

Des millions qui n'écrivent que deux mots
Jeudi 21 février 2013 232

3 mars : Larbi, président de l'autre Algérie
Mardi 5 mars 2013 235

Produits phares algériens : le pétrole, la lutte antiterroriste et l'expérience anti-manifestations
Samedi 6 avril 2013 238

Pourquoi les islamistes sont-ils si angoissés par la Femme ?
Lundi 8 avril 2013 241

Du métier inépuisable de "l'algérologue"
Samedi 20 avril 2013 244

Agents de sécurité contre agents d'insécurité
Dimanche 28 avril 2013 247

De la métaphysique pour reposer du politique
Lundi 6 mai 2013 249

La civilisation et l'anarchie selon Ould Kablia/Meursault
Jeudi 16 mai 2013 251

Clan de la résurrection contre clan du coma
Mercredi 22 mai 2013 254

Djazairi : le manifeste de ma langue
Mardi 4 juin 2013 256

Névrose : les Algériens n'aiment pas ressembler aux Algériens
Mardi 11 juin 2013 260

Peut-on encore oser demander des excuses à la France ?
Dimanche 16 juin 2013 262

Errer au Caire d'Alger
Samedi 6 juillet 2013 264

L'attentat islamiste le plus meurtrier est sous nos yeux
Dimanche 7 juillet 2013 266

Vous êtes "islamophobe" ! La fatwa de la nouvelle inquisition
Samedi 3 août 2013 269

Algérie : minuscule introduction à l'usage des étrangers
Mercredi 25 septembre 2013 272

Réflexions sur la mort d'un voisin
Samedi 5 octobre 2013 275

Entre le quatrième mandat et le cinquième calife : quel est notre but à nous ?
Lundi 7 octobre 2013 278

Dévoration est nation
Lundi 14 octobre 2013 281

Rapatrier un jour les cendres de Camus ?
Lundi 11 novembre 2013 283

Le long du Sud : le pétrole tue la pierre
Samedi 16 novembre 2013 286

Le long du Sud : le désert avance, le Sahara recule
Dimanche 17 novembre 2013 288

Le long du Sud : le corps malheureux du nordiste
Lundi 18 novembre 2013 290

Le long du Sud : les gens du Nord venus
Dimanche 24 novembre 2013 292

Le certificat médical de Bouteflika ?
Mercredi 27 novembre 2013 294

Malheureusement, nous n'avons pas eu un Mandela en 1962
Samedi 7 décembre 2013 296

La triste vie des mandats à vie
Dimanche 8 décembre 2013 298

La stabilité : cette nouvelle religion internationale
Lundi 9 décembre 2013 300

L'inévitable France algérienne
Samedi 21 décembre 2013 303

Dans une prison, il y a le toit et les barreaux
Dimanche 22 décembre 2013 306

2014

Un rêve tunisien dans le cauchemar "arabe"
Mercredi 29 janvier 2014 311

Est-il possible d'être heureux en Algérie ?
Jeudi 6 mars 2014 313

Pour Farid Bessayeh
Mardi 11 mars 2014 316

La Tunisie n'est pas morte, c'est l'Algérie qui a mal vieilli
Samedi 15 mars 2014 319

L'une des maladies qui expliquent notre soumission
Lundi 21 avril 2014 321

En Algérie : l'échec du gaullisme, le fantasme du franquisme
Mardi 22 avril 2014 323

L'Algérie vue de Paris : la "banalisation silencieuse"
Jeudi 8 mai 2014 325

Le vice malheureux des constitutions algériennes
Lundi 19 mai 2014 327

Théorie de la carte postale
Lundi 26 mai 2014 330

L'extrême droite est aussi salafiste que les salafistes
Mardi 27 mai 2014 332

Amazighité : solitaires ou solidaires ?
Mercredi 4 juin 2014 335

"Ce fut comme l'indépendance" : l'unique souvenir heureux algérien
Samedi 28 juin 2014 338

Ce pour quoi je ne suis pas "solidaire" de la Palestine
Samedi 12 juillet 2014 340

Voulez-vous devenir un calife Rolex ?
Lundi 14 juillet 2014 343

L'intégrisme hideux au nom de la Palestine
Lundi 14 juillet 2014 345

Palestine : à propos de "dénoncer"
Dimanche 3 août 2014 348

L'énigme des feux d'artifice sans fête
Samedi 6 septembre 2014 351

L'affaire de l'Égorgé qui parle de nous
Samedi 27 septembre 2014 353

Entre exilés et annihilés
Lundi 29 septembre 2014 355

L'État islamique est une Arabie saoudite ambulante et sans pétrole
Mercredi 1er octobre 2014 357

Le cosmos est un selfie sans visage
Mardi 7 octobre 2014 359

La révolution est tunisienne, la solution aussi
Mercredi 29 octobre 2014 361

Le choix national de l'inachevé
Jeudi 13 novembre 2014 363

Grenoble et notre feuille morte
Lundi 17 novembre 2014 365

Un cerf-volant inquiet dans une tasse de café
Lundi 24 novembre 2014 367

Peut-on être musulman sans déranger le monde ?
Mardi 2 décembre 2014 369

Catalogue bref des *hargas* algériennes
Jeudi 11 décembre 2014 371

Chez Laurent Ruquier, mais dans ma tête
Samedi 13 décembre 2014 373

Cinquante nuances de haine
Mardi 16 décembre 2014 376

Néo-Quraych : Mohammed sera tué au nom de Mohammed
Lundi 29 décembre 2014 379

2015

L'autre "Je suis Mohammed"
Jeudi 22 janvier 2015 385

Deuil et fouet : Abdallah et son esclave Badawi
Samedi 24 janvier 2015 388

Ni m'exiler ni me prosterner
Lundi 26 janvier 2015 390

Ma *Joconde*, ma *Guernica*, mon amour
Mardi 27 janvier 2015 392

Allah est grand, l'Arabie est très petite, Michelle est belle
Samedi 31 janvier 2015 394

Zabor
Mercredi 4 février 2015 396

Assia Djebar peut encore vivre si on le veut
Lundi 9 février 2015 399

Un bref instant de mémoire vive
Lundi 16 février 2015 402

Le sort fait aux femmes révèle la liste des peuples maudits
Mercredi 25 mars 2015 405

Le FN est le FIS de la France
Mardi 31 mars 2015 408

Il faut être laïc pour sauver la religion
Mercredi 1er avril 2015 410

La possibilité d'une Tunisie
Lundi 6 avril 2015 412

La vieille erreur du "consommons algérien"
Lundi 11 mai 2015 415

Hollande, le doigt dans la succession ouverte d'Alger
Mercredi 13 mai 2015 417

Bucarest : impressions en vrac
Dimanche 24 mai 2015 419

Le rêve monstrueux d'une Algérie sans jambes
Lundi 25 mai 2015 422

À Hanoï, un Algérien avec des sandales de caoutchouc
Lundi 8 juin 2015 424

L'effet de Gaulle sur la psychologie du décolonisateur
Lundi 15 juin 2015 428

Ultra-selfie-solitude
Jeudi 18 juin 2015 431

La chute de Toufik change-t-elle l'Algérie ?
Mercredi 16 septembre 2015 434

Les mille mots d'une image
Jeudi 17 septembre 2015 436

La Méditerranée : entre mer Rouge et mer Morte
Lundi 21 septembre 2015 439

L'automne est le plus ancien livre du monde
Mardi 29 septembre 2015 442

Arabie saoudite : la "famille" qui ne présente jamais ses excuses
Mercredi 30 septembre 2015 445

La métaphore abîmée du vin "arabe"
Jeudi 8 octobre 2015 447

Pensées de Pologne ou d'Europe : les réfugiés font les élections
Mercredi 21 octobre 2015 450

Manhattan : impressions décousues à travers le décalage horaire
Lundi 9 novembre 2015 453

Mais que dire ? Que penser ? Que faire ?
Jeudi 19 novembre 2015 456

L'Arabie saoudite, un Daesh qui a réussi
Vendredi 20 novembre 2015 460

Montréal
Lundi 23 novembre 2015 463

Après tant d'attentats : "Je suis qui ?"
Mercredi 25 novembre 2015 465

Algérie : la paix (relative) de l'immobile
Jeudi 26 novembre 2015 468

D'Eureka Springs, écrit sur une véranda de bois et de brume
Mercredi 2 décembre 2015 470

La rature de Camus
Jeudi 17 décembre 2015 472

Le terrible dédain du contre-Castro
Lundi 21 décembre 2015 475

Le grand legs d'Aït Ahmed : la possibilité d'être propre et d'être politique
Lundi 28 décembre 2015 478

2016

La lettre 7 du vieillard à propos des dénouements
Lundi 4 janvier 2016 483

Un grand pas pour la langue, un petit pas pour le reste
Mercredi 6 janvier 2016 486

Le plein d'essence et la Fatwa Valley
Jeudi 7 janvier 2016 489

La "colognisation" du monde
Lundi 18 janvier 2016 492

La solution par les clowns
Jeudi 21 janvier 2016 494

Je veux que les révolutions soient un échec parce que…
Mercredi 27 janvier 2016 497

La bi-exclusion mondiale
Mardi 2 février 2016 500

Le procès permanent du “je” par le “nous”
Lundi 8 février 2016 502

Lettre à un ami étranger
Lundi 15 février 2016 504

Manger les ancêtres ou les enfants
Lundi 29 février 2016 508

Mes petites guerres de libération
Mercredi 2 mars 2016 510

Quelques repères 515

OUVRAGE RÉALISÉ
PAR L'ATELIER GRAPHIQUE ACTES SUD
REPRODUIT ET ACHEVÉ D'IMPRIMER
EN AVRIL 2018
PAR NORMANDIE ROTO IMPRESSION S.A.S.
À LONRAI
POUR LE COMPTE DES ÉDITIONS
ACTES SUD
LE MÉJAN
PLACE NINA-BERBEROVA
13200 ARLES

DÉPÔT LÉGAL
1re ÉDITION : MAI 2018
N° impr. : 1801672
(Imprimé en France)